普通高等教育"十一五"国家级规

"十二五"职业教育国家规划教材
经全国职业教育教材审定委员会审定

2006年广西高等学校优秀教材三等奖
2009年广西教学成果一等奖

促销策划与管理

（第3版）

主　编　杨伦超

副主编　卢永忠　廖　波　李国冰

主　审　左昌鸿　李声明

重庆大学出版社

内容提要

本书以销售促进为主线,集中介绍促销的含义、特点、作用;拉式促销和推式促销的形式、策略、方法和技巧;各种促销策略的运用;组合和创新促销策略;新媒体促销策略;促销调查与促销策划书的设计;促销活动效果评估;促销人员的能力、素质和管理;促销组织的形式、职能和管理等促销的基本原理、基本知识和基本技能。

本书理论与实际相结合,图文并茂、通俗易懂,具有知识性、趣味性和实用性,适合于高职高专院校市场营销专业和工商管理类专业学生作为教材,也适合于企业营销人员培训,对研究促销理论、掌握促销技巧、创新促销思维有现实指导作用。

图书在版编目(CIP)数据

促销策划与管理/杨伦超主编. —3 版. —重庆:
重庆大学出版社,2014.8(2025.1 重印)
高职高专市场营销专业系列教材
ISBN 978-7-5624-8199-7

Ⅰ.①促… Ⅱ.①杨… Ⅲ.①市场营销学—高等职业
教育—教材 Ⅳ.①F713.50

中国版本图书馆 CIP 数据核字(2014)第 152031 号

促销策划与管理
(第 3 版)

主　编　杨伦超
副主编　卢永忠　廖　波　李国冰
主　审　左昌鸿　李声明

责任编辑:马　宁　孙先芝　　版式设计:孙先芝
责任校对:谢　芳　　　　责任印制:张　策

*

重庆大学出版社出版发行
出版人:陈晓阳
社址:重庆市沙坪坝区大学城西路 21 号
邮编:401331
电话:(023)88617190　88617185(中小学)
传真:(023)88617186　88617166
网址:http://www.cqup.com.cn
邮箱:fxk@cqup.com.cn(营销中心)
全国新华书店经销
重庆市正前方彩色印刷有限公司印刷

*

开本:720mm×960mm　1/16　印张:25　字数:409 千
2014 年 8 月第 3 版　　2025 年 1 月第 21 次印刷
印数:71 001—72 000
ISBN 978-7-5624-8199-7　定价:59.00 元

第3版前言

　　促销像一个三角形,消费者满意是三角形的底部,顶端是产品销售量。促销活动必须建立在满足消费者需要这一基础上,产品才会被消费者所接受和喜爱,有了这个基础,才能提高顾客的满意度,从而支持三角形的顶端——企业销售量。企业产品的市场占有率增加了,又反过来影响消费者对产品的忠诚度,这样形成良性循环,就会使企业产品的销售量长期处于顶峰状态,这是任何一个企业的促销策划追求的最高境界。

　　本书力求以满足读者的需求为出发点,抓住目前企业在促销活动中的几个关键环节,如人员素质、促销策略运用、促销方案策划、促销效果评估、促销管理这5个环节,集中在应用层面上展开,特别是促销策略的运用方面,除介绍基本原理外,重点在范例上多角度展示,并以国内商业发达地区的典型案例为主,为读者从实战研究的角度提供借鉴。

　　本书在研究传统促销策略的同时,根据市场商业业态的最新发展,研究和吸收了新媒体促销实践的成果,作为一种尝试,其促销规律和方法研究还有待完善。近年来,网上购物狂潮此起彼伏,每年的"双十一"成了中国零售业的狂欢节,也成了中国消费者日,由此拉开了厂家和商家在网上进行促销大战的序幕。在2013年11月11日的350.19亿元交易额中,手机淘宝达到了53.5亿元,这个数字与2013年9月份中国销售品零售总额日均688亿对比,"双十一"这一天就相当于全国人民日均花费的一半,这是一个非常具有里程碑意义的突破,当天参与网购的中国网民总数达到4亿,占中国网民总数5.14亿的80%左右,这个规模相当于整个南美洲总人口。当天只用了55秒,交易额就达到了1个亿,交易13小时后,刷平了2012年的交易额,手机淘宝成了最大的亮点,移动商务成了时髦流行词,更多人通过手机等终端来上网,去电子商务平台下单。2013年,手机支付宝交易额超过50亿元,也相当于沃尔玛在中国1个月的销售额。有专家认为,2012年的190亿元网上交易额是对传统零售业冲击的开始,2013年的350.19亿元将是对传统零售业进行电子化的重要节点。以互联网为特征的新经济正在全面开始冲击传统经济。

　　因此,与传统促销方式相比,网络促销在时间和空间观念上、在信息传播模式上以及在顾客参与程度上都发生了较大的变化。网络使时空得到了大大的拓展,订货和购买可以在任何时间、任何地点进行。独有的、双向的、快捷的、互不见面的信息传播模式,为网络促销提供了更加丰富多彩的表现形式。网络中消费者的概念和客户的消费行为都发生了很大的变化,他们直接参与生产和商业流通的循环,进行大范围的选择和理性的购买。因此,营销人员应深刻理解网络促销的特性,制定行之有效的网络促销策略,是电子商务时代企业面临的重大任务之一。

本书研究的促销策划与管理,主要以销售促进为主线,兼顾其他促销要素的组合。鉴于广告、人员推销和公共关系已有专门的教材研究,本书只从促销组合的角度涉及相关内容,不再展开。

本书自 2004 年出版第 1 版以来,坚持边教学、边实践、边总结、边修改完善的方针,不断更新知识内容,提高教材质量,得到了全国众多高职院校师生和行业企业的广泛好评和使用,已先后重印 11 次。2007 年本书被评为普通高等教育"十一五"国家级规划教材,随后根据国家规划教材的要求做了第 2 版修订,2013 年又获得职业教育"十二五"国家级规划教材立项建设,现根据教育部对国规教材编写的最新要求,又组织编者做了第 3 版的修订和完善。另外,本书2006 年荣获第二届广西高等学校优秀教材三等奖,也是广西新世纪高等教育教学改革工程"十一五"重点项目"经济管理类大学生创业能力培养的研究与实践"课题的研究成果之一,并于 2009 年获广西教学成果一等奖。

本书由广西财经学院(杨伦超、李国冰、严峻)、昆明冶金高等专科学校(卢永忠)、成都工业学院(王冰)、太原学院(张卫东)、桂林理工大学(廖波)、广西国际商务职业技术学院(黄春元);广西春茂集团(谢斌,副总经理、营销总监)、广西北投升龙进出口有限公司(赖平南,副经理)6 所高校、2 家实体企业的教师和营销专家联合编写。由杨伦超主编,负责拟订编写大纲,进行全书编写分工,组织协调工作;谢斌、赖平南两位营销实战专家从企业促销实践的角度对全书各章节提出了修改意见;最后由杨伦超对全书进行修改、统稿、定稿。全书编写分工如下:第 1 章、第 2 章、第 3 章由杨伦超编写;第 4 章由李国冰、严峻编写;第 5 章由廖波、王冰编写;第 6 章由廖波编写;第 7 章由卢永忠编写;第 8 章由王冰编写;第 9 章由张卫东、赖南平编写;第 10 章由谢斌、黄春元编写。在本书的编写过程中我们参考了一些已出版的国内外专家学者的著述和案例(见书末参考文献),在此谨向这些作者致以衷心地感谢。

在写作过程中,我们得到了重庆大学出版社马宁、孙先芝编辑的悉心指导和帮助,以及各位作者所在院校和企业的领导的信任、理解和大力支持,在此深表谢意。本书中存在的不足之处,还望得到使用者的批评指正,以便不断提高和完善。

编　者

2014 年 1 月

目　录

第1章
促销与促销策划

【学习目标】

在国内外企业产品、品牌竞争日益激烈的今天，商家们在努力提高产品质量的同时，大量地采取形形色色的促销策略，以使自己的产品或服务能够更好地满足消费者的需求，从而使自己在市场竞争中获得比较有利的地位。本章主要向读者介绍市场促销的基本概念、类型、特征及其作用，充分认识做好促销策划的重要性和必要性，了解促销策划的内容、形式和基本程序，为以后各章的学习打下基础。

【引例】

2005 年 10 月 15 日,在充满法国浪漫色彩的张裕·卡斯特酒庄白色庄园里,少女的笑颜、新酒的芬香以及此起彼落的笑声交织在一起,100 多名游客参与了开创国内先河的烟台张裕·卡斯特酒庄体验之旅。该活动以游客亲自参与评选首位张裕·卡斯特酒庄公主以及承继欧洲葡萄酒庄传统文化为主要特点,打造一个全新的葡萄酒经典文化旅游线路。整个庆祝丰收活动历时 1 天,共有 4 个充满新意的主要环节。

百余名游客进入酒庄葡萄园专门划出来的采摘区,在工作人员的指导下穿戴整齐工作服,使用专用剪刀亲手摘下著名酿酒葡萄品种蛇龙珠,装满自己的竹篮,随后游客在酒庄的"葡萄酒手工作坊"里,使用专门的小木盆以手破碎葡萄,将葡萄汁连皮带籽倒入发酵瓶,加入发酵制剂,塞好瓶塞,并填写个人资料卡,最后设计个性化瓶标,就可于两个月后收到快递来的亲手酿制的葡萄酒了。

酒庄公主娇姿展是庆祝丰收活动的高潮所在,活动邀请了 2004 年度世界模特大赛的全球赛区季军、中国赛区亚军黄峥以及全球赛区亚洲小姐王贝贝等 6 位著名模特,作为张裕·卡斯特公主的候选人表演欧洲传统庆祝活动——在一个直径 2.5 m、高 1 m 的大木盆里脚踩葡萄,并主持 2002 年霞多丽新酒启封仪式。最后,在葡萄酒知识问答比赛及才艺表演之后,获得游客最多花环的候选人荣获公主称号。

参与这次体验之旅的游客普遍反应热烈,纷纷表示这是在国内难得一见的完全体现中欧葡萄酒文化融合的旅游活动。采摘葡萄及自酿新酒的环节充满新鲜感,令他们对葡萄酒文化有了更深刻的认识,特别是参与首个葡萄酒公主的评选活动是他们最为特别的体验。

图 1.1　张裕·卡斯特酒庄体验之旅

具有百年历史的张裕一直致力于推广葡萄酒文化在中国的普及,这次举行的丰收庆祝活动为中国的消费者尤其是高端消费者打开了一扇通向体验葡萄酒无穷乐趣的大门。在中国烟台张裕·卡斯特酒庄就能品尝到的高品质葡萄酒和享受到的真正欧洲式酒庄生活,对于那些到过欧洲酒庄以及还没去过的人们来说,无疑都具有一种无法抗拒的魅力。这就是山东张裕葡萄酒厂精心策划的品牌促销活动——"浓情10月,烟台酒乡",洋溢着浓浓葡萄香。张裕葡萄酒独特的促销方式体现了商家的睿智和谋略,也让我们领略了多姿多彩的商品促销手段和方法(见图1.1)。

由此可见,促销对企业来讲越来越重要,它是企业迅速增进销售、扩大营业额、提高企业知名度等方面的有力武器。

那么,促销的基本含义是什么呢?

1.1　促销概述

1.1.1　促销的含义

促销,在英文中叫 Sales Promotion,字义上直译为销售促进。美国市场营销学会(AMA)认为:促销是人员推销、广告和公共关系以外的,用以增进消费者购买和交易效益的那些促销活动,如陈列、抽奖、展示会等非周期性发生的销售努力。而国际营销大师菲利浦·科特勒对促销的定义也有他自己的表述:促销是刺激消费者或中间商迅速或大量购买某一特定产品的手段,包含了各种短期的促销工具,是构成促销组合的一个重要要素。

美国是促销策略应用的发源地。据说最早有记载采用促销手段的是一家美国卖帽子的商店,其方法既简单又可行,为买帽子的顾客每人免费拍摄一张照片,结果招徕了大批顾客,生意非常红火。这种早期的促销形式,至今仍广为应用,足见其对扩大销售、提高营业额的重要作用。现代意义上的促销,其形式、方法、内容和技巧都在不断丰富和发展,几乎包含了所有能在短期内刺激需求和鼓励购买的各种商业行为和促销手段。因此,对促销概念的表述,可以概括为:促销是指企业为实现整体营销目标,在特定的时段内以某种实惠利益,或情感关怀,或某种机会作为诱因,引导和鼓励目标顾客产生购买行为的一系列说服沟通活动。

上述概念是从狭义上理解,营销学中通常也叫营业推广或销售促进。这种意义上的促销多用于厂商和中间商在开展业务时有目的地进行,如抽奖、竞技、赞助、会展、赠送等。

促销还可以从广义上去理解，我国台湾地区著名营销学专家樊志育教授认为：从广义而言，凡是以创造消费者需要或欲望为目的，企业可从事的所有活动均属促销的范畴。这些活动包括企业营销过程中具有明显促销特征的相关活动及职能，如销售促进、人员推销、广告、公共关系和其他具有潜在促销作用的营销战略，像促销性的产品策略、价格策略、服务策略等。

本书以后各章所用的促销概念，除特指之外，一般是指销售促进（或营业推广）。

1.1.2　促销的特点

1）促销是一项心理沟通活动

先从一条情感广告谈起。

2000 年春节期间，当电视屏幕上铺天盖地的贺岁广告正不断地堆积节目气

图 1.2　情感纳爱斯背后的秘密

氛时，突然，一阵凄婉的音乐声响起，屏幕上，一个扣人心弦的故事在眼前展现：母亲下岗了，正在四处寻找工作，无力顾及家务，年幼的女儿突然变得很懂事了，通过帮妈妈洗衣服分担她的忧虑，妈妈回家，看到洗得干干净净的衣物已经被叠好，女儿在衣物边睡着了，桌子上留着一张写着童稚笔迹的字条："妈妈，我能帮你干活了！"妈妈的泪水奔涌而出……（见图 1.2）。

这就是被营销传媒界称为情感沟通的经典促销广告"下岗女工篇"。这一促销广告在春节过后，随着企业在央视及省台、地方台近亿元的交叉覆盖投放，打动了众多的消费者，雕牌洗衣粉一跃成为这几年日用品市场上的畅销产品之一。

应该说，这种以沟通消费者心灵深处的情感为目的的促销广告，无疑是最高境界的促销策略。总结"下岗女工篇"促销广告带来的轰动效应，主要有以下几个原因：一是清晰的产品定位。雕牌产品的性价比非常贴近中国普通大众的消费心理，"只选对的，不买贵的"喊出了他们的心声。二是情感诉求。正因为雕牌的大众化，所以其广告能深入普通的中国家庭，去挖掘中国人的情感，从中

找到和产品联结的点,在"下岗女工篇"中就是"只要一点点,就能洗好多好多的衣服",而这些生活中的情感,是最能和我们的消费者产生共鸣的。三是紧扣时代变迁。"下岗女工篇"的推出刚好是中国处在国企改革、很多人下岗的年代,在那种变化的年代,有这么一条关注中国人生活命运的广告为大家打气,会让很多人非常感动。四是投放的时机反常规。刚好是在春节期间,在一片火红热闹的广告片中,"下岗女工篇"的真情实感让很多人流下了眼泪。五是高频率的投放。让故事无人不知、无人不晓。

广告大师伯恩巴克说过,世界每天在变,但是一些人类与生俱来的基本情感,如爱、恐惧、亲情、友情等永远不会变。雕牌的促销广告正是抓住了消费者的心理需求,沟通企业与消费者的情感,形成共鸣,获得了心理认同,让人留下难以磨灭的印象,并对品牌抱有深深的感情。由此可见,促销活动并不仅仅是信息的传播,更重要的是心灵的沟通、情感的交融。任何产品,大到汽车,小到牙签,只要产品是卖给人的,有人就一定有情感,就可以利用情感沟通帮助企业增进销售。

以情感沟通促销产品,是现代社会中产品的同质化程度越来越高的竞争环境使然。由于产品本身的差异化通常很难带来竞争优势,因此很多品牌着眼于倚仗独特的个性或文化进行品牌推广。如果在张扬品牌文化或个性时,能够有效地与消费者沟通,无疑是非常明智的促销手段。

2) 促销是一项挖掘潜在需求的活动

企业之所以要通过产品促销才能将其产品推向市场,主要因为大多数消费者的需求是潜在的。一般来讲,消费者对市场上的产品都有一定的需求,即有一种间接的、模糊的需要,这种需要是由消费者特定的文化环境以及经济因素综合决定的。产品促销就是通过一定的方式将消费者内心的这种需要强化到一定程度,使其成为一种购买欲望。美国有家食品公司为了吸引消费者购买本公司生产的滞销罐头,营销策划者在罐头盖上印上让消费者竞猜的谜语,并且注明:"打开罐头,吃完里面的东西,你就会在罐底看到谜底。"这一促销方式非常见效,许多孩子在强烈好奇心的驱使下,纷纷购买。这一实例,就是将消费者对某一产品的潜在需求转化为现实需求,使其成为真正的购买力。

2008年"三鹿三聚氰胺奶粉事件"后,被国人诟病的国内乳品业一蹶不振,人们企盼着有一个安全、卫生、无污染的食品供应环境。蒙牛集团抓住这一契机,于2013年6月在全国范围推出了"蓝天配绿地,开箱赢大奖"大型促销活动。活动期间,消费者可以通过购买蒙牛促销装产品参与此次"绿色蒙牛,幸福畅游"大型主题活动,得到蓝天卡或者绿地卡,集齐两张中奖信息一致的卡片,即可获得再来一箱、三星手机、平板电脑、内蒙古草原工厂游等奖品。除了购买蒙牛产品参与活动外,消费者还可以登录活动官方网站 http://imilk.mengniu.com.cn,注册成为会员即可参与抽奖:每天1台三星 GALAXY NOTE 8.0 平板电脑、每周1部三星 GALAXY S3 手机、每周1名内蒙古草原工厂游名额。活动开展几个月来,已有数万名网友参与其中。

这次活动最受消费者追捧的就是"畅游奖"。中奖的消费者可以在炎热的夏天感受到大草原的清凉,饱览"天苍苍、野茫茫"的草原风光,还可以亲身参观蒙牛的牧场和工厂,亲眼见证一包牛奶的诞生。

来自大连的于女士就是其中一个获得畅游奖的幸运消费者(见图1.3),她感到非常意外:"这次中奖真是太幸运了。一直都非常向往大草原的风光,而且还可以去参观蒙牛工厂。这么多年来,一直喝牛奶却不知道牛奶是怎么生产出来的,终于可以满足自己的好奇心了。"

图1.3 蒙牛"蓝天配绿地,开箱赢大奖"促销活动,大连消费者获得畅游奖

3)促销是企业的一种竞争行为

产品促销是由于企业间的竞争引起的,同时也是企业参与竞争的一种手段。在以需求为导向的市场经济条件下,过多的产品供给共同追逐有限的货币资金,如何迅速地将产品销售出去,无疑是许多经营者孜孜以求的事。如果营销策划者能够正确、巧妙地运用促销策略,必然会为企业赢得竞争优势,使企业在"万人逐兔"的市场竞争中"一人先得"。美国的碳酸饮料市场上的竞争历来都是非常激烈的,可口可乐公司通过分析打出了"5美分买一杯"的广告语,而百事可乐则提出了"5美分买一大杯"的促销诉求,使人产生畅快、愉悦的联想,让人觉得百事可乐更加价廉实惠。许多新产品进入市场时往往需要运用促销手段打开市场冰山,例如顶新国际集团武汉顶益食品有限公司生产的"超级福满多"香辣牛肉面,是一种在质和量上经过改进重新上市的产品。"超级福满

多"较原先的福满多方便面加了鸡蛋,在佐料上,除原来的一个调味包外,还增加了一个肉酱包。由于消费者对这种新上市的产品不了解,加之吃惯了"康师傅""统一""面霸"等老牌子方便面,谁都不愿花钱去做第一个吃螃蟹的人,因此"超级福满多"方便面刚上市时,销售情况不佳。为使消费者了解这种经过改进后的新产品,顶益公司于2008年在武汉多个高校中,开展了一场大规模的超级福满多方便面派送活动,顶益公司派出大量销售人员,将超级福满多方便面送到学生寝室中,而得到配送的学生只需在记录本上面签名,并留下寝室号码及联系方式。而获赠的方便面上面都印有非卖品几个字,包装袋上面还印刷着"集空袋,送福气"的奖品兑换活动,集齐两个袋子可以兑换牙膏、相册及饭勺等。这次派送活动是整个市场促销组合的重要一环,公司共准备了近10万包方便面用于派送,目的是为了让武汉在校大学生对改进后的"超级福满多"方便面有一个全新的认识,品尝样品后能够喜欢它,以便于今后指名购买。而调查结果显示,63%的被调查学生认为,此次活动影响了他们对方便面的品牌选择,在未来的方便面采购中将超级福满多排在首位。

这就是产品销售的竞争性,从而使市场促销活动成为企业整体营销战略不可或缺的重要组成部分。

1.1.3 促销的现实效用

促销是由市场竞争引发的企业应对行为。在非完全竞争的市场中,企业促销活动基本上是自发和随意的,缺乏必要的研究、策划和整合,其效果是十分有限的。随着市场经济的发展和完全竞争的出现,促销也得到了比较充分的发展,它变成了企业营销活动体系中自觉的行为。人们通过对促销策略、促销媒介、促销活动、促销过程规律及促销发展趋势的研究,认识了促销,掌握了促销,也使促销研究与实践进一步走向深入。

促销之所以得到很好的发展,是因为促销对于企业来讲具有重要效用。一般而言,促销的效用主要表现在如下方面:

1) 费用相对较低,效益相对较高,能实现指向性、针对性促销信息传递

多数情况下,促销较广告、人员推销、公共关系等费用低,而且,促销的诱导指向性、针对性非常强,它一般都针对特定产品、特定地区、特定市场、特定时间和特定销售环境而实行的,可以比较好地实现企业的促销意图,因而受到业界人士普遍欢迎。

2）诱导性和刺激性强，容易激发顾客的购买欲望

由于促销具有很强的针对性，对促销策略、媒介、活动组织经过了精心的策划，适应了消费和采购规律，通过利益或其他因素满足、吸引顾客，易被接收，因而现场诱导性很强，刺激性很强，如果运用得当，短线促销时易见速效。正是基于这些特点，促销运用对诱导和鼓励消费者尝试及采用新产品，改变老产品购买习惯，增加即兴购买等十分有利。

3）易为经销商接受，对经销商有良好的促进作用

促销不仅对消费者效果明显，对经销商的作用也很大。有时促销是针对经销商本身实现的，例如两"乐"公司（指可口可乐和百事可乐公司）制订的对客户和消费者的优惠和促进策略，无论哪种情况，经销商都非常乐于接受，因为这两种情况对经销商都有利。

两"乐"公司对零售商的科学管理体制除了体现在提供服务、保证供货、定期访问等方面之外，还有很重要的一环就是要求零售商配合其产品特性与销售需要等来陈列产品。

这些要求具体细致，都是根据精确的消费者心理分析与多年的商场销售经验得出的，如货架长度、货品摆放层数、不同类型产品的摆放次序、堆头形状等，都规定明确。这样做的目的就在于提高商品陈列的规范性与生动性，激发顾客的购买欲。

为了进一步扩大这种效果，两"乐"公司还花费高额成本购置或制作诸如冷饮机、冷柜机、招牌和宣传印刷品等，免费赠送给各个销售终端，但同时要终端按照公司的要求进行陈列产品或进行宣传促销活动。

正是这种对零售商规范化的支持与要求，使两"乐"深得零售商的信赖与支持。

又如完美消胖美片（减肥产品）在进军某一个地级市场时，先向全市所有药店的店员发出诚挚的邀请，邀请他们到当地最好的影院参加"完美"电影专场联谊会。免费看电影的联谊活动，一下子吸引了全市所有药店的店员。在观看电影前，完美消胖美片就趁机介绍"完美"的产品知识和给予店员的销售优惠政策。联谊会结束时，并给每个店员赠送一盒完美小礼品。"完美"电影专场联谊会的活动收到奇效，众多店员都纷纷主推完美消胖美片，至少不会排斥"完美"产品。如此，在同类产品的激烈竞争中，完美消胖美片的反终端拦截率非常高，一下子成为当地市场的零售排头兵。

4) 对企业内部销售人员有良好的促进作用

促销是系统工程,不仅要重视促销的对象,而且要重视促销的主体,这里具体指的就是企业内部的销售人员。对企业内部销售人员的促进,重在发挥激励机制作用,激发士气、成就感,给销售人员更大的发展空间,鼓励销售竞赛,挖掘销售潜力。对销售人员的促进作用是不可忽视的。销售人员的努力与对消费者、经销商的促进是合力,是一种有机的配合。

5) 促销相对更易为控制和运用

促销较之广告、人员推销、公关活动更易为控制和运用。广告易受媒体时段、版面、位置和创意、费用困扰,人员推销的人才难得,且常规性成本也不低,公关活动的创意水平要求高,组织工作量都很大,相对来讲促销的资源主要来自于企业内部,与业务活动密切相关,更易控制和运用。

6) 有利于保持和扩大市场份额巩固市场地位

在一定意义上,市场份额就等同于产品销售量。在市场经济条件下,任何企业都在谋求较大的市场份额,为企业的长远发展赢得竞争优势。企业通过一定形式的广告促销和公关促销,可以扩大品牌的知名度,使目标市场上的消费者了解、熟悉本企业的品牌,增加购买和使用本品牌产品的频率和次数;为处于成熟期的产品开拓新的地区市场,增大品牌的市场覆盖率,扩大产品的销售量。

7) 为建立品牌形象造势

在激烈的市场竞争中,同类产品之间的差别日益减小。面对货架上琳琅满目的产品,消费者茫然四顾,殊难选择。这时,如果某一品牌的产品有突出的促销标志,就能吸引顾客的注意力,增加销售的可能性。因此,应当运用有效的促销手段,使目标市场上的消费者了解本品牌产品与竞争品牌之间的区别,培养顾客的品牌认知,确立本品牌产品独特的销售主题,树立卓然出众的品牌形象。

1.1.4 促销模式和形式

1) 推式促销

所谓推式促销是指制造商按照社会再生产分工的形式将有关商品与服务

的信息由近及远,一级一级地从制造商传递给批发商,再由批发商传递给零售商,最后到达消费者;在信息传递的同时,引发各级商业机构的经营兴趣和消费者的购买欲望,从而实现信息传递带动商品流动和商品消费的目的。这一策略需利用大量的推销人员将产品推入渠道,它适用于生产者和中间商对产品前景看法一致的产品。推式促销风险小、推销周期短、资金回收快,但其前提条件是须有中间商的共识和配合(见图1.4)。

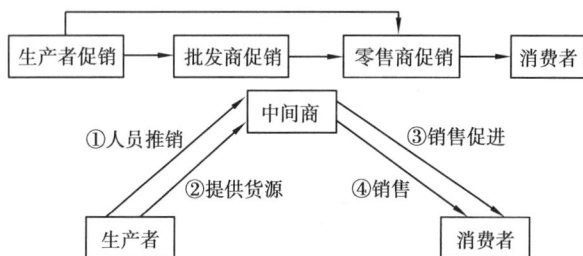

图1.4 推式促销模式

推式促销又称为对销售人员促销、对中间商促销。其常用的形式有积分现金奖励、店面支持奖励、提货返利奖励、进货折价奖励、市场支持奖励、派送赠品奖励、集点换物奖励、刮卡送奖奖励等。

2)拉式促销

所谓拉式促销是指通过使用密集型的广告宣传、销售促进等活动,引起消费者的购买欲望,激发购买动机,刺激零售商的销售信心,从而将要货信息逐级直接上传到制造商。拉式促销目的是借助于消费者的购买热情来唤起中间商的经营信心,比较适合买方市场的发展态势,是目前大中型制造商主要实施的促销方式。但拉式促销的成本大,信息反馈的时间长,如果缺乏与大牌媒体的长期合作,制造商也难以维持与中间商的长期合作 (见图1.5)。

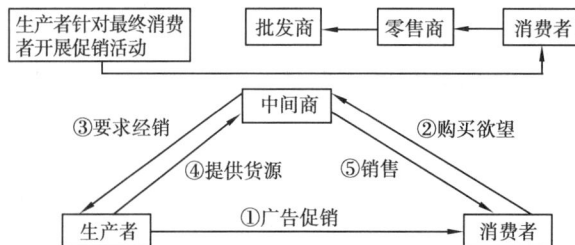

图1.5 拉式促销模式

在市场营销过程中,由于中间商与生产者对某些新产品的市场前景常有不同的看法,因此,很多新产品上市时,中间商往往因过高估计市场风险而不愿经销。这时,生产者只能先向消费者直接推销,然后拉引中间商经销。在下列情况下,应采用拉引策略:产品市场上的便利品,产品差异化不大,企业拥有充分的资金,有力量支持广告促销,企业的产品的销售对象比较广泛;或是新产品初次上市,需要扩大知名度。

拉式促销采用的形式通常有折价优惠、附送赠品、退费优待、凭证优惠、奖励、印花赠品、会展、游戏、竞技活动、联合促销、赞助、会员制等。

3) 推拉结合

在实际经营过程中,企业通常会把这两种形式综合运用。加强制造商促销影响力,必须将推式促销与拉式促销结合起来,使两种促销在优势互补中产生显著的效果。在实际促销中是先推后拉,先拉后推,还是同时进行,并没有固定的模式,这取决于产品性质、市场供求关系、企业实力和对市场的控制要求。一般来说,两种方式同时启动是抢抓市场主动权,尽快进入市场取得促销效果的较优选择(见图1.6)。

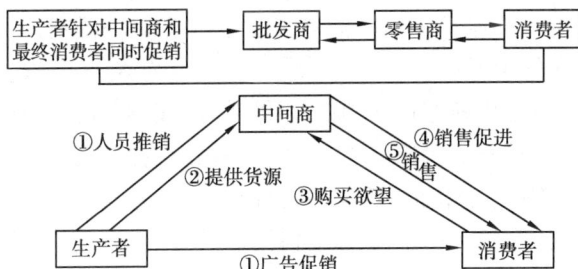

图 1.6 推拉结合促销模式

推式促销和拉式促销都包含了企业与消费者双方的能动作用,但推式策略的重心在于推动,着重强调了企业的能动性,表明消费需求是可以通过企业的积极促销而被激发和创造的。拉式策略的重心在于拉引,着重强调了消费者的能动性,表明消费需求是决定生产的基本因素,企业的促销活动必须符合消费需求,符合购买指向,才能取得事半功倍的效果。大多数消费品企业,在销售其产品时,都采用推拉结合策略,或称混合策略,但由于企业在不同的发展阶段,其经营目标不同,因而推力和拉力所占的比例不同。

在后面的第2章、第3章和第4章将分别介绍拉式促销和推式促销的具体形式和方法。

1.2 促销策划

促销是企业营销战略链上十分重要的环节,其成功与否会直接影响到企业的生存与发展,一旦促销失败,损失的不仅仅是短期销售额的降低,而是企业或品牌形象在消费者心目中的重新定位,这种定位将决定着消费者是否继续成为企业或品牌的忠诚客户。

因此,企业在进行促销活动前,需要制订周详而严密的促销计划,进行科学和准确的促销策划;否则,最好的促销创意也毫无意义。三国演义里周瑜的"一步三计"干不过诸葛亮的"三步一计",为什么计多干不过计少? 这里面的区别就在于"谋划"。"火攻"不仅周瑜和诸葛亮想到了,曹操也想到了。从"创意"角度来说没有多大的差别,但为什么曹操明知而不防,周瑜担心"东风不与周郎便"而口吐鲜血,只有诸葛亮泰然自若呢? 关键在于诸葛亮对天文有科学的把握。正因为诸葛亮对天、对地、对人都有正确的判断和认识,所以才谋划了一个关键之策:让赵子龙按他设定的时间和地点去接应他。否则,虽使周瑜破曹成功,自己也要亡命他国了。

促销策划是指运用科学的思维方式和创新的精神,在调查研究的基础上,根据企业总体营销战略的要求,对某一时期各种产品的促销活动做出总体规划,并为具体产品制订周详而严密的活动计划,包括建立促销目标、设计沟通信息、制订促销方案、选择促销方式、评比促销效果等营销决策过程。

1.2.1 促销策划的基本环节

1) 建立促销目标,确定促销活动的目标沟通顾客

促销的总目标是通过向市场和消费者传递信息,以促进销售、提高经营绩效。同时它还有各种各样的具体目标,如鼓励消费者大量购买和重复购买;诱导消费者试用或购买某类产品;吸引潜在消费者走进商场,对企业和商品发生兴趣等。企业的营销部门应通过多种因素分析,确定一定时期内的具体目标,并尽可能使之易于量化和切实可行。

促销目标建立后,与销售促进配套的其他促销信息向谁传授就成为关键,传授的对象叫目标沟通顾客,目标沟通顾客将会极大地影响产品促销决策。目

标沟通顾客有可能是企业的潜在消费者、目前使用者、决策者或影响者;也可能是充满个性的个人、严密的组织、特殊公众或一般公众。

在市场营销中,目标沟通顾客的特征也常常是企业进行市场细分的标准。企业产品促销活动中体现出的风格应该与这些特征相适应,否则就会影响促销效果。

对促销沟通的目标进行分析的一个主要内容,是评价他们对本品牌、本产品以及竞争品牌的印象。因为他们对某品牌产品的行为常常受制于对品牌的印象。在确定了沟通对象的特征和其对某品牌产品的印象之后,促销策划者就可以利用它们来指导信息及促销工具的选择。

确定了目标沟通顾客以后,策划者还必须了解目标顾客对本次促销活动将有何反应。当然,顾客的购买行为是最终的反应,但购买行为是消费者进行决策的一定过程的最终结果,促销策划者应该知道怎样将目标顾客从目前所处的阶段推向更高的准备购买阶段。

从产品促销的整个过程来看,促销策划者是通过一定的方式来向目标市场上的消费者灌输某些信息,使他们改变对某一品牌产品的不利态度,最终达成交易行为的。图1.7罗列了几种消费者反应的模式,可供促销策划者借鉴。

模式 阶段	AIDA 模式	影响层次模式	创新采用模式	信息沟通模式
认知阶段	知晓 ↓	知晓 ↓ 认识	知晓 ↓	显露 ↓ 接收 ↓ 认知反应
情感阶段	兴趣 ↓ 欲望	喜爱 ↓ 偏好 ↓ 确信	兴趣 ↓ 评价	态度 ↓ 意向
行为阶段	↓ 行动	↓ 购买	试用 ↓ 采用	↓ 行为

图1.7 消费者心理反应模式

图1.7中所有消费者心理反应模式都是假设:购买者的购买过程要经过认知、感情和行为3个阶段。AIDA模式依次要经过知晓、兴趣、欲望和行动连续反应阶段;影响层次模式要经过知晓、认识、喜爱、偏好、确信和最终的购买阶

段;创新采用模式要经过知晓、兴趣、评价、试用和采用阶段;信息沟通模式要经过显露、接收、认知反应、态度、意向和行为阶段。这四种模式之间没有本质的差别,只不过是语言表达上不同而已。

2)设计沟通信息

在了解顾客的心理反应模式以后,促销策划者进而应当设计一个与销售促进同步配套的有效的沟通信息。所设计的沟通信息需要解决以下的问题:

①表达什么? 即促销策划者在产品促销中向目标市场传输的信息应包括哪些内容,才能使顾客产生预期的反应。一般来讲,向目标市场传输的信息主要有产品的特征和感情方面的促销。前者称为理性诉求,后者称为感情诉求。理性诉求是指将促销产品的特征客观地告诉目标市场,如产品的价格、效用、经营历史、产地等方面的情况;感情诉求是将产品与消费者的某种感情联系起来,激发顾客的认同感,使他们感到亲切、熟悉或向往等,如以产品所体现的生活口味、精神风貌、社会阶层、情趣偏好等来激发消费者的共鸣。

②按怎样的顺序叙述? 即向目标顾客传输的信息的结构是怎样的。常见的促销信息的结构主要有:结论式、单面式、双面式三种。结论式信息结构是指向目标市场传输的信息是已经被证明的,顾客只能接受这一结论。例如:我国"两面针"牙膏的促销信息强调"两面针"植物的医药保健作用,是被科学界已证实的,是结论性的。单面式信息结构是指在促销中只宣传产品的优点。双面信息是指在促销中优点、缺点同时宣传,以供顾客思考。一般来讲,在产品促销中,双面信息更具有说服力,其效果也更好。

③采用何种信息格式? 即用什么符号进行叙述。促销策划者必须为促销信息设计具有吸引力的形式。例如:在杂志广告中,营销策划者应该确定广告的方案、标题、字形、构图、颜色等;在广播广告中,要仔细考虑播音员的声调、语音、语速、配音、伴音等问题,使它们能够协调统一,与广告的产品个性相适应;在人员促销中,促销人员要注意自己的面部表情、举止,要选择恰当的服装、服饰、姿态、发型以及促销语言等。

④谁来表达? 即选择何种信息载体。在电视广告促销中,对模特的选择常常决定着信息的效果。名人常是促销策划者考虑的首选模特,因为他们的名人效应常使目标市场上的消费者模仿他们的行为,但是选择的名人的个性一定要与广告产品的特征一致,否则就会淡化甚至歪曲已经建立起来的品牌形象。

3)制订促销方案

①确定规模。根据费用与预期目标确定促销投入。

②选择激励对象。激励对象的范围、类型和数量会直接影响到促销的最终效果。

③传播促销信息。如何将促销信息迅速传递给促销对象,将关系到促销方案能否得到贯彻。

④把握促销时限。一是要控制促销时间长短,不宜过短或过长;二是要选择恰当的时机,如可选择季节、年节、假日及某些特殊日子作为促销时机。

4)选择促销方式

促销方式多种多样,企业应根据具体情况和销售目标,使用一种或组合使用多种促销工具,以实现最优的促销效益。选择促销方式时还应考虑市场类型、消费者特点、竞争状况和促销预算及每种促销方式的成本效益等因素。

5)建立反馈系统,评估促销效果

促销策划者在促销方案执行完成以后,还要调查目标市场的消费者对这些活动的反应,他们对品牌或企业的态度的变化,他们的购买行为发生的变化等,以便评估产品促销的效果,为以后的促销决策提供客观依据。

1.2.2 促销策划的基本形式

企业的促销策划一般有以下几种形式:

1)独立策划,独立实施

由企业内部组织完成促销程序的全过程,实施环节也由内部促销组织完成,销售部门只是提供方便。通常在促销方式与企业业务活动没有直接关系时,这种情况较多,如促销性质的公关活动、形象促销广告、日常辅助性促销业务等。

2)独立策划,联合实施

研究、策划环节由企业内部促销组织独立完成,实施环节由策划部门和销售部门相互配合、共同完成。促销活动涉及销售部门、存储、物流部门等,实施环节的联合就是必然的了。

3)联合策划,联合实施

由企业内外促销组织和销售部门共同进行促销策划,共同实施。比较大型的促销策划,一般会采取内外结合、相互协调、统一监控的组织方式。

1.3　促销策划应注意的问题

1)注意与其他促销手段配合使用

销售促进是与广告、人员推销、公关宣传相并列的四大基本促销手段之一。如果说销售促进是企业销售的开路先锋和推进器的话,那么,其功效的发挥还有赖于广告为其创造有利的销售环境,人员推销为其充当实现销售的保证,公关宣传为其塑造形象,因此,最佳的促销策略应是销售促进与其他促销的组合使用。另外,销售促进作为一种短效的强刺激手段,它的使用不能过度,否则会使其效率递减,产生负效应。如过度的让利降价,会让消费者对商品的质量和企业的诚意产生怀疑,使企业形象受损。

2)注意有关法律、法规对促销的约束

企业促销必须遵照有关法律、法规的要求进行。例如:《中华人民共和国反不正当竞争法》第11条规定:"经营者不得以排挤竞争对手为目的,以低于成本的价格销售商品。"第13条规定:"经营者不得从事下列有奖销售:采用谎称有奖或故意让内定人员中奖的欺骗方式进行有奖销售;利用有奖销售的手段推销质次价高的商品;抽奖式的有奖销售,最高奖的金额不超过5 000元。"随着我国法律制度的完善,法律对促销的约束会更加严格。对尚未制定约束条款的促销行为,企业应从政策允许和商业道德的角度判断其合理性,对有损于商业道德和企业形象的行为应加以杜绝。

3)促销活动切忌背离了市场营销观念

现代促销活动实质就是企业与顾客进行信息沟通。在促销沟通中,企业是主动的,信息选择与安排完全由企业决定,顾客是被动的;企业是有组织、有计划的专业操作,而顾客是分散的、个别的。很显然,企业与顾客之间在信息、商品知识、理性和专业水平等许多方面是不对等的,这样的促销沟通十分有利于企业,从某种程度上看,这是一种由企业操纵的沟通活动。企业在许多方面占有绝对优势,而顾客占有的优势较少。因此,很容易造成企业在促销沟通过程中错误利用这些优势单纯为企业盈利服务,甚至不惜损害顾客利益,从而使促

销活动背离市场营销观念。具体表现在：

（1）促销宣传只求轰动效应，做表面文章，脱离产品实际功能、质量水平、技术创新等，误导消费者

比如，现代空调概念就是提供"健康舒适的室内空气"，即通过应用不断智能化的设备和综合技术对空气进行调节，从而使空气的温度、相对湿度、气流速度、洁净度和品质符合人们的生产科研及生活要求。而1999年我国少数空调制造企业为了寻找新卖点，利用消费者对健康的强烈愿望，借健康、保健、杀菌等字眼进行过度包装炒作，吹嘘健康新概念，把原本比较简单的技术、功能吹得神乎其神。实际上现有的几种空调对健康的作用非常有限，并没有实质性的技术创新。

（2）服务承诺大打折扣

在技术较成熟、近期内不可能有重大技术创新的行业内，不同厂家生产的同类产品的功能、实体质量差异很小，竞争取胜的关键转移到服务上。稍微留意各种家用电器产品的广告，就不难发现，各种服务承诺可谓花样繁多，有些已经到了让人感动的程度：新飞有"绿色通道"；小鸭有"超值"服务；春兰有"金牌"服务；海尔承诺24 h服务到位，延长保修期；海信承诺7项免费服务，等等。但有些服务承诺往往大打折扣，在不少企业眼中，服务仅仅是一种促销手段，不是产品的组成部分，可以随意改变服务项目和内容。在企业费用预算中，服务开支成了弹性最大的项目。

（3）夸大促销的作用，在提高产品质量上进取心不足

如舍得花费巨额广告费，而在技术改造、产品质量提高上舍不得花钱，不愿意在企业内部管理上下苦功，一味寄希望于促销会给产品带来销售奇迹。其实满足消费者需求主要靠适销的高质量产品和服务，而促销仅仅起辅助作用，企业这种舍本求末的行动显然是不可取的。

要使促销遵循以顾客需求为中心的原则，则应做到以下几点：

①坚持双向沟通。市场营销观念的核心是在满足消费者需求的前提下实现企业自身的经营目标，因此，现代促销沟通必须是企业与消费者之间的双向沟通。沟通的立足点是熟悉消费者需求，即制订促销方案时必须经过科学的市场调研。促销方案执行过程中能够提供机会使消费者主动参与，并及时收集反馈信息。另外，满足消费需求的最低标准就是不损害消费者利益，企业在开展营销活动中必须承担社会责任。因此，在促销过程中重视营销道德建设肯定有助于满足消费者需求。

②教育消费者,使沟通双方在信息、商品知识等方面的差距缩小。消费者教育主要是传授消费知识和技能,如产品知识、购买知识、使用保养知识、消费者权益保护知识等,使消费者能够理性购买和消费。

③加强立法和执法保证。保护消费者利益,除了企业道德自律外,还应借助法律手段。如果立法完善、执法机构健全且执法严明,将对企业形成一种强制性的压力,使企业感到如果不按市场法则从事经营活动,必将遭到市场规律与法律的制裁。

4) 不能单纯利用降价促销,要寻找其他促销诉求点

确定促销诉求点是制订促销方案的关键。促销诉求点是针对目标消费者的需求特征、消费心理和他们对产品某些特点的追求形成的。有效的促销诉求点必须个性突出,不同于竞争者,能塑造与众不同的形象。但近几年来,我国绝大多数企业热衷于降价或变相降价促销,如打折、优惠、买一送一等,忽视其他促销诉求点,从而引发了一场场价格战。究其原因主要是我国经济开始走向相对"过剩经济"时代,同行企业之间的竞争加剧。许多企业由于尚未积蓄足够的创新能力,只能以最原始、最初级的降价促销吸引消费者购买,特别是被迫降价跟进的企业,不惜牺牲利润。采用降价促销相对于其他促销手段较易实施。在我国市场上绝大多数商品需求价格弹性较大,其原因在于我国绝大多数消费者属于中低收入阶层,理性程度较低,对价格比较敏感,不太注重质量、服务等。

值得一提的是,降价促销必须具备一些前提条件,它是把双刃剑,不是最有效的促销诉求点。采用价廉诉求点必须具备两个前提条件:一是该类产品需求价格弹性较大,价格略为下降会引起需求较大幅度增加;二是必须以成本降低为前提,能够不断提高劳动生产率、降低生产与销售成本。否则所谓市场占有率上升是企业出让自己的利益换回的,而有盈利能力、盈利空间的市场占有率才是企业所应追求的。非理性的降价促销乃至价格战,会导致企业利润过低,不利于技术创新、售后服务及扩大生产规模。消费者在短期内得到一定实惠,但是他们的长远利益将受到威胁,比如新产品享用、产品质量、售后服务等可能得不到保证。大幅降价让基层经销商苦不堪言,经销商的利益得不到保障,并造成零售价格混乱。在高度同质市场,竞争者发动价格战,除了跟进别无选择。但同质市场是极为罕见的,在日常生活中所接触的大多数市场是异质的,因此,促销诉求点的选择不必局限于价廉,可以有多种选择,如创新、质量、品牌、服务、形象、文化、情感等。采用降价促销诉求点不符合消费者需求变化。随着社会经济的发展、人们收入水平的提高、消费心理的成熟,消费者行为越来

越个性化、多元化和理性化。人们对价格的敏感性逐步减退,价格因素的决定性越来越小,不同收入水平的消费者追求不同价位的同类产品。如目前我国消费者对家电产品的选择更多地集中在品牌、性能、质量、规格、款式和服务上而非价格上。因此降价促销肯定不是唯一的、最有效的促销诉求点,而培植和采用其他非价格诉求点才是促销的必然趋势。

5) 要注意与顾客建立长期稳定关系

不少企业在促销时往往局限于如何最大限度地招揽新顾客,不断扩大产品销售区域和市场份额,实现利润增长目标。但近年来这种促销策略导致了顾客增加有限、促销成本居高不下、促销效率低、企业效益不好的被动局面,根本原因在于忽视与顾客建立长期稳定关系。

(1) 要兼顾新老顾客

在买方市场条件下,由于竞争激烈,想要不断赢得新顾客是不容易的,争取新顾客比维持老顾客的成本高出许多。把促销重点放在吸引新顾客上,必然对现有顾客重视不够。在企业拼命"挖墙脚"的情况下,受到冷遇的现有顾客必然流失。

(2) 重点维护现有顾客

按照意大利经济和社会学家帕雷托的 80/20 营销法则,企业经营利润的 80% 来自于 20% 的重要顾客的重复购买。因此,企业促销重点应放在这些重要顾客身上,与顾客建立长期稳定关系,如建立顾客数据库等。通过数据库建立和分析,帮助企业准确了解顾客需求信息,对产品进行科学准确的定位,收集和分析顾客对产品和服务的反馈信息。企业要认真对待顾客来信和来电,或进行顾客满意度调查,全面把握顾客对产品和服务的态度、看法、批评和建议,从顾客提出的众多问题中归纳出企业经营中存在的缺陷,为改进产品及促销提供依据,培养本企业产品的忠诚顾客,如建立顾客优惠卡制度、组建消费者俱乐部、进行消费者教育和培训等。

本章小结

本章是全书的入门知识,包括促销与促销策划的基本定义、特点和作用;促销策划的基本环节和类型;实际策划促销方案时应注意的问题等。本章对促销和促销策划的分析包括了狭义和广义两个角度,目的是使读者扩大视野,对促销这一特殊营销手段和要素有比较全面的了解和认识,为深入研究和应用销售促进手段提供理论基础,同时为以后学习促销组合知识打下基础,避免就促销论促销,也便于读者对广义的促销与现实社会中广泛应用的促销(即销售促进)有一个清晰的认识。

思考题

1. 何为广义促销和狭义促销?
2. 促销具有哪些特点?
3. 促销的现实效用有哪些? 其发挥作用的前提是什么?
4. 什么是促销策划? 其基本环节是什么?
5. 促销策划有哪几种主要类型?
6. 促销策划应注意哪些问题?

能力训练

以抽签形式把全班同学分为 10 个小组,每个小组负责一个行业或一类产品,分别收集当地市场近期企业所开展的促销案例,汇总后分析其特点及规律,并评价各种促销案例的优缺点。

案例分析

重庆商家促销出怪招　满 500 送帅哥

"三八"节临近,重庆市内各大商场纷纷推出了各种促销活动,一家商场更是出了奇招:凡是"三八"节当天累计消费满 500 元的女士,都可以到商场 5 楼领一个帅哥回家,免费进行 3 h 家政服务,服务范围包括修水龙头、装灯、送水、买米、洗衣服等。那么,这些帅哥又是何方人士? 商场方面解释说,他们是包括店长在内的高层行政管理人士。

新鲜事一出炉,立即吸引了很多市民的关注。一些市民说:送一个"帅哥"服务我觉得有点特别吧,也可以接受。反正有一个人免费做这些事情也是不错的吧。但也有不少人对此提出质疑,认为"送帅哥"是商业炒作。"三八"节的意义是倡导男女平等,而不是压抑一方来抬高另一方。

资料来源:http://www.sina.com.cn 2006年03月08日 CCTV《第一时间》

分析与思考:该商家采用的促销手段妥当吗? 谈谈你对促销创新的理解。

◇经典促销故事

5月12日是母亲节,长甲集团百消丹以此为品牌促销切入口,举办免费送鲜花、送祝福活动,为杭州市1 000余位母亲送上一份特别的节日祝福。"打个电话,我们就会把您最想和妈妈说的话与一盆鲜花,在母亲节送到您的母亲手中。"这一别出心裁的活动,得到广大市民的赞誉和踊跃参加。短短的3天时间,打电话参与活动者超过1 000人:"妈妈,您是儿子永远的港湾,不论走多远,最后都要回到您的怀抱""妈妈,真的感谢您,您是女儿永远的最爱""妈妈,我爱您到永远"……

当儿女们饱含深情的话语随着一盆盆鲜花,一起送到一位位母亲的手中时;当看到一个个母亲捧着鲜花,脸上绽放出比鲜花还灿烂的笑容时,浓浓的母亲节氛围也在杭城洋溢开来。许多参加了这次活动的市民表示,非常感谢此次活动的举办者——长甲集团百消丹。送鲜花、送祝福,本身并不稀奇,重要的是它提醒了人们对母亲的关怀,是长甲集团百消丹的这次活动,给了他们一个向母亲表达爱意的绝好机会。一时间,长甲集团百消丹举办的母亲节活动成为市民关注的热点。

母亲节送花,是企业的一种促销方式,与其他促销形式相比,百消丹送鲜花、送祝福的亮点在于:企业在宣传自己形象的同时,很好地考虑到了消费者的接受程度,提醒人们关心母亲、珍惜亲情。的确,现代社会由于工作、生活的忙碌,很容易忽视亲情的沟通。百消丹送鲜花、送祝福活动恰恰勾起了人们亲情沟通的冲动。百消丹的这一活动加强了与消费者的沟通,引起了消费者的广泛共鸣,可谓独辟蹊径,值得借鉴。

资料来源:中国国际关系促进会

第2章
拉式促销策略（上）

【学习目标】

通过本章学习，了解企业在终端市场上可以运用的各种促销手段和形式，掌握对消费者促销的各种拉式促销策略及其运作程序、步骤、技巧和艺术，并学会比较各种拉式促销策略的优缺点，培养科学的思维方式和创新能力。

【引例】

2006 年夏秋之交，正值酷暑天气，是销售清凉冷饮的最好时节，国内外冷饮厂商抓住时机，纷纷出招促销，沿街巡游、抽奖、送礼等促销形式花样百出。山东青岛台东步行街，一饮料商家突发奇想，利用消费者爱美、好奇的心理，专门邀请两位妙龄女士，在一特制"冰柜"里手持新产品摆出各种姿势，吸引了不少行人注目，生意也很快火爆起来（见图 2.1）。

图 2.1　饮料商家促销邀请美女在特制"冰柜"内摆姿

2.1　拉式促销策略概述

企业的促销活动是一个系统工程，涉及企业内部和外部的各种关系。内部促销主要针对销售人员。外部促销包括对消费者、供应商和经销商，针对消费者的促销是终端客户的促销，属拉式促销模式；针对供应商和经销商的促销是通道的促销，属推式促销模式。本章和下一章主要研究终端客户的促销策略即拉式促销策略，在第 4 章中将论述通道的促销策略即推式促销策略。

随着社会主义市场经济的日趋完善和消费者的日益成熟，消费者需求已成为推动企业活动的轴心，正如企业家托洛·沃特林所说："要树立顾客至上的观点，花时间了解他们的需要，建立与他们联系的桥梁。"国际营销大师菲利浦·科特勒认为，促销是刺激消费者或中间商迅速或大量购买某一特定产品的促销手段。事实上，在信息技术迅速发展的今天，虽然产品之间的质量和服务差别正在逐步缩小，但消费者对价格的敏感程度并没有随着生活水平的提高而减弱，反而越来越强，有时甚至成为促成交易的决定性因素，世界 500 强之首沃尔玛 40 多年来靠低价取得全面成功的例子就是一个很好的说明。促销正是以价格作为核心手段所展开的营销活动。任何促销活动都是建立在向顾客让利的基础上的，它是传统营销组合四大要素中最具有直接实效的一个要素。因此，做好促销活动的策划和规划，对企业迅速打开市场，扩大销售和提高效益具有十分重要的意义。

最早的促销活动主要是对消费者的促销活动，产生于美国。早期的促销主要是折价促销活动,使顾客得到实惠,这种促销活动迎合了人们的求实惠心理,激发消费者的购物兴趣,促进其购买行为的完成,从而达到扩大销售的目的。现代促销与早期促销相比,无论是范围、形式还是技巧都要广泛和丰富得多,几乎包括了所有能在短时期内刺激需求和鼓励购买的各种营销手段,如折价促销、赠品促销、优惠促销、奖励促销、印花促销、会展促销、游戏促销、赞助促销、会员制促销、广告促销、文化促销、服务促销、包装促销,等等。在我国经济进入持续高速发展时期,一方面,新技术新产品日新月异,层出不穷,市场产品的更新换代周期越来越短;另一方面,买方市场的格局长期存在,刺激消费,扩大内需,已成为企业生存和发展的关键。因此,在现阶段,对消费者进行有效促销,扩大市场销售和市场份额,已不仅仅是企业为推销产品而在短期采取的权宜手段,而是企业长期发展战略中的重要环节,对消费者促销战略已成为企业营销战略的重要组成部分,是企业竞争的基础,也是企业可持续发展的重要因素。

2.2　折价优惠促销策略

2.2.1　直接折价促销

现实生活中,"折价"是最常见的一种促销方式,在国内任何有商品交易的市场上都会见到诸如"全场8折""换季大折价""跳楼价""大出血贱卖""清仓大减价""节日让利价"等,五花八门,形形色色。特别是当你走入某些城市的"步行街"时,一家接着一家挂出各种"买就赠""满就送""满就减"……折价的招牌,令你难以取舍,有时会倾囊而购,但有时也会望而生疑,不知哪家才是真正的折价。

事实上,市场上相当部分的"折价"并不一定是真正的折价,仅仅是一种诱饵,其打折之后的价格往往就是正常的市场价。而商家标出的所谓"原价",实际上是高于市场平均价格的"虚价"。真正意义上的折价,是指厂商通过调低产品的正常售价,以优待消费者的方式促进销售。这种以直接降低正常售价,让消费者获得实惠的形式可提高消费者对零售点商品的关注度,在促进零售点的销售方面极为有效,它对短期销量的提升具有立竿见影的效果。因此,常被企业广泛用作销售不畅的解药。

折价促销策略一般适用于重复购买频率比较高的日用消费品,在特殊时期

（如厂庆、店庆、较大的节假日、重大社会事件发生时段等）也可用于耐用品（如家电产品、商住楼、汽车等）和某些服务项目（如照相、美容、娱乐、旅游等）的促销。折价促销方式应简单明了，一目了然，使消费者第一视觉就知道本商品究竟便宜了多少。例如："原价 10 元，优惠价 8 元""成衣类 8 折特价、洗涤类商品6 折特价"……这些方式就非常直接明了。又如：海信电视贺新年元旦大放价促销活动，共有 16 款海信系列电视机折价，最高折价额达 6 000 元（见图 2.2）。

图 2.2　海信电视贺新年元旦大放价

图 2.3　B&Q（石安居）国际装饰建材
连锁店低价促销复合地板

再如：南京市 B&Q（石安居）国际装饰建材连锁店低价促销复合地板活动（见图 2.3），配合系列产品连动低价，吸引众多消费者关注。

再如：广州摩登百货商店，利用全国少数民族传统体育运动会召开的机会，向特定的消费者发放白金优惠卡的形式折扣促销，取得了成功（见图 2.4）。

图 2.4　广州摩登百货商店白
金会员卡折扣促销

图 2.5　别具一格的书店折价广告

由于直接折价方式简单、直观，几乎所有商家都会经常选用，因此大多数消费者对此类促销方式都习以为常，不轻易被打动。为此不少经营者别出心裁，把折价信息寓于某种幽默风趣的意境中。例如：某书店打出了这样一条折价广告（见图 2.5）。

2.2.2 "套餐式折扣"促销

"套餐式折扣"促销,是指企业把同一品牌下的系列产品,或同一公司生产的系列产品,或同一产地的较有特色的地方土特产预先配套,消费者按配套购买即可获得一定的折扣优惠。这种套餐式折扣促销方式一般会使消费者获得比单种商品购买时低20%~50%的价格实惠。通常是在企业有两种以上的产品品种时,为同时推销数个产品,或为了推出地方系列土特产品,提高地方知名度时而采取的促销方式。有些情况下,这一方式也可用来带动企业中的某个滞销品种的销售,起到平衡库存的作用。

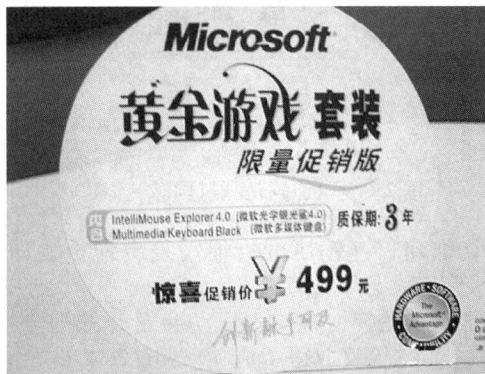

图2.6 微软的"黄金套装"促销活动

例如:微软的"黄金套装"促销活动(见图2.6),采用微软的黑色多媒体键盘和微软 IE4.0 鼠标的组合,对于大多数消费者来说,已经算是游戏玩家必备的梦幻配置了。根据零售价看,微软多媒体键盘售价在 270 元左右,而行货微软 IE4.0 鼠标的售价在 330 元左右,单独购买需要 600 元,而这个套装售价仅为 499 元,直接为消费者节省了 100 元,将"超值"二字体现得非常直观。

厂商对于微软黄金游戏套装提供 3 年质保,限量促销,适合喜欢射击游戏的玩家购买。

又如:2000 年,武汉市某小包装油的经销商承接了山东一个花生油在武汉的销售工作,经销商经过研究发现,当前的首要任务是进行花生油这个新产品的推广,那么最先推给谁呢?经销商又研究了一个普通家庭在包装油上的购买者、使用者、得益者这三者之间的关系情况,发现在有老人的家庭,每天的买菜等工作都是由老人做的,因为年轻人每天要赶着上班,没时间,但晚上回来做饭则又是年轻人多,也就是说,老年人是购买者,年轻人是使用者,那么这个活动就要放在购买者身上,也就是这些老年人。而武汉许多老年人会在早晨六七点去市区各大公园进行晨练,活动到七八点之后再去菜市场买菜,每天早晨的活动路线基本上是家—公园—菜市场—家。

也就说是,当这些老年人在公园的时候身上是有钱的,所以促销活动的场地应放在公园。又因为这些老年人早晨出来身上带的钱很有限,而且绝大多数在 50 元以下,买完菜一般也就剩十来元钱,即便是在公园的宣传得力,动心买,也不可能去买几十元一瓶的大中型包装,那么合适的选择是 10 元左右的产品。再者,老年人对信息的关注重点是在身体健康上面,毕竟年纪大了,身上都有点毛病,这个信息点比较容易引起老年人的兴趣和关注。且公园里聚集的老年人很多,很容易产生信息的传播。还有,老年人的消费观念比较复杂,有的比较想得开,能吃就吃,能喝就喝,也有许多老年人一辈子节约惯了,一分钱恨不得掰开两半花,但有一点是共同的,绝大多数老年人都喜欢眼见为实的东西,价格游戏和抽奖不适合他们。

综合这些情况,经销商设计了这样一个促销推广活动:

时间:每天早晨五点半到八点

地点:全市各大公园

促销主题:健康新生活,××花生油

促销形式:一支 900 ml 的花生油,一包山东粉丝,一个开瓶器,一个防水手提袋(适合买菜用)组合而成的套装只卖 10 元。

附加形式:聘请了医学院的学生免费给老年人测量血压血脂,咨询视力和肠胃等方面的健康情况。

宣传形式:大幅的宣传板,以图形的形式讲解高血压与高血脂的形成原因,以及正确选择食用油与缓解病症之间的关系。

这个活动坚持一个月后,大批的 900 ml 花生油由千千万万位老年人带入千千万万个家庭,实现了尝试性使用。配合后续的社区促销推广活动,为后来的卖场销售打下了良好的基础。

2.2.3 以旧换新折价促销

现代社会越来越多的"耐用品"出现在家庭生活中,如家用电器、成套厨具等,消费者初次购买后,可能会用相当长一段时间后才会再次购买,这是厂商们最不愿面对的。"以旧换新"可以很好地解决这一难题。

所谓"以旧换新",是指厂商通过以旧产品换购新产品的形式,提高废旧产品的回收价值,刺激消费者提前购买产品的促销策略。以旧换新的促销策略一般适用于生活必需的耐用品。其方式又可分为同品牌产品换购和同类产品换购。前者只针对已购买本企业产品的消费者进行促销,它的前提条件必须是本企业生产的产品才能换购,其他企业的产品不予换购;后者是针对所有使用此类产品的消费者进行促销,只要是同一类产品,不管是哪家生产的,均可以用旧产品换购新产品。这一促销策略,其关键因素在于厂商用高于市场平均价格回收旧产品,使消费者虽然提前丢弃了仍能使用的旧产品来购买新产品,但仍觉得"合算"。"以旧换新"促销策略对厂商为打开新产品销路,迅速占领市场具有重要的作用。

以旧换新实际是将旧商品作为折价券使用的促销方法。商家在采用这一方法时,也许所回收的旧商品并没有多大的利用价值,甚至毫无用处,但为了消除因旧商品存在而形成的对新产品销售的障碍,这一方法不失为一种有效的促销途径。

例如:江苏苏泊尔公司推出的"苏泊尔爱心厨房全体验"以旧换新活动,就是典型的以旧换新折价促销策略。

在活动期间,顾客可以用任何品牌旧压力锅折价换购苏泊尔压力锅及售价在100元以上的苏泊尔炒锅系列产品。每个旧压力锅均可折价40元,而市场上一只废旧压力锅的回收价大约在15元,这40元的差价足可以刺激不少家庭主妇前往换购(见图2.7)。

图 2.7　苏泊尔爱心厨房全体验

图 2.8　创维电视超低换机大行动

又如:南宁市深南城百货超市的创维电视机以旧换新折价促销活动,最高折价可达400元,其折价的刺激力更大(见图2.8)。

再如:创维云南分公司2013年11月28日—12月8日,联手五星电器,发动"4K普及风暴",以空前力度的"以旧换新"活动推动4K产品普及。活动期间,只要到五星电器各店创维专柜参与换购,旧家电不限品类,不论品牌、大小、好坏均可参与,并可享受每台 400 元的补贴特惠。同时,创维也将针对旗下多款机型进行特价促销,如 42 寸网络 LED 电视仅 2 799元,47 寸硬屏 3D 电视仅 3 599元,55 寸智能 3D 电视仅 4 999元等。为昆明消费者提供了更换不安全、不健康、不节能旧电视,升级 4K 新"视"界的好机会。

再如:三星 GALAXY S4 手机,网上其他电子商售价一般在 4 000元以上,在京东电子商务网站 1 号店上促销,只售 3 599元,消费者可以通过活动页面点击网上购买,也可通过非活动页面以旧换新购买该产品,以旧换新最高可以抵扣 3 900 元(见图 2.9)。

Samsung 三星 Galaxy S4 i9500 16G版 智能手机（WCDMA/GSM）皓月白 D50 – 比京东同款商品至少低50元 S4大陆行货,此款为联通定制机, 5英寸1080P屏幕, 双镜头拍摄, 智能暂停, 智能滚屏...

参与以旧换新, 最高抵扣3900元! 点击详情

价　格: ¥**3599**
参 考 价: ¥4699
商品评价: 已有238人评论224人提问

赠购 指商品满1件, 可换购以下任一商品 查看详情

我要买: − 1 +

🛒 加入购物车 收藏

库存状况: 北京现货, 20: 00前完成订单, 预订当天出库
支付方式: 货到付款(部分地区)/礼品卡支付/网上支付/银行转帐
商品编号: 0077848421 运费说明
服务保障: 7天退货

图 2.9　三星 GALAXY S4 手机以旧换新

2.2.4　折价优惠促销的优缺点

1) 优点

①具有较强的吸引力。在决定消费者选购商品的因素中,价格是最直接的因素,特别是在产品同质化高、品牌形象相差不大时,价格的影响力往往比其他因素更大。因此,大多数折价优惠促销在销售点上都能强烈地吸引消费者的注意,并能促进其购买欲望。而且折价往往能使消费者增加购买量,或使本不打算购买的消费者趁打折之际购买产品。

"折价"促销是对消费者冲击最大、最原始、也最有效的促销武器,因为大多数消费者都具有求实惠的心理,希望以尽可能少的支出换取尽可能多和好的商品。

有人曾做过调查,消费者看到有商场在做打折宣传时,有 70% 的消费者选择"进去看看"。做出这个选择的消费者分布在各年龄段、各收入层次、各文化程度、各职业上,从中体现出了商场打折这个促销方式对各类消费者都具有普遍的吸引力。

消费者进店后的消费行为

□ 26%的消费者受打折吸引而购买

■ 38%的消费者受打折以外的因素吸引而购买

□ 36%的消费者不购买

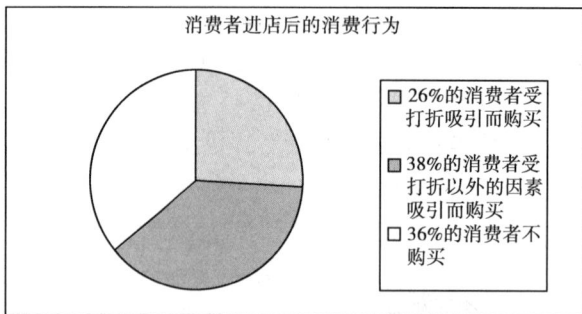

图 2.10　消费者进店后的消费行为

从上述的调查中我们还可以看出（见图 2.10），商场打折能吸引大多数消费者进店，虽然在进店的消费者中有 36% 即 1/3 以上的消费者并不购买或即使购买也并不完全是因为打折，但有 26% 的消费者是明确地为折价所吸引，其余 38% 的消费者表示决定他们是否采取购买行为的是除打折以外的其他因素，但吸引他们进店的主要原因还是折价宣传。

②促销效果比较明显。由于折价可以促进短期销量增加，因此常作为企业应对市场突发状况，或是应急解救企业经营危机的手段，如处理到期产品、减少库存积压、加速资金回笼等。为了在短期内增加产品销量，提高市场占有率，"折价"有时也常被营销部门作为"最后冲刺"的手段，以完成年度或季度营销目标。

③折价促销方式对于卖方企业来说，可以加速出货，使资金能够快速回笼。特别是"以旧换新"的促销方式，可以加速产品的更新换代，缩短产品生命周期，对消费起到了很好的促进作用。另外，"以旧换新"能够有效地刺激消费者的购买欲望，扩大产品的销售量。因为以旧换新为消费者提供了处理旧货的渠道，帮助他们解决了一些耐用消费品陈旧过时但又弃之可惜的矛盾。

④折价促销较易操作、控制。企业可以根据不同市场、不同产品库存数以及允许的预算范围，设计折价促销的时间、方式及折扣率等，相对于其他促销方式而言，其先期的准备时间和准备工作量要少得多，也容易事先做成本结算。

⑤可以抵制竞争者进入市场。折价优惠策略是最简单最有效的市场竞争手段，它可以快速吸引消费者的兴趣，使他们打破常规购买，陡增购买量，在市场需求曲线不变的情况下，其他竞争者的新产品就难以进入市场或进一步扩大销售量。

⑥可以给消费者"物美价廉"的印象。折价优惠促销还可以塑造"物美价廉、量多"的印象，能够淡化竞争者的广告及促销影响。特别是"套餐促销"方式，促销的产品丰富，折价率高，使消费者不用担心同一品种数量太多难以用完。

⑦可以吸引已试用过的消费者再次购买,以培养和留住既有的消费群。有些消费者也许通过其他促销方式如"样品赠送""优惠券"等试用或接受了本产品,或者原本就是此产品的老顾客,此时,产品的折价优惠就像再次为他们馈赠一样,能较轻易地引发他们的购买欲望。一些品牌知名度较高的产品,采用"折价"促销活动效果会更明显,因为品牌产品折价对消费者来说是一种超值享受,自然趋之若鹜。

⑧折价优惠促销能提升经销代理商和零售商对企业产品的关注度。因为大多的经销代理商和零售商都喜欢厂家进行"折价"促销,但前提是不损害中间商的自身利益。因此如果厂家在实行"折价"促销的同时给予中间商相应的"零售补贴",中间商会以积极的态度全力协助折价促销活动。

⑨为企业的业务人员完成销售任务提供支持,可以增强业务人员完成销售目标的信心。通常情况下,企业业务人员最希望公司强化产品市场推广力度,他们可以借助折价方式加快商品出售,完成销量指标。又由于举办折价促销有时间上的限制,业务员可以借此鼓励零售商大量进货,以抵制竞争品牌的威胁。

2）缺点

①折价优惠方式是短期促销行为,不能作为企业长期和经常性的营销战略。对于销售长期不畅,市场不断萎缩的产品,折价并不能有起死回生之力,即使能暂时使销售量回升,也无法扭转整个市场的颓势。

②折价优惠方式容易造成虚假繁荣。折价不能解决企业营销的根本问题,反而会因折价后带来的短期"繁荣"的假象误导营销人员,致使营销人员妄自尊大,缺乏忧患意识,不思解决之道,企业营销实力会因此而不断恶化。

③折价优惠方式容易引起消费者的误解。折价会很容易引起消费者对产品质量的怀疑,特别是那些知名度不高或市场声誉不太好的产品,消费者会以为是因为产品出了问题或积压太多才用折价方式促销。

④对某些知名度较高的品牌产品,过多地采用折价促销,会极大地伤害品牌形象。消费者会怀疑经常打折的产品质量低于售价高的竞争产品,或认为产品原本的售价就过于高,是不合理的。一般说来,一个高知名度的品牌如果打折促销的时间超过了30%,就会产生品牌危机。

⑤大多数情况下,折价后的产品难以恢复到原有价位,对企业的长期营销目标的实现带来影响。由于许多企业都热衷于折价促销,使消费者已习惯于低价格购买,价格复原反而以为是提价了。不仅如此,中间商们也会不断抱怨折价促销结束后的价格调整,甚至暂缓进货,等待下一次折价。因此,折价促销策

略的运用应慎用。

⑥折价有损于企业的利润。折价促销需要对市场进行细致的调查,并经过严密核算后方可实行,否则会得不偿失,甚至造成企业总利润的降低。

例如:假设产品的利润率为20%,如果折价9.5折,至少需增加33%的销量才能收回投资;如果折价9折,则需要增加100%的销量;如果折价8.5折,销量需增加300%。由此看到,大多数情况下,"折价促销"所带来的销售增量而获取的利润,是不足以补偿折价所减少的利润的。需注意的是,折价促销过后,已超常量购买产品的消费者会有较长时间不再重复购买,这也会影响企业的正常销售额,从而难以恢复正常的利润收入。

⑦盲目折价,容易造成虚假需求,误导厂商对市场的判断。消费者的购买行为是有其需求规律和周期性的,在特定的时期内总需求不会有太大的变化。折价促销虽然会产生超量购买与超前消费等购买紊乱,甚至买了许多过些时候才用得上或根本就用不上的商品,但消费者在总支出上是量入为出的。所以购买上的紊乱只是形成短期内虚假需求,而这种虚假需求往往给生产商一个错觉,以为产品的市场销路很好,可以增加生产,从而不利于厂家根据市场实际情况调整产品结构。

⑧折价促销无法建立和维系消费者的品牌忠诚度。折价促销所吸引的是那些对价格敏感度较高的消费者,一旦促销活动结束,他们又会马上转换到价格较低的品牌。

⑨折价促销对新顾客的吸引力较弱。折价促销商品大多是知名度不高,品牌认同度差的产品,一般的消费者不愿冒险消费,远不如"免费试用""包装附赠品""优惠券"促销来得有效。

⑩折价促销容易形成恶性竞争。折价还易引发价格战,或引起竞争对手反击行动,形成恶性竞争。

2.2.5 采用折价优惠促销应注意的问题

企业应用折价促销策略,其最终的目的是增加产品的销量。因此,如何使活动更有实效,需要注意把握好以下几个问题:

1)降价打折,必须标明真实原价

不论以何种方式进行促销,促销商品标示的价格都不能高于这次活动之前在该经营场所标示的价格。进行降价(折价)销售的,都要标明降价(折价)原因、起止时间、原价、折价、幅度及现价等内容。

2）注意与其他营销手段相配合

由于"折价"促销有着较多的负面影响，因此为消除消费者对"折价"的误解，企业应在运用折价促销的同时，运用其他营销手段加以配合，以便取得更佳的效果。例如："折价"与"抽奖"组合，使消费者除了购买时能够享受折价优惠外，还有"二次优惠"的机会，从而增加刺激的力度。

又如："折价"促销与"品牌"公关组合。由于价格折扣促销往往会对品牌形象带来负面作用，因此，利用折扣方式开展品牌公关，不失为一种两全其美的促销。

3）奖励的金额要适度

折价促销活动期间，需要给予消费者多大的让利额，是一个值得认真考虑的问题。优惠幅度并非越大效果越好，要视产品的不同而定。一般来讲折扣率应至少达到10%～20%才会比较有效。太低起不到刺激作用，等于浪费广告费；太高，企业又难以承受。对品牌知名度较低、市场占有率较小的产品，其折扣额度需要适当大一些。经验证明，如果折扣率只有原价的5%左右时，无论什么品牌，几乎都不会有什么效果。

4）活动的时间要适宜

一般情况下，举办折价促销期间的销量应比平时增加20%以上，增量最明显的是在活动初期，随着活动的进行，增长幅度会逐渐下降。因此，通常一个"折价"活动时间设定为4～6周为宜，一般不应超过2个月，否则消费者和零售商一旦习惯了折价，就很难再将价格恢复至正常水平。

5）宣传设计要简单易懂

"折价"的优惠幅度要标示得越简单易懂、越醒目明了越好，并要抓住消费者的心理来表达。如："你只需花上100元，就能买到称心如意的商品"，就不如"你只要马上行动，就能为你节约30元"更有冲击力，更能令消费者产生共鸣。因为前者是要你"掏钱买"，而后者则是"为你省钱"，在心理感觉上就不一样，当然接受的效果也会有差别。那些含蓄复杂、花哨的语句，虽具有艺术性，却让消费者难以直接感觉，效果反而不如通俗易懂的好。

6)促销活动应"师出有名"

在每次进行折价促销时,应尽量师出有名,如选择店庆、厂庆、社会大事件、各种大众化节日、企业获重大表彰等时机,且限期促销,这样才会最大限度地减轻折价对品牌形象造成的负面冲击。

总之,折价策略对企业在短期内提升产品销量确有一定的积极作用,但在运用这一策略时,更要注意对品牌形象的维护,通过品牌来纠正或减少其负面作用。同时,要正确地认识折价效果,不要受其误导,要从品牌内在竞争力上着手,使产品在市场上能长期处于竞争优势地位。

2.3　附送赠品促销策略

附送赠品是指当消费者每购买一定数量或金额的商品后,就附加赠送一定价值的同类商品或其他商品。附送赠品从本质上看是商品折价优惠的另一种形式,但它比直接折价具有更广泛的吸引力,优惠的形式也多样化和个性化,可以满足不同消费习惯和购物心理的消费者的需要。互联网上曾报道过,西安雁中路某药店推出酬谢活动,每天前100名患者可以免费领取一袋价值一元的牛奶。结果引起百余名老人在寒风中苦等两个小时,领取牛奶后,老人们一扫寒风中排队的不快,有说有笑地拿着牛奶走了。由此可见,适当的赠品对产品促销有着重要的影响。附送赠品促销的形式包括外置增量式和内置增量式两类,外置增量式包括随商品附送赠品、商品包装赠品、付费赠品、样品赠送等;内置增量式的形式比较简单,一般采用的是加量不加价的形式。

2.3.1　随商品附送赠品促销

随商品附送赠品有两种形式:一种是捆扎式,一种是附送式。

1)捆扎式赠品

捆扎式赠品促销是指将相同的数个商品捆扎在一起,以优惠价格出售,如"买10送2""买8送2"等就属于这一形式。捆扎式附送赠品的最大特点是用同类商品作为赠品,包装简单、容易操作、且成本比较低。此方式一般适用于包装性的消费品,常在单价较低、包装简单、使用频率较快的商品使用,如食品、日用化工产品等。

例如：上海中洋商务有限公司举办的"嘉芙派"买一送一奖上奖促销活动，在活动期间，实行"买一送一"优惠，即凡购买一包 150 g的

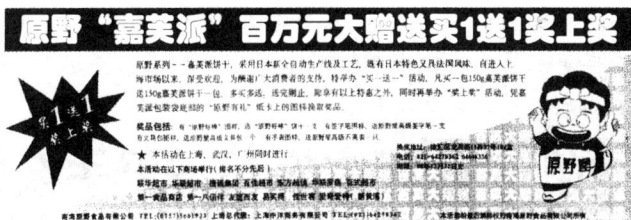

图 2.11　"嘉芙派"买一送一奖上奖

"嘉芙派"饼干，可获赠一包同规格产品，多买多送。此外，凭"嘉芙派"包装底部的"原野有礼"纸卡上的图样还能换取奖品（见图 2.11）。

2）附赠式赠品

附赠式赠品促销是指当消费者每购买一定数量或金额的商品后，就附加赠送一定价值的其他商品，如"买一送一""买二送一""买四送一"等，就属于此类。附送的赠品根据需要和大小有在产品包装内、捆扎在包装上和放在产品包装外三种形式，在销售时与出售的商品同时配赠。附送赠品包括包装内赠品、包装上赠品和包装外赠品。

（1）包装内赠品的附送形式

包装内赠品一般属于体积小、价格低的小商品，它用于放在所促销的商品包装内附送。如一些高档瓶装酒包装盒内赠送精巧别致的工艺品、打火机等，又如万事食品的"奇多"粟米脆包内所附的小玩具，桂格公司船长麦片包装内的海豚模型玩具等，都深受小朋友们的喜爱，并为了成套收集而不断重复购买。运用这种促销方式，是满足消费者为了得到赠品而去购物的心理。赠品往往是诱使消费者产生购买产品的欲望，这样就达到了扩大销售额的目的。通常赠品的成本是低廉的，或者计入某产品的零售价格中。

（2）包装上赠品的附送形式

包装上赠品是将所送礼品附在产品上或产品包装上，如用胶带将赠品与商品捆扎在一起，或用透明塑料胶片制成外盒将产品与赠品放在一块等。如：

"福临门"食用油加护手霜，好油好手烧好菜

在 1999 年的元旦、春节前后，军海粮油工业（张家港）有限公司为报答广大消费者，决定采用附送护手霜的形式进行促销。活动期间，购买福临门食用油 1

瓶,即可获赠东洋之花绵羊奶护手霜(40 g)一支。同时在促销广告上配上一段充满关爱的词语:"元旦、春节在即,为给全家做出一桌好菜,您辛苦了! 操劳的双手更容易在忙碌中不知不觉受到伤害。这个冬日,福临门送上护手霜,滋润好主妇为全家操劳一年的双手。"(见图2.12)

图2.12　"福临门"食用油外加护手霜,好油好手烧好菜

又如:联合利华公司在收购了"老蔡"品牌后,为了将其旗下的"夏士莲"洗发水进行推广,特意用来作为促销"老蔡"酱油的赠品,既实用又起到品牌互助作用(见图2.13)。

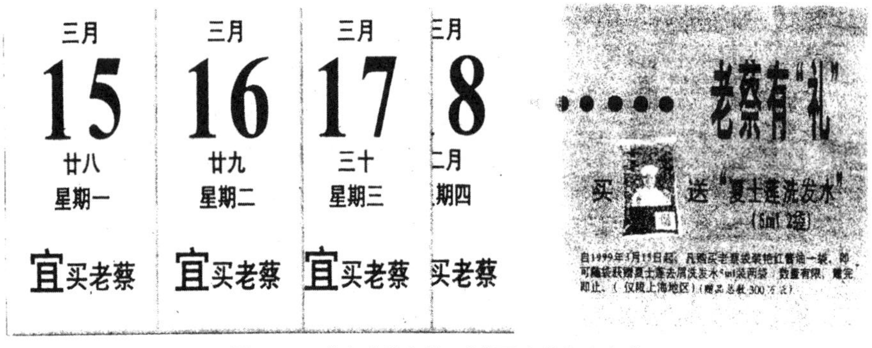

图2.13　"老蔡"有礼,送"夏士莲"洗发水

在活动期间,消费者在指定的地区(本次活动仅限上海市)购买1袋"老蔡"艳红酱油,可随袋赠2袋"夏士莲"去屑洗发水5 ml,赠品总数达300万袋。

(3)包装外赠品的附送形式

有时由于需要把一些贵重赠品或体积大的商品作为主促销商品的附赠品,或是为了减少捆扎的工作量等原因,无法将赠品与促销商品附连在一起出售,在这种情况下,赠品通常集中堆放在商场(店)内靠出口的地方或场子外,待消费者购物后凭购物小票到领赠品处领取。如柜台内空间允许,也可将赠品放在柜台内,在消费者购物时由售货人员或促销人员把赠品交给消费者带走。

例如:成都茗桂轩粤菜大酒楼推出"吃饭送黄金"促销活动。顾客只要在酒楼一个月内消费至2 000元以上即可获得酒楼赠送的千足黄金。公司首批促销赠品就有价值20万元的黄金制品。活动开始的当天就有一位女士在酒楼购买了一张价值达5 000元的贵宾卡。茗桂轩准备的这批千足真金是由香港飞大珠宝公司提供的,每件都有证书证明其货真价实。又如:台湾的爱之味公司推出的"爱之味"买二送一套餐装活动,消费者只要到各大超市和卖场购买"爱之味"的甜辣酱、花生面筋,即可获赠价值8元的脆瓜(或菜心)1瓶(从中选一)。

再如:联想彩屏辞典手机破1 000元暑期促销大行动,就是在包装外附送赠品的形式促销。其活动的内容是:消费者只要购买一款联想彩屏辞典手机G620C,便附送运动背包一个(见图2.14)。

图2.14　暑期联想彩屏手机促销大行动

图2.15　糊来王百万杂粮现场
免费大派送促销行动

还有糊来王公司举办糊文化年大型活动——百万杂粮现场免费大派送,消费者购买任何品牌豆浆机,均可凭发票领取五谷营养礼包一袋(见图2.15)。

再如:清华同方电脑曾开展名为"送你一次疯狂"的开学赠品促销活动。从9月1日至10月9日,凭学生证购买同方钢铁侠X46H的顾客,可以免费获赠价值699元的超时尚无线路由器+高端NBA限量耳机至酷开学装备包。本次大规模的开学促销活动在全国多个城市同时展开。活动深入至合肥、天津、成都、重庆、北京、青岛、济南、上海、广州、深圳、南京、苏州等城市地区的上千家同方电脑专卖店。学生用户在购机之时,凭学生证登记,即可免费领取神秘礼品,同时获得前往同方实习的抽奖机会(见图2.16)。

图2.16　清华同方电脑"送你一次疯狂"开学赠品促销活动

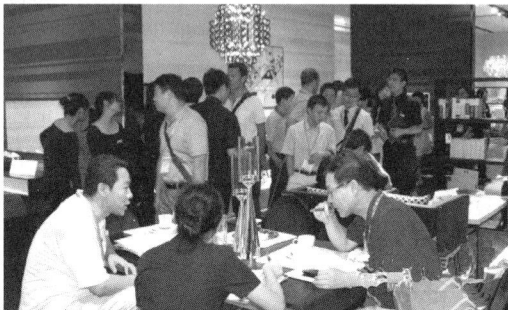

图2.17　斯帝罗兰家具"时尚绽放,幸福牵手"主题国庆促销活动现场

有些赠品促销活动打破了传统的促销模式,如斯帝罗兰家具推出的"时尚绽放,幸福牵手"主题国庆促销活动,就改变了行业促销旧俗,厂商联手促销前营造购买氛围,赠品签单就送。活动自2011年9月1日开始到10月10日结束,该活动"全家幸福"及"相亲相爱"两个"黄金搭档"的套装,最给力的时尚生活消费,沙发、软床、餐厅、客厅家具,以低的折扣优惠,并签单满额即送小皮凳、记忆枕。为了吸引顾客眼球,聚集商圈能量,对竞争对手形成一种威慑力,广州、北京等专卖店提前布置促销氛围,采用买赠形式,用赠品与节假日的特殊优惠政策促进签单的达成,并在中国团购网等媒体发布促销信息,提前一个月就制作了小区广告喷绘、条幅、报纸、X展架等(见图2.17)。

2.3.2　商品包装赠品促销

将产品的包装本身作为可利用的赠品,这是附送赠品的又一形式。《韩非子》中曾记载一个"买椟还珠"的寓言故事。故事说:楚国有个珠宝商人,到郑国去做生意,所带的一颗珍珠又大又圆,晶莹可爱。为了吸引顾客,使珍珠卖个好价钱,他用名贵的木兰木做了一个十分精致的盒子——"椟",用桂椒等香料把盒子熏得奇香无比,并用珠玉、玫瑰红宝石、翡翠等把盒子装饰起来,真是漂亮至极。郑国人对那个金碧耀眼、浓香扑鼻的盒子赞不绝口,有一个顾客以高价买了下来,打开盒子见里面还有一颗珍珠,以为是卖主遗忘在里面的,便把珠子取出还给了楚国商人。

韩非借墨家弟子田鸠对楚王讲的这个故事,本意是用来讽喻那些徒取外表而忘其内容的人,劝诫人们不要迷恋华丽的语言外表,忘记了它们的实际作用。但是,这则寓言故事又从另一个方面表明了商品包装的重要性,人们在购买商品时,只有对商品的外观有一个好的印象才能激起购买的兴趣和欲望。如果商品的外观不好,就会对顾客失去吸引力。设计精美和有再使用价值的商品包装,往往会成为消费者购买商品的决定因素之一。如:速溶咖啡喝完时可以将其精美的包装盒用作食品罐、玻璃开水杯、茶杯或者糖果盒。我国山东阿胶枣的竹制包装盒,用来盛装杂物,既实用,又雅致。法国有一家葡萄酒酿造厂,每到葡萄成熟酿成酒后,就请一位著名的画家专门为此创作一幅作品,作为本期酿造的葡萄酒的瓶贴。久而久之,这种结合美酒与艺术的瓶贴引发了许多收藏家的兴趣,也激起了消费者的购买欲望和意念。某市七喜电

图2.18 七喜电脑新奇促销,礼品盒上演精美秀

脑门市摆着很多红色的礼品箱。乍一看,好像不是卖电脑的,卖喜庆产品更确切一些,让人联想到过年时大大的红包。原来是七喜电脑在大搞促销活动,凡购买门市内的台式机和笔记本都有好礼相送。这些红色的箱子是空的,只不过如果你购买了店内的产品,就有相应的赠品装在里面,让你有一种满载而归的喜悦。这些红色的礼品箱,为促销活动增色不少,装点门市喜气不说,还特别吸引顾客的目光(见图2.18)!

2.3.3 付费赠品促销

付费赠品是指在购买指定的商品之外,让消费者再支付一定的费用方可得到赠品。这种促销方法可以缓解企业促销活动频繁与促销费用紧缺的矛盾,还可以使可供选择的赠品更有价值、范围更广,更具有吸引力。

这是一种反客为主的促销方法,意在达到"醉翁之意"不在商品,主要用低廉的付费使消费者为了获得附送赠品而不惜多花钱去购买商品。如柯达

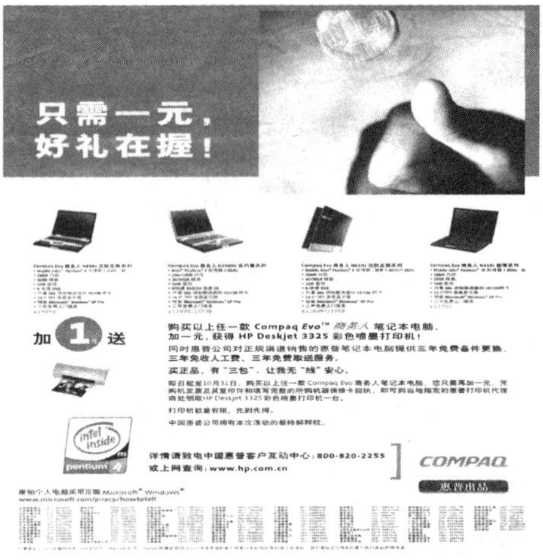

图 2.19　只需一元，好礼在握

公司推出"千言万语，不如一张相片贺卡"促销活动，来推广它的"度身定制相片贺卡"业务。在柯达冲印店，柯达的数码影像系统可以将你的照片输入电脑，并配上合适的边框图案，价格为 40 元。消费者若再加 10 元，即可获赠价值 35 元的艺术相框 1 个。又如，中国惠普公司推行的"只需一元，好礼在握！"笔记本电脑促销活动，规定：购买"Compaq Evo^{TW} 商务人"系列笔记本电脑任一款，只要加一元，即可获得 HP Deskjet3325 彩色喷墨打印机一台（见图 2.19）。

2.3.4　样品赠送促销

样品赠送促销实际上是采用"免费试用"的方式把要促销的商品样品赠送给消费者，供其试用或品尝的一种促销方法。由于消费者不需付出任何代价便可得到商品，因此是一种极具诱导力的促销方法。消费者通过试用（试尝）对所促销的产品产生直接的感性认识，并对企业和产品产生好感与信赖，使其转化成为产品的潜在消费者。样品赠送方式虽然成本比较高，但有时一些产品由于优点和特色众多，广告难以用语言和图像表达清楚，如果直接尝试，可以使消费者获得直观感受，容易认同广告的理念，对产品与其他产品的微妙差别也可感觉出来。所以，这一促销方式最受营销人员的偏爱。

样品赠送促销又分为入户派送、邮寄派发、户外样品派发、凭券派发赠品、商店派发、工会派发 6 种形式。

1）入户派发

这种方式是产品制造商组织专人或委托专门的投递公司，将免费试用的样品直接派送到消费者的手中或信箱中。

当企业要在一个新的销售区域打开销路时，往往采用这种"地毯式轰炸"的派发形式。入户派发可使一个预定区域的大部分消费者获得有关该产品的真实信息，最终促使其作出用或不用该产品的选择。入户派发比其他形式的派发声势要大得多,涉及人员众多,需要精心组织、策划和实施。与其他派发形式相比,入户派发的效果更好一些,时下非常流行。

（1）入户派发的组织和管理机制（见图2.20）

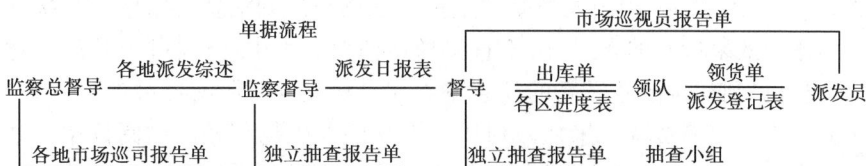

图2.20　入户派发的组织和管理机制图

派发企业可直接组织派发,但往往由于规模大或人员经验不足,而将派发事宜委托给某一机构。大规模的异地派发,受托机构可以以受托一级总代理身份委托给几个二级代理机构,并全权对委托企业负责,各级机构之间分别订立合同。派发员在各区领队带领和督导指导下进行派发,并接受两个代理机构抽查小组的抽查,其中独立抽查小组只对一级总代理机构负责。委托派发企业向受托一级代理机构派出监察总督导,一级代理机构向各个二级代理机构派出监察督导。

（2）入户派发的组织和管理程序（见图2.21）

居民点调查→试派发→资源配置→派发员招聘→人员培训→正式派发→抽查→信息处理。

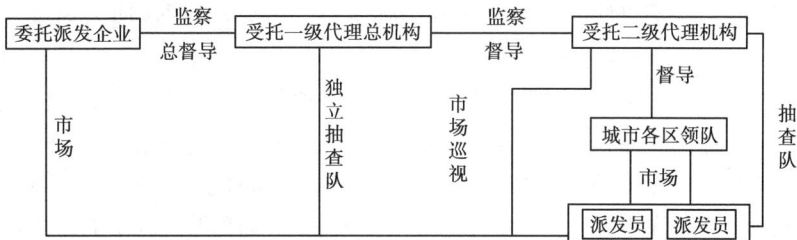

图2.21　入户派发的组织和管理程序图

居民点调查主要是了解城市总人员及其分布、街道设置情况等。试派发是为了使各领队事先了解派发事项,以便及时发现问题及时处理,在弄清居民点基础上,将派发品按人口比例和居民居住密度进行分配,达到合理的均衡覆盖率。每个抽查小组可按10%比例抽查,这样总体比例可达到20%,起到良好的监督效果。人员培训应重点陈述派发中应注意的问题和技巧。

例如:联合利华公司"夏士莲"新品派送活动,将"夏士莲"新款黑芝麻洗发露、天然润白霜、润肤香皂的试用装,在广告播放的同时,派人向居民家中派发样品以供试用。

又如:宝洁公司的"玉兰油"美白系列派送活动,公司曾在上海及其他城市开展大规模的"玉兰油"新品大派送,旨在推介"玉兰油"的新产品,公司特制了一批5g的试用产品,利用大中专学生在各地逐户送到消费者家中。直接逐户发送是派送效果最好的方式,由于直接送达消费者手中,不仅可令其产生意外收获,更可得到其对产品极高的注意率。如果赠品同时附有产品的广告宣传,这个方法也会使消费者原来比较讨厌和忽视的广告得到较高的阅读率。这个方法所赢得的消费者尝试购买率也相当高,有时可以达到70%～80%。如果产品质量好,还能够使这些尝试性消费者重复消费,甚至成为品牌的忠诚顾客。因此,这是厂商用以推介新产品、扩大消费群的有力武器。

逐户分送通常是聘用业余促销人员或委托专业的样品促销和直销服务公司执行。一般是将样品放在门外、客户信箱内或是直接交给开门的消费者。这种方式直接面对消费者,无中间的转折,所以效果很好。但目前在西方国家,这一方式在某些高级社区已严禁使用,而仅适用于都市地区或人口密度较高的地区。如在美国,为了保障居民安全,某些高级社区已禁止使用逐户分送方式,甚至将样品投入信箱也被列为违法行为。我国有些大城市的食品、日用品公司也采用了这种方式,它们多是委托专门的部门进行分送工作。

2)邮寄派发

邮寄派发就是将样品通过邮政部门邮寄,或利用专门的快递公司或促销公司,直接送到潜在消费者手中。

调查表明,运用邮寄派发是发送样品的一种较好方式,邮寄派发的效果是其他发送样品方式的3～4倍。例如:美国通用制粉公司推出一种谷物食品——脆麦片加葡萄干,经邮寄派发的方式分送免费样品。一个1.5盎司装的样品内附7美分优惠券,分别按名录寄给消费者。因样品是实际销售产品的迷你型包装,消费者试用后极易在零售店内辨别选购,促销效果十分显著。

邮寄派发方式不足之处是费用比较昂贵和有时会受到一定程度的限制,如新建小区、边远小区等,快递派发中心可能无法及时服务到位,这就影响快递效果。

3)户外样品派发

户外样品派发是指厂商在零售店、购物中心、交通车站、重要街道等人流量较大的地方发放商品样品的促销方式,这种方式可由促销推广人员向行人派送,也可定点搭建促销台,将产品散放在醒目处,供行人或顾客自行拿取或品尝。例如:不凡帝公司的新产品"好利安"润喉糖、高露洁牙膏、我国西安的"太阳"锅巴等产品刚上市时,就是通过定点展示和分送的形式打开全国市场。

4) 凭券派发赠品

凭券派发赠品是活动举办企业先在广告媒体中发布派发活动消息,并说明凭此广告或广告所附优惠券到指定地点换领免费样品的促销方式。其最明显的优点是可以吸引消费者注意广告内容并吸引他们到销售点去,同时引导对广告所列产品感兴趣的顾客能知道哪里和怎样才能得到产品。对好的产品来说,能广泛地被消费者所试用,是最好的广告和最具价值的宣传。

例如:中山市广洋贸易公司为促销"樱雪"润肤沐浴露,开展了"樱雪"润肤沐浴露大派送活动,在当地报纸媒体刊登消息,只要剪下这条广告,到指定地点即可换领价值13元的 100 ml 樱雪润肤沐浴露 1 瓶(见图 2.22)。

图 2.22 "樱雪"润肤沐浴露大派送　　图 2.23 27 日免费品尝 27 层"乐百氏"纯净水

又如:"乐百氏"纯净水的促销活动,在上海市刊登这样一则广告:"9 月 27 日的 4:50—23:30,所有 127 路公交车上,每位乘客限送 1 瓶乐百氏纯净水。总数 10 万瓶,送完即止。"该活动选择 27 日和 127 路公交车,主要是突出乐百氏经过"27 层净化"的产品物质(见图 2.23)。

5) 商店派发

商品派发即在大型商场或购物中心对顾客进行派发,往往是企业与商场联合进行促销。可一举两得:既为企业打开销路又为商场招徕顾客。但实施时,切记精心组织,广告宣传一定要把握好度。

6) 工会派发

为减少派发环节,可与各个企事业单位工会联系,委托其将派发品发送给其员工。此种派发方式较好组织,渗透面也较广,目前正在兴起。

2.3.5　加量不加价促销

　　加量不加价促销是指厂商以原价向消费者提供比标准包装容量更多的产品，或以原价向消费者提供标准包装产品和另外附加产品。这种方法在食品、保健品、美容品等类别产品的促销中非常有效。

图 2.24　"威白"量多欢喜多，超值加送 50 g

　　这种方式与"买×送×"的形式不同，它是把所赠送的商品直接在出厂的时候装在同一包装内，这样做会比较容易控制所要附赠的量。

　　例如："强生"婴儿沐浴露为扩大市场销量，采取"加送 200 ml"的促销方式，其产品包装的外形、款式均与平时的包装相似，只是更大了一些，包装瓶的正面很清楚地标明"加送 200 ml"字样，特别醒目。

　　又如：汉高公司的"威白"洗衣粉，买 450 g，惠赠 50 g，即用原包装 450 g 的售价可以买到 500 g 装的"威白"洗衣粉（见图 2.24）。

　　再如：三星彩色雷射印表机，以原价格购买，可额外获得价值 NTD $4 000 元的耗材抵用券（见图 2.25）。

图 2.25　三星彩色雷射印表机加量不加价

2.3.6　"附送赠品"促销的优缺点

1）优点

(1)创造产品特色，培养忠诚顾客

　　市场经济是买方市场经济，消费者的偏好往往会决定着企业产品的命运。而现代科技的突飞猛进和广泛应用，使得同类产品间的差异化越来越小，单靠产品本身的质量形成特色，创造差异去获得消费者的忠诚已十分困难。好的、有个性的赠品,则可以弥补这一缺点,可以使产品增加附加价值,形成差异化,以激起消费者不断产生对品牌的兴趣,增加消费者的品牌忠诚度。

(2)创造品牌概念

研究发现,大多消费者在购物时会产生一种"感觉迁移"现象,正是利用这种"感觉迁移",厂商用包装来改进人们对产品质量的评价。同样,消费者也会将所附赠品与产品(品牌)相联系,从其所提供的赠品质量、适用对象与价值大小等表面因素来判断产品的质量、使用者、档次等。如一些保健品,适用范围不是十分明确时,人们会根据包装内所赠礼品来判断其适用对象和档次;又如一些食品,虽老幼皆宜,但如果提供一个女性装饰品作为赠品,消费者就会认为这是给女性的专用品。相反,如果赠品是一条领带、领带夹等之类的物品,就会形成男性偏好品的概念。

(3)为实施市场细分策略做好铺垫

由于赠品设计的个性化和关联性,它可以帮助消费者分辨产品的适用者,因此,当诉求对象不同时,可以通过赠品来细分不同市场,帮助经销商更好地做有针对性的销售服务。

(4)附送赠品是吸引消费者初次购物、新产品入市或旧有产品拓展新消费群的最有效方法之一

由于在商品价值之外另赠礼品,因而消费者总有一种超值享受的感觉,无论是老顾客还是新顾客,都会有较大的吸引力。

(5)选择与产品相关的赠品,可以增加产品的使用频率,甚至让抱有成见的消费者接受新产品

尤其当赠品是使用频率高的日用消费品时,如调味品、洗发水等,就能够鼓励消费者重复购买或增加购买。美国学者研究显示,用折价券让消费者心动一试的促销成本为样品促销成本的4倍多,用折价券培养一个试用者变成忠诚顾客的成本为6.50美元,用样品只要2.50美元。

(6)有设计特色的赠品和有较高使用价值或收藏价值的赠品,可以在竞争中处于优胜地位

如果企业设计或使用的赠品具有独特的个性,其他企业难以模仿,或虽所使用的赠品很普通,但搭配独特,活动时机得当,就可以抵御其他竞争对手的各类促销手段,特别是当竞争对手知名度和市场占有率较高的情况下,赠品促销往往是最有竞争力的手段之一。

（7）赠品常可吸引消费者试用弱势品牌产品

有些产品由于知名度不高,市场销售长期不畅,这时,利用赠品的特有吸引力,可以促使一部分消费者改变购买和消费习惯,转过来消费弱势产品。当然,这必须是产品质量没有明显缺陷的前提下才会有效。

（8）能促进零售商加快商品周转速度

个别厂商还专门针对零售商设计赠品,开箱即有,零售商为了获得更多的赠品,会想方设法向消费者推销货架上的商品,以便再开箱获益。

2）缺点

（1）促销赠品容易被零售商或销售人员"扣留"

对好的促销赠品,大多零售商是比较欢迎的,认为有赠品总比没有赠品好。有时零售商会在供应商不知情的情况下,把特别精美和实用的赠品用其他物品替换,甚至干脆拿掉,然后用别的方法加快产品的销售。营业人员也常常近水楼台先得月,将其喜爱的赠品占为己有。

（2）赠品促销产生的作用有限,其效果不如折价促销好

由于赠品本身的使用价值是有限的,它的消费对象也是特定的,因此无法满足所有类型的消费者的需要。折价促销则没有受此限制,它对所有的消费者的优惠价值都是一样的,只要购买产品,其都会获得同等价值的优惠,而不会因为赠品的适用度差别使其获得的优惠被打折扣,特别是当消费者根本不需要所赠物品时,赠品促销就难以奏效。

（3）当赠品的品质欠佳时,会导致促销失败

不少附送赠品促销失败的最主要原因在于赠品太差或赠品与主产品的关联度太低。附送糟糕的赠品对销售无异于自杀。当赠品的吸引力不够、品质欠佳时,反而会使本欲购买该商品的消费者打退堂鼓,尤其是如果消费者以前对同类赠品有不良的印象时,对销售的影响就更大。

（4）附送赠品要借助广告才能产生理想的效果

即使企业所推出的赠品设计得很有特色,但如果没有配以强有力的广告加以宣传,形成轰动效应,也很难激起消费者想拥有赠品的渴望。所以,赠品促销需要付出较高的配套成本。

（5）零售商接受赠品促销是基于一定条件的

首先,促销产品所带来的利益必须能够补偿因赠品管理上的困难而造成的

损失。由于包装上的赠品可能会造成货架陈列上的困难，而包装外的赠品由于和商品分开，零售商需增辟额外的地方陈列，并增加赠品管理上的麻烦。其次，在结账时，店员还必须分清促销商品，以免将赠品也一并算钱收费，有时候还得提醒顾客某品牌附有赠品。最后，当同类赠品在零售店内有售时，零售商更不愿意推广该产品，以免影响其他正常商品的销售。

（6）赠品的发送难以有效管理

只要赠品离开产品制造公司人员的手，就很难把握其合理的赠送，如果零售商不配合，促销就很难成功。企业每次在举办附送赠品活动时，难免要花费不少赠品用于零售商的铺路，以致没有足够的赠品用于消费者。

（7）包装不实的赠品容易丢失

有时候，所附赠品的包装不够精密，赠品在超市货架上的陈列极易被消费者顺手拿走，严重影响了促销效果。

2.3.7 附送赠品促销应注意的问题

1）注意赠品的针对性

（1）赠品使用目的

提升产品或品牌认知度。新品牌或新品上市之时，为了让消费者体验产品使用感受，常开发试用性产品作为赠品。由于这种方式被越来越多的企业所采用，再加上产品品质良莠不齐，因此效果也越来越有限。

刺激产品销售，这是许多买赠活动最直接的目的，希望借用赠品的吸引力增加对消费者的吸引。"买乐事薯片送番茄酱"就是恰到好处的搭配。

提升品牌形象。大型品牌推广的路演活动中，赠品一般都比较精致，价值感强，以体现和提升品牌形象。

当然这些目的不是互相对立的，可以相互兼顾，但孰轻孰重必须弄清楚。

（2）赠品发送方式

如果是在促销活动中由人员发放，方式可以灵活多变；如果在卖场随产品发放，就必须考虑赠品如何与产品组合在一起。

（3）赠品目标人群

赠品的目标人群应与运用赠品的产品目标消费群一致。有些赠品脱离产品消费群,企图吸引非目标群体购买,促进短期销售增长,但这对于品牌提升和培养消费者都没有益处。

赠品的目标消费群可以进一步细分。例如:一种产品的消费人群是 16～45 岁女性,开发针对整个目标人群的通用赠品固然不错,但你可以依据不同的卖场特点(消费年龄结构不同)、不同的促销时段(三八与圣诞所针对的人群结构就不完全相同)等,采用细分赠品。16～24 岁的送时尚动感腕表,24～34 岁的送化妆盒,34～45 岁的赠零钱包。

2)提升赠品的吸引力

(1)新颖性

好奇是人的天性,新奇的东西无论对小孩还是成人,都有很大吸引力。例如:肯德基开发的录音卡通玩具,起用青少年喜爱的"多拉 A 梦"形象(一个日本动画片的卡通形象,国内称"机器猫"),其左手是录音键,右手是播放键,可以随时录音,随时播放。该赠品可爱的造型和新颖的功能一下抓住了青少年及白领消费者,此为肯德基带来了巨大的利润。

创新性的赠品开发还能弥补企业赠品经费上的不足——不一定成本高的才会是好赠品。方便面中赠送的游戏卡成本只有 5 分钱左右,但是对于儿童的吸引力却丝毫不比其他的玩具差。

如果你没有开发能力,可以到市场上采购未面市或少见的产品,也能引起消费者的注意。中高价位、附加值高的品牌尤其适用此法。

例如:一般品牌牙膏 3 元左右,同含量的黑人牙膏却敢卖 12 元,因为它针对儿童选用一种外观新颖别致的玩具车,很多消费者都是冲着这个赠品购买黑人牙膏。

新奇好玩的产品上哪儿找?市场上有专业做礼品和玩具的公司精于此道,与他们保持密切联系,你会惊喜不断。

另外,新颖的名称也必不可少——"时尚动感腕表"就比"电子表"更吸引人。

(2)超值感

将成本隐藏在产品中。麦当劳推出 9 元的可乐冰杯,容量是售价 4.5 元中杯可乐的一倍,杯子白送。麦当劳的成本提升主要是赠品的制作,它通过产品价格的提升很好地将这部分支出转嫁到消费者身上。而它得到的,是消费者为获得这个杯子而加大的对产品的购买,同时因为买这杯可乐引起其他麦当劳产品的消费。

其实这与普通的"买二赠一"方式如出一辙,只不过麦当劳很聪明地避开"买二赠一"的传统提法,将消费者的注意力集中在"超值"的杯子上,"买这样一个杯子装的可乐虽然要9元,但是可乐分量也增加到4.5元的一倍,因此这个杯子还是不要钱的",反方向推理出这个赠品很划算。

注入品牌价值。一个打着品牌标识的赠品当然比没有标识的三无产品更有价值。

物以稀为贵。定制的赠品和限量赠送都会产生额外的超值感。

加入附加值。为什么要签名售书?因为普通的一本书由于有了作者的签名而具备了收藏价值。

（3）实用性

上海亚新生活广场曾将挤牙膏器作为赠品,它能将牙膏挤得干干净净。这个赠品价值不高,但非常实用,很能打动精明的上海居民。

（4）搭配性

买手机,送充电器、充电电池、耳机。这种搭配帮消费者解决购买产品后产生的连带问题,让消费者没有后顾之忧。

（5）精致性

每个细节都非常完美和精致会让消费者觉得这个赠品不同寻常。就拿麦当劳的杯子来说,它的外壁下半部分使用磨砂材质,可以防滑;吸管插在杯盖以上的部分比插入杯内的部分要粗,这样吸管可以正好固定在接近杯子底的地方;吸管上还有一个盖子,如此大杯的可乐一次喝不完就可以盖起来……这些细节足以让人动心。

（6）多重价值

某方便面赠送"水浒108将"游戏卡,每个画面都很精美,可以收集;并根据儿童心理编制了这个游戏卡的游戏规则;如果收集一整套还有大奖。这样,小小游戏卡就有了三重价值。

3）赠送不能直来直去

（1）赠品也要宣传推广

肯德基为了推广卡通录音玩具赠品,投入了大量的电视广告,在肯德基店内也挂满了宣传。广告中男主角借用这个玩具的录音向心上人表达爱意,给赠品增加了浪漫和趣味。适当的推广立刻引发了青少年及白领对这个赠品的追捧,肯德基套餐因此大卖。酒香还怕巷子深,何况那白送的酒盅?

（2）适当的交换条件

太容易获得的东西总是会感觉到没有很大价值,而太难获得就不会有很多人参与,因此要有个适当的交换条件,既能体现赠品的价值,又能吸引消费者的参与。

给赠品一个换购价。贝塔斯曼书友会对会员购书提供赠品,但是根据不同的赠品收取 1 元、2 元不等的换购费用。这个细节让消费者感到赠品是有价值的,1 元、2 元是根本买不到的,书友会收取的只是该赠品的成本,超值! 这种把赠品的价值与买书的消费剥离开的做法值得参考。

给赠品一个换购条件。消费满多少赠送相应赠品的阶梯式奖励方式,让消费者感到是由于满足了某种要求而获得额外的奖励。当然这个条件不能苛刻,应该是比较容易达到的。

给赠品一个换购时间。即便是买一赠一的常规促销也要给出一个时间限制作为条件,让消费者感到只有在这个时间内才有这个机会。一旦消费者认为任何时候都有赠品,那么赠品就已经成了产品的一部分,成了"应该给的,而不是额外送的"。很多企业买赠活动天天搞,销量却反而下降,就是这个原因。

（3）发放赠品的技巧

"限量""先到先得"比"买一赠一"更有号召力。成功的赠品发放是:你让消费者觉得他喜欢的那一款赠品已经没有多少了。

4）赠品运用的忌讳

（1）长期使用同一赠品

赠品是诱饵,不是常规产品的组成部分,因此一旦赠品没有了吸引力,就应该马上更换。

有的企业不是考虑赠品是否诱人,而是因为经销商需要——"别的厂家都有赠品,所以我们也必须有赠品",为了赠品而准备赠品,所以一年四季就一种赠品,或者赠品永远是本企业的产品,这样的赠品就失去了应有的价值和功能。

（2）无节制地使用赠品

现在促销中有个怪现象:产品卖不动就送赠品、做特价、搞抽奖。但是抗生素经常使用就会让病人产生抗药性，或者对药物的依赖性，赠品对消费者来讲就是个"甜头"，可这"甜头"天天都有，它还能有吸引力吗？只会让消费者对赠品产生依赖——没有赠品，就不买账。

（3）不要用产品做赠品

产品作为赠品最省事，却是最容易让消费者厌倦的做法，而且直接降低了产品的心理价位。

11元的护发素买一赠一（同一产品2支），活动一结束，原价就再也卖不动了——既然我5.5元就买了一支，为什么我要花11元买呢？等你再促销的时候再说吧！

一旦你用正规产品作为赠品，消费者就不是按赠品来计算你的价格，而是将价格均摊到你的产品中，自己重新给这个产品定了心理价位。以后只要高于这个价格，消费者就会认为"太贵"。

另外，从赠品的管理方面来说，拿正规产品做赠品将很难管理控制。

如果非要这么干，只能是专门的小规格包装，并正式注明"赠品"，以免消费者将赠品作为产品重新估价。

5）选择与产品相配的成本费用

促销所使用的赠品，除了考虑其特色和吸引力外，还应顾及其成本是否为产品所负担，由于这一促销形式涉及多方面的要素整合，因此其成本不仅仅是赠品本身的成本，还包含有许多赠品之外的无形成本。一般来讲，举办一个赠品促销活动需考虑以下费用与事项：

（1）赠品本身的成本

赠品应从生产厂商直接购买，如果厂商的目标消费群与促销方向相同，还可以进行联合促销活动，这样能大大节省赠品费用。

如果为了使赠品具有特色和个性而需专门设计，则设计生产的费用及周期应做充分考虑。

赠品的制作数量应有计划，做到恰到好处，多了会造成浪费，少了会影响促销效果。消费者喜好不同及喜新厌旧的心理都会导致赠品日益受冷落。因此，赠品不宜长时间使用，更不能让赠品滞留在货架上，否则会引起消费者反感，并造成浪费。

（2）赠品的包装要讲究

切忌把精美的赠品置于低劣的包装内，或配以不相称的包装，那会使赠品的效果大打折扣。许多企业对赠品的包装不以为然,认为赠品是额外给消费者的,随便简装就行了,这种观念对促销是不利的。

为增强品牌形象宣传,可以将产品的品牌标志印在赠品及其外包装上,让消费者每次使用时获得品牌提示,无形中加深了消费者对品牌的印象和好感。

赠品包装还应有一定的文化内涵,如广告用语要含蓄或不张扬,图案要高雅别致,色彩要有个性,且赠品要高档漂亮,消费者自然会爱不释手。

（3）广告宣传要得当

赠品促销一般要靠广告来引导和支撑,POP 是一种较好的宣传形式,如海报、吊旗、宣传单等,要事先设计和制作好,并在促销活动开始前安排好张贴工作。但要注意控制好广告材料的数量,因为不少零售企业现场是不允许张贴的。报纸是最有效的广告传播媒体,但由于成本高,一般的促销不宜多用,最经济的广告传播媒体是商品本身的包装,所以应充分利用产品包装本身开展赠品宣传。

（4）适当利用商场通路进行展示宣传

商场通道是顾客购物时必经之道,其信息传递密度大、频率高、针对性强,因而大多数厂家的促销活动都要求在销售现场的各个通道适当的位置上堆箱陈列,或专设促销亭,但这些陈列要占用比较大的空间,销售企业往往要收取比较高的进场费,但相对于其他媒体宣传费用,现场通道展示还是较为理想的广告手段。

6）赠品的管理

赠品一般都具有特色和实用价值,若管理不善容易引起偷盗、挪用、私分或被批发、零售商占为己有,因此必须加强对赠品的管理。赠品的收、发、使用等需做好登记造册;赠品的包装和捆扎要牢固和不要遗漏;要做好新礼品装与老货在零售店和超市货架上的换货工作,切忌新老商品同架出售。如果采用赠品随产品附送的形式,在配送赠品时要补足零售店原有产品赠品,防止因赠品数量不够造成赠品断货现象。同时,厂商要根据每个促销现场的销售量、物流配送中心运输车辆的使用情况及运输距离,做好周密的发放计划,并随时监控活动进展(见图 2.26)。

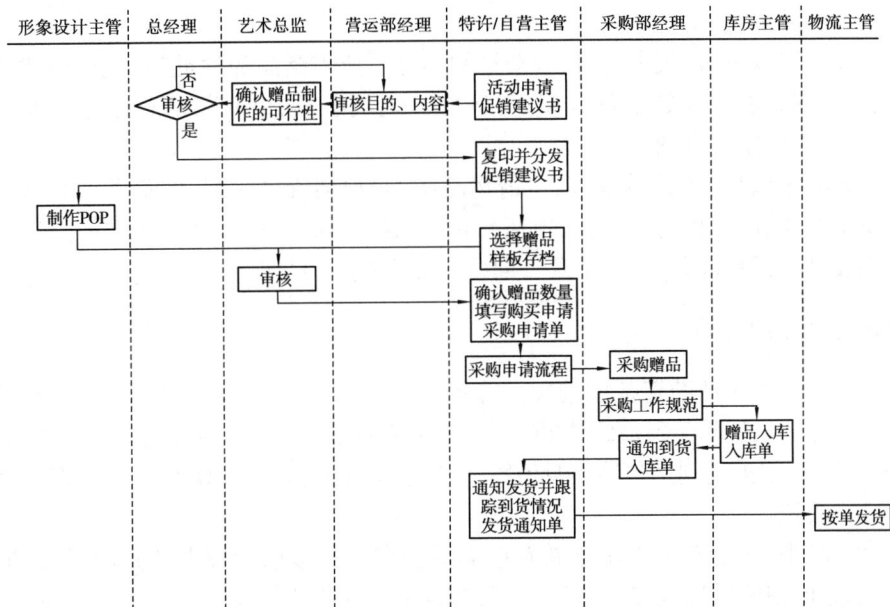

图 2.26 促销赠品流程

促销赠品流程说明：

①流程编号。

②目的：规范促销赠品发放工作。

③原则。

④适用范围：营运部。

⑤流程说明：如表 2.1 所示。

表 2.1 促销赠品流程说明表

序号	执行人	内　　容
1	营运主管	根据市场调查结果制订促销建议书并交营运部经理、艺术总监以及总经理审批。
2	营运主管	将已批准计划书复印至形象工程主管制作 POP，采购赠品样本送艺术总监审批，完成后申请购买促销物品。
3	采购部经理	按相关流程或工作规范购买赠品，到货后将到货单复印至相关营运主管。
4	营运主管	通知物流主管发货。

⑥相关表格。

促销建议书：建议书编号、活动目的、方法、所需赠品的种类和要求、预估活动成本、建议制订人签字及日期、营运部经理签字及日期、艺术总监签字及日期、总经理签字及日期。

采购申请单：申请单编号、申请物品明细、预估价格明细、推荐供应商名称和联系方式、申请目的(为什么申请)、申请人签字及日期、申请人所在部门经理签字及日期、财务部经理签字及日期、总经理签字及日期。

7)活动的时间

赠品促销活动的筹备比较长。筹备一个赠品促销活动,从方案的诞生、赠品的设计(或选购),到最终入市与消费者见面,这一连串的准备过程一般需2～4个月,如果是利用包装本身做赠品,则耗时更长。因此,赠品促销不宜安排得过于频繁。

一般来说,活动初期由于新鲜感而对消费者的吸引力较大,随着时间的推移,赠品促销的目标顾客大多已买了,还未附送的赠品已很难对其余的消费者形成吸引力。因此,赠品促销活动时间不宜过长,一般为8～12周为宜,但要视产品、销路状况及市场的不同做相应的调整。实践证明"附送赠品"促销是企业推广新产品和提升销售量的有效的工具之一。然而要获得成功并不容易,原因在于赠品本身的吸引力毕竟是有限的,消费者购物的主要因素在于产品本身的适用性。另一个原因是赠品促销投资较大,风险较高,如果一旦选择不当,其成本就难以收回。第三个原因是赠品促销的管理水平和经验对促销是否成功有很大的影响,如果管理不当或经验不足,往往会导致促销活动失败,或无法收到预期的效果。

2.4　退费优待促销策略

"退费优待"促销策略是指厂商在消费者购买商品以后给予一定金额的退款,该退款可以是商品售价的百分之几,也可是全额退还甚至超额退还。但后者退费的时间通常要与购买商品的时间有一段距离,使企业有一定的经营利润用于补偿商品退费造成的损失。

"退费优待"的基本形态属于"折价"促销的范畴,但在表现手法上比"折价"更易吸引消费者。它们之间有着明显的区别,"折价"是在消费者购买时直接给予价格优惠,其目的是为了刺激消费者的购买欲望。而"退费优待"是在消费者购买了一段时间之后才给予的，不易使人联想到降价，大多数人会认为是厂商对顾客的一种馈赠。所以，"退费优待"虽然本质上是价格折让，但比较而言，退费不直接降低商品的价值，因而不会贬损商品形象和降低商品档次。

2.4.1 不同退费优待促销方法的运作方式

1) 购买某一商品的退费优待

这是针对单价较高的消费品所采取的促销方式，当消费者购买某种价值较高的商品时(如高档化妆品、黄金或钻石饰品、保健品等)，在规定的期限到时按原价的百分之几退还。

例如：某珍珠制造商承诺，顾客购买本公司制造的海水珍珠项链，单价在3 000元以上的，可凭购买发票和附赠的商品质量检验证(注有产品编号)，于购买后满一年时到公司总部办理退还部分货款手续，退款金额为原价的50%。

又如：家乐福2009年10月1—8日开展"购物家乐福，省钱又幸福"的退费优惠促销活动。退费优待促销活动采取两种形式：

①顾客在家乐福购买参加本次促销活动的商品达到100元可获得一张面值10元的省钱券，达到200元可获得两张面值10元的省钱券，以此类推，凭省钱券可在家乐福各商场购物省钱。

②顾客在家乐福参加本次活动的商品达到500元以上(包括500元)即可参加全额退费抽奖活动，凭购物小票领取抽奖券。本次抽奖活动设一等奖3名，全额退款；二等奖5名，退还80%现金；三等奖8名，退还50%现金。

两种退费优待活动不可同时享用，但如顾客购物达到500元以上不愿参加抽奖的也可享用满100元送10元的省钱券的活动。家乐福选择了家电、洗护、内衣、服装、化妆品、床上用品等利润较大的商品参加退费优待活动。

2) 对"回头客"的退费优待

这种方式是专门针对那些单价较低，使用周期短、购买频率较高的日用消费品所采用的促销策略，主要目的是鼓励消费者重复购买，培养品牌忠诚度。

例如：某品牌消毒液厂商承诺，顾客可凭12个本品牌的消毒液空瓶到任一有该品牌产品出售的零售点兑换60元退款。

3) 对购买系列产品的顾客退款优待

这一方式适用于不同口味的食品、调味品、不同用途的化妆美容品、家用电器配套产品等,由于这些产品是互补品,相互不会替代,其目标消费群是相同的,因此厂商常用来带动新产品的推广,或借助畅销品来带动冷滞商品销售。但在使用此种退费的运作方式时,参加活动的品种不宜太多,最好不超过 6 种,以免消费者因麻烦而放弃连锁购买。

例如:某电脑生产商承诺,若顾客同时购买本公司生产和研发的笔记本电脑、打印机和软件,总价值 20 000 元以上的,可凭产品包装上的退费标签寄回公司,公司将在收到标签后 3 个月内退还 600 元现金。

4)联合退费优待

有时,企业为了既节省投资费用,又能以较大金额退还顾客,以提高刺激力,可以联合几个制造厂商合作举办退款优待活动。这种退费方式规定顾客必须同时购买若干家企业的产品后,才可得到退费优待。

例如:生产电饭煲的厂家与生产微波炉的厂商联合推出退费优惠促销活动,双方联合发布广告:若顾客一次性购买两个厂商生产的产品,可凭两种产品的发票(需在同一地点同一时间)到指定地点领取原价款 30% 的退费。

还有一种联合退费的运作方式是制造商与零售商店合作举办。例如:"罗孚"巧克力制造商规定,买"罗孚"巧克力 1 盒,可将超市收银条与"罗孚"巧克力包装盒上的退费标贴一同寄回指定地点,公司将向顾客退还 40 元货款。

5)升级式退费优待

图 2.27　双"12"购满即送

这种方法是随着顾客购买量的增加,退费金额的比例也逐次提高,购买得越多的顾客所享受的退费率也越大。例如:有一家电池生产商承诺,以顾客购买 20 节电池为退费底限,买 20 节退 2 元,买 40 节退 5 元,买 60 节退 10 元。

另一种退费方式是随着购物金额数量增加而加大退费(赠送)金额,如某电商促销女鞋,购满 150 元送 20 元,购满 350 元送 50 元,购满 500 元送 100 元(见图 2.27)。

这种办法旨在刺激消费者增加购买量,适用于单价低、使用期短、购买频率高的日常生活消费品。

2.4.2 退费优待促销方法的退费方式

1) 部分退费

这是针对单价较高的商品采取的退费方式。价格高的商品成本也往往较大,厂商只能以售价的一部分作为退费金额。一般说来,低于售价20%的退款不大能引起消费者的兴趣。退费金额越高,吸引消费者参与的力度就越大。

2) 全额退费

这是针对价格较低、购买频率较高的商品采取的退费方式。价值不大的商品,厂商在推出新品种时可实行全额退费,以吸引消费者尝试新产品,产品一旦得到消费者认可,就会形成稳定的市场。

全额退费也可以另外的形式运作,如对一些质量可靠的商品,厂商可以作出某种承诺,如果消费者使用后效果不能达到预期标准,可以全额退款。比如,玉兰油在推广新产品上市时,允诺消费者可以无条件退款:"无需任何

图2.28 苏宁易购图书0元购返现金券促销活动

理由,只要凭产品包装即可全额退款",此举一出,不少消费者屡试不爽,玉兰油厂商因此赢得了消费者的信任,产品销路一路看好。又如,苏宁易购2012年9月图书促销活动中就采用了此方法。苏宁推出"0元购,买多少钱书就返多少现金券,最多返199元,用券无限制"促销活动。活动时间从2012年9月19日9点开始至9月24日24点结束。19万种图书买多少返多少,每个账号每天最多返199元。返的券可直接买书或电器或者其他实物商品,返券只能一单用完,每个用户只能下一单,付款后24小时内发券到账户(见图2.28—图2.30)。

活动页面简要规则

1. 活动时间：**9月24日23：59：59截止**；
2. 参与资质：绑定手机的苏宁易购注册会员；
3. 参与商品：图书商品详情页面商品名称右方促销卖点显示："此商品参加图书0元购活动，多买多返，单个账户每天最高可返199元"字样；
4. 返券规则：购买图书0元购活动商品，单笔订单**实际支付金额在线支付**成功后，可返等值全场通用券，单个账户每天最高可返199元；货到付款订单不参与此活动；
5. 用券规则：除抢购商品、部分指定商品及虚拟商品（如话费/水电煤缴费/IT帮客/延保服务/酒店机票/保险/彩票等）不可使用外，图书0元购所返全场通用券可购买网站内任意实物类商品。该券有效期为自获得之时起至9月25日23:59:59，过期作废；单笔订单限用一张图书0元购返券，为保证您获得更多优惠，建议购买图书0元购商品时合并下单。
6. 返券查询：返券详情您可登录后在"我的易购----我的易购券"中查询。
温馨提示：图书0元购券可与一张彩票0元购券合并使用

图2.29　苏宁易购图书0元购返现金券促销活动说明

《冰与火之歌卷三:冰雨的风暴》 此商品参加9.19-9.24图书0元购活动，多买多返，单个账户每天最高可返199元！

定　价：¥~~148.00~~

易购价：**¥94.00**　折扣：6.4折

顾客评价：▨▨▨▨▨　4分(共有131条评论)

送　至：北京市　现在下单，预计2日内送达

作　者：乔治·R.R.马丁 著

出版社：重庆出版集团

图2.30　苏宁易购图书返现金券促销活动

3) 超额退款

由于退款需要达到一定金额才会具有吸引力,因此对于那些售价太低的商品,即使增加购买数量也不足以构成具有吸引力的退款金额,如2元一袋的小食品,一次购买10包也只有20元,即使全额退款也不足以吸引消费者。此时,厂商只有采用超额退费才能产生推销效果。

一般情况下,退款金额达到商品价格的两倍以上,便能形成较大的推销效果,但如果退款与价款相差过于悬殊,又会起到相反的作用。例如:曾有一家食品生产企业,1998年在上海南方商城举办过一次"点袋成金"活动,厂家投入17万元用于退款推销,消费者只要购买满12元指定产品,并把6个这一品牌的空包装袋拿来,便可换得200元现金,兑现范围为前888名顾客。这一悬殊的比值令消费者蜂拥而至,许多人提前24 h就拿着小板凳在商城门口排队等着以袋换钱,最多时有五六千人。为防意外,厂家只好提前进行登记,结束活动,但仍有大批不知情者赶来,商城门前广场彻夜喧闹。结果第二天上午商城一片混乱,后来警方采取了强制措施,才控制了事态。

因此,当退款金额较大时,应对活动操作的每一细节周密安排,严谨慎重地组织好活动的全过程,来不得半点马虎。如果上例改换为另一种退款方式,效果就大不同。企业可以把退款凭证内容混于某一批号的产品包装中,通过公证

后混同到产品中,然后大肆宣传,同样也会吸引大量消费者来碰运气。尽管不少顾客购买后不会获退费,但他也只能自认运气不佳,而不会把怨气出在活动举办者身上。

4)组合退费

组合退费,是指厂商把退费活动与其他促销方式密切组合,如"现金 + 赠品""现金 + 优待券""现金 + 抽奖"等。组合退费实际上是一种复合推销,通过组合退费,对消费者实行多重刺激,唤起、诱导和激发消费者对推销品的注意、兴趣和欲望,达到扩大销售的目的。

例如:一些大型超市搞日日奖活动,每天从顾客购物收银条的编号中选出若干个为中奖号码,公榜于商场,顾客购物后对号,中奖者可享受该收银条上金额的一部分退费和另赠物品,或享受再购物时 7 折优惠。这种形式,最能激发起顾客的碰运气心理,在有多种购买选择的情况下,他们大多会选择举办活动的商场购买。

2.4.3　退费优待促销的优缺点

1)优点

(1)对品牌形象影响较小

退费在本质上虽然也是一种折价,但给人的印象更多的是一种企业的回馈行为,它强调的是"奖给你",而不是"少给我",因此不会贬损品牌形象和降低商品档次。更不会产生"商品有问题或质量低下所以才打折"的感觉,反而传递出"好产品才会有厚回馈"的产品信心。

(2)投资费用相对不高

虽然理论上退费金额要在商品售价的20%以上才有刺激性,但在实际执行过程中,常常有消费者遗忘漏兑、遗失凭证、或嫌麻烦而在购物后不要求退费等情况发生。因此,活动的最终实际支出费用要比应该支出的数额少得多。

(3)有利于收集客户信息

企业可以通过收集参加活动的消费者填写和寄回的退费申请表(卡),了解顾客相关信息,这是一份很准确的客户情况表,为开展客户管理和其他促销活动提供宝贵的资料。

（4）不易引起竞争对手的非议

退费促销的销售意图较含蓄、较隐蔽，不会改变商品的标价，因此不会引发同行之间竞相降价的价格战或强烈的报复行为。

（5）能争取新的消费群

退费优待的最明显效果是吸引消费者试用，因而是争取新顾客的有效方法，不少消费者就是在"退费"的诱导下试用产品，然后成为该品牌的"回头客"。一些新产品、新品牌入市时也常借助此促销手法吸引消费者尝试购买建立自己的消费群。一些品牌占有率低的商品，为影响消费者试用，也常用"退费优待"的促销策略，使消费者试用知名度较低的、接受度较差的品牌，只要这些产品质量与顾客已熟悉的产品差别不大，顾客自然乐意把它列入再次消费的对象之中。

（6）有助于建立企业忠诚客户

由于大多数的退费优待活动都设计有提交多个凭证换取退费的要素，这就有利于促成消费者比较长期地购买某种品牌，逐渐使他们成为该品牌的忠诚客户。

（7）能刺激消费者购买一些不易销售的高价位商品

退费金额一般与售价大小成正比，商品价格超高，可能提供的退费金额也大，可吸引消费者试用一些平时不轻易花钱购买的高价值产品。

（8）树立企业的良好形象

在售价不变的情况下，"退费"意味着企业单位商品销售利润的减少，这就给消费者一个印象：企业并不是一味地追求最大利润和独享利益，而是与消费者分享企业成果，无形中企业在消费者中树立超值信任的形象。

2）缺点

（1）费用比较难估算

由于"退费"要求提供的一些要素（如包装袋），有时很难区分是促销期还是非促销期的，因此，此方式的费用预算比较难做出正确的估计。

（2）促销效果显现较慢

相对于即买即打折的促销方法来说，"退费优待"并不是很有竞争力的促销形式，在竞争对手各显神通施展促销方略的情况下，举办"退费优待"更需要加大投入力度才会见效。而企业要做到至少让利20%以上也是一笔不小的开支。

所以,如果想寻求快速提升业绩的方法,"退费优待"绝非上上策。

（3）活动参与率偏低

退费优待由于手续比较麻烦,退费的时间又与购买付钱时间有一定的距离,退费金额不大等。所以,从整体上看,消费者对退费优待活动兴趣偏低,人们不愿为一些小钱去费事、费时、费精力,更何况他们有时会怀疑厂家是否讲信用。因此,对于上班族和收入较高的人群缺乏吸引力,但对学生和低收入者会有较大的吸引力。

（4）对消费者即刻采取行动的激发力不强

退费优待在刺激消费者冲动购买或即刻行动方面尤显不足,多数消费者面对此类促销时会较慎重,需要考虑,比较一段时间后才会做决定。因此,退费促销要借助连续广告,人员促进的支持,而退费的金额多少直接决定了消费者的行动热情。

2.4.4 开展退费优待促销应注意的问题

1）成本费用

（1）退费额度

退费额度大小是退费促销效果大小的决定因素,但退费额度要与企业促销成本的承受力挂钩,同时也要与促销的预测效益联系,在企业成本允许的前提下,竞争激烈的市场或知名度差的品牌,退费率应相对高些,在一般情况下,退费率不应低于商品售价的20%。

（2）广告宣传费用

由于退费优待对消费者即刻行动的刺激力不大,因此企业需特别注重在消费者购买时所接触的媒介上做连续宣传广告。据抽样调查显示:通过印刷媒体（如报纸、杂志）做宣传,顾客的参与率是0.5%;通过售点广告做宣传,顾客的参与率是2.5%;在促销商品的包装上做广告,顾客的参与率可达3.8%;如果把大众传媒（如电视）广告和商店售点广告组合运用,顾客的参与率可达12%左右。

（3）退费卡的印刷

退费卡要有简要的顾客信息和退费说明,要方便顾客携带保管。通常退费卡应印有顾客的姓名、联系地址、电话等提供个人信息的栏目;退费活动说明、厂商的联系方式和热线电话、需顾客提供的证明材料、其他规定事项等。

（4）回件处理费用

回件处理费用包括处理顾客寄来的退费凭证,安排资料整理,兑付退费等。

（5）其他手续费用

其他费用包括活动中动用的辅助人力与处理事务的费用开支,要为退费活动设立一个专门的邮政信箱,要组织人力检查顾客回寄的资料是否真实有效、公证处公证、向顾客汇款、接受顾客的咨询与投诉、活动效果的追踪等费用。

2）活动时间安排

活动时间的长短会影响参与率的高低。活动时间太短,消费者难以积累到规定数量的购物凭证,影响参与的积极性;活动时间太长,没有购物的紧迫感,企业就难以收到明显的促销效果。另外,活动时间的长短还要考虑到广告媒体传播信息速度的快慢,以及特别包装的促销产品的出货速度。

一般来说,若在电视、广播、报纸上做广告,活动时间以 3 个月为宜;若在商店售点广告,则为 6 个月;若在促销产品包装上推广,需安排到 1 年左右。

2.5   凭证优惠促销策略

2.5.1   凭证优惠的种类

"凭证优惠"是指企业通过回收原先分发给消费者或消费者购物后留下的某种凭证的形式给予消费者重新购物时一定的优惠。例如:消费者凭厂商寄发的优惠券,购物后已用品的包装,其他品牌的同类产品包装等,到指定售点购买商品时可享受 8 折优惠或其他赠品。

通常,这一促销策略需要企业运用一定的形式向顾客赠送优待券,持券人凭此优待券在指定的地点购买特定的产品时,可享受折价、特惠价或换取某种赠品。持券人在获得优待券时,不需要付费,而在持券购物时能享受一定的优惠,其间的费用由赠券单位承担。与其他促销形式相比,优惠券是一种拉动式策略。在促销的目的是刺激试用时,运用优待券来吸引顾客比其他促销方式更为有效。现今,这种方法不但可以独立操作还被广泛应用于各种促销工具的组合,比如:在退费优待、抽奖竞赛、免费赠送中都需要用到某些凭证。

优惠券种类繁多,形式各异,但从总体上看有下列 3 种:

1) 直接折价式优惠券

即顾客凭券在某厂商规定的时间内,在指定地点购买某一指定产品时,可享受某一额度的折价优待。

如在苏宁易购举办的 2013 年手机感恩节促销活动中,采用了部

图 2.31　苏宁易购 2013 年手机感恩节促销活动

分手机满 1 000 返 50 购物券的促销方式,返的 50 购物券可在苏宁易购全场通用(见图 2.31)。

2) 免费送赠品优惠券

即在某零售店购买某一指定产品时,凭券可免费获得某种赠品。

3) 送积分点式优惠券

即顾客在某零售店每购买一定量的产品,就发放一定的点券,当点券积分达到一定数额时,顾客可凭这些点券到店内兑换自己喜欢的赠品。

2.5.2　优惠券发放的形式

1) 从发放渠道看

从发放渠道看,优惠券的发放一般有以下几种:

(1) 直接分送优惠券

较常见的方式有:直接发放,即由厂商派人挨家挨户分送,街上散发,或置于展台任人自取,或直接邮寄等形式,直接送到顾客手中的优惠券。这种方式最大的优点是可以根据住宅区域、工作单位、惯常出入的场所等,选择不同的受众对象,针对目标顾客派送。直接分送优惠券的促销方式一般用于企业为了尽力吸引更多的新试用者,扩大市场占有率。另外,在开拓新产品市场时,优惠券与免费试用商品同包装发放,会使满意试用产品的消费者进一步使用优惠券去

购买,从而实现占领市场的目的。

案例

"莱克"啤酒为你省1元

图 2.32 "莱克"啤酒为你省 1 元

莱克啤酒上市之时,正是啤酒销售旺季即将来临之际,一张印制精巧的 DM 被投递到了每户居民的信箱里。DM 折叠了起来,正面紫蓝底色、黄色线框,仅在下端印着一行小字:"请小心打开,仔细阅读,错过一个字,可能会错过很多。"令人充满好奇。

展开 DM,赫然映入眼帘的是:"莱克,爽口的啤酒已经来到上海,而你,既享口福又能赢大奖。"在这则产品广告的下面连着:"省壹圆"的优惠券,凭这张优惠券到附近的零售店购买莱克啤酒可享受 1 元的折让(而莱克啤酒的零售价仅为 2.5 元左右)。

消费者若同时填妥优惠券背面的填字游戏题:"莱克_____的啤酒",并清楚填写个人资料,即可参加幸运抽奖,赢取现金 5 000 元、松下 VCD、照相机、莱克啤酒等奖品(见图 2.32)。

(2)媒体发放优惠券

其常用的方式是通过报纸、杂志、报页副刊等刊登优惠券,还有通过网上发布优惠券,消费者可以自行下载打印,到店消费。

案例 1

"旭日升"1 元打败秋老虎

旭日升集团为感谢上海消费者对旭日升产品的厚爱,在上海地区发行量最大的《新民晚报》上刊登优惠广告:从 9 月 4 日至 10 月 31 日,您只需剪下广告所附的优惠券,就可以到指定商店用 1 元钱购买 350 ml 旭日升冰茶一听(原价为 1.8 元/听),让清凉爽口的感觉帮你轻松打败秋老虎。

案例2

"哈根达斯"的优惠券，让你多一次心醉之吻

"哈根达斯"专卖店开张伊始，在当地晚报上刊登了这样一则广告：要想多一次享受哈根达斯的香浓之吻，请沿虚线剪此券，并携带此券到哈根达斯冰淇淋屋一次消费满100元，凭收银单可获价值50元的礼品券一张，供下次使用。

哈根达斯手机优惠券：2013—2014年璀璨融情冰淇淋火锅30元抵用券，有效期：2013年10月28日至2014年2月24日，使用范围：哈根达斯冰淇淋中国大陆指定专卖店（机场店除外）均可使用（见图2.33）。

图2.33　璀璨融情冰淇淋火锅30元抵用券　　图2.34　点购哈根达斯冰淇淋铁板烧优惠券

2013年9月至10月间点购哈根达斯冰淇淋铁板烧送金枫赏秋精美礼品1份，不与其他优惠同享，不参加任何折扣。产品共38 000份，送完即止。活动截止日期：2013年10月27日（见图2.34）。

报纸、杂志上的折价券可以提高受众对广告的注目率，免使巨额广告费淹没在众多信息中，这是优惠券对广告的贡献。此方式是新开商店或新产品迅速提高知名度的有效手段，也是一些大众化消费品宣传的常用形式。但报纸、杂志阅读后较易搁置一边，因此常需连续刊登数次方能有效。同时对于报纸上所登的优惠券，有心收集以作为备用的人不多，因而消费者在超市的购买现场看

到 POP 提示,需要优惠券时往往望物兴叹。另外,媒体刊发优惠券的兑换率较之其他方式为低,因此,在使用此方式时要充分做好投资回收率的评测工作。

（3）商品附送优惠券

商品附送优惠券就是将优惠券直接放入产品包装内,或附连在产品的外包装上,在出售商品时把优惠券送达消费者手中。

这种方式适宜于企业培养忠诚客户,特别是那些重复购买率不超过 10% 的商品,使用此方式可以提高顾客的"回头率"。

由于此种方式对即时增加销量作用不大,特别是当优惠券放入产品包装内不易发现时,提高产品重复购买率的作用也会大打折扣,所以优惠券的设计要新颖、大方、醒目,让消费者容易注意。

（4）企业之间交叉发放优惠券

交叉发放优惠券,是指把某种商品的优惠券放在其他商品的包装内或包装上,通过成熟品牌来带动自身产品的推广,或拓展新的客户群。有些产品甚至还可以通过其他物品的寄发发放优惠券,如"美宝莲"产品的促销就利用过"博士伦"建立的产品俱乐部向其会员寄发的通讯册中发送其优惠券,凭此券购买"美宝莲"全新盈润唇膏,可以抵用 10 元。

交叉发放优惠券是一种既锁定目标消费群,又节省费用的有效办法。针对性很强,并且可以通过消费者对成熟品牌的认同,带动对促销品的认同。不过,采用这种方式的关键是要找准交叉合作企业,且确信他人寄发的优惠券名副其实,否则,不但会损害自我品牌的形象,还会损害合作品牌的形象。

（5）特殊形式发放的优惠券

这是一种利用其他特殊渠道发放优惠券的形式,如利用产品旧包装、购物袋、包装袋、促销宣传单和关系单位等特殊渠道把优惠券送达顾客,这类优惠券发放渠道广泛,运用灵活,形式新颖,正在逐渐被企业广泛使用。

例如:上海摩柏实业有限公司曾举办过一次以旧产品包装盒优惠购物活动。该企业在活动期间,规定凡购买"纤妃"纤维片,可凭原"纤妃"纤维片空盒一个享受 5 元的折价优惠。并且当场购买,当场退还空盒,当场即可折价优惠,空盒多可以累积计价。

再如:"高露洁"牙膏也开展过"110 换新半价大优惠"活动。活动期间,在商场凭任何其他品牌("高露洁"牙膏和洁银牙膏除外)空牙膏管一支,即可以零售价的半价(5.50 元)换购"高露洁"新上市全效牙膏一支(120 g),每人每次限换购 2 支,换完为止。

活动说明中特别强调"高露洁"和"洁银"牙膏空管不能换领,其目的是吸引竞争品牌的消费者,通过半价换购活动,促使他们尝试"高露洁"的产品。

（6）不同的渠道分送优惠券比较

著名的尼尔森公司曾针对优惠券促销效果做过市场调查,得出结论如下（见图2.35）。

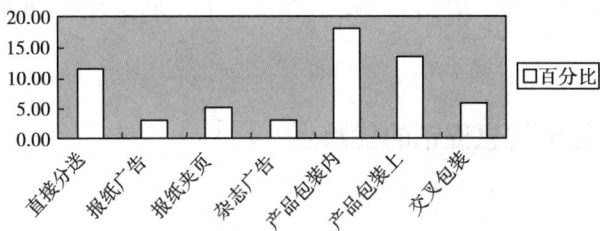

图2.35 通过不同渠道发放优惠券的兑换率

从图2.35中的数据可以看出,利用产品包装内或包装上送出的优惠券,其兑现率高于经由其他媒体发送的优惠券。

2）从发放优惠券的主体看

从发放优惠券的主体看,发放优惠券的形式也有以下3种:

（1）零售商的优惠券

这种优惠券是由零售商策划,只有在本企业的商店或连锁店使用的优惠凭证。该类优惠券通常借助平面媒体广告、POP广告、店内宣传单和关系单位等形式和途径分送到顾客手中,其目的是吸引顾客进店,激发其购买欲望,扩大产品销售。

（2）制造商的优惠券

这是由产品生产企业策划和散发的优惠券,一般在本企业的销售网点上兑换。该优惠券发放的目的是增加消费者对本企业生产的同一品牌或不同品牌的系列产品的购买欲望,扩大产品销售额,提高市场占有率。

（3）制造商与零售商合作的优惠券

这种优惠券是由生产企业与零售商联合发放,通常是由生产企业策划,生产企业与零售商分别运用自己特有的形式和渠道发放到顾客手中。持券人可以到零售商处用优惠价格购买生产企业的产品。在优惠活动中,零售商扮演生产企业代理人的角色,负责回收兑换优惠券,统一整理后再退给生产企业,生产企业再根据零售商兑换优惠券的面额给予约定的金额补助。零售商也可以在制造商规定的优惠额度之外,提高折价率来吸引更多的顾客。

合作发放优惠券的形式是目前市场上比较受欢迎的一种促销形式,它可以给参加者各方带来良好的促销利益。从制造商的角度看,合作举办优惠券促销的最大作用是促进产品销售,确保对顾客的减价优惠能真正为顾客所享有,很好地控制促销期限及应开支的费用。从零售商的角度看,合作举办优惠券促销能协助维持该店低价位的形象,可在市场竞争中创造差异化,并能大幅度降低促销费用。

2.5.3 凭证优惠促销的优缺点

1)优点

(1)有利于拓展产品消费群

一般来说,凭证优惠会吸引对品牌已有一定好感或已试用过产品且感到满意的消费者,企业可以利用此方法推介新品种、新口味,或拓展消费群。对美誉度比较高的产品来说,凭证优惠方式的效果是比较明显的。

(2)有利于培养忠诚顾客群

如果企业经常性地运用凭证优惠促销,可以培养消费者成为长期的忠诚客户。特别是对那些产品间差异不大的品种系列,运用这一形式,可以起到培养品牌偏好,建立品牌形象,培养消费习惯的作用。因此多次运用优惠券,可以提高消费者的购买频率,使其习惯于使用此产品。

2)缺点

(1)凭证式优惠对新品牌,或未具知名度的产品效果未必理想

因为面对优惠券,消费者会判断商品的优惠额度从而决定是否值得参与,而对一个消费者不知产品价值何在或是品质标准尚未建立的产品而言,消费者无法判断是否值得,于是就有可能放弃。

(2)兑换率的测算难度大

凭证优惠的效果主要表现在兑换率的高低,但由于消费者购买的动机是多样化的,影响购买决定的因素也是多变的,因此兑换率始终是一个难以预测的重要项目。虽然本节前面提供了一些参考标准,但不同地区、不同产品、乃至优惠的幅度、运用时机、分送方式、创意表现、媒体选择、产品铺货率、竞争态势等,

都会影响到消费者的参与度。这些问题使得经费预算和分配在计划时很难定案。

（3）容易损害品牌形象

频繁的或劣质的优惠券会损害品牌形象，甚至个别商家利用优惠券骗售劣质产品，使得"优惠券促销"的信誉在逐步下降。

（4）厂家与商家不易配合

有时因商家配合上的欠缺，会导致部分消费者未能凭优惠券享受优惠，影响了消费者对品牌的好感与对优惠券的信任。

2.5.4　开展凭证优惠促销应该注意的问题

1）成本费用的控制

（1）折让额的掌握

凭证式优惠的折让额度一般比正常商品直接折扣促销要高一些，控制在20%～30%，具体额度需视产品背景情况而定。

（2）优惠券的发放费用

优惠券发放费用包括直接分送人员费用、邮寄费用、优惠券印制费用、媒体发送的发布费、设计费、包装发送的包装设计制作费用等。

（3）广告宣传费用

广告宣传费用主要包括配合媒体广告，售点 POP 设计制作费用等。

（4）通路配合费用

通路配合费用主要是相关中间的协助回收补贴等费用。

（5）人员费用

活动中运用的产品促销推广人员，优惠券或促销单的派发人员，凭证的回收工作等。

2）活动的时间安排

凭证优惠促销运用并没有固定的模式，在时间安排上也没有特别的限制，但一般来说，在产品销售旺季来临前期，或"黄金假日周"期间运用最为有效。也有些厂家会选择淡季举办优惠促销，旨在维持淡季的生产任务，甚至通过淡季促销改变人们的消费习惯。

调查表明,大多消费者在得到优惠券后,会在短期内去兑换,通常是在一个月内,所以,活动开始的前 4 周兑换率最高,以后会迅速下降。因此,促销活动以设计在 6~8 周为宜。也有些消费者会因各种原因,待活动过了相当一段时间才来兑换,所以活动设计者务必要注明优惠券的有效期,并保留一些补偿性的预算,向迟到的消费者做好解释和补救工作。

综上所述,凭证优惠促销策略比较适合于那些品牌知名度高、品牌形象好的产品,且主要用以培养顾客的品牌忠诚度。在开展凭证优惠活动时,企业应尽力通过各种手段增加优惠券的可信度,如优惠券制作要精美、优惠券的平面设计应突出品牌形象等,并以优惠事项为辅,而非以"优惠"带动品牌推广。

2.6　奖励促销策略

心理学研究表明,人对激励的反应要比惩罚的反应更强烈、更敏感。在商业交易中,采取奖励的办法有时要比采取优惠的办法更能激励起消费者的购买冲动,因此,奖励促销往往是商家经常采用的策略。大至家用电器,小至油盐食品,无不可以作为抽奖促销的对象。厂商不断地寻求诱人的奖品以期吸引消费者,从金银珠宝到彩电手机,或超值、或时尚、或诉诸情感需求、或提供体现自身价值机会,几乎无所不包。

奖励促销的形式一般分为"抽奖""有奖竞赛"和"游戏"3 类。

2.6.1　抽奖促销

"抽奖"在英文中又称 Sweep Stakes,其原意是赌金的独占。据《广告英语词典》,所谓 Sweep Stakes,是以高额的奖金或赠品,一人或数人独占形式的附奖销售。

规范的抽奖促销活动都具有随机性和无条件性。无论哪一种抽奖活动,它的最终获胜者都是随机产生的,如抽签、抛子形式等产生的。所有顾客都可以在没有先决条件的情况下参加抽奖活动,不需要参加者具备判断和技巧方面的能力,也不需要参加者预先购买什么商品。

抽奖的基本形式一般分为回寄式抽奖、即开即中式抽奖、多重连环抽奖3 种。

1）回寄式抽奖

回寄式抽奖就是由顾客按照规定的格式填写抽奖单并寄回指定地点。顾客可以从报纸、杂志或直接从商店获得抽奖活动的参加表，根据要求将姓名、地址等内容填好后寄往指定的地点（有时举办者会要求消费者附寄产品的购买凭证作为参加条件），然后在预定的时间和地点通过随机抽取的方式，从全部参加者中决定获奖者。这种方式是抽奖中最普遍的一种方式。

例如：宝洁公司 10 周年庆之际，集结旗下 13 个品牌的产品举办了大型抽奖活动，以回馈消费者。在为期 3 个月的活动中，消费者购买任何一种"宝洁"产品，只要填妥刊登在广告上的抽奖表格，连同所购产品的发票（收据或购物单），寄往宝洁公司均可参加抽奖。

抽奖活动设一等奖 60 名，各奖 10 年使用量的"宝洁"产品或等值的 5 000元人民币……中奖机会为 11 420 名，奖金总额为 200 万元。

又如："康师傅"在其系列产品（顶益、顶园、顶津）举行主题为"缤纷大礼，等你拿"的回寄式抽奖促销活动，消费者只要将康师傅（顶益、顶园、顶津）的外包装袋邮寄回公司总部即有机会中奖。此次活动极大地激发了消费者的参与热情，促进了产品销量快速增长。

当年"光明"牛奶也举行过"光明牛奶赢的就是新鲜"的回寄式抽奖活动，其采取的方法和形式对其他产品的促销有借鉴意义。

春节前，光明公司举办抽奖促销活动，凡购买"光明"新鲜屋系列产品任一款，剪下牛奶包装盒的"屋顶"及"条形码"装入信封，并在信封背面写明个人资料，寄回指定地点，即可参加抽奖。奖项分设为四等：

图 2.36 "光明"牛奶赢的就是新鲜

一等奖 5 人：上海（或其他指定地区）的五星级酒店住宿 1 天，包括当天的餐饮（价值 3 000 元）；

二等奖 20 人：任何"屋形场所"下的消费者（价值 1 000 元）；

三至六等奖:分别为不同价值的光明牛奶票等奖项;

鼓励奖:光明水果派 1 套(价值 6 元)。

所有奖品均可抵用同等价值的"光明"产品(见图 2.36)。

2)即开即中式抽奖

即开即中式是指利用产品包装上的特定标志或刮刮卡的形式,由举办者预先确定若干个标志或号码并向社会公布,消费者购买产品后即可知道自己是否中奖。例如英特尔(中国)"游戏季更精彩"促销活动,就是一个设置了一定限制的"即开即中式"抽奖(见图 2.37)。

案例 1

英特尔刮刮卡促销活动

图 2.37 英特尔(中国)"游戏季更精彩"促销活动

为迎接五一国际劳动节,新希望一诺电脑科技公司推出"激情过五一,豪爽送大奖"活动。新希望一诺电脑科技公司期望以实实在在的性价比,报答新老用户的厚爱,以真正的价格优惠、产品优惠、优质的服务带给消费者实惠。另外在活动期间在新希望一诺电脑科技公司的各大卖场购买任何一款基于 INTEL® 盒装处理器和盒装主板的整机,参加英特尔"游戏季更精彩"促销活动,将获得一组 CS 玩偶。

在指定店面贴有"店面促销"条形码的英特尔®盒装产品,将获得刮刮卡一张,有机会参与抽奖。

刮刮卡奖品设置:

一等奖(10 名):诺基亚 N-Gage QD 游戏手机一部;

二等奖(50 名):微软无线鼠键套装一个;

三等奖(200 名):超酷游戏手柄一个;

四等奖(500 名):最新游戏光盘一张;

五等奖(1 200 名):半条命游戏主题衬衫一件。

案例2

"俊仕"瓶装水　掀起你的红盖头抽奖活动

上海俊仕饮料有限公司举办的"'俊仕'掀起你的红盖头"抽奖活动，就是一个设置了一定限制的"即开即中式"抽奖（见图2.38）。

购买"俊仕"红盖促销包装的瓶装水，拉开包装标贴，可发现标贴内分别印有"俊""仕""电子消毒柜""移动电话""滚动溜冰鞋""现金100元"等字样。消费者只要收集这些不同字样的瓶盖，不同的组合即可获得不同奖品。

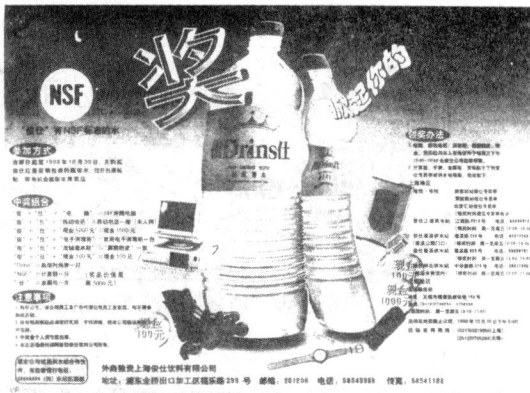

图2.38　"俊仕"瓶装水，掀起你的红盖头

如：

"俊"+"仕"+"电脑"=586电脑1台；

"俊"+"仕"+"移动电话"=移动电话1部；

"俊"+"仕"+"现金1 000元"=现金1 000元。

案例3

"康师傅"面霸促销活动

图2.39　顶新国际集团举办的
"康师傅"面霸促销活动

顶新国际集团举办"康师傅"面霸促销活动，把活动的奖项直接印在产品内的调理包上，只要购买任何口味的"康师傅"面霸120，打开包装袋即可获知是否中奖。奖项分别有："现金5 000元""现金120元""再送一箱"等。共有30 000个中奖机会。

为了安慰未中奖消费者，顶新公司又设置了回寄式抽奖作为此次活动的辅助措施，只要消费者集够2个面霸120空袋寄往指定地点，又可参加"现金 5 000 大抽奖",共抽出大奖 40 名(见图 2.39)。

此次活动结束后,"康师傅"又推出面霸 120 碗面的同样促销活动,只不过奖项的金额设置降低了,分别为"电话卡 100 元、50 元、20 元"及"免费再来一碗",中奖机会也增至 40 万个(见图 2.40)。

图2.40　顶新国际集团举办的"康师傅"面霸促销活动

案例4

"康师傅"奶茶促销活动

图2.41　"康师傅"奶茶"开心香遇,再来一瓶"有奖促销活动

"康师傅"奶茶开展"开心香遇,再来一瓶"有奖促销活动,活动期间,凡购买康师傅瓶装奶茶饮品 500 ml(香浓味、炼乳味),标有"开心香遇,再来一瓶"的促销装产品,即有机会赢取"再来一瓶"大奖(见图2.41)。

3) 多重连环抽奖

采用多重连环抽奖主要是针对大多数消费者普遍认为他们自己没有这么好的运气能中得大奖,而中奖又不足以吸引他们,这也是消费者对抽奖促销缺乏兴趣的主要原因。因此,以多重连环抽奖的形式,让消费者获得较多的中奖机会,使他们产生中奖的可能性较大的感觉,增加尝试参加的愿望。

案例

"鹰牌花旗参,五重连环大抽奖"

活动期间,凡购买"鹰牌"花旗参系列产品满100元的消费者,可领取抽奖券1张,多买多领。在抽奖券的副券上填妥个人资料,投入店内的抽奖箱,或寄往指定地点,即可参加抽奖。

开奖共分5次,每月1次,每次设一到四等奖和幸运奖,可分获现金5 000元、铂金首饰、黄金首饰、超市低价券和"鹰牌"产品礼盒两盒。未中奖者自行滚动参加下轮抽奖(见图2.42)。

图2.42 "鹰牌花旗参,五重连环大抽奖"

这是一个典型的多重连环抽奖案例。由于中国反不正当竞争法规定,用于激励销售的最高奖额不得超过5 000元。如果采用这种连环滚动抽奖的方法,虽然每次奖额不是很多,但中奖的机会增加了,也是一种补偿。现在单层的抽奖活动越来越少,也越来越不起眼,取而代之的是连环奖、多重奖、组合奖,目的是增加消费者中奖的信心和希望,吸引其积极参与促销活动。

采用连环抽奖的促销方式必须有强有力的宣传配合。"鹰牌"在这方面做得很出色,从"祝您好运"到"幸运之鹰飞向谁……五重连环大抽奖正在轰轰烈烈的进行",到"累计获奖人数现已超过……千……还有一千八百多个奖项等着您",再到"抓紧了! 还有最后一击"。一浪高一浪地推波助澜,使多重连环抽奖自始至终处于销售高潮。

在实际操作中,多重连环抽奖的奖励数额也不是在每次开奖中平均分配,而是每一次不断加强力度,这样做到有助于持续活动的高潮,使多重连环抽奖不至于渐趋暗淡。

"鹰牌"的多重连环奖项发放是按如下一个过程进行的:

一等奖:每次都是2名(总共10名);

二等奖:第一次2名,第二次3名,第三次4名,第四次5名,第五次6名(总共 20 名）；

三等奖：第一次 10 名,第二次 10 名,第三次 20 名,第四次 20 名,第五次 40 名(总共 100 名)。

上述 3 种抽奖促销形式,均属于非随机抽奖形式。在实际商业活动中,还有一种常用的随机抽奖形式,如摇奖、摸奖和转奖。摇奖是利用摇码机,直接抽出一定的数码,组成获奖码来确定中奖者。摸奖就是让购买者直接从"暗箱"中抽出一定数字,与事先规定的获奖码对比,确定获奖者或获奖等级。转奖是让购买者转动"幸运大转盘",直接确定获奖者和奖金(品)。

4) 手机短信抽奖

这是近年兴起的时尚促销方式,许多企业利用互联网普及的特点,针对"手机一族"而开展的幸运抽奖活动。例如伊利集团冷饮事业部 2006 年在全国 31 个省市自治区举办了"吃伊利冰淇淋 赢香港双人游"促销活动,成为近年来促销活动范围最大、参加人数最多的促销活动之一(见图 2.43、图 2.44)。

案例

伊利抽奖促销

吃巧乐兹 1.5 元,发送棒上的号码 YL 756535 到 9500126(限移动、联通用户),短信收费 0.3 元,马上得回信:伊利冰淇淋梦想之旅感谢您的参与,如中奖次日短信通知,详情致电 01095001860 或登录 http://yili.163.com,本条 0.3 元。

图 2.43 吃伊利冰淇淋 赢香港双人游

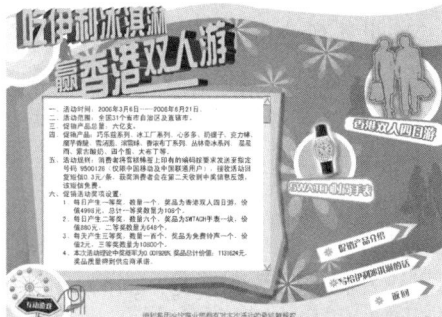

图 2.44 吃伊利冰淇淋 赢香港双人游

5）抽奖活动与其他促销模式的组合

（1）抽奖与优惠券的组合

如上海光明乳业公司举办的"'99 找光明'，六盒有大彩"促销活动，就是典型的抽奖与优惠券组合的促销形式。该活动规定，在一个半月的时间内，凡购买"光明"乳品促销装产品（250 ml 6 包装或 1 L 2 包装），即可得刮刮卡一张，刮开后当场兑奖。除了 5 000 元特等奖 10 名外，还有一、二、三等奖，总共 1 110名。未得奖的刮刮卡可用作优惠券，在下次购买时抵用 2 元。

（2）抽奖与集点换物组合

如强生（中国）有限公司举办的"'娇爽'信心大派送"促销活动，就运用了抽奖与集点换物相结合的形式，收到了较好的效果。活动期间，消费者购买任何"娇爽"卫生巾产品，找到心型标志，刮开袋内幸运卡，就有机会赢得手机、手表等各类"时尚奖""幸运奖""杂志奖"。此外，将未中奖刮刮卡收集满 6 张后，加上 6 个完整的包装上的促销贴纸，即可换取价值24 元的"曼秀雷敦"润唇膏 1 支或等值礼品 1 份。

（3）抽奖与赠品的组合

如可口可乐公司在中国境内举办的"'可口可乐'红色足球热"促销活动，就采用了这一组合促销方式。活动规定，消费者只要购满 1 箱"可口可乐"，就可得到随箱赠送的礼品，包括台历、弹弹球、购物礼券等 7 类礼品，此外，每箱中还附有 1 张刮刮卡，有机会赢得"足球型电话""可口可乐足球"和"足球收音机"等奖品。

（4）刮卡兑奖与开包兑奖相结合

如厦门卓威体育用品公司举办的"20 万大奖等你拿"活动，就运用了开包兑奖与购物刮奖的组合促销方式（见图2.45）。

图 2.45　20 万大奖等你拿

2.6.2　有奖竞赛促销

有奖竞赛活动是利用人们的好胜心和竞争性而设计的一种激励性智能型

的促销形式,它通过让消费者展现自身的聪明才智赢得奖励,从而吸引消费者积极参加活动。

这种促销活动通常要求消费者运用和发挥自己的才华去解决和完成某一特定问题。如请消费者为产品配一副对联、写一句广告语、竞赛球赛的冠军等,然后再由来件中依优劣评出优胜者。因此,竞赛活动的参加者都须凭某种技术或能力通过竞争来获得奖赏。

"有奖竞赛促销"与"抽奖促销"有许多共同之处,比如,它们最大的吸引力均在于诱人的奖品,且须从众多的应征作品中抽取出获奖者。然而,由于"竞赛奖励促销"对参加者的要求更高,因此参加者数量远比"抽奖活动"来得少。

"竞赛奖励"方式一般用于有特殊用途或性能的产品的促销,通过"竞赛活动",可以展示产品的魅力,让目标消费者更充分地了解产品及其优点,因此,兼带有建立品牌知名度和忠诚度的作用,这是抽奖促销所无法达到的效果。

有奖竞赛的基本模式:

1)简单问题竞赛法

这是一种大多数消费者都能参与的方法,举办者只需依据产品的品名、特性、功能、使用方法等,设计出已为大多数人知晓的问题,要求消费者给予回答。企业的目的是让消费者通过回答问题,知道甚至记住这个品牌或特征,以提高产品的知名度。

例如:上海绿谷集团在媒体上推出"宁夏枸杞王胶囊注册商标是什么牌?"的问题,让消费者在活动举办的1个月时间内,只要拨通竞猜声讯电话,回答出竞猜题,即可获赠产品1盒,另外,还在所有参加者中随机抽出2名"特等奖",各奖现金2 000元人民币,领奖须凭电话账单到指定地点领取。

还有一种针对现实顾客开展的竞赛活动,如:

案例

"'四季宝'大派红包88元"竞赛活动

该活动要求购买"四季宝"花生酱的顾客回答一个问题:"到底一瓶四季宝花生酱可以涂几片面包?"并连同1个"四季宝"花生酱瓶口封贴,寄回举办单位,即可参加抽奖活动。奖品为内赠88元的红包1个,共有88封红包,将由专人或专函送到府上(见图2.46)。

图2.46　"'四季宝'大派红包88元"竞赛活动

这是一种要求消费者竞猜产品使用情况的竞赛题,其意义在于进一步扩大产品的用途,促进销售。

2) 展现个性竞赛法

这是一种通过设计个性化的问题,加深消费者对品牌的印象和理解的竞赛方式。

例如:日清制面食品公司推出"开杯乐杯面",为顾客准备了造型独特的"开杯乐专用叉"。在新产品上市的2个月活动期间,顾客可仔细观察"开杯乐专用叉",充分发挥想象力,猜一下"开杯乐专用叉"究竟是模仿什么模样制作而成的,然后可以将自己的竞猜答案和个人资料寄回公司,参加抽奖。

举小者将从猜中谜底的来信中抽出5名"开杯乐"奖,各奖海南岛逍遥双人游;1 000名"幸运奖",各奖"开杯乐"咖啡杯1只。

这种跳出产品本身而把竞猜的诉求点放在产品的附属品上的做法,是同质产品促销的好方法,它往往起到加深品牌印象的作用,是在产品差异性越来越小的市场环境下促销的新途径。

2.6.3　有奖征集促销

有奖征集是企业为了树立品牌形象或企业形象,请现实的或潜在的消费者运用自己的才能解决企业的某一问题或完成企业规定的某一特定任务后,以某种形式奖励优胜者的一种促销策略。在市场上最常见的有奖征集新产品开发意见,给产品命名,收集产品包装、标签、盒盖等。有奖征集与附赠促销、抽奖促销相比,其显著特点是不需购买产品,只需以参与者的才能、知识为前提。有奖征集的目的不是追求眼前的利益,而是立足于长远,树立企业良好形象,扩大企业和产品的知名度。

有奖征集的形式是多种多样的,而不同形式的征集活动又有不同的规则。从总体上看,有奖征集活动的规则主要包括以下内容:指明活动的截止日期;提出参加者的条件与要求;标明评选的方法与程序;规定奖品种类、金额及名额;列出评选机构、公证单位;确定获奖名单的发布方式,说明奖品领赠方式。

以下从征集产品包装、产品广告语、其他类型3个方面分别举例说明。

1)针对产品包装设计的有奖征集

案例

打扮我们的"光明学童奶"

上海光明乳业公司为了在儿童心目中树立起光明牛奶的品牌形象,设计了一次以"消费者自己设计"为主题的有奖征集活动,活动内容如下:

如果是15岁以下的小朋友,就请一起来"打扮我们的学童奶",放假在家,喝一口"学童奶",望一望窗外,充分发挥你的想象力,创造一片童年的自由天空,画出一个你自己喜欢的图景。开学后,就把你的大作交给老师……我们将请专家组评出自由联想创作比赛的各类奖项。

活动分设优胜奖(光明设计之星)3名,得奖者可参加"坐飞机,游内蒙古呼伦贝尔草原"的旅游活动,获奖作品将印上"学童奶"产品包装。

入围奖100名,可参加明年暑假光明健康夏令营活动,作品可参加全市性专场展出。

活动另设幸运抽奖3名,凡投稿者均有机会获奖,即参加呼伦贝尔草原旅游活动。获奖小朋友的班主任老师亦可一同参加旅游活动。

另抽取1 000名获精美小礼品1份。

此类活动着重于品牌形象的树立,活动的目标对象定位非常鲜明。同时,设计征稿的形式,较易得到家长的好感与支持,此外,企业设计让老师们也分享学生成功的喜悦,易得到老师们对活动的支持。

这类活动并未直接要求消费产品,而将重点放在小朋友的参与精神,更能增加产品的亲和力,缩短与消费者之间的距离。

2)针对产品广告语设计的有奖征集

要征集广告语,一般应先做企业产品的背景资料介绍,再将征集要求及奖项和参加办法说明清楚,参加者须将设计的广告语与个人资料(如身份证号码、地址等)一并寄往指定地点,由举办者组织的评委进行评审,举办者需事先申明:广告语的使用权(或知识产权)归举办者所有,并享有活动的最终解释权。

案例

"'梦倩'广告语有奖征集"

金门公司为扩大本企业产品的影响力,以品牌建设为目的,举办了一次"梦倩"广告语有奖征集活动,参加者不受年龄限制,写下一句自以为最能够代表"梦倩"的语句,连同本人的个人资料一并寄往指定地点即可。

活动的评选标准为:广告语文字不超过 20 字,上口易记;文字内容必须突出产品特性及功效。

广告语一经录用,可获大奖 1 名,价值 5 000 元的南国旅游;入围奖 10 名,价值 1 000 元以内的国内旅游(见图 2.47)。

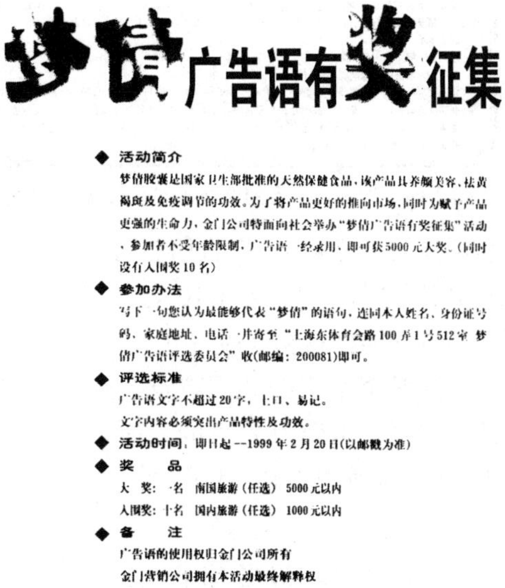

图 2.47 "梦倩"广告语有奖征集

这种类型的促销活动,企业既可以通过活动得到理想的广告语,又能扩大品牌的影响。不过,大多企业是醉翁之意不在酒,征集广告语为辅,扩大影响为主。

3) 其他类型的有奖征集

其他类型的有奖征集活动有宣传设计、商标设计、口味设计、新的产品使用方法发明、好的企业建议,等等。

案例

"'家乐'系列调味品创新菜谱设计大奖赛"

这是由百仕福食品公司与上海市饮食行业协会联合举办的有奖征集创新菜谱活动。参加竞赛者必须运用"家乐"牌系列调料,设计出一款富有创意的菜肴和点心。在应征稿中须写明所设计菜点的用料、制作、特点、创新依据连同自己的个人资料一并寄往大赛组委会。

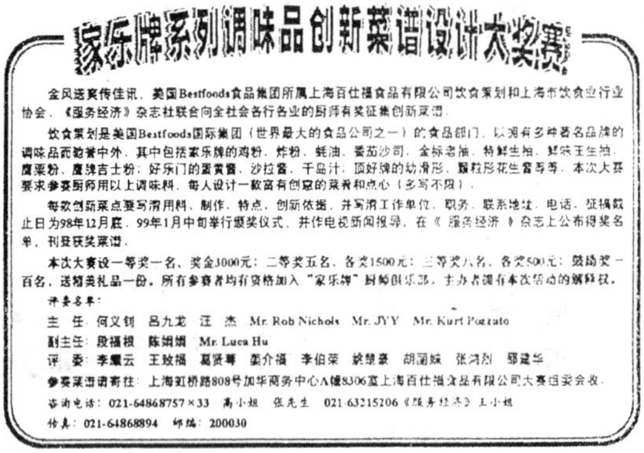

家乐牌系列调味品创新菜谱设计大奖赛

金风送爽传佳讯，美国Bestfoods食品集团所属上海百仕福食品有限公司饮食策划和上海市饮食业行业协会、《服务经济》杂志社联合向全社会各行各业的厨师有奖征集创新菜谱。

饮食策划是美国Bestfoods国际集团（世界最大的食品公司之一）的食品部门，以拥有多种著名品牌的调味品而驰誉中外，其中包括家乐牌的鸡粉、炸粉、蚝油、番茄沙司、金标老抽、特鲜生抽、鲜味王生抽、鹰粟粉、鹰牌吉士粉；好乐门的蛋黄酱、沙拉酱、千岛汁；顶好牌的幼滑形、颗粒形花生酱等等。本次大赛要求参赛厨师用以上调味料，每人设计一款富有创意的菜肴和点心（多写不限）。

每款创新菜点要写清用料、制作、特点、创新依据，并写清工作单位、职务、联系地址、电话。征稿截止日为98年12月底，99年1月中旬举行颁奖仪式，并作电视新闻报导，在《服务经济》杂志上公布得奖名单，刊登获奖菜谱。

本次大赛设一等奖一名，奖金3000元；二等奖五名，各奖1500元；三等奖八名，各奖500元；鼓励奖一百名，送精美礼品一份。所有参赛者均有资格加入“家乐牌”厨师俱乐部。主办者拥有本次活动的解释权。

评委名单：

主　任：何义钊　吕九龙　汪　杰　Mr. Rob Nichols　Mr. JYY　Mr. Kurt Pozzato

副主任：段福根　陈娟娟　Mr. Luca Hu

评　委：李耀云　王致福　葛贤萼　姜介福　李伯荣　姚慧豪　胡丽娟　张鸿烈　邬建华

参赛菜谱请寄往：上海虹桥路808号加华商务中心A幢8306室上海百仕福食品有限公司大赛组委会收。

咨询电话：021-64868757×33　高小姐　张先生　021-63215206《服务经济》王小姐

传真：021-64868894　邮编：200030

图2.48 “‘家乐’系列调味品创新菜谱设计大奖赛”

大赛设一等奖1名，奖金3 000元；二等奖5名，各奖1 500元；三等奖8名，各奖500元；鼓励奖100名，各奖精美礼品一份。所有参赛者均有资格加入“家乐牌”厨师俱乐部(见图2.48)。

又如：“宁红”减肥茶诚邀新老消费者在“红五月”期间，给“宁红”提建议，出点子，内容可涉及产品包装、广告语、产品服务方面的良好建议，并分别评出大奖5 000元1名，二等奖3 000元10名，三等奖1 000元40名，鼓励奖500元50名。另外参与者均能获得精美礼品1份。

这两个案例的共同特点是通过征集奖励，扩大企业产品的影响范围，达到使品牌更具生命力的目的。通过活动，让消费者关注和参与企业的经营和管理，增加企业的亲和力。

2.6.4 答卷奖励促销

答卷奖励也叫学习奖励，就是参与者按要求学习有关背景资料，完成答卷后，将答卷在规定的时间内反馈给主办单位，由主办单位从众多答卷中抽出中奖者给予奖励的一种促销策略。答卷奖励的目的是通过宣传资料的散发及答卷的完成，普及与企业及其产品相关的知识，或培育潜在市场，或取得某种信息，或扩大企业知名度，树立企业形象。

举办答卷奖励活动一般有以下几个步骤：

①根据活动主题和目的设计问卷，并借助合适的媒体发布宣传资料。

②消费者了解和掌握答卷宣传资料，获得答卷时必要的答案。

③参加者按要求答卷，并在规定的时间内，将完成的答卷反馈给主办单位。

④由主办单位在所有提供正确答案的参与者中抽出幸运中奖者。

⑤主办单位借助一定的媒体公开授奖。

除了上述所列的方式之外，奖励竞赛活动的方法还有：

①排出顺序竞赛。如要求消费者依据重要性或优劣等级为某些事物排列出相应顺序。

②回答问题并造句竞赛。如让消费者从甲乙两张商标或卡通画中找出其中的不同点或相同点。

③命名（译名）竞赛。如让消费者为产品命名或某一活动命名,等等。

2.6.5 开展奖励促销的优缺点

1）优点

①奖励促销能帮助建立或强化品牌形象。比如:消费者为企业撰写广告语,或为产品画一幅画,或选择出正确的产品标志时,也就把品牌深深地记在心里了。

②奖励促销能增加广告吸引力。一个有趣的问题,可以鼓励人们用心去想、思考,这样的竞赛内容能使广告脱颖而出。不少企业所举办的竞赛活动至少达到了宣传的效果,有些则达到了让消费者进一步了解产品的目的。商品广告加上令人心动的"抽奖活动",确实会提升消费者对商品的关注。

③奖励促销能帮助达到既定的销量和利润目标。一般的奖励促销活动都要求消费者提供购物凭证,因而促销期间的销售量是有保证的。特别是抽奖活动,由于有巨奖的诱惑,能吸引成千上万的消费者投身其中,自然销量也随之增加,企业的实际奖金支出分摊到所售产品,其成本就大大降低了。

2）缺点

①参与率低。由于受传统消费心理和价值观念的影响,国民对博彩的兴趣尚属初级,因而对各种奖励促销活动反应较为平淡,参与率往往低于举办者的预测标准。

②需要较多的广告费。奖励促销活动通常需要大量的媒体经费广为宣传,才能获得成效。

③奖励促销的创新难度高。如果是常规方式,人们已感到乏味,特别是有奖竞赛,要引起消费者的好奇或欲求一试的心理,就需要别出心裁的创意。

④促销效果有限。抽奖活动对品牌帮助比不上有奖竞赛,消费者仅仅为了额外的获利才购买,是碰个人运气的结果,无须参与者付出较多的努力,因此并不会对品牌留下什么特别的好感。

⑤针对性较差。有奖竞赛活动的参加率比不上抽奖活动的参加率,且只能限于特定对象,无法普及。因而对目标消费群针对性差,不像抽奖活动直接针

对目标消费群。

⑥难以事先对活动效果进行完善的效益评估。

2.6.6　开展奖励促销应注意的问题

1)活动规则和奖励情况要高度透明

高透明度是奖励促销的一个突出特点,为了确保透明度,对一些能现场操作项目,应采取当众公开操作,比如抽奖,就要公开抽奖,做到现场抽奖,当场开奖,当场兑现。同时,要保证公平、公正,杜绝冒名顶替、作弊现象发生,营造公平竞争的环境,以赢得顾客的信任。

2)要注意时效性

为了保证时效性,每次活动的时间不宜太长,竞赛活动一般不超过 3 个月,并且要定期公布进展情况。抽奖活动最好每天分若干时段开奖,有条件时可两个小时为一组,即时购物就可参加当组抽奖。极大的时效性可方便前来购物的外地顾客。

3)要保证有广泛的参与性

广泛参与是奖励促销获得成功的前提,要通过各种宣传渠道,动员消费者参与。特别是抽奖活动,要尽量发动现场的消费者参与抽奖,通过他们的获奖把幸运与惊喜带给更多的消费者。这不仅极大地激发起消费者的参与性、主动性,而且还使消费者对举办者的诚信产生良好的印象。

4)要注意奖品的多样与实用

选择奖品在考虑价值、费用的基础上,要从消费者的实际使用角度出发,要贴近家庭生活,真正把实惠、实用带给消费者。除了考虑奖品的实用性外,还应让它发挥其他作用:

(1)让奖品为品牌形象增色

要设法让奖品来提供一个消费者购买促销产品的理由或喜欢企业的原因,突破奖品本身的奖励功能,做到为产品的品牌形象增色,使促销活动能起到激励消费者的情感需求的作用。

案例

"买太太口服液，赢璀璨钻石"促销活动

深圳太太药业有限公司举办的"买太太口服液，赢璀璨钻石"活动，就体现了这一要求。消费者只要购买"太太口服液"30 支礼盒装，即有机会赢取璀璨钻饰。钻石太太奖 100 名，各送价值 5 000 元的钻饰（见图 2.49）。

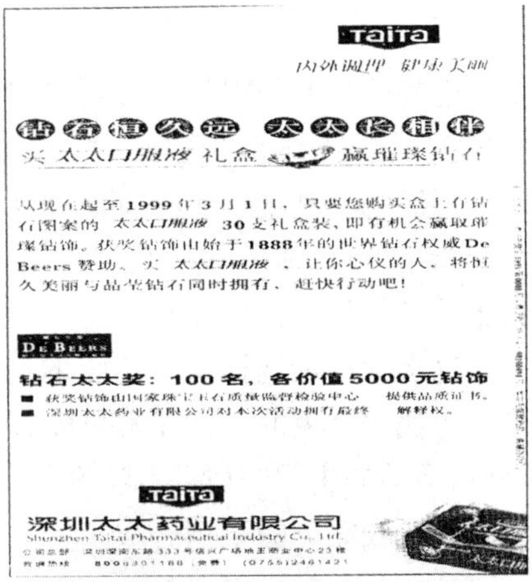

这一活动特地定制了钻石图案包装礼盒，以意寓购"太太口服液"，是为了让你的美丽像钻石那样永恒久远。此外这还是一种针对先生们的诉求，暗示买了"太太口服液"，体贴与关爱似钻石恒久生辉。于是这种购买理由就有可能拓宽购买群。

图 2.49　深圳太太"买太太口服液，赢璀璨钻石"

（2）让奖品作质量见证人

企业在建立品牌形象的过程中，作为奖励活动应发挥其辅助作用，要让消费者从奖品的质量和适用性体验到促销产品的质量，从而产生对产品的购买欲望。

案例

农夫山泉"寻源行动"

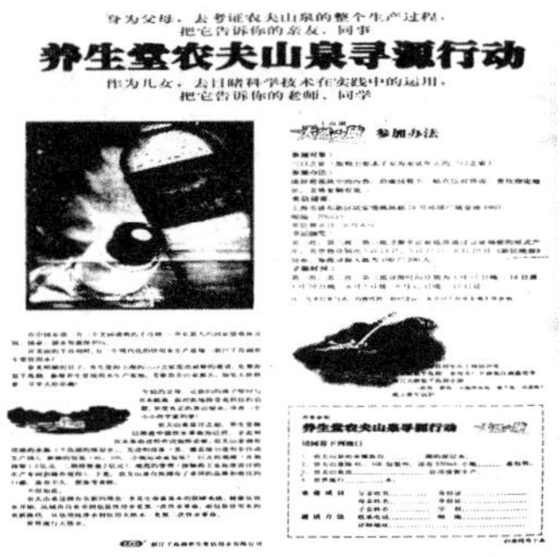

图 2.50　农夫山泉"寻源行动"

活动规定：三口之家的消费者只要填妥广告中右下角的问题及个人资料（不需要附上任何产品凭证），并剪下寄至指定地点，即可参加"千岛湖天然之旅"（即农夫山泉制造厂）的抽奖活动。通过公证抽奖的形式产生寻源幸福家庭，每批人数为 100 户计 300 人，本活动在一个月之内共进行三次（见图 2.50）。

这次活动如果仅仅是以"旅游"作为奖励，就与其他的促销抽奖活动没有什么区别，也未必能引起多大反响。但举办者却赋予这次活动新的含义，请消费者见证一下

"能喝的天然水",见证"农夫山泉"的品质保证,"养生堂"又将获奖者的旅游情景拍摄成新闻纪录片在电视中播放,"农夫山泉"的美誉也随之流传,消费者就能更加相信这个品牌了。

(3)让奖品迎合时尚,并别具一格

选择奖品要与时俱进,迎合当时的消费时尚,且不流于俗套。例如:一家叫"达能"的食品商店在兔年举办了一次"'达能'双趣送您96只千足金兔"促销活动:凡购买"达能"闲趣、甜趣饼干,将其中三个100 g包装袋及个人详细资料寄至指定地点,即可参加共计六次的滚动抽奖。每周一次16名,共96名。幸运大奖是价值人民币4 800元的千足金兔。

这次活动是选择中国传统的兔年(1999年),当时正值国内时尚戴黄金首饰的年代。金兔的设计非常可爱,广告图旁的一句"打算抓兔子吗?"更是撩人心弦,活动的主题"达能双趣99捕兔大行动"形象贴切,这是一个将促销和时尚结合得比较完美的案例。

(4)让奖品助学尊教,更具深远意义

以助学为奖励内容,可以使平平的奖金富含新的意境。本来钱就是钱,但需要它的本质还是在于它所能带来的益处,而正是这些益处才打动了人们的心。

例如:一家名为"智强"的食品店,为扩大商品销售,举办了一次"'智强'为我免学费"的促销活动。活动明确:只要收集"智强"核桃粉产品包装上的"智强"注册商标及条码,并填好"'智强'助学大行动"抽奖表,寄到指定地点,即可参加抽奖。

特等奖2名为现金5 000元;一等奖20名,报销当期1 000元以内的学费;二等奖60名,报销当期500元以内的学费。中奖者只需持户口簿到指定地点,凭所在学校当期学费收据报销学费,若学费收据不足奖项规定金额,以现金补足。活动同时在全国数城市开展。

案例

"尊师热线"——我为老师打电话

一家保健品厂家举办以"尊师热线"为主题的促销活动:在活动指定的一段时间内,周一至周四18:00—20:00时,周五12:00—20:00时,拨打活动所设的"尊师热线"电话(仅限某一指定城市),打通者即可获得"脑轻松"保健品赠品一盒,将这份赠品送给自己最尊敬的老师,并将老师的服用效果记录寄回指定地点,即可参加抽奖,赢取一、二、三等奖(各一名),资金分别是1 000元、800元、500元,同时从中抽取参与奖100名,奖品为

图 2.51　"脑轻松"保健品"尊师热线"

"脑轻松"保健品1盒(见图2.51)。

这一活动的针对性非常强,并针对这群目标对象进行有效沟通。案例中以赠品加抽奖的促销方式很特别,同时冠以莘莘学子传真情的主题,使参与活动的人有了一种崇高的情感,活动的意义和价值就不同平常了。

(5)让奖品充满情谊,共享乐趣

充满情调的奖品是吸引人们购物的一个重要因素。奖品的设计要充分考虑人对友谊的需要以及享受生活的需要。例如一家生产麦片的厂家,对其"得意的一天"系列产品进行促销;活动期间,剪下"得意的一天"系列麦片包装上的"我想去桂林"标志一个,寄往指定地点,即可参加抽奖,中奖者可携伴同游桂林。

抽奖方式为:在4个月内,每月8日抽出20名中奖者,未中奖者可参加下一轮循环抽奖。

这一活动的主题与品牌名称形象地融合在一起,广告上的"解放你的旅游渴望""我想去桂林""一人中奖,两人同游"皆在充分体现本产品的品牌名称"得意的一天"。

5)要掌握好成本费用的核算

成本费用包括:
①所有奖品的费用;
②推广此促销活动的媒体花费;
③辅助费用。包括零售店的支持补贴费用、活动处理费用、公证费用、人员费用等支出。

6)明确操作的原则

活动规则一定要简明易操作,切记消费者是没有耐心来研究应该怎样参加这个活动的。有趣味的活动主题加上简单的参加方法,是保证参与率的重要原则。

一般来说,设计活动需要包括下列几个事项:

①参加资格;

②奖励方法;

③时间限定;

④奖励公证。

对竞赛类活动,还需特别说明以下事项:

①产品背景资料介绍;

②活动目的与评选标准;

③参加办法;

④评选及公布方法;

⑤奖励内容;

⑥公证事项说明。

2.7　印花赠品促销

印花也叫商业贴花,是消费者购买产品时获得的标签、积分点券或购物凭证等证明。印花促销有时又称积分优惠,是另一种先消费后获赠的促销活动。其基本形式是:消费者需收集产品的购买凭证,达到活动规定的数量即可换取不同的奖励。奖励可以是现金也可以是礼品,或者是下一次购买的折扣优惠券等。

与其他促销活动相比,印花赠品促销的最大好处是鼓励消费者重复购买,培养忠实稳定的消费者。印花促销活动中,用以积累积分的凭证通常是产品包装上的某一标志,如瓶盖、商标贴、包装袋等,有时企业会专门印制刮刮卡之类的卡片,消费者可以收集这些卡片到指定地点兑换赠品。一般而言,消费者一旦参加了印花促销活动,他就会自觉地收集,积累标签点券或购物凭证,以便兑换物品或奖金。这样,消费者自然不愿意转而购买其他品牌或商店的商品,所以,印花促销对保护使用者免受竞争者的干扰,建立稳定的消费者群,培养品牌或企业忠诚者等最具成效。特别是当各品牌或各经销商无明显的差异,令消费者难以选择时,举办印花类促销,可塑造品牌特色,吸引消费者对产品的注意。

印花促销作为零售业的一种促销策略,最早为美国的一家百货公司所运用。现在作为一种促销策略,已被世界各国广泛运用。实施具体的印花促销活动,制造商可以举办,零售商也可以举办;实力雄厚的大企业可独家举办,而弱小的小企业可多家联合举办。印花的发行对象可以直接面向消费者,也可面向经销商。

2.7.1　点券式促销

点券式促销是制造商、零售商推出积分券,鼓励消费者大量购买的一种促销方式。其具体的做法是:当消费者购买产品时,可以得到特定数量的点券,当点券积累到一定数量时,消费者可以凭这些点券兑换各种不同的免费赠品,或凭此点券在再购买时享受折价优惠。点券式促销分为限定式和非限定式两种。

1)限定式点券促销

这是大多数印花促销活动可采取的一种方式,即规定一个时限,在规定的促销期内消费者购物才能得到积分券,并且只有在规定的促销期内,消费者把规定数量的积分券交给厂商,才能换取礼品。

如果超过了规定的促销期限,消费者不但购物得不到积分券,即使把过去积累的规定数量的积分券交给厂商,也不能兑换礼品。

案例

喝美年达换加菲好礼

美年达公司开展的"喝美年达换加菲好礼"促销活动,顾客只要收集齐任意三款(瓶标仅限美年达橙味 600 ml《加菲一周》包装)不同的瓶标,就可获加菲笔记本一本或加菲立体课程表一个;集齐全部 7 款不同的瓶标,可获加菲公仔一个。礼品限量发放,兑完为止(见图 2.52)。

又如:凡购买"波力"食品,凭 4 个不同产品的外包装袋(其中必须有 1 袋是 90 g的"波力"花生卷),就可在指定时间、地点兑换 148 g 鲜果 12 味"波力"心动果冻1 袋。

限定时间为:8 月 22 日、23 日,9 月 5日、6 日的上午 10:00 至下午 5:00 在指定

图 2.52　喝美年达换加菲好礼促销活动

的 10 家店兑换。

此例采取了时间限制的形式,是期望消费者在短期内增加购买次数或购买金额,而且对企业来说较易于控制活动的预算。

2) 非限定式点券促销

这种方式指的是无论何时,消费者购物后都可得到积分兑换券,积分券只要积累到一定数量,就可兑换规定的相应礼品,兑换礼品的时间也没有限制。

案例

收集盼达手贴宝,实现心中理想大行动

顾客在盼达手贴宝各加盟店消费后,由加盟店按顾客的购物金额发放一定数量的盼达手贴宝;顾客将盼达手贴宝收集成册后,在盼达礼品中心按礼品的兑换册数,自由兑换喜欢的礼品,这样可使顾客在消费之余得到意外的收获和惊喜,由此产生收集的兴趣。

顾客会为心中理想的礼品,而目标性地收集盼达手贴宝,为收集盼达手贴宝,他会到有盼达手贴宝的加盟店消费。

加盟店利用盼达手贴宝促销可固定客源,吸引新客源,并能提高消费单价,最终达到提高整体利润的目的(见图2.53)。

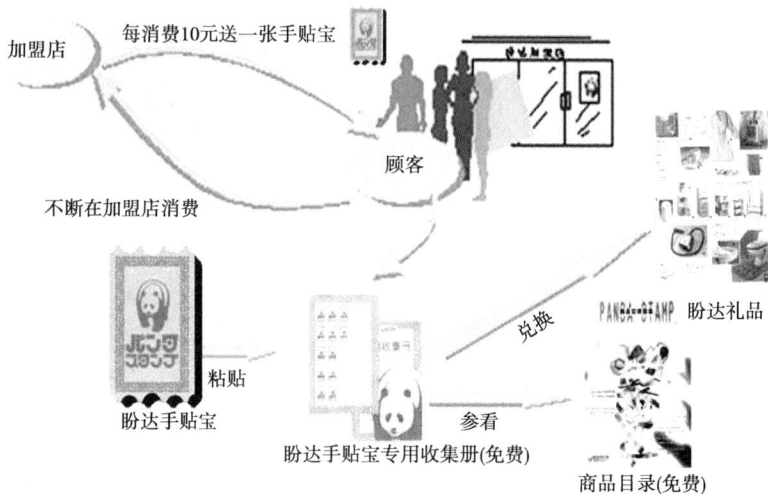

图 2.53　收集盼达手贴宝,实现心中理想大行动

此案例没有时间限制,其好处是可以提供较高额的礼品来吸引消费者,另外,不限时间本身也可以让消费者打消顾虑,放心参加。因为对于消费量较少

的产品,消费者往往会因短时间内无法积累到足够多的点数而放弃参加活动。

2.7.2 积点卡式促销

积点卡式促销是零售商向首次在店内购物的消费者发放积点卡,购物后记下购买量,今后再购物时可按其不同累积购买量享受不同比率的折价优惠的一种促销方式。如,北京"国林风、风入松"书店向顾客发放购买优惠卡,累积购书1 000元以上的顾客可享受 5% 的优惠;10 000元以上的顾客可享受 10% 的优惠,并有其他奖品赠送。又如,广西南宁"利客隆"超市,发给顾客积分卡,每次顾客购物时,按一定金额比例为顾客积分,每年春节期间凭积分卡按积分等级兑换物品(大米、油、电磁炉等),该促销活动持续时间已有数年,效果不错。目前,国内大多数商家都是采用"积分卡"的形式返利给顾客,即第一次购物时,达到一定金额便可免费办理一张"积分卡",以后每次购物时可凭卡给予一定点数的折扣(如9.8折、9.5折等),并记录新的积分,到年底规定一个日期用积分兑换礼品(根据累计总分大小领取不同的礼品)。领取礼品后当年积分即归零,然后又开始新的记录积分周期。为了长时间吸引顾客定点消费,大型卖场还可以搞"年终分红"计划,即根据消费者在该卖场及连锁店消费情况,年终给予一定"分红",一般为等值商品。如卖场可以以"年终分红"为亮点吸纳会员,会员除了享受较低的价格外,还可以得到年终分利。假如某人全年在该商场消费10 000元,即可获得积分 10 000分,按每50 分可分得价值 1 元的商品,此人年终分红便可获得价值200 元的商品。这种方法几乎能够以年为单位吸引顾客高忠诚度购买。

2.7.3 凭证式促销

凭证式促销是制造商推出的鼓励消费者大量购买,大量消费本企业产品的一种促销方式。其方法是让消费者在购物后积累特定的购物凭证,凭这些购物凭证可获得厂家提供的特定优惠如奖金、赠品或免费旅游。例如:广州泰奇八宝粥就在1997 年时推出资金总额为500 万元的凭证式印花促销活动。其做法是:如果消费者能集够5 个以上印有产品优点拉盖,便可将拉盖上所印金额累加起来向公司兑奖;如果集齐印有泰奇八宝粥 8 个优点(天然、方便、饱肚、解渴、滋润、有益、卫生、实惠)的拉盖,即可获得特别大奖 5000 元,这一活动使该产品在两广地区的销售业绩上升了38.5% 。

2.7.4　包装式促销

包装式促销是指消费者在某一限定的时间内收集包装内或包装的标志、标签，寄给制造商后，就可以兑换赠品的一种促销方式。如，雀巢公司举办的"吉尼斯世界纪录大全"免费赠送活动，要求消费者只要向雀巢公司寄两个速溶咖啡瓶内的标签，即可获得赠品。该促销方式实际上是凭证式印花促销的一种变形。

例如：统一方便面进行校园促销时，就采用了"集袋换好礼"的促销形式，集满 15 个统一卤肉面包装袋，送奶杯一对；集满 20 个，送变色音乐杯 1 个；集满 60 个，送美丽日记面膜 1 盒；集满 80 个，送羽毛球拍 1 个。凡活动现场购买统一卤肉面一组或三桶，送精美礼品 1 份；在 3 月 1 日—5 月 31 日期间集够一定数量的统一卤肉面空袋/桶盖，即可在推广活动现场兑换相应奖品；6 月 1 日终极 PK（累计集 300 个以上者参加 PK），集袋冠军可获价值 899 元的品牌自行车一辆（见图 2.54、图 2.55）。

图 2.54　统一方便面校园"集袋换好礼"促销活动

图 2.55　统一方便面校园"集袋换好礼"促销活动现场

凭证式、包装式是有时效性的印花促销活动，而点券式、积点式属于持续性印花促销活动。点券式、包装式多为制造商所运用，积分卡大都为零售商所运用，包装式、凭证式多为包装性产品厂家所采用。

2.7.5　印花赠品促销的优缺点

1）优点

①这种方式可以建立起消费者的多次购买行为,适合于培养消费者的品牌忠诚度。

②活动的成本较低。相对于其他促销方式,印花赠品促销的成本还是较低的。因为一方面所提供的奖品成本可以分解到多次购买的商品中,另一方面不少人在收集了积分券后,由于种种原因却没有兑换赠品。

③可选赠品的范围较大。

④能作为广告宣传的主题,并以此造成差异化。

⑤提高产品的竞争力。一旦参加了活动的消费者,一般不会轻易退出而转向竞争品牌,因此对竞争品牌是一种遏制。

2）缺点

①适用范围有限。这种活动仅适用于购买频率高、消耗量大的产品,而对一些使用周期长、不经常购买的商品,如领带、台灯、电话机等毫无用处。

②活动费时长,是对消费者耐心的一种考验,会使很多消费者对它丧失兴趣。

③兑换的难度直接降低了消费者的参加热情。兑换点的限定,兑换手续的繁琐等都会增强兑换的难度,直接导致消费者对活动失去兴趣,甚至会使已参加活动的消费者中途退出活动。

④激励强度不大。对激励经销商、零售商店增加经销业绩的帮助不大,因为他们更喜欢能够直接兑换的促销方式。

⑤对吸引新客户试用产品的效果也较差。

2.7.6　实施印花赠品促销策略应注意的问题

1）正确确定使用范围

印花促销虽然对解决某些促销问题发挥效力,但并非适合所有产品,也并非对所有的消费者都具有吸引力。一般而言,对经常性购买品有作用,对耐用品毫无效果。参加印花促销活动的消费者要花相当长的时间收集、积累印花,而令大多数人没有耐心愿意为换得一个奖品而慢慢地等待、收集,故该策略对大多数的消费者不具吸引力。

2)认真谋划计划

要对活动目标,费用支出,广告形式作出精确的计划。

3)合理选择促销形式

合理选择印花促销的具体形式,是点券式、积点卡式、或是凭证式、包装式要事先规划好。

4)精心设计奖品

精心设计和运用好奖品,力争做到奖品具有吸引力,且成本较为合理。

5)周密设计行动方案

点券核查、承兑、奖品发送方式等相关事宜的处理要有详细计划,确保整个促销活动顺利完成。

本章小结

促销的对象有内部和外部两类,外部促销是本章研究的重点。外部促销又包括对消费者、供应商和经销商。对消费者促销称为拉式促销,对供应商和经销商促销称为推式促销。本章介绍优惠策略、附送赠品策略、退费优待策略、凭证优惠策略、奖励促销策略和印花赠品策略6种拉式促销策略,这些促销策略既有优点也有缺点,要因时、因地、因事采用。任何一种促销策略的运用都离不开其他促销策略的配合,必须根据实际情况灵活运用和组合运用,才能收到预期的效果。

思考题

1."直接折价策略"什么时候运用才有效?

2."附加赠送"折价的优惠对象,应是老顾客还是新顾客?

3."套餐式折扣"应该如何配套才能更吸引人？

4.折价优惠促销有哪些长处和不足？

5.采用折价优惠促销应注意哪些问题？

6.为什么说产品的包装本身能成为赠品,将最受消费者的欢迎？

7.什么是最省钱的附送赠品？

8."附送赠品"促销策略有哪些长处和不足？

9."退费优待"有哪些不同的运作方式和退费方式？

10."退费优待"促销策略有哪些长处和不足？

11.不同的途径分送优惠券,哪些渠道比较有效？

12.凭证优惠促销策略有哪些长处和不足？

13.奖励促销策略有哪些长处和不足？

14.印花赠品促销的形式有哪些？

15.运用印花赠品促销策略应注意哪些问题？

能力训练

1.选择 6 种适合的不同的产品,全班分为 6 个小组,每组对应一种产品,分别按 6 种促销策略设计出具体的促销方案(可运用不同的组合,但每种策略必须运用上)。

2.用表格列出 6 种促销策略的优缺点。

3.每个小组以方案为脚本,在班上进行一次模拟促销活动。

案例分析

红星美凯龙举办"摸球得金 有球必赢 1 000 万元现金等你拿"促销活动(见图 2.56)。

活动时间分别安排在:6 月 24—25 日,7 月 1—2 日,7 月 8—9 日,7 月 15—16 日,7 月 22—23 日(共 10 天)。

一、活动内容及方法

①活动期间凡在商场购物的消费者即可参加本次活动,领取抽奖券的数量按实际付款金额领取(橱柜、小家电、圣火暖气必须交全款,大中电器不参加本

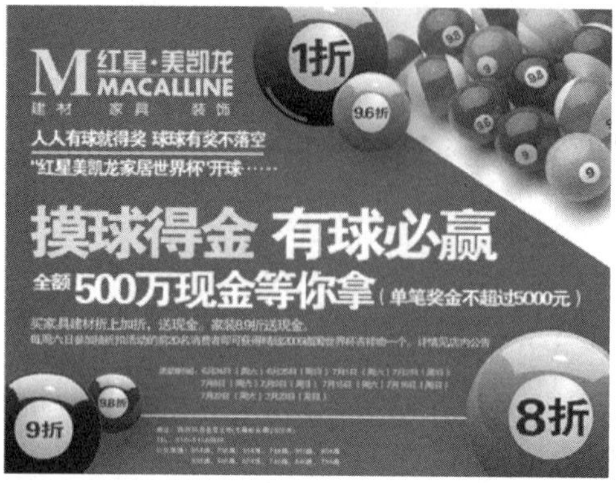

图 2.56　摸球得金,有球必赢

次活动)。

②顾客当天累计实际付款金额:

满 5 000 元可获得抽奖券一张,金额不足 5 000 元,不能获得抽奖券;

满 10 000 元可获得抽奖券两张;

满 15 000 元可获得抽奖券三张,以此类推。

③顾客持抽奖券到抽奖处交给工作人员后方可进行抽奖,奖券当日有效,一张抽奖券可抽奖一次。顾客第一次抽奖完毕后,领取该次所抽出折扣的相应现金,然后将球投入箱内抽取第二次。每张抽奖券对应的消费金额为 5 000 元。折扣为:98 折(返现金 100 元)、96 折(返现金 200 元)、9 折(返现金 500 元)、8 折(返现金 1 000 元)、1 折(返现金 4 500 元)。

④工程单不参加本次活动,但参加积分。

⑤顾客如果使用的是支票付款,将不得参加本次活动。

⑥参与本次活动的消费者视为接受本次活动细则。

二、赠品

活动期间每天前 20 名消费者即可获得精致"2006 德国世界杯"吉祥物一个,凡购物的顾客均可获得精美纸巾一盒。

三、家装 89 折返现金

①活动时间:2006 年 6 月 24 日—2006 年 7 月 23 日。

②优惠活动按照家装合同款(不包含主材及集成产品)的 89 折优惠向顾客返还 10 个点、现金 1 个点积分。

③工装一律不参加活动。

④凡参加促销活动的顾客须本人持有效证件到红星美凯龙商场认证合同参加优惠活动,并将装修合同全额的 55% 交到红星美凯龙商场,于交合同时享受 89 折优惠。

⑤若使用支票付款等支票到账后方可享受 89 折优惠。

⑥合同增项部分不再返款,减项部分或退单按原优惠比例将等值现金退回商场。

⑦开工时间最晚不得超过 2006 年 8 月 31 日,在此时间之前不能开工的合

同,一律不能享受89折优惠活动。

⑧本次活动仅限在红星美凯龙签单的顾客,其他市场签单的合同一律不能参加89折活动。

分析与思考:

1. 这一活动属于哪一种促销策略?

2. 从正反两个角度预测这个活动的效果,并说明理由。

◇经典促销故事

别出心裁的屈臣氏促销策略

屈臣氏大致在21世纪初的时候才推出护理用品类的自有品牌商品,时间还并不是非常长,但已深得消费者喜欢,市场占有份额日趋增长,目前数据显示已经超过20%,其产品推广及促销策略功不可灭。屈臣氏的促销活动每次都能令顾客获得惊喜,商品常常被“洗劫”一空,积累了屈臣氏单店平均年营业额高达2 000万元的战绩。

2004年6月16日,屈臣氏中国区提出“我敢发誓,保证低价”承诺,实行“买贵了差额双倍还”方针,并开始了以此为主题的系列促销活动,每15天一期,持续坚持了一年多时间。屈臣氏的促销活动发展大致分为三个阶段:2004年6月以前,屈臣氏主要以传统节日促销活动为主,屈臣氏非常重视情人节、万圣节、圣诞节、春节等节日,促销主题多式多样。例如:“说吧说你爱我吧”的情人节促销,“圣诞全攻略”“真情圣诞真低价”的圣诞节促销,“劲爆礼闹新春”的春节促销,还有以“春之缤纷”“秋之野性”“冬日减价”“10元促销”“SALE周年庆”“加1元多一件”“全线八折”“买一送一”“自有品牌商品免费加量33%不加价”“60秒疯狂抢购”“买就送”等为主题的促销活动;2004年6月,首次提出“我敢发誓,保证低价”承诺,以“逾千件货品每日保证低价”为主题连续促销,使消费者形成了“屈臣氏天天低价”的思维定势。到了2004年11月,屈臣氏对促销主题做出了调整,提出“真货真低价”,并仍然贯彻执行“买贵了差额双倍还”方针。到2005年8月,“我敢发誓,保证低价”主题促销一周年,屈臣氏一共举行了30期的促销推广,屈臣氏的低价促销策略已经深入人心;进入2005年6月,屈臣氏延续特有的促销方式并结合低价方针,淡化了“我敢发誓,保证低价”的角色。特别是到了2007年,促销宣传不再出现“我敢发誓”字样,差价补偿策略从"两倍还"逐步调整到"半倍还",且最终不再出现,促销活动变得更是灵活多变,并逐步推出大型促销活动。如,"大奖POLO开回家""百事新星大赛""封面领秀""VIP会员推广"等,屈臣氏促销战略成功实现顺利转型。

屈臣氏常用的主题促销活动有:

第一:春之缤纷

这期促销活动一般安排在春节过后的2—3月份,整个促销以绿意浓浓的春天为主题,以展示春色时尚用品为主,屈臣氏的店铺在本期促销期间,布置的一片绿色。宣传牌、POP、物价牌、色条、还有促销商品都是以春色为主,"炫色春时尚"展示春天时尚用品;"三月浓情关爱女性"展示绿色女性用品为主;"唤醒春之容颜"提供大量春天彩妆系列;"逍遥享春风"推荐系列清醒用品,有空气清新用品、有带有薄荷清新气味的用品;"春节健康心选"提供系列有益的保健食品。

第二:水润肌肤心动价

这是针对10月份至11月份秋天气候干燥,主推秋季滋润护肤系列商品为主,包括"秋季护肤易""健康新动力""秋之魅力""万圣节之夜""护齿小百科""贴身温柔享""天天新欲望",等等。针对秋天的还有另外一个主题是"秋之野性",推出众多秋季应季时尚潮流物品,充分展现时尚潮流魅力。

第三:冬日减价

在每年的12月至次年1月份,屈臣氏举行以冬日产品为主题的促销活动,这个促销活动商品从两个方面做主题:一是针对冬日应季商品促销,展示大量冬季特价商品,"冬季护肤系列"是其中非常重要的主题;二是根据公司部分积压的商品做一个年终清仓,大幅度折价销售。

第四:全线8折

这个促销活动一般以两个主题为核心:一是屈臣氏自有品牌商品全线8折,店铺会换上所有自有品牌全线八折的宣传标识,促销力度非常大,常用的商品都会多购买一些;二是夏季的应季商品促销,以"绽放身体的魅力"为主题,推出大量清凉的护肤产品,护齿用品,渲染"炎炎夏日,清凉购物"感觉。

第五:SALE周年庆

每年的3月至4月份,是屈臣氏的周年庆祝时期,这期促销活动对各系列商品进行全面特价促销,给顾客塑造"惊喜不断"的感觉,"即买即送""独家优惠""美丽加分""健康生活每一天""潮流热浪"全面进行,是一次非常大型的促销。

第六：￥1，多一件

加多一元，就可以获得一件商品。方式有两种：一是加一元送同样的商品，譬如一件商品是20元，21元即可以买两件；另一种是加一元送不同的商品。这个促销活动非常让顾客心动，由于近乎买一送一，而且一买是两件，因此商品的订货量非常大。卖场挂满很多黄色圆圈标识，写有"￥1，多一件"字样，非常别致，非常引人注目。

第七：10元促销

大量10元、20元、30元商品，大量精选商品震撼出击，冠以"抢购价""惊喜价"等宣传字样，这一招完全捕捉了消费者心理，觉得10元、20元、30元无所谓，好像非常实惠，一件、两件、三件，不知不觉"满载而归"。

第八：60秒疯狂抢购

促销活动期间，每个店铺每周抽出一位幸运购物者（以购物小票及抽奖券为凭），得奖者本人可以在屈臣氏店铺指定时间进行"扫荡"（部分指定商品不参与，如药品），同样商品只能拿一件，60秒内拿到的商品只需要用1元钱购买，商品总金额最高不超过5 000元。本活动非常刺激，让参与者终生难忘。

第九：红唇明眸魅力

这是一个较小型的专题促销活动，主要是以"艳丽红唇"为主题，与厂商合作推出系列特价名牌唇膏、彩妆，如美宝莲、露华浓、卡姿兰、雅芳、Up2U等，而且这些都是独家优惠举办。

第十：健与美大赏

这是由屈臣氏自创和举办的健康与美容护肤产品的大赏盛事，从2000年开始每年举办一次健与美大赏活动，屈臣氏根据产品受消费者的欢迎程度，在数千种产品中，挑选出各个组别中的最佳产品，有"至尊金奖""银奖""铜奖""最具潜质新产品奖""最佳部门销售奖""最佳品类大奖"等，并推出《健与美群英榜》，给顾客消费以指引。一方面是对获奖品牌及产品的肯定，同时也能帮助消费者做出明智的选择，让顾客以最优惠的价格，买到最优质的产品。屈臣氏研究发现，健与美是现代生活的一种追求，在屈臣氏，健与美大赏已经成为时尚消费的风向标。

总结屈臣氏促销策略，有以下几方面的经验值得借鉴：

一是持之以恒。屈臣氏的常规促销活动每年都会定期举行，特别是自有品牌商品的促销，如"全线8折""免费加量""买一送一""任意搭配"等会在每年中定期举办，并且在活动中经常都会包含："剪角抵用券""满50元超值10元换购""本期震撼低价"等常规促销手段。

二是丰富多彩。屈臣氏一年24期常规促销活动,形式非常独有,与其他零售店的方式完全不一样,"自有品牌商品免费加量33%不加价""60秒疯狂抢购""买就送"更是丰富多彩,促销商品品种繁多,如:滋润精选、如丝秀发、沐浴新体验、皓齿梦工场、维有新健康、营养街、清亮新视界、知足便利店、关爱自己、完美纸世界、小工具课堂、优质生活、开心美味园、健康情报站、潮流点缀、旅游自助魔法、美丽港……非常多的趣味主题,介绍众多的个人护理用品,引导着消费。

三是权威专业。屈臣氏的促销活动往往都会贯穿一个权威专业的主导线,每时每刻都在向消费者传递着自己在专业领域里权威的信息,让消费者有更大的信任感。屈臣氏的"健康知己",为顾客提供日常健康知识咨询,《屈臣氏护肤易》《屈臣氏优质生活手册》《健与美大赏》《屈臣氏自有品牌特刊》《畅游必备品》向顾客推荐好的产品的同时,邀请行业界知名人物,与读者共同分享美容心得、健康知识。如"美白无暇、靓丽心情""健康身心迎夏日""健康相伴、美丽随行""和您分享""美容专家拌靓TIPS""夏日护肤心得""屈臣氏关心您"等主题,屈臣氏的《促销商品快讯》也是一本健康美容百科全书,除了众多的特价商品、新商品推介,还有介绍非常多的日常护理小知识。

四是优惠实效。屈臣氏促销讲究的就是"为消费者提供物超所值"的购物体验,从"我敢发誓"到"冬日减价""10元促销""SALE周年庆""加1元多一件""全线8折""买一送一""自有品牌商品免费加量33%不加价""买就送"等,每一次都会引起白领丽人的惊呼,降价幅度非常大。每期都有的三个"10元超值换购"商品、9个"震撼低价"商品每次都会抢购一空。

五是氛围浓郁。"创造一个友善、充满活力及令人兴奋的购物环境"是屈臣氏卖场布置的精髓,为了创造一个好的促销氛围,屈臣氏从不吝惜布置场地方面的成本,每次促销会更换卖场所有的宣传挂画、价格牌、商品快讯、色条(嵌在货架层板前面的彩色纸条)、POP,虽然有浪费之嫌,同时舍得投入也是获得回报的根本。

六是套装优惠。屈臣氏经常会向生产厂家定制专供的套装商品,以较优惠的价格向顾客销售,如资生堂、曼秀雷敦、旁氏、玉兰油等都会常做一些带赠品的套装,屈臣氏自有品牌也经常会推出套装优惠。例如:买屈臣氏骨胶原修护精华液一盒69.9元送49.9元的眼部保湿啫喱一支,促销力度很大。

七是剪角优惠券。在指定促销期内,一次性购物满60元(或者100元),剪下促销宣传海报的剪角,可以抵6元(或者10元)使用,相当于额外再获得9折优惠。

八是购某个系列产品满88元送赠品。例如购护肤产品满88元、或购屈臣氏品牌产品满88元、或购食品满88元，送屈臣氏手拎袋或纸手帕等活动。

九是购物2件，额外9折优惠。购指定的同一商品2件，额外享受9折优惠，如买营养水一支要60元，买2支的话，就一共收108元。

十是赠送礼品。屈臣氏经常也会举行一些赠送礼品的促销活动，一种是供应商本身提供的礼品促销活动，另外一种是屈臣氏自己举行的促销活动，如赠送自有品牌试用装，或者购买某系列产品送礼品装，或者是当天前30名顾客可获赠送礼品一份。

十一是感谢日活动。屈臣氏经常举行为期3天的感谢日小型主题促销活动，推出系列重磅特价商品，单价商品低价幅度在10元以上。

十二是销售竞赛。"销售竞赛"也是屈臣氏一项非常成功的促销活动，每期指定一些比赛商品，分各级别店铺（屈臣氏的店铺根据面积、地点等因素分为A，B，C三个级别）之间进行推销比赛，销售排名在前三名的店铺都将获得奖励，每次参加销售比赛的指定商品的销售业绩都会以奇迹般的速度增长，供货厂家非常乐意参与这样有助于销售的活动。

资料来源：根据《创业网》屈臣氏促销策略案例整理，原文作者：袁耿胜。

第3章
拉式促销策略（下）

【学习目标】

通过本章学习，进一步深入了解企业在市场上常用的主要促销策略和具体形式，全面掌握各种拉式促销工具的运用方法和技巧，并通过实例训练，初步学会拉式促销策略的策划和运用。

【引例】

柏森家具的行为艺术促销策略

第25届深圳家具展展馆的走道上，出现了一些不同寻常的"雕塑"，主要形象是武士、兵马俑、王子公主、街头艺人，这些"雕塑"偶尔会做些机械性动作，部分细心的人甚至察觉到他们偶尔的眼神变化，引起人群的骚动，冷静下来才发现原来是真人。于是便从惊讶变成惊喜，许多人还上前与这些真人"雕塑"合影留念。在这些"雕塑"身上的显著位置，都标注着"柏森有惊喜　请移步×××　×馆"及柏森标志字样，时不时地听到一些观众在合影后，都表示要去参观一下柏森品牌的展位（见图3.1、图3.2）。

那几天，柏森家具的展位是整个展馆人气最旺的地段，可见行为艺术作为一种促销手段引入家具行业具有巨大的魅力。

图3.1　深圳家具展柏森家具展位

图3.2　柏森家具的行为艺术促销

3.1　会展促销策略

3.1.1　会展促销的发展历史

会展促销是指在固定的地点组织带有贸易性质的展览会,以期在最短的时间和最小的空间里,用最小的投入,实现最大的生意和密度最高的交易的促销形式。如传统的集市、庙会和现代的展览会、博览会等。广州的"广交会"、深圳的"高交会"以及各地不同形式的贸易展览和商品展销会就属于会展促销形式。但会展作为一个行业和产业,则是在近年才走进政府和经济学家们的视野。

从世界范围来看,会展业的存在已有相当长的历史。据考证,世界上第一个样品展览会是 1890 年在德国莱比锡举办的莱比锡样品展览会。随着社会的演变和科技的进步,会展业作为一种经济存在形式,其存在形式、内容、功能和办展方式等各个方面都在不断进行调整和变化。

欧洲是世界会展业的发源地,经过一百多年的积累和发展,欧洲会展经济整体实力最强、规模最大。在这个地区中,德国、意大利、法国、英国都是世界级的会展大国。

以德国为例,德国的会展业的特点是专业性、国际性的展览会数量最多、规模最大、效益好、实力强。世界著名的国际性、专业性贸易展览会中,约有 2/3都在德国举办。其中世界十大知名展览公司中,有六个是德国的。每年德国举办的国际性贸易性展览会约有 130 多个,参展商 17 万家,其中有将近一半的参展商(约 48%)来自国外。在会展设施方面,德国也称得上是头号世界会展强国。德国现拥有 23 个大型展览中心,其中超过 10 万平方米的展览中心就有 8个。目前,德国展览中心总面积达 240 万平方米,世界最大的四个会展中心中有三个在德国。

北美的美国和加拿大是世界会展业的后起之秀,每年举办的展览会近万个,参展商 120 万个,观众近 7 500 万。举办展览最多的城市是拉斯维加斯、多伦多、芝加哥、纽约、奥兰多、亚特兰大、新奥尔良、旧金山和波士顿。

经济贸易展览会近年来在中美洲和南美洲逐步发展起来。据估计,整个拉美的会展经济总量约为 20 亿美元,其中巴西位居第一,每年办展约 500 个,经营收入约 8 亿美元。

　　整个非洲大陆的会展经济发展情况基本上与拉美相似，主要集中于经济较发达的南非和埃及。其中埃及凭借其在连接亚非洲和沟通中东、北非市场的极有利地理位置，会展促销活动特别活跃，每年举办的大型展览会可达 30 个。

　　亚洲会展经济的规模和水平发展迅速，尤其是会展经济的规模仅次于欧美。日本是该地区会展业发展水平最高的国家。东亚的中国及中国的香港地区、西亚的阿联酋和南亚的新加坡，或凭借其广阔的市场和巨大的经济发展潜力，或凭借其发达的基础设施、较高的服务业发展水平、较高的国际开放度以及较有利的地理区位优势，分别成为该地区的展览大国（区）。如新加坡 2000 年被总部设在比利时的国际协会联合会评为世界五大会展城市，并连续 17 年成为亚洲首选会展举办地城市，每年举办的展览会和会议等大型活动达 3 200 个。

　　大洋洲会展经济发展水平不仅次于欧美，其规模也小于亚洲。该地区的会展业主要集中于澳大利亚，每年约举办 300 个大型展览会，参展商超过 5 万家，观众 660 万次。

　　纵观世界会展经济在全球发展情况，不难看出，一国会展经济实力和发展水平是与该国综合经济实力和经济总体规模及发展水平相应的。发达国家凭借其在科技、交通、通信、服务业水平等方面的优势，在世界会展经济发展过程中处于主导地位，占有绝对优势。在世界会展业向专业化、国际化和集团化发展的过程中，发达国家的跨国展览集团把自己的成功知名展览会移植到发展中国家。因此，相当部分发展中国家举办规模较大、水平较高的展览会，都是由发达国家展览公司参与、管理，甚至直接控制。

　　我国会展促销事业正在渐入佳境，平均每年以 20% 的速度增长。特别是 2004 年，中国可以称为会展之"春"。这一年，首届中国—东盟博览会在广西南宁拉开帷幕，会上吸引了 1 500 多家企业参展，其中世界 500 强企业有 19 家；会上，共签订涉外投资项目 129 个，总投资额 49.68 亿美元，签订国内合作项目 102 个，总投资额 475.4 亿元人民币。成交额达 10.9 亿美元。到 2013 年第十届中国—东盟博览会，各国企业申请展位数 5 554 个，超出规划展位数的 20.7%。实际参展企业 2 361 家，比上年多 2.7%；实际总展位数 4 600 个，其中，东盟 10 国和区域外展位数 1 331 个（东盟展位数 1 294 个），有 6 个东盟国家包馆。外国展位数占南宁会展中心室内展位总数的比例达 42%，这一比例在全国大型展会中是最高的。共签订国际合作项目 73 个，项目总投资额 86 亿美元；国内合作项目 94 个，项目总投资额 681 亿元。整个会展项目总金额超过 1 000 亿元人民币。

2008 年以来,中国会展业保持了持续健康发展的良好势头,会展业规模不断扩大,经济效益继续攀升,场馆及配套设施建设日趋完善,会展业已从规模化发展逐步转向专业化、品牌化、国际化,并显示出强大的关联效应和经济带动作用,为促进国民经济发展发挥了积极作用。2012 年全国共举办展出面积 5 000 平方米以上的展览会 7 035 场,与 1997 年相比,增长 597%;展出总面积 8 738 万平方米,较 2011 年增长 7%。2012 年底,全国会展场馆 316 个,室内展馆面积合计 484 万平方米,2012 年会展业直接产值约 3 543 亿人民币,较 2011 年增长 17.5%,占全国国内生产总值的 0.68%,占全国第三产业产值的 1.53%。

2011 年,我国有 219 个展馆;到了 2012 年,展馆数量增加到 316 个。2012 年,经 UFI 认证的中国展会数量为 58 个,同比增长 14%。从 2012 年开始,许多城市把会展业作为地方"以展促贸、以展引资、以展会友、以展兴市、以展扬名"的支柱性产业来发展。

目前,中国会展业在区域分布上,基本上形成了以北京、上海、广州、大连、成都、西安、昆明等会展中心城市的环渤海会展经济带、长三角会展经济带、珠三角会展经济带、东北会展经济带及中西部会展城市经济带等五大会展经济产业带框架。

3.1.2　会展促销形式的特点

从英文名称看,会展按其规模实力和规格高低,分别称为 Fair, Exhibition, Exposition, Show。用中文的说法,可称为集市或庙会、展销会、展览会、博览会。集市与庙会是布局在乡村或城镇的固定地点,定期或临时集中做买卖的地方。这是最古老的商品交换方式之一。一般交换农副产品、土特产品、日用品。

展览会和博览会是本书要研究的现代会展形式,它是现代社会里企业促销产品的一种重要形式。

展销会、贸易洽谈会、展览会的名称一般由基本部分、限定部分和附属部分构成。如"第八届北京国际消费展览会"中,展览会是基本部分,表达展览会的性质和特征。第八届、北京、国际、消费等都为限定部分,附属部分说明展会的具体日期、展出地点等细节。

不同的会展促销形式有不同的性质和特征(见表3.1、表3.2)。

表 3.1　会展的性质和特征

名　称	性　质	特　征
博览会	综合性	内容广、规模大、展出者和参加者多的现代形式的展览
展览会 （含交易会、看样订货会）	贸易	由一个或数个相关的行业参与，规模多为中小型，以贸易和宣传为主要目的的现代形式的展览
展销会	消费	由一个或数个相关的行业参与，规模为中小型，以零售为主，在城镇举行的传统形式的展览
庙会 （含灯会、花会等）	消费为主	内容繁杂，集贸易、零售、文化、娱乐等为一体，以零售为主，在城镇举行的传统形式的展览
集市 （含集、墟、场等）	消费为主	以交易农副产品、土特产品、日用品为主在乡村举行的传统形式的展览

资料来源：林宁.展览知识与实务[M].北京:经济科学出版社,1999.

表 3.2　不同性质展览的特征

种类	展出者	参观者	内　容	目　的	特　征
综合	制造商 贸易商 零售商 国家政府机构	商人、 公众	工业品 消费品 科技、文化成果	贸易和零售 宣传	规模大 参观者购票入场
贸易	制造商 贸易商	制造商 贸易商	工业品 消费品	贸易	参观者通过登记入场
消费	主要是零售商	公众	消费品	零售	参观者通过购票入场

资料来源：林宁.展览知识与实务[M].北京.经济科学出版社,1999.

3.1.3　实施会展促销的程序

会展促销是一项高难度的营销工程,要求在人员的配置和安排环节上都要按规范进行。因此要特别注意按科学程序来运作展览会。

1)评价展览会对企业营销的作用

（1）考虑参加或不参加

可以列出你对会展的期望，你参加会展的原因。然后决定是否使用会展这样一个营销工具。不要期待太多的奇迹在会展上出现。如销售人员素质引起的营销难题，并不能依靠简单的会展去解决。

（2）权衡利弊

有利方面有：

①可以显示你正在进入或已是市场的领导主流阵营。加强公司的形象。

②人员推销的必需的辅助工具。

③能强化参观者的各种感觉（如视觉、听觉、触觉、味觉、嗅觉等），让观众更投入。

④提供展示产品益处、用途和竞争优势的机会，尤其是推销员不好演示的。

⑤获知深度的关于感兴趣者、有能力购买者、潜在购买者、决策者的信息。

⑥引导询问，增加邮购名录，市场渗透。

⑦提供一个集中广告、促销、人员力量来完成的销售的可能。

⑧尽量减少单位产品销售的费用。

⑨使销售队伍在一天内完成上百的个人接触。

⑩提供特别的机会，来研究行业趋势，提供给你最成功的销售机会。

不利方面有：

①需要大家从日常繁忙的现场工作中抽出较多较集中的时间来，而且是广告、销售员、技术员、中间商、代理商同时挤出时间来。

②产生不了多少新的购买者，展会常常是卖给那些已买了产品、对商品很熟悉的人。

③常常要花太多的时间来对付竞争者和观众的疑问。尤其展会经理没有经验时，更是如此，不曝光还好一点。

④增加了总的费用支出（也许在一次展会上花的钱要比一年里增加三四个销售员要多得多），不好向大家解释，即使每笔销售的单位费用要比人员销售低。

（3）作出决策

决策在权衡了上述所列及其他的一些可能的利弊之后，提出最后的论证性意见决定是否参加会展活动。

2）确定参加会展的目标

在公司决定参加这个会展后，下一步要解决的就是公司期望参观者对自己的展览做出何种反应。例如：公司可能希望他们立刻在展台前购买自己的产品；或是希望他们在日后与公司保持经常的商业关系，为公司日后销售提供一些渠道或线索；或许公司期望通过向参观者提供试用样品激起他们以后的购买兴趣；或是期望通过展示新产品，看看参观者的反应如何，等等。将这些归纳起来，实际上就是要为企业的参展活动规定一个具体的目标。

目标的制订必须具体化和定量化。目标应该表明参展的确切后果或收益是什么，数量有多大。例如：在展览会上发展多少客户，实现多少销售额，签订多少供货合同等。只有到了这个程度，公司才有实际的参展意义，才能帮助和指导公司安排、管理和评估参展活动及其效果。

一般来说，参加会展的目标有：介绍和演示新产品、产品线、技术服务、销售政策、建立或扩展潜在客户。例如：

①进入新的地区或建立新的分销机构。

②新产品消费者接受程度的市场测试。

③刺激销售，广告、销售促进和技术人员紧密团结开展工作。

④汇集决策者、销售代表、经销商，讨论学习促销技术、产品知识。

⑤加强公司的形象，吸引新的分销商、销售代表或想获得知识产权的人。

企业一旦决定了参加会展活动，便需根据具体目标分解为任务，并按一定的工作流程开展工作（见图3.3）。

3）制订会展促销活动计划

（1）制订会展促销方案

选择展会和周密计划会展促销方案是两个重要的关系着促销成败的因素。最好提前一年就开始计划，作出准确的决策，包含展位大小、管理细节、责任分配、展出日程、展出主题，要确定哪些工作在家里做，哪些需外包，广告和宣传策略、食宿和运输安排问题等都要涉及。

```
┌─────────────────────────────┐
│ 任务1  确定是否参加展览会      │
└─────────────────────────────┘
              ⇓
┌─────────────────────────────┐
│ 任务2  确定目标              │
└─────────────────────────────┘
              ⇓
┌─────────────────────────────┐
│ 任务3  制订计划              │
│ 任务4  确定预算              │
└─────────────────────────────┘
```

任务5 选择展示 制作人	任务6 确定并执行 展览合约	任务7 执行展前 宣传和促销	任务8 执行其他 计划

```
┌─────────────────────────────┐
│ 任务9  包装和运输             │
└─────────────────────────────┘
              ⇓
┌─────────────────────────────┐
│ 任务10  安装和正式运作展览     │
└─────────────────────────────┘
              ⇓
┌─────────────────────────────┐
│ 任务11  拆装和运输            │
└─────────────────────────────┘
              ⇓
┌─────────────────────────────┐
│ 任务12       任务13          │
│ 评价         回访            │
└─────────────────────────────┘
```

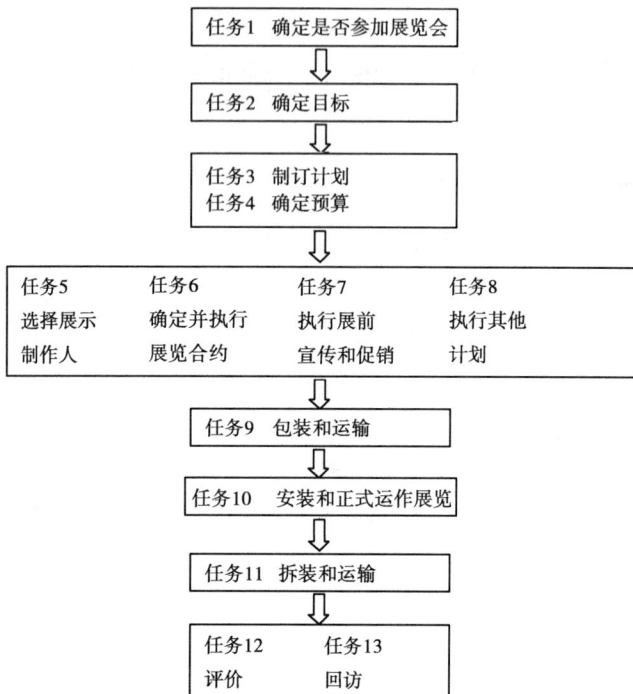

图 3.3 会展促销工作流程图

(2)明确责任

应有一人全面负责计划、协调和实施会展计划,此人可以从营销人员中产生,最好是广告、销售促进部门或销售部的主管人员。

(3)通知各会展促销活动关联人

会展负责人应尽可能早地明确和通知会展参与者,不管是直接或间接,只要与会展的计划、准备和执行有关的人都要及早通知。这些人包括营销经理、销售员、公关人员、公司高层管理人员、工程师和技术员、片区经理等。要确保每个人都拿到一份写有他的职责、进程表与阶段要求的说明书。

(4)形成年度会展活动日程表

尽可能早地形成年度会展促销计划,这样就可以为预算留下空间。评价所有可能的会展,选定其中适当的会展、适当的时间、最能支持您的营销目标的背景。

选择正确的会展,就像为广告选择一个合适的媒体。可以考虑以下的因素,每个因素都要在您的目标统帅下,加以评判。

①市场情况。

②参加者。

③行业参观者的分布。

④参观者的地区分布。

⑤正在举办的竞争的会展。

⑥会展的赞助商。

⑦技术资料。

⑧展位的地理位置分布。

⑨通风、照明、公用设施、服务。

⑩参观者的职业分类。

⑪发言要点、会议要点。

以上资料可以从会展赞助商或主办专业公司处获得。

（5）建立大致的展览模型

在会展目标已定的情况下，要根据企业营销总体目标，设计和制作与会展促销同步运行的广告并与产品、演示、销售技巧、销售技术人员等要素形成最佳组合。要最大限度地让观众产生良好反应，同时要保证公司的形象。另外，要考虑展后您的展会的价值（如到经销商处再展览等）。

（6）设计会展促销活动工作单与日程表（见表3.3）

表3.3　会展促销活动工作单与日程表

展会日期	赞助商	地点	展位	预计出席者	展位价格	总预算	项目完成日期								
							选择制作者	定展位交款	展前促销	其他展前计划	打包与运输	开始运营管理	拆装运输	展览评价	回访

4）确定费用预算

如计划是弹性的和全面的，还可能会对计划的各要素定价带来一定的困难，因此，应有充足的书面理由，报给管理层审批。计划与预算通常都是同步进行的。

根据目的的要求，能够预订的展位单位面积价格差别很大，这取决于展场情况。总的展览价格（除了租用展位面积外）通常是展位租金的五六倍。另外还可以在上次的展览费用的基础上增加一定的百分比,预算的样表见表3.4。

表 3.4　预算表

序号	项　　目	预算开支	实际开支	差额比例	占总额比例
1	场地租金(× × m²)				
2	展台设计费				
3	施工费/标准展台费				
4	文图制作费				
5	道具制作费/租用费				
6	接电、电费				
7	1 ~ 6 小计				
8	15% 应急预算				
9	设计施工总预算				
10	交通费				
11	市内交通费				
12	膳食费				
13	住宿费				
14	工资、补贴、奖金				
15	10 ~ 14 小计				
16	5% 应急预算				
17	人员总预算				
18	展品制作费				
19	展品包装费				
20	展品、道具运输费				
21	海关税、商业税、增值税等				
22	保险费				
23	18 ~ 22 小计				
24	10% 应急预算				
25	展品及运输总预算				
26	资料编印费				
27	直接发函费				

续表

序号	项　目	预算开支	实际开支	差额比例	占总额比例
28	广告费				
29	记者招待、新闻稿等新闻费				
30	宴请、贵宾接待公关费				
31	接待室费用				
32	摄影、摄像费				
33	26～32 小计				
34	20%应急预算				
35	宣传总预算				
36	总预算(9＋17＋25＋35)				

　　会展促销活动的费用必须精打细算,在留有余地的同时要注意节约。在布展时,使用简单、简洁的设计;只需展示产品最富戏剧性的一面,靠后来的详细资料来获得订单;如可能,做模拟展示,可省去很多的运输、人工费用;使用功能上有保护性的包装,保证多种用途和长寿命;仔细阅读展览服务合同的细节;早作计划,避免因延时而造成的施工、组装、运输等损失;减少展览中损失和丢失,运送前仔细检查,运输时间合理,保证准时赶上展览;尽量用陆运方式;带上自己的工具和附件;多次使用展品,分摊费用,但要考虑期间的存储费用;在运回自己的展品、资料等时,看看能否给当地的经销商或代理商,或直接运到下一个展场。

　　5)选择施工单位和展览主办者

　　(1)自己施工或外包施工
　　一些展览是自己就可以设计和施工的,然而,更有效的展览通常是要请教外部专家的。
　　一旦确立了展览目标,许多公司可以帮助你得到合乎参观者胃口的概念、设计和制作。他们也能提供给你如图片、创意、照片、声响设备、投影仪等手段。他们可以设计永远可用的展示、一次性的租用工具。一些公司甚至可以安装和拆装展间、安电话、提供家具等服务。选择好一家展览公司,你可以既有效率又省钱。

　　(2)如何选择
　　选择制作者非常重要,一个有才能的、有经验的设计师,能将你的概念变为一个有效的三维空间的展示,最终实现展览的目标。

首先,获得一份展示制作商的名单,然后仔细地审视其宣传资料,提出以下问题来选择制作商:

他们的设计制作报价是多少?

制作商的大多数客户是否满意其工作? 提供的样品是如何让用户满意的?

工作人员对所要求的展示是否有足够经验?

其工作是否跟得上时代发展,而且符合行业惯例和相关法规。

(3)与制作商共事

要尽量熟悉选中的公司的业务能力,参观他们的设施,向他们表达出委托人的兴趣。良好的工作关系,常常会产生良好的工作结果。要告知制作商准确的展览目标,要强调重点展示的产品以及其他准确的指导。

另一方面,要倾听制作商的建议。一个有经验的制作商应能在总体设计、电线布置和其他技术环节为委托人提供很好的建议。

为解决劳务纠纷和其他在展览中可能出现的相关问题,可将所有的关于设计、组装、电力系统布置的权力交给制作商。自己带的电工师应与制作商紧密配合,保证在展览期间的电力设计能正常运转。

(4)其他提示

①设计展示,传达单一信息。实际上,展览就像杂志广告,只不过是三维的。

②预先订购所有的服务和供应,以保证及时供应,以及避免到时多交钱。

③如果必要,提供足够的压缩空气和其他特殊的物品。

④设计一个在很远就可看见的识别标记,保证公司口号能突出地表现。

⑤预先估计需要的拆装工具和设备,产品维修配件等。

⑥主题要鲜明,最好是一个突出的主题,配合几个副主题。主题也可是产品,或产品的性能等。

6)确定并执行展览合同

(1)及时定展位

向主办者索取展位申请表,保证获得一个指定的展位。执行展位合同还远不止此,展台的位置和面积是主要的考虑对象。定位应早一点,以获得足够的展示空间;定晚了,只好去选人家选剩下的。

（2）展台位置

比较好的位置有：展场的主馆；展馆的入口和出口；入口处的右侧；展馆的主道，即参观者流量最大的走道；两条走道汇聚点；展台为双开面，尤其是双开面的外角，易被更多的人经过、看见；面对展馆入口的展台位置最好。

不好的位置有：附属展区、与展馆主厅分开的展区，远离入口处，主活动区的背面，边通道，死胡同的最里位置，展馆后部的角落，大柱或楼梯之后。

7）执行展览前促销

展前促销的目的是使公众认知到某公司的参展，含公司的展台位置、日期等，其目的是增加到展台参观的人数、参观者的兴趣、非参观者对产品的兴趣。

为搞好展前促销，应做好以下几个方面的工作：

①为销售员准备一个印刷详细的关于公司参展品的清单和在展会中要开展的活动的清单。以信件和其他刊物向销售员、中间商等解释展览对增加销售收入的必要性，鼓励他们通过口头向现实和潜在顾客进行宣传。

②提醒顾客和潜在顾客早早订货。

③在杂志和期刊中刊登提示券，注明展览的时间、地点。

④发布一些公关新闻，让公众知晓公司参加了展览。

⑤准备一些新闻发布稿，在展览中散发。

8）其他展前准备

①订住宿房间。

②提前看看展览现场。

③印好宣传资料。

④准备公司人员用的信息和工作指导手册。

⑤检查所有展览用设备。

⑥询问是否能在展览时，找到临时的救急职员（如电工）。

⑦买保险。

⑧准备所有的参展人员的号牌资料。

⑨准备展览推迟的应急措施。

⑩准备一些应急工具。

9）包装和运输

由展览经理负责此项工作，他可以要求公司的运输部门支援，可以将此项工作委托给制作商。

10) 安装展品、开始展览

安装展览可以请一些专业的制作商完成,参展公司提供图纸、零配件等。

展览正式开展后,要注意正确地配置员工,既不要太多,也不要太少。要保证将最优秀的人放在第一线。轮班时,要任命班长。每个人都要有一本参展手册,严格行事。班上班下的人都要保证随时能找得到,可以 2～4 小时轮班一次。参展人员应表情良好,充满精神,最好都站着,不要聊天。

11) 拆装和运输

展后的处理非常重要,同样要严格监控,以防损失和丢失。有时可以在展览的最后一天将所有的展品处理卖掉,或直接装运到下一个展览地方。

12) 评价展览结果

不管参展是否成功,都要认真记录保留所有参展材料,以便为今后的展览积累经验。可以检查是否达到了目标。未达到的原因是什么?

展后的检查应列表规范进行,一项不漏地打分,综合评价和深入分析。

13) 展后回访

展览的好处之一就是除了销售产品外,还收集到许多的潜在可能顾客名单。如果后来不加以利用,展览就算是浪费了大部分的钱。

展览后,应该立即寄出参观者需要的材料。如拖延,竞争对手就可能已经寄出了。寄出的资料应搭配一封手写的信件。也可通知销售员及时回访一些重点的潜在客户。

案例

七里香品牌深圳礼品展会促销方案

一、活动目的

上半年为礼品行业销售淡季,要在"旺季取利,淡季取势"营造好的促销噱头,赚人气,为销售旺季打好基础。通过本活动展示公司品牌形象,提高品牌知名度,从而达到促进销售的目的。

二、活动对象

展会普通消费者、新老批发商。

三、活动主题

开心看展会,幸运转好奖(第二季)。

四、活动方式

在活动期间,以易拉宝、三折页或其他宣传途径对展会新老客户发布活动内容,加强活动宣传和客户沟通。

五、活动时间

2012 年 4 月 25 日—2012 年 4 月 28 日。

六、活动地点

深圳会展中心,七里香珠宝展位。

七、活动方法

普通客户:凡在七里香珠宝展位单次购买促销铸金礼品,满 380 元以上享受 1 次转奖机会、680 元以上享受 2 次转奖机会、980 元以上享受 3 次转奖机会(市场部负责促销产品的详细工作)。

订货客户:凡在七里香珠宝展位单次订购产品满 10 000 元以上享受 1 次转奖机会、20 000 元以上享受 2 次转奖机会、30 000元以上享受 3 次转奖机会。

八、奖品设置

iPhone 4S、千足金吊坠、商务皮包、咖啡机、肩颈按摩器、铸金摆件、汝瓷茶具、U盘(4 GB)等。

九、转盘设计

规格:120 cm×120 cm;

材料:写真裱纸板双面;

图例:七里香品牌促销盆(见图 3.4)。

图 3.4　七里香品牌促销转盘

十、活动细则

①所有客户凭消费凭证,参加转奖;

②此活动不与其他优惠活动同时使用;

③特价产品不参与折扣活动;

④法律范围内的解释权归七里香(澳门)珠宝礼品有限公司所有;

⑤礼品申领仅限活动内客户,礼品数量有限,先到先得,发完即止(见表3.5)。

表3.5 礼品登记表

编 号	品 名	数 量	单价/元	总价/元	备 注
1	iPhone 4S(16 GB)	3	4 750	14 250	订货客户
2	千足金吊坠	5	2 000 左右	10 000	订货客户
3	商务皮包	5	1 000	5 000	订货客户
4	咖啡机	5	700	3 500	订货客户
5	肩颈按摩器	8	300	2 400	订货客户
6	铸金摆件	20	200	4 000	普通客户
7	汝瓷茶具	20	100	2 000	普通客户
8	U 盘(4 GB)	20	50	1 000	普通客户
9	指甲剪套装	30	25	750	普通客户
10	钥匙扣	30	10	300	普通客户

3.1.4 博览会促销活动

所谓博览会,指的是规模庞大、内容广泛、展出者和参加者众多的展览会。一般认为博览会是高档次的,对社会、文化以及经济的发展能产生影响并能起促进作用的展览会(见图3.5—图3.7)。

图3.5 广西南宁中国—东盟博览会主会场

图3.6 广西南宁第十届中国—东盟博览会展馆

博览会的重大特点是其声势浩大,影响面广,因此企业通过此会的参与,扩大影响,收集信息,联系到大的经销商将是主要目的。

博览会中,企业的促销活动有些是与展销会相同的,但也有其特殊的地方,要注意以下几个方面:

1）介绍企业形象

与展销会不同,博览会中要有一定的
分量对企业形象进行宣传。

2）收集各类信息

博览会参加者多,产品丰富,因此是收
集信息的最佳场所,一定要充分利用。参

图3.7　中国—东盟博览会展馆

展人员的角色与展销会不同,更多地考虑其"展示"的能力,能够吸引顾客来观
看,能够详细地解释顾客的提问,同时也能很敏锐地从博览会上找到有价值的
信息。

3）介绍新产品

博览会是一个优秀的介绍新产品的舞台。产品可以被演示,顾客询问可以
迅速反馈,公司可得到正面的和反面的对于产品的反馈。正面的信息可以用在
接下来的销售演示和广告活动中,负面的信息可以用来进行产品改进或营销方
案变动。

4）结交更多的伙伴或潜在顾客

博览会往往是商贾云集的地方,为参展企业提供了一个理想的征集经销
商、分销商、销售人员的机会。

3.1.5　企业开展会展促销活动应注意的问题

1）要强化促销功能

会展促销主要是通过开展具有贸易性质和消费、娱乐性的展览会、博览会,
刺激商家和消费者的购买需求,这就需要企业抓住有利时机,强化促销活动,要
充分运用销售员的推销技巧,综合利用广告、公共关系、销售促进等手段达到扩
大销售的目的。

2）订好摊位,搞好设计

在选择摊位时,参展商应参照前面展览程序中所提到的最佳位置,尽量抢

先获得。争取拿到靠近会场的主要通道,视野好的摊位;同时也要考虑对手的摊位情况,或避其锋芒,或对抗之;速度要快,早早订位。

在设计上,要让人一眼能看出你是谁。搞好摊位的 VI 识别设计,既独特,又能营造出促销的气氛。

3)慎选参展产品

订好摊位并有良好设计安排后,尚需考虑主推哪些产品。这里要考虑 3 个因素:一是对手的情况,二是自己产品的优势和劣势,三是观众的情况。

从对手的角度来看,参展商多,各有优势产品,消费者或中间商的选择余地大,因此,必须了解究竟有哪些公司参展,各自带来什么产品及其长处和短处。

在此基础上,精心选择自己的产品搭配。不要面面俱到,但要突出自己的精品,自己的王牌产品,或者说竞争优势。

4)参展人员的选择

参展人员在展台上是公司的形象代表,也是优秀的推销员。他们的言谈举止影响着企业的展销效果。在选择参展人员时,一定要注意这两个角色,或在所有的参展人员中做好组合搭配,保证完成展和销的目的。

3.2　游戏促销策略

3.2.1　游戏促销原理

游戏是人们休息娱乐的一种积极形式。人类天生就有喜好游戏的心理倾向,许多人都乐于参与那些构思新颖、趣味无穷的游戏活动。趋乐避苦、追求幸福与快乐是人的本能,游戏活动便是满足人们对快乐的心理需求。通过参加游戏活动,感受到欢乐高亢的情绪和童趣,使人们得以身心放松、舒缓压力,甚至忘却烦恼。

游戏促销正是基于人们的这种天性而设定的,经验丰富的营销人员能不失时机地充分满足人们的这种需求,将枯燥简单的商业促销活动变得丰富多彩,妙趣横生,从而为企业带来可观的经济和社会效益。

从形式上看,游戏促销有非常大的选择空间和创作余地,可以不拘一格,很容易兼收并蓄,把其他促销形式的某些方面吸收进来。最初的刮刮卡抽奖其实就是游戏促销方式的一种,以其新颖、有趣的形式使抽奖活动变得更有趣味性,激起了人们的参加热情。后来由于刮刮卡形式被广泛使用,其本身已失去了游戏的趣味性质,最终成了一种普通的抽奖工具。

因此,能否激发人们的热情与兴趣,是游戏活动的关键,一旦某项游戏活动不再能产生这种效力,它的特殊魅力也随之消失。

3.2.2　促销游戏的功能

1) 吸引顾客注意

有趣的促销游戏能引起顾客较多的注意。特别是那些具有新奇的活动主题和多种游戏组合的促销活动,会引起顾客的好奇,提高顾客进一步了解产品的兴趣,这是其他方式的促销活动所难以达到的效果。引人入胜和引发联想的游戏主题能帮助产品广告创造差异化,使广告更易受到大众的关注。

2) 能激励顾客反复购买

大多数促销游戏其活动规则都要求顾客多次购买后才会达到奖励的目标,如拼图、配字等,需要获取足够多的标志才能拼配成。并且,大多数情况下,一旦学会了游戏方法并参加了游戏活动的顾客,多会持续参加,不轻易中途退出,甚至会增加购买量,以符合游戏要求。

3) 使顾客加深对品牌的记忆与印象

有趣的游戏活动因其趣味性强而无形中淡化了促销活动的商业气氛和功利概念,但又由于游戏过程的本身是与产品品牌息息相关,因此,此类活动结束后,人们潜意识中增加了对品牌的印象。

4) 有利于特定目标消费群的产品营销

促销游戏一般是针对一定的目标消费群来设计的,所以它的针对性比较强,短期促销活动结束后,会获取丰富的有关目标顾客和市场消费的信息,从而对企业制定长期的产品营销战略提供依据。

3.2.3　游戏促销的局限性

1) 游戏促销对吸引新消费者试用产品的效果不佳

一般来说,游戏活动会比较复杂与花哨,这一点会极大地阻碍部分消费者的参加兴趣。而如果消费者对产品功效不了解或对品牌比较陌生,复杂的游戏活动就更难以促使他们投身其中。

2) 游戏促销活动的参与面较狭窄,难以引起大众消费者的普遍兴趣

不同年龄、不同性格、不同教育程度的消费者,都会对游戏活动有不同的反应,很难找到令所有人都感兴趣的游戏活动,这对于消费者众多的大众消费品来说是个不利因素。

3) 游戏活动的媒体费用较高

比较复杂的游戏活动需要投入大量精力"教"会消费者游戏方法,在游戏活动的举办过程中,还得做大量的广告以渲染游戏活动正在热烈举行中,还有不少奖品待发,以鼓励消费者积极参加,为此企业需花费大量媒体费用。

3.2.4　游戏促销活动的操作原则

1) 一致性原则

一致性原则是指促销游戏活动设计参与对象应与企业营销的目标顾客一致。虽然每个人都有一定的童趣,但不同年龄、不同阶层的顾客,对游戏类型的接受度还是存在很大差异,比如:小孩喜爱的"奥特曼"令中学生觉得可笑;大学生痴迷的"灌篮高手"令成人们觉得不可理解;而中年人对童年时代玩过的游戏活动所抱的特殊情感,也会令年轻人感到匪夷所思。因此,唯有针对产品目标消费群的心理所设计的游戏才能引起他们对促销产品的注意。

2) 可操作性原则

尽管游戏内容的趣味性和可操作性在某种意义上有一定的矛盾,趣味性强的内容势必会复杂一些,但是,只要游戏的原理比较简单,并能赋予时尚的含义,同样具有可操作性。

3）可控制性

促销游戏的关键是要有效地控制游戏奖品的总数。比如：刮刮卡游戏，只要控制兑奖内容刮卡的数量；收集产品包装游戏，只要控制关键包装凭证的市场投入数量等，就可以从总体上把握住促销活动的进程和范围。但应注意的是，如果要让顾客在游戏上花一定的精力，不应再设计成最后抽奖的方式来控制奖品数量，这样会大大伤害顾客参与的积极性。

趣味性、娱乐性的游戏促销活动虽然吸引顾客参加，不过，其复杂性与局限性也阻碍了人们的广泛参与。所以，企业应扬长避短，在宣传中突出欢快热闹的气氛，尽可能简洁明了地说明游戏方法，通过演示、图例等方法，让参与者感到方便有趣，再以诱人的奖品作为游戏的鼓励，保证游戏促销活动取得成功。

3.2.5　促销游戏活动的具体形式

1）刮刮卡游戏促销

这是一种比较原始的游戏促销活动，它利用人们"闹着玩"的心理，让消费者在不增加消费负担的前提下满足其"碰运气"和"闹着玩"的心理需求。

案例

"喜力"啤酒的"点卡赢奖"游戏（见图3.8）

这张形似"喜力"啤酒瓶装产品的刮刮卡是个21点的游戏卡，翻开卡的左边印着游戏规则，其条文如下：

①此游戏只适合18岁或以上人士参加；

②推广期间，凡惠顾"喜力"啤酒1瓶（罐），均可获游戏卡1张，多饮多得，参加游戏次数不限；

③擦去游戏卡上之方格，点数即会显现，但每张游戏卡只限擦去两个方格，所得之点数总和如下述，即可获得相应级别之奖品：

图3.8　饮"喜力"，胜21点！

点数总和	奖品级别
21 点	头奖
19～20 点	二奖
17～18 点	三奖

④所有奖品概由本公司规定；

⑤若游戏卡有任何损毁，即会作废。

卡的右边即为可刮擦的点数，游戏参加者任意选择两个方格，刮开后相加大于17即可获奖。

这个游戏的本质是一个"刮刮卡式即开即奖"的抽奖活动，但由于赋予特定的规则，使得普通的刮刮卡抽奖更具游戏功能。

这个游戏是"喜力"啤酒在酒吧、迪斯科舞厅等休闲娱乐场所推广时所提供的促销活动，颇符合人们到此消遣、放松的心理需求。所以，游戏促销的开展须适时适地。

然而，由于各个地区的背景情况不同，在此例中，"喜力"为增加此卡的通用性，并不在卡上注明具体奖品，而由公司做另行规定。显然这样做延长与增加了刮刮卡的使用，增加了游戏活动的灵活性，便于各地区因时因地做相应变动，也有利于调动营销人员在此基础上的创造性。

单从本例来看，此游戏活动本身趣味性不是很强，形式也不新颖。然而，由于设计了10个方格，规定每人可刮两格，可至少供5人游戏。就为营销人员创新利用留下了空间，如在5人中彼此之间开展竞赛，胜者将赢得"喜力"奖品，败者需罚啤酒，其吸引力就会大大增加。

2) 组合拼图游戏

这是一种利用人们好奇和好胜心理而设计的有一定智力竞赛色彩的游戏促销活动，其形式多样，变化无穷，是我国早期促销活动常用的一种形式。

案例1

"家乐"拼大运

买"家乐"调味品，即可得刮刮卡一张。如果两张刮刮卡能拼出"人生美味"+"尽在家乐"即得5 000元；如果两张刮刮卡能拼出"家乐"+"大餐"即可享受500元的免费大餐；如果刮出红礼盒图案，即获开心奖一份(见图3.9)。

这是另一种刮刮卡拼写游戏，只不过在这儿不是拼数字，而是拼文字。这个活动和上例一样，旨在鼓励消费者多多购买，以增加中奖率。

举办游戏促销活动，往往会由于游戏本身要求比较复杂，不易说明清楚，而难以使消费者理解。因此，最好能将活动做明了醒目的图示，让人一目了然。

图3.9　"家乐"拼大运

实际上拼图（或拼字）游戏之所以区别于普通的刮刮卡抽奖，是因为前者更直接、更简单、更易理解。要想与消费者进行有效沟通，就必须遵守"傻瓜原则"，并非是把消费者当傻瓜，而是你的活动设计连傻瓜也能看得懂。

　　案例2

"百事可乐"爱拼就会赢

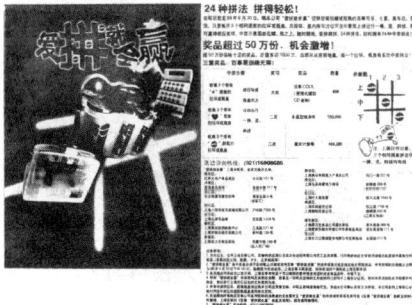

图3.10　"百事可乐"爱拼就会赢

这是一种传统的"大叉圆圈"游戏（见图3.10、图3.11）。在每个"百事可乐"的产品包装中都印有不同的图标与方位，如"五角星"图标"下3"位置、"百事可乐"图标"上2"位置等，消费者集齐三个相同图标的拉环或瓶盖，且根据所示位置能拼出任一横、竖、斜线，即可赢得相应奖项。

如由3个"五角形"拼出的任意横、竖、斜线，可获头等奖，奖品为百事便携式CD音响；

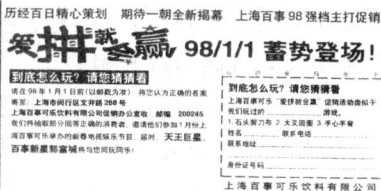

由"心形"拼出的则获二等奖，奖品为水晶型随身听；

由"百事可乐"图标拼出的则获三等奖，奖品为魔术计算棒。

图3.11　到底怎么玩"爱拼才会赢"

这是"百事可乐"的系列促销活动之一，属于"集点换物"式性质，在本例中加上拼图内容后，就具游戏性。

为了能说明清楚这次活动，"百事可乐"不仅在广告中刊登了示意图，告知

具体步骤,还特别举办了一个竞猜活动:"到底怎么玩?请您猜猜看",消费者在竞猜题上选择正确答案,寄给指定地点,可获得参加新春电视娱乐节目与百事广告代言人郭富城见面的机会。

显然,主办者在游戏设计上是花了一番功夫的。

案例 3

数来宝"冷狗"玩具总动员

消费者收集"冷狗"所有棒式产品(棒冰或雪糕)中的含有数字的棒签,即可换取奖品。

图 3.12　数来宝"冷狗"玩具总动员

如棒签上的数字能组合成你家或朋友家或办公室任意一组电话号码(须提供此电话的缴费单以作证明),再加上 1 个"数来宝"标志棒签,可获"冷狗数来宝金奖",得益智原创玩具 1 件。

如一组电话号码再加上 1 个电话标志棒签,可获"冷狗数来宝银奖",得高级原创玩具 1 件。

玩具品种有 10 种,奖品件数达 10 万,总价值 1 000 万元(见图 3.12)。

这个游戏的本质也是一个"集点换物"加"即开式抽奖",然而,由于奖品本身是玩具,就使得这个活动更充满趣味性。

实际上,数字是最容易展开创意的,在本例中是与电话号码相关,另外也可以是生日、门牌号码等。不过,企业要围绕数字做文章的话,其前提条件是,这些数字需与目标消费群相关。

这样的游戏活动对于小朋友独具魅力,无论是奖品的设置还是游戏方式的设计,均能将他们动员起来。所以,本游戏的目标群还是相当明确,并且对销售促进的作用也很直接,要能拿到 1 个玩具,最低限度要消费 9 支棒冰或雪糕,若运气不好,交款消费更多。

3) 寻字(宝)游戏

这是利用人们侥幸心理而设计的娱乐性促销游戏,也是新产品上市常用的促销策略。

案例1

丹麦蓝罐曲奇"节日必有蓝色"寻字游戏

这是一个寻字游戏活动，消费者可以在广告下图中的一组文字中圈出与"蓝色"有关的10个词汇，将答案寄往指定地点，即可参加抽奖。

活动设大奖1名，为3 000元现金及5盒2磅装蓝罐曲奇。另设二等奖3名，三等奖5名，安慰奖500名。（见图3.13）

这个游戏的实质是一个"竞赛"加"抽奖"的活动，只不过在抽奖之前必须做拼字游戏。

"拼字游戏"在国外是很受大众喜爱的活动项目，但国内的消费者不常接触。因此，要让消费者能够充分理解游戏内容和方式，是首要的问题。

这一活动将品牌与游戏结合起来，旨在加深消费者对产品品牌的印象，而且本游戏没有

图3.13 "丹麦蓝罐曲奇""节日必有蓝色"寻字游戏

任何购买的要求。含有游戏活动的广告远胜过单调的宣传，使得广告的可看性提高了许多。

其实，不少企业的品牌都可以在拼字游戏方面做文章，当然，前提必须是目标消费群喜欢做的拼字游戏。

案例2

"泛亚"魔术方块地壁鹦鹉套砖寻宝（见图3.14）

这是一个没有任何交易为前提的游戏活动，只要求顾客到各商店找到广告中所示的鹦鹉图案的套砖，填写完活动参加表格，寄往指定地点，即可参加抽奖。

该活动设一等奖8名，奖价值5 000元的异域旅游；二等奖10名，奖价值3 500元的异域旅游。

活动参加表格中除了要填写个人资料外，还包括发现的商店名称和地址、4块砖的型号及一些产品调研方面的问题，如价格、服务、何处知道品牌等。

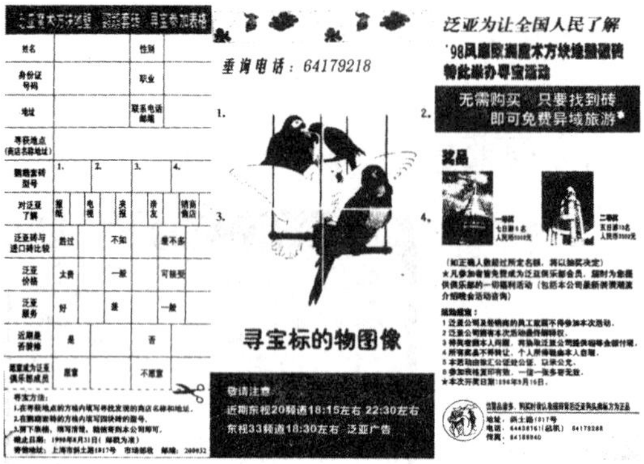

图 3.14 "泛亚"魔术方块地壁鹦鹉套砖寻宝

在本例中,主办者的目的是希望消费者能够见证本公司新产品的面市,以扩大产品的知名度,因为消费者通过寻找某样新产品的特征,将比单纯让消费者看广告更为印象深刻。

"寻宝游戏"促销用于日用易耗消费品将更为有效,因为日用易耗消费品在市场上的可见概率要比装潢材料更高,而开展"寻宝游戏"的重要前提正是一定要确保新产品的市场铺货率。

如果本活动的主办者能够降低奖额,扩大奖项,赠送若干与装修新房相关的其他用品(如灯具、油漆、涂料,或装修指南等),也许更能吸引目标消费群的兴趣。因为要装修新房的人不一定图旅游的奖品。

4)免单购物游戏促销

这是近年风行超市的现场幸运购物促销形式,把奖励与游戏娱乐相结合,是吸引消费者注意、扩大企业知名度的一种有效策略。

案例

杭城超市频频推出购物免单　好运 20 min 降临一次

作为全球零售业巨头的家乐福,2006 年在杭州涌金店推出"免单好运转不停"活动:每 20 min,店里的免单大"赚"盘就会转出一个幸运收银台号码,此刻正在幸运收银台结账的顾客所购买的全部商品即可免单,最高免单金额为 5 000 元。

等在超市收银台前结账,正欲付钱,超市突然通知你"全部免单",这份喜悦对消费者来说可谓从天而降。这种集购物与游戏于一身的"免费午餐",近来被杭城超市频频推出,让消费者一次一次享受到了"免费午餐"的诱惑。

以免单为噱头吸引客流、刺激销售,家乐福不是第一家。近年,很多超市都在"免单"上大做文章。追根溯源,世纪联华超市在年初推出的"购物明星不设上限全免单"活动是超市"免单"风兴起的起点。紧接着,其他超市纷纷跟进:乐购将购物免单和游戏相结合,购物满 188 元的顾客即可获得三次玩色子的机会,如果三次点数加起来超过 15 点,所购买的物品就可全部免单;为了营造紧张的现场感，物美超市在8月份推出"正点免单让你发"活动，每到正点，超市就随机抽取一个收银台号码，当时正在幸运收银台结账的顾客所购买的全部商品即可免单，最高限额200元。

相对各个超市推出的各种免单促销活动，家乐福杭州涌金店最近开始推出"免单好运转不停"活动，没有设置任何门槛，频率更高，最高限额也更大。家乐福超市有关负责人表示，免单是全球家乐福月第二波促销的重要一环，为了活动效果，投入力度也大，每小时都会现场产生三位免单的幸运儿，一天下来，总共有三四十位。除了回馈顾客，超市也想借这个活动聚集人气，增加销售。

"购物免单"其实是通过一种变相的奖励来刺激顾客的消费欲望，达到扩大销售的目的。虽然有时与超市的商品销售不直接挂钩，但活动的潜在效应不容低估。特别是现场抽奖购物免单，消费者在购买商品的同时会得到一种意外的惊喜，很有现场感，能够营造一种良好的购物氛围，更容易达到促销目的。超市更看重"免单"促销带来的附加效应，活动期间，凡是有关者都会关心谁免单、免单了多少金额，这样超市从开始到结束不仅可以得到广泛的免费广告，而且可形成口碑，通过非正式渠道迅速传播，提升知名度。

3.3 竞技活动促销策略

3.3.1 竞技活动促销的性质

竞技活动充分融合了抽奖、竞赛、游戏等促销形式的特色，利用人们的好胜心、竞争性及自我展示的需求，以某一特殊技能为比赛主题，通过人们的亲身参与，展示自己的才华与技能，并对优胜者进行奖励。

竞技活动的规模比较大，投资也较多，如提供比赛场所，通过电视媒体将活动过程播放出来等，如果组织成功的话，其效果也较好，所造成的影响力较大。

竞技活动与有奖竞赛促销有一定的相似性，它们都是需由参加者运用和发挥自己的才华去赢得比赛胜利，因此，可能来参加活动的消费者人数都是有限的。两者最主要的区别在于，有奖竞赛促销侧重于对参加者智力的比赛，是头脑型的活动形式，而竞技活动则以参加者身体力行的"体力"比赛为主，兼顾智力的应用，是运动型的活动形式。

总的说来，竞技活动的各项组织要点与抽奖、竞赛及游戏促销相类似。虽然竞技活动对销售的直接帮助较少,且投资费用较高,但通过有序组织的竞技活动,信息传播较为直接,有助于品牌形象的塑造。而对有些独具特色又难以通过广告表达清楚的产品,运用"竞技活动"似乎最具成效。

3.3.2　竞技活动促销的功能

1)推介新产品功能

竞技活动通过参与者的身体力行,在围绕产品展开的一系列竞技项目中,更易于理解与接受该产品,并留下深刻的印象。

2)传达与提升品牌形象功能

举办竞技活动,提供了一个使产品直接与消费者见面的机会,企业能够通过具体的活动形式来传达品牌形象,在愉快、激烈的竞技活动中,更易于拉近品牌与消费者的距离,塑造品牌的亲和力,能使消费者直观地认识、界定品牌。

3)吸引顾客注意力功能

一个别致的或时尚的竞技活动,能引来消费者较多的关注及兴趣,特别是当参赛选手都是普通消费者时,更易引起人们与自我的比较和假想。

4)营销沟通功能

竞技活动的内容和项目,可根据市场区隔策略,针对产品(品牌)的目标消费者与产品(品牌)特性进行设计,以符合特定人群及其不同心理层面的真正需求。

3.3.3　竞技活动促销的操作原则

1)"竞技活动"的一致性原则

与游戏促销一样,竞技活动只有与目标消费者一致、与品牌形象一致,才能针对有效的目标群体,开展有效的营销传播。

2)竞技活动要具有可观赏性原则

竞技活动不仅要考虑活动参赛者的竞争愿望,还须顾及观赛者的可看性,才能扩大活动的影响力,引起更多人的兴趣与关注。

3)奖品的激励性原则

对消费者来说,再有吸引力的竞技比赛项目,终究是一项业余活动,与今天日益加快的生活节奏、日益繁忙的工作学习相比,就显得缺乏足够的必要性。因此,一个诱人的奖励,是驱使人们决定投身活动的重要砝码。

3.3.4　竞技活动促销的局限性

1)竞技活动费用较高

活动所需的场地、宣传、人员组织等均需较大的开支,而活动的参与者毕竟有限,因此,整个活动的人均成本较高。而如果活动没有广泛宣传、报道或延伸,就难以令更多的消费者知晓,并参与到活动中来,自然影响力就更有限。

2)竞技活动对直接提升销售帮助有限

虽然企业可以设定以购买作为活动的参加条件,但毕竟可参与者数量有限,因此,对销售的带动也是有限的。而宣传力度不大、社会影响力较小的竞技活动,对普通消费者的购买几乎没有影响力。

3)竞技活动的对象并不一定等于目标消费者

虽然活动可以针对目标消费者设计,但真正前来参加的却未必是产品有效的目标消费者。

比如,可能的目标消费者喜欢这种运动却未必喜欢参加比赛,或没时间参加比赛;另有可能活动的实际参加者并不具购买力,甚至并不需要此产品,等等。

4)对活动效果事先较难评估

至今仍缺乏一套比较正确科学的事前测试方法,对竞技活动进行完善的效果评估。所以,企业投资此类活动时,唯有依据以往的经验作判断,相应所冒的风险自然比较高。

3.3.5　竞技活动促销的具体形式

1)体育竞技促销

案例

喝"百威",打保龄,献爱心(见图3.15)

这是由百威啤酒公司与上海市体育运动委员会联合主办,上海中兴保龄球馆等协办的上海市第一届"百威爱心杯"业余保龄球公开赛。活动规定,只要收集3个"百威"啤酒的瓶盖或拉环,即可到比赛指定地点领取报名表和详尽的比赛规则1份。

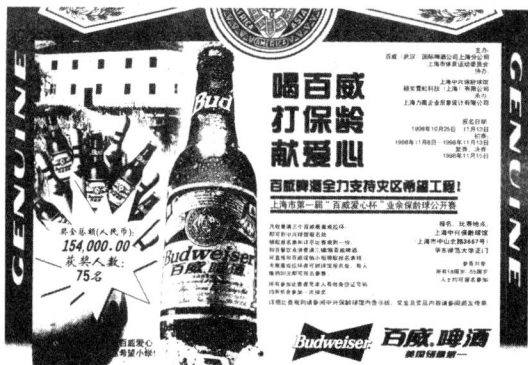

图3.15　喝"百威",打保龄,献爱心

由于"百威"啤酒很大一部分是由餐饮通路销售的,因此活动特别说明,如在餐饮点消费满3罐(瓶)"百威"啤酒者,可直接向其促销小姐领取报名表格。

无瓶盖或拉环者缴纳30元也可报名参赛。

活动分初赛、复赛和决赛,除了优胜者可获得奖励外,所有参赛者均可凭本人身份证参加1次抽奖。本次活动设奖金总额15.4万元,获奖人数75名。在奖金中有一部分将以"百威爱心大使"的名义捐助灾区希望小学。

"百威"啤酒通过活动,不但作为赞助商提高了公司形象,而且非常有针对性地扩大了消费群。虽然所有这次比赛的参赛者不大可能会支付30元的报名费,因为3瓶啤酒的零售价也不会突破30元。但如果本次活动有500名人员报名,至少可带来1 500瓶(罐)"百威"的销量,尽管这些销量对百威公司算不了什么,但其意义是长远的,也许参赛者中有一部分人是第一次喝"百威",由此"百威"又扩大了不少消费群。

本次活动的参赛者所组成的特殊人群正是"百威"啤酒主要目标消费者。"百威"通过开展竞技活动,提供了一个展现个人才能的机会。这样做容易增加该品牌在目标消费者心中的好感,提升品牌形象。

本案例的缺点在于,参加本次活动的人数毕竟有限,因此活动的影响面也是有限的,一般没有参加活动比赛的人几乎不会关心这件事。如能多设立几家比赛的分会场等,也许能够进一步扩大本次活动的影响。

2) 音乐竞技促销

案例

步步高双清歌霸 DVD 杯"K 歌之王"大奖赛

步步高 DVD 产品为打开南宁市场,与南宁市百货大楼联合举办"步步高双清歌霸 DVD 杯'K 歌之王'大奖赛",消费者可以以家庭为单位参赛,活动吸引了不少音乐爱好者参加(见图 3.16)。

上述两案例都是全民参与型的体育及娱乐活动,易得到政府有关部门的大力支持,所以,企业出面主办开展这类

图 3.16　步步高双清歌霸 DVD 杯"K 歌之王"大奖赛

竞技活动,其获益远非直接带来的销量,更在于全民参与容易扩大公司与产品的影响。鉴于此,企业在设计和组织这类活动时,应该充分利用和发挥活动本身的优势,以扩大活动的影响。

3) 智力竞赛促销

案例

谁是中国记忆并背诵速度最快的人?(见图 3.17)

这个活动是由上海脑力键生物医学有限公司与上海大世界基尼斯总部联合举办的。

活动内容是抢答生活中常用的与"键"字有关的词组和含义。活动先在各主要媒体刊登了广告,邀请有兴趣、有信心的人们前往参加比赛,当场比一比,看谁的临场记忆、背诵最快,擂主将作为种子选手获得全国总决赛冠军挑战权,

公告   N

脑力大冲浪——
谁是中国记忆并背诵速度 最快的人？
脑力键基尼斯擂台赛 3 月 5 日如期在科学会堂举行！

图 3.17　谁是中国记忆并背诵速度最快的人
向您推荐'脑力键'"！

最终胜出的全国冠军将成为年薪 12 万元的"脑力键"形象代表。

比赛以分级擂台赛的形式，分设"小学组""老年组""家庭组"等六大赛组。

企业开展此竞技的促销主题是："如果您脑力良好……那是应该能记忆并背诵它的"，当然，"如果您确实记不准或记不住，那么，我们真诚地

在本案例中，企业期望通过记背速度竞技以扩大产品的影响。

据介绍，"脑力键"营养胶囊的技术处于国际脑保健食品研制领域的领先地位，由于企业资金不足无力做广告，一直"养在深闺无人识"。另一方面，"脑力键"要阐述产品作用及其直接参与人类大脑生理活动的科学原理，解释信息传递因子之类的深奥名词，也非一般促销广告所能为，这使得高科技成果转化为商品变得困难重重，这也是高科技保健产品普及面临的问题。

在保健品市场竞争激烈、保健产品名目繁多，而企业营销资金有限的情况下，要使消费者了解产品，将"脑力健"从众多的保健产品中区隔开，就需要独具匠心、引人注意的促销手段，帮助消费者体会出产品的独特功效。

于是，在多方筹划支持下，这场兼科普宣传、娱乐竞技和广告促销的"记忆大赛"酝酿诞生了。

本活动计划持续一年，期望通过记背科研部门提供的通俗易懂的脑保健、脑科学常识和相关的"脑力键"产品的广告语，使得人们在激烈、有趣的比赛活动中，将"脑力键"的品牌与功能深深印入脑海中。

本案例为科技类产品如何探索和开拓市场提供了一定的借鉴。

4)"明星"竞技促销

案例 1

"什果冰广告之星"选拔大赛（见图 3.18）

此活动是曼秀雷敦公司为选拔"什果冰"新广告片的男女主角而举办的一次竞技活动，其主要对象是年轻顾客。只要你自己觉得有明星相，有上镜潜质，充满青春活力或性格独特，就可报名参加"什果冰广告之星"选拔大赛，不单有

机会星梦成真,成为"什果冰"新广告片中的男女广告明星,还可赢取丰富奖品。

本次大赛分三个年龄组:

图3.18　"什果冰广告之星"选拔大赛

从7~12岁的参赛者中,选出"活泼可爱之星"男女各1名,奖励价值2 000元的光碟游戏机1部。

从13~18岁的参赛者中,选出"青春活力之星"男女各1名,奖励价值3 000元的自动变焦相机1台。

从19~30岁的参赛者中,选出"时尚新潮之星"男女各1名,奖励价值4 000的摄像机1台。

另设100名参与奖,奖励价值100元左右的"曼秀雷敦"礼品包1份。

参赛办法:

提供3R彩色近身照片,连同"曼秀雷敦"润唇膏任何一款的包装卡纸寄指定地点。

本案例的参与者是要具备一定天赋的消费者,针对年轻人的公司会比较喜欢举办这样的活动,期望在年轻人中创造一定的品牌风格和消费时尚。

就以本案例来说,崇拜影视红星的年轻人很喜欢模仿明星的行为,明星用的产品自然也能拨动崇拜者的心弦,如能自己参与表演,更有星梦成真之快感。

由于这种类型的活动会限制许多没有天赋的消费者的参与,所以,需要为活动造就声势。造势的办法可以用分区选拔、全国决赛的办法,使活动形成双重效应,增加其影响力。

案例2

法兰西施"神采之星"评选

这是克丽丝汀·迪奥(上海)香水化妆品有限公司促销其法兰西施系列化妆品而举办的一次竞技活动。活动规定:在"巴黎·法兰西施"化妆品专柜购物满220元,除了免费获赠滋润乳1瓶或营养霜1瓶外,还能到指定地点参加美容培训,接受现场指导,并有专业摄影师免费摄影,参加法兰西施"神采之星"评选,当选者的照片将被刊登在媒体报纸上,并可获赠精美礼品1份。

图3.19 法兰西施"神采之星"评选

这一活动虽然需要参加者具备一定的天赋,局限了参加者的范围。然而,化妆品的消费群大多数是很希望看到自己经专业化妆师和摄影师的"神来之笔"后会是怎样的风采,因此,此种形式的活动较易得到目标消费群的接受。且本活动定期把普通消费者的照片刊登在公众媒体上,颇能在年轻消费群中带来一定的连锁影响,令同龄人神往。

迎合并满足消费者心中的愿望,是竞技活动能否吸引人的关键。本案例的主题是"法兰西施给您带来神采风韵",所以,围绕这一主题,可以进一步描绘女性在工作中的神采、社会生活中的神采,或者让消费者来评论什么才是女性神采的魅力所在,赋予"神采"更多的内涵,活动的影响力将会更大更深入。但如果仅停留于容貌上的化妆和摄影,就很难扩大活动的影响,提升品牌的形象(见图3.19)。

5)产品消费竞赛促销

案例1

快速吃白干饭比赛

2004年4月8日上午,南充某购物中心大门前贴出了一张告示:白干饭让你随吃有奖。比赛规则:报名比吃者,仅以一种开胃菜作为下饭菜;5 min内,大米饭吃得最多的人即为"果城食霸",将获200元奖金。

消息传开,当即引起许多市民的关注。让主办者喜不自禁的是,短短两天,竟有60多人报名"吃饭",包括在校大学生、在职职员,甚至女士也来参与角逐。

10日早晨9时,别开生面的"吃饭比赛"拉开帷幕……60多名选手经过绕口令、知识问答的预赛后,11人胜出获得参加"吃饭比赛"资格,其中有3名"巾帼英雄"。

一位姓郭的学生以9碗半干饭的成绩,荣登"果城食霸",另一詹姓市民以7碗干饭的成绩屈居亚军。"果城食霸"领取了200元奖金,另10名"吃饭高手"

也获得一定物质奖励（见图 3.20）。

案例2

快速吃八宝粥比赛

我国一生产八宝粥的企业 1999年2月6日在某超市门前举行了一场"争当大胃王"的喝粥比赛，免费参与，年龄不限，而且所有参赛者在2 min内吃多少送多

图3.20 快速吃白干饭比赛

少，第一名还有特别奖。一时吸引了大批市民参赛。一名12岁的小学生在2 min内一口气吃掉了5罐八宝粥，成为活动冠军，而同赛的成年人最多才吃了3罐。当地一些新闻媒体也对这一活动作了报道（见图3.21）。

图3.21 快速吃八宝粥比赛的报道

这两个案例都是一种使用或消费产品的竞技活动，主办者旨在通过竞技活动扩大产品的影响。这类活动，如组织得好，的确能够起到别具一格的广而告之效果，比如，各类啤酒节上必有喝啤酒比赛的传统项目。这类竞技如能设置一定的条件，争取更多的消费者参与，还能引起轰动效应。

与此类似的活动还有产品购买竞技，曾有一家饮料公司在购买现场的门前竞跑比赛，从"起跑线"到奖台的距离有五六米，消费者当场购买产品并抽中奖后，可在规定的30 s之内，随意搬取堆放在奖台上的饮料。台湾三阳工业公司为庆祝其摩托车销量突破500万台，举办了一项定名为"你买年货我买单"的感恩促销活动。该活动就是采用购买竞技的方式进行，凡中奖的顾客可到指定的超市参加限时为300 s的大抽奖，抽中什么产品就搬什么产品回家。活动取得了轰动效果。天津女人街一商家更是花样别出，从楼上往下散发购物券，每天4次，吸引了无数消费者。

这种竞技的趣味性也能刺激本产品的市场走势,因为人们在关注活动的同时,势必加强了对产品的关注。

不过,这类竞技应特别注意活动的秩序和安全,否则现实将可能违背企业的本意。如,上述的吃面、吃粥比赛,参赛者稍有不慎即会出现噎食,危及人身安全。这也是不少人对此类活动颇有微词的原因所在。

6) 时尚竞技促销

案例

迎合时尚的短信和剪报竞猜活动

这是中国移动南宁公司在 2006 年举办的足球世界杯竞猜活动,该活动迎合了青年球迷的好胜心理,为公司业务推广起到了很好的促进作用(见图 3.22)。

图 3.22　世界杯短信竞猜三重奖

3.4　联合促销策略

3.4.1　联合促销的概念

联合促销是指两个或两个以上的品牌或公司,为了相互的利益,联合起来开展促销活动,推广他们的产品和服务,以扩大活动的影响力。如联合展销、联办订货会、分购联销等,联合促销的双方是站在互惠基础上,通过发挥联合促销成员之间的协调沟通作用,达到以较少的促销费用取得较大的促销效果。在联合促销中所找的合作伙伴必须具有共同促销的原动力,否则不会有联合销售的诚意。联合各方可以在同一行业,也可以分处不同的行业。从实践上看,迥然不同的业种之间的联合促销成绩斐然,如美国长途电话公司通过与联合航空、美国航空的联合促销,打破了被同业围剿蚕食的局面,维持了市场占有率。诺基亚牵手《珍珠港》,参加中国电影公司、娱乐传媒大王迪斯尼和世界通信巨头诺基亚三家联合举办的电影《珍珠港》首映式暨新闻发布会,举办"看免费电影,中千元大奖"联合促销活动。摩托罗拉约会韦伯音乐剧在中国实施一系列文化产业计划,开始他的一系列文化产业促销计划,使得手机不再只是简单的沟通工具,更成为展现个性、追求品位的象征。

3.4.2 联合促销形式

联合促销的具体形式很多,最流行的是以下几种:

1) 联合渠道

联合渠道是联合各方借助于对方已有的分销渠道,将产品传送到目的地的一种促销方式。香港最大的无汽饮料制造商和分销商"维他奶"公司与上海拥有 80 个供水站、30 万固定用户、200 个水票经营网点的最大的饮用水公司——"正广和"于 1997 年 11 月签订了联合渠道协议,让"维他奶"入网销售,使"维他奶"产品直接售予"正广和"的客户,即消费者凭"正广和"的水票可以订购相应价值的"维他奶"产品。凡是"正广和"饮用水的用户,都能得到"维他奶"的礼物,即请消费者免费品尝一次"维他奶"。在上海,"维他奶"可利用"正广和"的送水网络拓展销路;"正广和"则希望利用"维他奶"在香港的强大配送网络,拓展市场,扩大销售。联合渠道促销要求合作的各方必须有较高的知名度和美誉度,并有畅通的分销渠道和庞大的销售网络,以确保合作各方都能获益。

2) 联合展销

联合展销是联合各方为了达到宣传产品、推介产品的目的而在某地共同举办产品陈列展示、产品展销活动的一种促销方式。通过联合展销促销,可在现场实地向消费者介绍产品用途、性能和使用方法,增强消费者对产品的了解和关注,刺激消费者的购买欲望。各联合展示单位,利用展销活动可获取消费者有关展销品的反应信息。同时,它也是获得竞争性产品及相关产品信息的绝佳场所。对前来参观的消费者来说,联合展销也是比较品牌、遴选产品的最佳场合。

联合展销一般是同一行业成立一个策划小组,经过周密策划,选择消费人口稠密的居民区,繁华的商业区或交通方便的地区,可大量展示产品的宽敞地方共同展出,所需费用由各参展企业平均分摊,这不失为经济有效的促销方式。一般而言,联合展销多由同行代表,广募同业共同参与,或由政府部门面向机构推动,所以规模较大,是博得广大消费者信赖的良机。为了充分发挥联合展销的作用,在展销前要广而告之,以招徕参观者。同时,各参加展销的企业,应配备优秀的讲解员,加强产品解说示范表演,使参观者口服心服。

3) 联合配销

联合配销就是将本企业的产品与其他企业的产品一同配销出去,其目的是借助于知名产品的影响力、销售力,吸引特定的消费者,扩大产品销售。1988 年圣诞节期间,世界第一的游戏机公司"任天堂"与世界著名的"百事可乐"公司一起展开了密集的联合配售活动,其配售价值 100 万美元的"任天堂"产品和 20 亿罐"百事可乐"。这一配销活动,使"任天堂"产品在喜爱"百事可乐"的年轻消费者心目中留下了深刻印象,促使"任天堂"游戏机在年轻人中的销售量大增。

联合配销可以给参加者带来如下好处:第一,使单个企业没有能力开展的促销活动得以进行。如举办展销会需要投入大量的人力、物力和财力,一个企业特别是中小企业往往独家无力举办,几家联办,费用分担,则会促成展销会。第二,以较小的促销费用获取较大的促销成果。如展销会,由于分担费用使各成员的支出相对减少,但由于吸引的顾客增多,成交额反而增加。第三,促销产品的花色、品种、规格、式样齐全,对顾客的吸引力增加。如几家制造商在城市某一地段联合举办展销会,往往能够吸引很多顾客,使销售额显著增加。

联合配销虽然是一种事半功倍的促销策略,但在具体操作中也有一些难点。比如,联合促销的各方应承担的费用难以确定,无论是按产品项目、成交金额、还是按企业规模、企业利益分配,体现公平合理是很困难的,促销时间、地点、场所、内容的统一也很困难。从策划的角度看,联合促销必须注意两点:其一,在组织联合促销时,要么走强强联合的路子,获得相得益彰的效果;要么采取强弱合作的搭便车策略,弱者牺牲自己的形象换取扩大知名度的目的,强者以自己的知名度换得相应的促销品。其二,联合成员的组合,应从满足消费者一种相关需要的角度设计，从争取相同层次的目标市场入手。如房地产开发与装潢公司、家具商店，减肥产品与健美中心等组合都会取得良好效果。

3.4.3 联合促销的效用

1）通过联合能够降低相应的促销成本

联合促销活动中涉及的广告费、派送费、赠品等各项成本均可由联合各方按比例分摊，大大降低了各自的促销投资。联合促销的魔力日益使中国的营销人士体味到"联合"二字的真义。联合促销可以使一个企业或产品的营销成本大大降低，同时可以帮助产品实现接触更多消费者的目标，因为通过联合促销活动，企业可以接触到许多传统企业广告无法企及的消费者。

2）快速接近目标消费者

选择目标消费者已接受的产品或品牌作为联合活动的合作伙伴，可使本产品快速接触到目标消费者。这无论对新产品（品牌）上市，还是老产品（品牌）重生都颇为有效。因为知名品牌的"推介"可使消费者对新产品（品牌）的接受度更高，从而带动新产品（品牌）的销售。

3）增加对消费者的吸引力

由于"联合促销"的成本降低，可以提供丰富的品种，有利于提升活动本身的价值感，比单一企业开展促销更能吸引品位和喜好程度更广泛的消费群，从而使得活动的促销力度得到加强。

3.4.4 联合促销的原则

1）目标市场相同或相近原则

值得注意的是，联合促销所推广、宣传的产品应该是消费上有关联，但对企业的产销不构成威胁的非竞争性产品。另外，在有相近或相同的目标消费者时，联合促销可能进行得更顺利，效果会更好。联合促销的各方只有具备相同或相近的目标市场，才能用较少的成本取得较大的效果。无论是与生产制造企业的联合，还是和通路中间商合作，只有发挥出互补效应，才能使合作成功，否则，即使两种产品所处的行业很接近，但定位不同也难联手。

比如,同为食品,有的定位于老年,而有的主要针对年轻人,彼此就相距甚远了。所以说,目标市场相近原则是选择合作伙伴的基本原则。

2)联合各方互惠互利原则

只有对合作各方都有好处的合作才能顺利进展下去,"联合促销"更是基于这一原则,以获得单独促销所无法取得的效果。貌合神离的"联合促销"即使开展了,也会因促销过程中的实际问题带来负面影响。

往往联合促销的各方中,都有一个主办企业或活动发起企业,此时,该企业在设计活动方案的时候,应充分顾及其他参与者的利益,否则,即使比较成功地游说到合作伙伴,也达不到相得益彰的效果。

3)注意联合各方的光环影响

与一个品牌形象不佳的企业合作,不仅会使活动效果下降,甚至会因此连累自身原有的市场形象。

选择一个拥有强有力的市场形象的合作伙伴,可起到提升自身市场形象的作用。

所以,作为强势品牌,自然能占据合作双方的主动权地位,而弱势品牌,要想借到光的话,在双方合作过程中可能要付出更高的代价。

正是由于上述种种原因,使得举办联合促销困难重重,要合作完美更需有充分经验的专业人员找到各方的共同目标,悉心创意设计,特别对活动中的各个细节事项能运筹帷幄。如能运用得当,将能产生出 $1 + 1 > 2$ 的合力效果,堪为效果卓越的促销术。

3.4.5　联合促销的局限性

由于联合促销的广告宣传需顾及合作各方的利益,品牌之间的形象难免会互相影响,且无法特别突出自身产品的优点,因此,在联合促销中的新产品(品牌)尤其要注意配合相应的独立品牌广告,以补充说明产品的利益点。

一般来讲,要举办一次联合促销活动并非易事,特别是制造企业之间的横向联合。

首先,由于各厂商有自己的营销、推广计划,因此要统一促销时间、促销地点、促销内容和方式就很困难,而成员间的差异性不可能使联合促销方案对所有成员企业利益均等,回报均佳。

其次,要商定联合促销各成员所承担的费用份额也很困难,无论是按产品项目、成效数额,还是按企业规模、企业利益分配,要体现公平合理并不容易。

再则,由于竞争规律的客观存在,在联合开展促销活动期间,各合作企业也有可能互相成为竞争对手,为把顾客吸引到自己周围或扩大自己的销售额,甚至会互相排斥,这种摩擦的结果,往往使各厂家偏离其促销计划和宗旨行事,从而殃及消费者对品牌的信心。

联合促销虽然是现代市场营销的一个有效技法,但是,若运用得不好,一不小心就可能招来官司,甚至导致市场惨败。最近,美国著名的汉堡连锁店汉堡王(Burger King)与南方大型鸡肉连锁餐厅 Chick-fil-A 之间,引发了一场"鸡牛"大战,这场大战和汉堡王与动画电影《酷鸡大逃亡》的联合促销有关。

汉堡王和梦工厂联合促销《酷鸡大逃亡》,在广告中打出"救救鸡,吃个华堡吧!"的口号,两个火烤牛肉华堡(Whopper)特价 2 美金,还附赠《酷鸡大逃亡》玩具。这句口号引起 Chick-fil-A 的极度不满,因为多年来 Chick-fil-A 的口号就是"多吃点鸡肉吧!"他们认为汉堡王不该模仿别人已注册的行销概念和有版权的宣传词。汉堡王的发言人却解释他们的口号是从影片《酷鸡大逃亡》的内容中想出来的,片中的鸡为了不被宰杀,冒着生命危险逃离养鸡场。Chick – fil – A 于 2001 年 7 月正式发函给汉堡王,宣称将采取法律行动。联合促销惹出的这种"祸",已向我们提了个醒:联合促销还须谨慎,要多考虑周边关系。

3.4.6 联合促销的具体形式

1)相互显彰的横向联合

(1)双品牌的横向联合折价促销

案例1

顺美·人头马 2005 年 1 月联合促销广告文案(全国版)

主题:《顺美 20 年,好事自然来》(1985—2005 年)

①时间:

2005 年 1 月 1—20 日

②内容:

"顺美 20 年庆,有折了!":全场有惊喜折扣。

"顺美 20 年,好事自然来":一次购顺美服装折后满 3 000 元,赠人头马

VSOP 精致礼盒一瓶;一次购顺美服装折后满 5 000 元,赠人头马 XO 精致礼盒一瓶。

"20 岁同喜":20 岁的顾客(1985 年出生)及亲友,凭其身份证购顺美产品满980 元后,另加 20 元即可获得指定的衬衣或领带一件(每次限一件)。

"我是 VIP":一次消费 3 000 元以上即送纪念 VIP 银卡。一次消费 5 000 元以上即送金卡;旧 VIP 卡可换相应新卡。

③活动地点:

北京、郑州、太原、青岛、昆明、贵阳、成都、天津,其他城市的顺美门店不参加"人头马一开,好事自然来"一项内容。

以上赠品数量有限,赠完为止。

个别门店和特例商品不参加以上活动。

因区域不同,以上活动细则以顺美商场专柜和专卖店现场明示为准。

本活动解释权归北京顺美服装股份有限公司。

2005 是顺美服装 20 周年庆,对于顺美这个定位中高端的男装品牌,如果仅仅靠打折促销,会降低顾客美誉度和忠诚度,损害品牌。与人头马在全国联合促销,是一个不错的创意。

首先是天时。人头马作为国际奢侈品牌,年节消费的特点非常突出,国人常把它作为年节时期高档礼品馈赠亲友。而顺美也想通过从元旦开始的年节销售期,提升销售业绩,为全年的销售奠定良好的开端。与人头马联合促销,使顾客达到穿顺美服装,送人头马的目的。同时使从 2005 年元旦开始就打出"顺美 20 年"的概念,给顾客一个崭新的形象。作为"全球最受欢迎的干邑",人头马不断延伸着与时代共精彩的信念,推出时尚新包装。人头马礼盒和包装深红的基调正好符合对顾客的暗示,吻合年节消费的心理色彩。

其次是地利。两个品牌都有很多历史积淀。流行的品牌理论有一个很重要的观点,品牌的年轮是品牌资产重要的部分。法国白兰地是众人皆知的世界名酒,而"人头马"更是被各国评酒专家赞誉为白兰地中的精品。系法国夏朗德省科涅克地区有 270 多年历史的雷米·马丹公司所生产,因其商标上有一匹人头马而得名。人头马储存时间最短的"上等陈酿"也在 6 年以上,而在酒窖里度过 50 年漫长岁月的"路易十三"则被视为"人头马"中的极品。酿制"人头马"的原料必须是产自夏朗德省科涅克地区的优质葡萄。酒桶原料必须是邻近的利穆赞地区生长百年以上的橡树。橡木被锯成大小不等的木条后,需在室外风干 3 年以上,以散发橡木材中的苦涩味。与人头马二百多年的历史相比,顺美还处于品牌的培育阶段。但对于国内品牌而言,20 年已经可以算是"高龄"。

每件顺美西服都经历精工细做，三四百道工序打造，在"假洋品牌"泛滥之际，顺美是原创服装品牌执着的守望者。

第三是人和。两个品牌目标顾客群具有一定的交叉。顺美品牌的顾客群可以描述为：A.年龄：核心区间是30～45岁；次核心区间是25～30岁、45～55岁；B.职业：白领、政务人士、中高层管理人员、企业领导、经商人员、中产阶级、教师等，同时还有送礼和结婚之用。众所周知，人头马顾客群定位于社会主流商务和政务阶层。这样一来，它们的联合促销拥有众多交叉顾客群的认可。

第四是品牌核心价值。联合促销最重要的一项原则应该是品牌之间的核心价值具备正关联性。人头马干邑，其独特的酒质让人在品味中，眼睛为它的清澈迷离，味蕾为它的醇厚所激动。在弥漫人头马独特酒香的空间，五官完全是一种超然的感触。感官得以最大限度的释放，快乐悠然而至。对于一个真正识酒、懂酒的人来说，在饮用整个过程中，五官都是很好的综合体验。2004年5月人头马分别于上海、北京、深圳举办盛大而独特的"人头马FEEL MORE 感·触无量酒会"。对自我的肯定，以及最强烈、最丰富、最浪漫的感官体验，这两者的融合即是人头马品牌的精华所在。顺美品牌顾客群的生活状态：追求事业的成功和生活的精致，追求在城市一角的优雅。他们是社会的主流阶层，收入较高，工作压力也大。价值观念：彰显价值；时尚而不张扬。事业进取，同时也需要慰藉。这些顾客的共同价值认同就是顺美品牌的核心价值——"优雅生活体验"！

案例2

顺美·人头马2005年1月联合促销案

促销主题确定为《顺美20年，好事自然来》。一石三鸟："人头马一开，好事自然来"的广告语，国人耳熟能详；顺美20年庆，本身就是好事；对顾客而言，能体验到顺美品牌给予的回报和利益。

赠品品种的选择上，他们选择了人头马主推的两个品种：天醇XO——窖藏20年以上，XO在中国知名度极大；VSOP——世界销量最大，窖藏10年以上；

同时，为使顺美"顾客忠诚工程"融入活动，顺美把人头马联合促销与VIP顾客维护联系在一起。即一次购顺美服装折后满3 000元，赠人头马VSOP精致礼盒一套，同时赠VIP银卡一张；一次购顺美服装折后满5 000元，赠人头马XO精致礼盒一套，同时赠VIP金卡一张。

为使活动落实，顺美策划在各地重点市场发布平面广告，紧张赶制各种X展架、POP，加紧落实陈列挂装方案。为与人头马礼盒与包装吻合，迅速印制了纪念版包装，与人头马的主色调一致。联合促销活动完美地把联合促销的效应发挥出来。参加活动的分公司比没有参加活动的销售同比显著增加,突破同期历史水平。同时,通过与人头马联合促销,新顾客加深对顺美服装的认识,体验到品牌的内涵,老顾客得到关怀,增强了美誉度和忠诚度。

这种方式所可能带来的缺点是,如果联合的产品中有一种不能为消费者所接受,甚至是滞销品,消费者会产生"我不要的东西,再便宜也不会买"的想法。因此,双方联合的目的不仅仅应满足于 1 + 1 = 2 的效应,而应争取 1 + 1 > 2 的吸引力。

(2)多品牌的横向联合样品赠送

案例

图 3.23   冬日送暖,爱心奉献大礼包

全日美实业(上海)有限公司与北京汇联食品有限公司、美国雅培制药有限公司等婴幼儿产品生产企业联合举办的"冬日送暖,爱心奉献"爱心大礼包免费赠送活动,在活动期间,以电脑筛选和婴儿家庭来函的方式选出 10 000 名婴儿入选者,每人将获得爱心大礼包 1 份,全日美公司将专函通知入选者领取奖品(见图 3.23)。

大礼包内有:"嘘嘘乐"免洗尿裤 4 片、"汇力多"婴儿苹果泥 1 瓶、美国"雅培"奶粉试用装 1 包、"五月花"面巾纸试用装 1 包。

本案例中的合作各方都是具有一定知名度的婴儿产品生产企业,其品牌也在各自的领域中具有一定代表性。所以,合作促销各方彼此形象一致将是一种强强联合,它将比一方借另一方的光更具促销的冲击力。

"联合促销"可以节省广告促销费用。在本案例中,原本将是各企业产品分别作试用装赠送,以达到目标对象试用后满意,进一步购买的目的。由于彼此的目的和目标完全一致,联合赠送就节省了一大笔广告刊登费和人力成本费用。

多家企业多品牌联合促销的最大优点还可以丰富本次促销的内涵,只要系列中有一个产品对消费者有吸引力,就能增强整个活动的卖点。比如:在本案例中,对于已经钟情于其他品牌尿裤和奶粉的婴儿家长,如果对所送的苹果泥感兴趣,就会附带也试用本次赠送的尿裤和奶粉产品,而只要试用就会引发潜在客户。

（3）同类产品的联合促销

案例

康师傅蜜茶、优乐美奶茶为扩大销量,曾共同举办个一次情人节联合促销活动(见图3.24、图3.25)。两种饮料采用了捆绑式消费,在情节(2月14日)当天同时购买一瓶蜜茶和一瓶奶茶,即可以享受5.2元的超低价格,每卖出一套产品,就会为希望工程捐0.2元。一次性购买三套产品,即可在促销现场免费拍情人节主题照片一张。每套产品内含一张刮刮卡,卡上内容分别为"1,3,4,谢谢惠顾",集够1 314四张卡片的换取精美礼品一份。

图3.24 优乐美、康师傅情人节联合促销海报 图3.25 康师傅、优乐美情人节联合促销海报

在现场还销售价值52元的蜜茶优乐美情人节大礼包,凡购买一个大礼包即可参加现场抽奖。

一等奖奖品:热播电影票两张;

二等奖奖品:玫瑰花一束;

三等奖奖品:康师傅、优乐美限量情侣杯一套。

此外,还举行"寻找3对幸运情侣"活动。并针对此次活动建立名为"天生一对"的网站,3对幸运情侣可将合拍照片贴在此网站上留下纪念。

2)强强联手的强势联合促销

案例

"柯达"与"可口可乐"联手促销

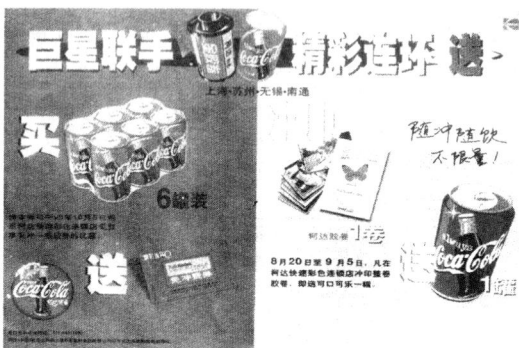

图 3.26 巨星联手,精彩连环送

为扩大市场影响力,柯达公司与可口可乐公司曾联手举办过一次名为"巨星联手,精彩连环送"的联合促销活动。在活动期间,消费者购买6 罐装"可口可乐",可获赠 1张"柯达免冲费券":"免费享受冲 1 卷胶卷的优惠"。

反过来,若消费者在活动期间至"柯达"快速彩色连锁店冲整卷胶卷,可获赠"可口可乐"1 罐(见图 3.26)。

该案例的联合双方均为世界知名品牌,其促销本身的直接作用并不是主要的,双方曾为此活动投入了不少的报纸、POP 广告宣传费用,也许最大的收获并不是给"可口可乐"和"柯达"胶卷扩大了多少销量,而仅是以这种新颖的形式为诉求点,增加了受众对广告的关注度。不过,该活动对许多老顾客来说,倒是获益匪浅,起到了惠顾老顾客,巩固老顾客的作用。

3)多重组合的联合促销

案例

"可口可乐"妙趣红包,吃喝玩乐在其中

在 1999 年的 1—2 月期间,"可口可乐"公司选择中国新年,在上海开展了一次罕见的名为"可口可乐妙趣红包,吃喝玩乐在其中"的特大型多重组合联合促销活动。活动规定:顾客只要购买可口可乐公司旗下饮料至规定数量,即可获赠红包 1 个及贺年礼品 1 份。礼品包括"奇巧"巧克力、"酷极"糖果、"台丰"花生或瓜子。

红包中印有幸运号码,可参加每周连环大抽奖,赢取现金压岁钱,最高为5 000元。另外,在此红包中还有至少 7 张优惠券,涵盖吃、穿、玩、乐等多种休闲

娱乐项目,如卡丁车游戏券、保健品优惠券、麦当劳快餐优惠券、新年糖果优惠券等(见图3.27)。

在随后的3—4月期间,活动进一步举行,主题改为"吃喝玩乐送不停",并购买标准降低一半,兑奖凭证由收集外箱包装改为收集产品包装,礼品内容改为轻便相架或记事本或彩绘玻璃杯,红包内优待券由原来至少7张改为4张,凭红包号码继续可以抽奖(见图3.28)。

图3.27　"可口可乐"妙趣红包,
吃喝玩乐在其中

图3.28　"可口可乐"妙趣礼包,
吃喝玩乐送不停

本案例中,参与促销的企业有10多家,规模之大、奖品品种之多确为罕见,据称为上海首例。"可口可乐"期望借由众多公司的产品能够使促销利益精彩纷呈,这些公司也希望通过"可口可乐"的销售扩大本公司的营业额。这样做的确能让各企业和消费者从中多重获益,这也正是"联合促销"的真谛所在。

通常,一两种产品的优惠券不一定会满足众多消费者的口味,而本例中有10多种产品优惠券供选择,相对来说就提升了这次活动的价值。

4)共同获利的垂直联合促销

相对于横向联合,我们把生产商与通路成员所开展的联合促销活动,称为"垂直联合"。

案例

"桂格　联华'伍+5'优惠总动员"联合促销活动

1998年,上海冠生园桂格麦片公司与联华超市共同举办了一次名为"桂格联华'伍+5'优惠总动员"的联合促销活动。活动内容为:上海冠生园桂格麦片公司为其即冲营养麦片在联华超市推出超值装(卖600 g附送150 g)消费者购买桂格促销装产品,不仅可享受优惠,还可获赠联华超市5元折价券一张(见图3.29)。

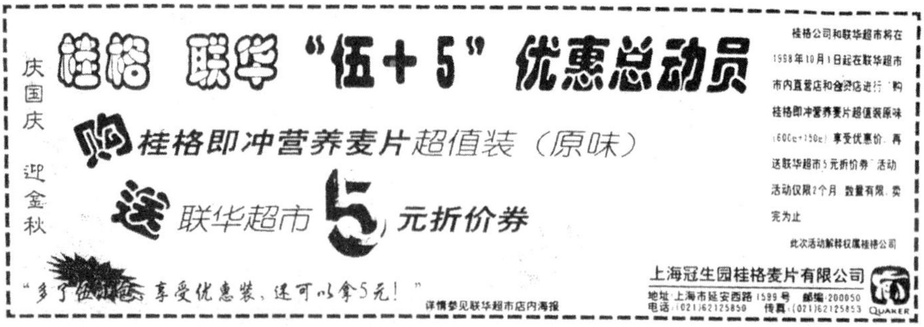

图 3.29　桂格　联华"伍＋5"优惠总动员

这是一种典型的 垂直联合促销,它能发挥出增加销售的互补效应,是厂商与零售商加强合作关系的好方法,因为同一产品销量的增加对双方都有利。

并且在本案例中,桂格麦片销量增加的同时,所送出的购物券使得联华超市的其他商品销量亦会受到联动影响,最终增加了商场总的销售额,这样便达到了互惠的目的。

其他垂直联合较常用的方法是,为庆祝某商场周年店庆,厂家给予商家进一步让利,或以赞助形式回馈商家,而商家又再次对同一商品的零售价进行让利,进行优惠酬宾活动,以吸引消费者。

采用垂直联合促销方法,通路成员的合作意愿十分重要,如果通路成员的投入程度不高,则促销效果不会十分明显。在本案例中,假若送联华超市的折价券,从消费者再购的商品中所带来利润,不足以通过增加的营业额得以补偿,此时,额外的支出极有可能都是厂家承担了,于是,联合促销的意义也会名不符实。

另外,厂商在与一家通路成员联合开展促销活动时,也应事先考虑好与其他零售商场的关系,以免影响整体的通路合作。

3.5　赞助促销策略

3.5.1　赞助促销的含义

赞助促销又称公益营销或公关赞助,是指企业通过赞助某项社会活动或体育运动,并围绕活动开展的系列营销宣传,借助所赞助项目的良好社会效应,提高企业品牌知名度与品牌形象,以获得社会各界广泛的关注与好感,创造有利的企业生存发展环境。

在社会生活中，一个组织（企业）必然与其他组织和个人存在着广泛的联系，这是不以人的意志为转移的客观现实。作为企业，不仅要建设性地与顾客、供应商和经销商建立良好关系，而且也要铺设与相关的公众沟通的桥梁。公众能影响和制约企业的活动，并有促进或阻碍企业达到目标的能力。一个善于采取有效的措施获取公众的理解、认可和支持的企业，能为自己塑造良好的生存环境。这其中"公益赞助"活动就是直接有效的手段之一。

赞助促销是从20世纪80年代早期发展起来的，当时美国运通公司开展了名为"修复女神"的公益赞助活动，运通公司向社会承诺：每使用一次它的信用卡，公司就为修复自由女神像捐献一分钱。活动结束时，运通公司捐出了170万美元，而这次公益赞助活动使得公司的信用卡使用率上升28％。我国农夫山泉也成功地利用"申奥"的机会，打出了一张漂亮的公益赞助牌。该公司在媒体广告和包装上声明：顾客每买一瓶农夫山泉水，农夫山泉公司就为北京申奥捐献一分钱。这一公益赞助活动使农夫山泉矿泉水在短时间内就席卷全国城乡市场。

3.5.2 公益赞助的功效

1）能有助于建树品牌形象，提升品牌知名度

公益赞助项目本身就具有极高的公众关注率，是政府予以支持、公众普遍关心的事项。企业参与其中并以资助，自然能够借助于光环效应提升自我形象。

2）有利于企业与政府或社会团体建立更密切的关系

企业在社会中开展商业活动很大程度上受到政治、文化环境的影响，企业的生存已不仅仅是一个孤立的产品制造商而已，它的一切市场行为将受到政府、社会群体的指导和制约，而企业对社会活动的赞助，将极大地有利于企业被社会认可，创造有利于企业生存的社会环境，而这是通过纯粹商业行为所不可能达到的。

3）公益赞助也有利于产品销售

万众注目的热点能制造出许多商机，企业借此开展的刺激产品销售的行为

较易被大多数消费者接受,而赞助活动特有的热烈气氛能激发消费者的消费意识与选择偏好。因此,众多的企业并不仅仅借助赞助项目树立品牌形象,而是有机地与销售相联合,将赞助活动开展得更为丰富多彩、更为声势庞大,使企业能在较长的一段时间"名""利"双收。

3.5.3 赞助促销活动的局限性

1)公益赞助活动需特定机会

由于赞助活动需与其他组织协调共同进行,因此赞助活动有一定的时机性。如体育比赛赞助或某一项公益活动的赞助,并不是能根据企业所希望的时机开展的,而需要企业能及时抓住机会,甚至设法调动社会力量,制造机会。

2)赞助活动对活动组织者要求更高

由于赞助活动规模较大,涉及的营销工具与宣传手段丰富,往往不是企业能单独承担的,它要求活动组织人员更全面更专业的实际经验与统筹组织能力,更需要能获得各组织机构的支持与协力,才能优势互补,使赞助活动得到最佳的社会效应。

3)费用投资较高

赞助费通常是一笔不小的投资,而要使赞助项目真正发挥效用,更需要企业投入资金开展系列推广宣传促销活动。所以,企业往往应预先计划下一年度的赞助活动预算,投入相当的营销投资,才能使活动整合而连续的进行。

3.5.4 赞助促销的实施步骤

赞助促销活动是一项综合的营销活动,它要求企业必须有周密的计划,制订和遵循一定的步骤。

1)第一阶段:调查研究

调查研究是企业确立赞助项目的第一阶段,是整个赞助活动的"轴心",它决定了企业应往哪个方面努力,应做哪些投资。这个阶段的目标,就是了解企业或品牌在公众心目中的形象,倾听公众对企业的意见,确认企业的形象存在的问题及其根本原因。为制订或寻找合适的赞助项目提供信息依据。

在这个阶段中,还需研究可赞助项目的社会效应,及公众对企业的认知与态度,从而确立对本企业最有效的赞助项目。

2）第二阶段:制订计划

根据第一阶段的结果及判断,制订赞助促销活动计划,这是难度最大、也是最为关键的一步。其中包括:

（1）确定活动目标

企业必须明确通过此次赞助活动需达到什么目标,具体可分三类:

①提升企业知名度。通过宣传,活动的知晓度达到多少,企业或者品牌的知名度达到多少。

②提升企业美誉度。通过活动,人们对企业的态度改变了多少,做何改变;企业的美誉度提升多少,公众对企业将会如何评价。

③引起行为。这是赞助活动的最高或最终目标,通过赞助活动的举行,引起了多少消费者的购买及重复购买。

（2）选择活动方案

企业需要运用各种促销工具,设计促销活动和传播载体,来达成企业所确定的活动目标。活动方案的选择应考虑以下几个要素:

①与目标对象的可接触性。即应考虑信息的传播媒介和渠道是否与目标受众范围相符或相近,活动开展地点是否便利等问题。

②目标对象的可接受性。这要求活动的形式、开展时间、促销参加条件等易被目标对象接受。

③对赞助活动的弥补性。应对赞助活动本身不能达到企业目标的方面进行弥补,如在促进销售方面,需要企业另行设计促销活动以做补充。

（3）制订活动计划

主要包括以下3个项目:

①费用计划。举办赞助促销活动的首要前提就是企业必须有足够的资金。必须考虑企业所能承受的引用投资,并进行整体预算,必要时还须根据企业资金状况调整方案。

②人力计划。赞助活动不仅须花费大量财力、物力,还须动用大量人力,才能全面配合活动的开展。在制订活动方案时,应充分考虑企业自身的人力资源,如果没有足够的人力执行某个项目,就需通过合作甚至改变计划来加以解决。

③时间计划。包括整个赞助活动持续的时间,各段的分工、具体任务完成需要多少时间,并确保各个项目开始、结束的最佳时间,及它们互相配合的最佳时机,如是连续进行,还是分段进行,或同时进行等。

3)第三阶段:执行实施

活动方案的实施是确保赞助促销成功的关键,需要做好以下几个方面的工作:

(1)统筹全局

由于赞助活动通常都是在多项目多环节和多个场地上同步进行,因而在实施过程中会出现局部与整体、上一环节与下一环节、甲地与乙地间的不协调,或过分重视活动中的某一个项目或某一方面的工作,而忽略整体目标的现象。这就需要有总揽全局的机构和人员对整个活动统筹和协调,应当时常提醒参与活动实施的工作人员,让他们记住局部的工作目标是为实现整体的目标,从而防止偏离整体赞助活动的本意。

(2)掌握进度

这是从活动进程方面统筹赞助活动目标和计划全局。在活动进展中,往往会出现某一方面工作不同步的现象,如赞助活动在电视台和报刊已经传播开了,但赞助的纪念品尚未验收合格,就会造成工作脱节,延误赞助的正常进行。因此,随时注意在人力、物力、财力等方面予以协调以求在总目标的引导下,使各方面工作按计划协同和平衡地开展。

(3)调整计划

方案实施到一定程度,原有的一些漏洞会随之出现,这时,要根据实施活动的反应,随时予以检验与调整。特别是对整体目标实现有重要影响的项目和环节,如设计的活动是否得到如期反响,媒体的选择与推介是否达到了如期效果,按照此绩效能否达到最终目标等,要随时根据情况予以修正。

4)第四阶段:评估效果

这是一个赞助促销活动是否成功的重要环节。评估内容包括:

①检查原定的活动目标是否达到。比如,原先企业的目标是把企业的知名度从20%提高到40%,美誉度从40%提高到60%,通过活动,实际结果是否达到所期望的组织形象。

②检查实施活动所用人员、时间及费用,是否与原计划的预算基本相符,不

足之处在哪里。这是为了节约开支、合理使用经费,并使企业充分获得应有的效益。

③对传播媒介作出评价。首先,要求弄清各种大众传播媒介有没有报道这个活动,是怎样报道的。其次,要分析各报道对企业有何影响和作用。企业应专门雇佣企业外的专业人员来分析媒介对企业活动的报道,要求分清哪些报道是对企业有利的,哪些是不利的,哪些是持中立态度的。

3.5.5　赞助促销的具体形式

1)体育赞助

自从美国人龙伯罗斯把营销观念带入了奥运会,体育赛事就成了"烫手山芋"在眨眼间变成了"摇钱树"。体育也从早期的"竞技性赛事"变成了集"娱乐、休闲与体验"于一身的全民观赏性活动。它不受地域、语言和种族的限制,能够广泛吸引社会注意和媒介报道。

(1)媒体节目(栏目)赞助

体育比赛的电视转播或点评节目常会获得相关产品制造商的青睐,赞助形式包括节目冠以品牌名特约播出,节目背景的大幅品牌标识宣传等;而报纸媒体较多的形式为"金牌榜""特约刊登"等冠名,这种节目赞助形式更像"搭售",消费者关心体育新闻的同时,无意中反复触及商品品牌。

在观众的心理认知上,节目赞助与硬广告有着显著的不同。由于观众对他们所钟爱的节目有一种强烈的归属感,赞助则被理解为是对他所喜爱的节目进行经费上的资助,这可以帮助把节目搞得更好,赞助商较能被观众接受与认可。而"硬"性广告则更多地被视为是电视媒体和广告主之间的一种金钱关系,观众并不觉得能从中得到什么好处,因此,就会对广告产生反感。这是观众易于接受赞助者最重要的一个因素。

另外,如果观众不喜欢常规性广告,他们可以换频道或走开一会儿,而赞助已成为了节目的"一部分",这一点对赞助者极为有利。如果观众认可这个节目,并且节目与赞助商形象也比较般配的话,他会自然而然地认可节目的赞助商。比较长期、稳定的赞助联合关系,易使受众对品牌产生肯定感,观众对节目的情感越深,这种作用越强烈。节目赞助的独特性在提升品牌知名度和品牌形象方面作用显著,只是厂商必须随时监控目标受众对该节目的接受度变化,以免影响到品牌形象。

例如:1996 年"生力"啤酒在上海《新民晚报》上以"特约刊登"的形式赞助,就属于含媒体节目赞助在内的多重赞助促销。

案例

"生力"啤酒赞助中国奥运

图 3.30 "生力"啤酒赞助中国奥运

1996 年"生力"啤酒成为中国奥运会指定赞助商,为了配合本次赞助活动,"生力"啤酒开展了一系列的活动,其中有"上海人民为中国奥运健儿壮行"的签名活动(见图 3.30)。

此外,"生力"啤酒在上海的《新民晚报》上以"特约刊登"的赞助形式,出现在整个奥运会期间。当时,在亚特兰大奥运会上,曾经发生了中国射击运动员王义夫以 3.8 环的优势遥遥领先之际,却被严重的头晕症和虚脱折磨得几乎休克,这位永不言败的枪手,以顽强的毅力,打出最后一枪,仅差 0.1 环与金牌失之交臂。

这是典型的多重赞助促销形式。所谓"多重"指的是通过赞助、媒体广告、特约刊登、公关活动等几种形式的组合来强化企业的赞助宣传,这样做不但使得企业的赞助投资能够产生更大的整合效应,而且,强化宣传可带来的品牌知名度能够在较短的时间内与"热点"一样引人注目。

(2)球队赞助

我国的足球甲 A 联赛尽管已没有前些年那样令人倾倒,但其影响力仍居国内各类体育赛事之首。有人曾戏称全国足球甲 A 联赛为"企业联赛",这虽有点言过其实,但每支球队背后都有实力雄厚的企业集团的赞助,已是不争的事实。

赞助一支球队可以使企业的品牌迅速闻名全国,这是企业钟情于球队冠名赞助的主要原因。随着赛事的进展,企业形象、产品名称"印痕"般刻在千万观众的脑海中,这是其他广告形式难以达到的效果。对企业内部来说,此举既突出了公司的文化品位,又大大提高了员工的士气。

另有些企业则将球队冠名权与产品的整体营销战略结合了起来,如:上海的航星集团曾赞助过远在东北的辽宁足球队,是由于其最强劲的竞争对手的大本营就在辽宁，为争取更大的市场份额，战胜对手，"航星"不惜斥 500 万元巨资资助处于困境中的辽宁队，意欲使企业形象随辽宁队的命运而深入人心。

小天鹅冠名 2008 年奥运会的奥运之星女子足球队，海尔集团更凭借冠名澳大利亚墨尔本老虎篮球队，打入了当地市场。企业的名字就这样随着它的冠名球队而家喻户晓。

又如：龙岩卷烟厂利用一向以拼抢积极、速度、打法简练而著称，最富激情、最富悬念、最为另类的英超足球联赛进行品牌促销，举办"七匹狼火热英超之夜"晚会（见图 3.31）。

借势足球，七匹狼成就火箭速度

图 3.31 七匹狼男装

在与球队的合作中，最令赞助企业担心的，莫过于球队的赛场表现，真所谓一荣俱荣，一辱俱辱，遭淘汰出局的球队或球德不佳的队员都会使冠名品牌受到株连；而受球队所代表的地域限制，也会使冠名品牌遭竞争队球迷排斥。

（3）赛事赞助

亚运会、世界杯足球赛、奥运会等体育比赛都有其特定的"赞助商""冠名权""冠名者"……观看比赛的人们并不清楚，各企业为争取这些不同的头衔在台下所进行的角逐之激烈并不亚于台上的赛事，这些头衔的区别往往涉及数百万美元的赞助资金，当然所获得的回报也是"按酬"分配的。

以 1998 年曼谷亚运会为例，最高级的赞助商称为"合伙人"，共有 12 家，每家需交给组织方 500 万到 1 000 万美元不等（而在 1996 年亚特兰大奥运会上，最高级赞助商的身份一般要花数千万美元才能买到）。只有"合伙人"才能在亚洲地区的广告和宣传中随意使用亚运会名称和标志，其他"赞助商"则只能在泰国使用。"合伙人"还可以使用运动场周围的广告牌位，全部出现在电视转播的镜头内。另外，在亚运会赛事中的其他项目上，他们也享有优先投标权。作为"赞助商"和"支持者"代价则小得多。如柯达公司支付了约 27.6 万美元（主要是以产品和服务的形式支出）就得以在泰国境内使用"亚运会指定胶卷"这一称号，用于泰国的报刊上做广告宣传，在通往首都曼谷的交通干道旁竖立广告牌，并在泰国销售的产品包装上也作了同样的说明。

百威就是以独家赞助商的名义打入了 2008 年中国奥运会活动，成为中国啤酒业界的"皇者"（见图 3.32）。

如何使用
比拥有什么更重要

图 3.32　百威啤酒

2001 年 7 月份金六福酒作为申奥专用酒在北京申奥成功的宴会上被中国申奥代表团高高举起,以示成功的喜庆,金六福成为人们为民族喜事欢呼雀跃之时的庆功美酒。

"肯德基"的身份是"正式入场商",借这一机会在举办场地开设了分店,并且在遍布泰国的 200 家分店中播放自己的广告电视节目。

此外,一些实力不强的中小企业可以寻找出自身经营活动与体育赛事相联系的促销活动。比如,花旗资讯在欧洲杯赛前开展了相当长一段时间的买花旗优盘,抽奖送欧洲杯门票及其他相关纪念品的产品促销活动,达到了与赞助商相差无几的效果。

企业对体育事业的赞助主要是传达品牌精神,而对公益活动的赞助则体现了企业关心社会、关心人类,以情感人,塑造品牌亲和力的良好形象。

如:长源药业公司与中国公益事业促进会联合举办"情暖全国劳模,共燃爱心之火"大型捐赠活动,大大增强了经销商的信心,在北京"海啸中国——海丹胶囊全国营销战略发布会暨市场签约大会"上,除西藏和上海外,内地 29 个省级市场的总经销权全部签出,签约金额近 3 000 万元。创造了药品招商市场的新奇迹!

2) 公益活动赞助

如:"力波"啤酒投资不到 10 万元赞助"希望工程"的瓶盖回收活动,就为企业带来了巨大的社会效益(见图 3.33)。

该活动为期 2 个月,顾客若发现"力波"啤酒瓶盖内印有"力波啤酒,上海的选择"之标记,将其揭下并连同个人资料寄回或投入指定地点箱内,经公证处统计后,"力波"啤酒将以每个标记折成人民币 5 分钱现款捐资"希望工程"。消费者集得越多,其献出的爱心就越多,这就把消费者消费"力波"啤酒的行为转化为捐助"希望工程"的孩子们的行为,把普通的商业行为赋予了爱的情感。

另外,企业为感谢消费者的一片爱心与努力,还从所有来信中抽出消费者得奖名额,以作鼓励。

活动分设了大量的投件地点,以方便消费者投递,并一一刊登在广告中。

又如：上海延安制药厂举办的"'活力钙'评双星(寿星、孝星)活动"也是体现了企业向消费者传达"活力钙"是一个关心老年人健康事业，为老年人享受美好生活而不懈努力的品牌(见图3.34、图3.35)。

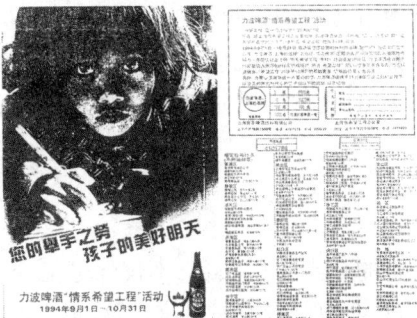

图3.33 "力波"啤酒"情系希望工程"活动

图3.34 "活力钙"评双星(寿星、孝星)活动

活动由上海市妇女联合会与生产"活力钙"的上海延安制药厂联合举办，以弘扬老有所为、尊孝长辈的民族美德为宗旨，由广大市民推荐生活中的"寿星""孝星"。活动规定的评选项标准为：

"寿星"：70岁以上，身体健康，积极锻炼或与病魔顽强抗争；生活积极向上，达观开朗，老有所为，对社会无私奉献的老者。

图3.35 "活力钙"评双星活动揭晓

"孝星"：年龄不限，尊敬长辈，孝敬父母之典范；在家境困顿中勇于担负责任，照料长辈的少年与青年；数十年如一日，悉心照料无亲缘关系孤老的普通公民等。

双星推荐方式有：

"自我推荐"：可将本人的事迹和相关证明材料寄往指定地点；

"他人推荐"：将身边感人事迹写成材料，寄往指定地点；

"组织推荐"：由单位、居委会或各区妇联选择典型报送评审委员会。

主办单位将择员组成评审委员会，对来信和报送资料进行筛选及评定，评选出以下奖项：

"活力钙寿星奖"100名，其中"寿星典范大奖"1名，奖励3 000元人民币，"入围奖"99名，各奖300元人民币；

"活力钙孝星奖"100名,其中"孝星典范大奖"1名,奖励3 000元人民币,"入围奖"99名,各奖300元人民币。

当选者由上海市妇联颁发"活力钙寿、孝星"证书。

活动结果于重阳节宣布。评选出的优秀事迹会通过报纸、电视、电台宣传。

"活力钙"在这次活动中,即不需要参加评选者购买其产品,也不把其产品作为奖品,淡化商业气氛。然而,其通过活动的收益却胜过任何一次硬广告的宣传。

3)文艺活动赞助

文艺类赞助是体育赛之外的另一类重要的热点赞助项目,不仅保健品企业对此类赞助感兴趣,就是热衷于体育赞助的企业也会经常赞助文艺活动。

比如:"嘉士伯"在频繁赞助体育比赛的同时,也曾赞助过"1999CCTV—MTV 音乐盛典"(见图3.36)。

图3.36 "嘉士伯"赞助 MTV 音乐盛典

这是一种争取目标消费群的交叉互补式途径。毕竟,这类产品的目标消费群,有些喜欢体育,有些更喜欢文艺,如果把两者都抓住了,就能大获全胜。

又如:"更娇丽"减肥产品赞助"'99上海服装文化节"活动,是针对年轻女性消费群开展的公关赞助(见图3.37)。

"更娇丽"的本次活动旨在通过赞助,提升品牌知名度,树立品牌形象。并由消费者一起来参与品牌代言人的评选,期望其形象更受消费者的喜爱。大赛最后的金奖得主将作为"更娇丽"减肥茶的形象代言人。

"更娇丽"也围绕此项赞助活动开展了一系列的促销宣传推广,其中与消费者最直接的联系是"谁是'更娇丽'小姐?"有奖竞猜活动。活动预告广告刊登在报纸上,读者可从参赛的20位模特儿中竞

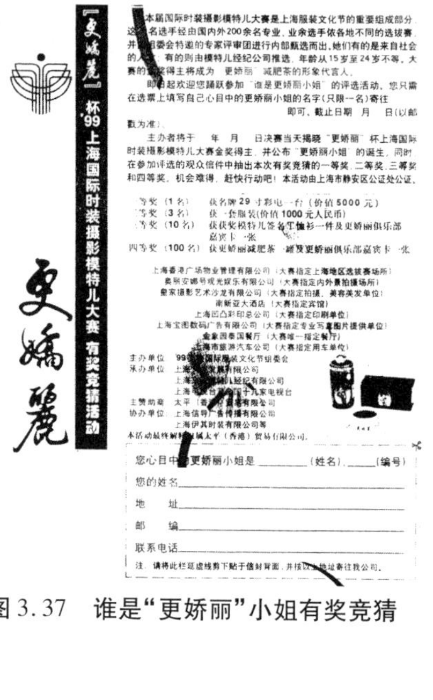

图3.37 谁是"更娇丽"小姐有奖竞猜

猜 1 名自己心目中的"更娇丽"小姐填写在选票上,连同个人资料寄往指定地点。

　　企业会从竞猜来信中,抽出一等奖 1 名,奖励 29 英寸彩电 1 台(价值 5 000元);二等奖 3 名,各奖 1 套价值 1 000 元的服装;三等奖 10 名,赠获奖模特儿签名 T 恤 1 件及"更娇丽"俱乐部嘉宾卡 1 张;四等奖 100 名,获"更娇丽"减肥茶 1 罐及"更娇丽"俱乐部嘉宾卡 1 张。

3.6　会员制促销策略

3.6.1　会员制促销含义

　　人类在心理上有一种团体归属的需求,他们需要从属于一个有形的组织,使自己成为某一组织中的一员,以此得到被认同感和安全感。当然,只有这个组织符合其理念,才能满足他的心理需要,亦即道德的、被社会承认的、有意义的组织才为人们乐于参加,这是一个社会组织的基本宗旨。

　　会员制促销就是利用人们的归属需求开展的一种情感式营销活动,它是企业与消费者建立一种长期互相信任的关系后,利用会员卡向会员提供各种优惠和特别服务的一种促销策略。会员制产生于 20 世纪 50 年代,70 年代开始被西方发达国家广泛地运用于零售、饭店、美容、干洗、唱片、娱乐等行业与企业,取得了明显的效果。会员制作为一种促销策略或手段,20 世纪 90 年代传入我国以后也被应用到零售业、饭店业的促销实践中,其范围也在逐渐扩大。

　　会员制对企业的功能是与消费者建立正常的关系,借此培养消费者的忠诚度和提高初期的消费量,增加企业的竞争力。会员制有助于企业掌握目标消费者群的现状、变化及其消费特性,完整地建立会员档案,有针对性地、更好地为会员服务。

　　会员制为会员提供了长期消费的低价保障,在未来长期的消费过程中,享受低价优惠。在会员制的关系下,会员比临时消费者享有预约服务、信息咨询、指定进货权和促销活动的事先告知权,会员享有特殊产品、稀缺产品、新产品、特别服务的优先购买权和消费权。另外,在会员生日或特别节日时,可得到电话问候、祝福或收到特别折价优惠券。

　　实行会员制时,会员身份的确立,即会员卡的取得有 4 种形式:

1）一次消费额赠卡

一次消费额赠卡即对一次消费额达到一定金额者,发放会员卡,并说明今后所提供的优惠或服务。例如:在零售业中,对一次购买金额达 3 000 元的消费者发放会员卡,持卡人在今后的购买中享受八折优惠。

2）累计消费额赠卡

累计消费额赠卡即对一定时期内消费累计达到一定数额或次数时,向消费者发放会员卡,日后持卡消费享有某种程度的优惠。

3）缴纳入会费赠卡

缴纳入会费赠卡即消费者每年只需向会员制单位缴纳一定的会费,便可获得会员卡,在今后的消费中持卡人可享受优惠或特种服务,这是各种俱乐部常用的形式。

4）特定时期消费卡

特定时期消费卡即在消费者会员制单位特殊的日子内,如开业日、店庆日、分店开张日购物时,便可获得赠卡,在今后享受优惠。

会员制作为一种新型的、具有魅力的促销手段,虽然有很多的优越性,也逐渐被商家所接受,但同时也具有会员招募不易,无法吸引广大的消费者,需要详细的规划,执行所需时间较长,回报效果较慢,费用较高和效果难以预计等问题。

3.6.2　会员制促销应注意的问题

会员制促销是一项综合性营销活动,首先应有清晰的目标与所能提供的服务项目,需作充分的预算和规划,才能使会员制的形式服务于企业的总体营销战略。

1）要收集足够的会员资料

收集足够的会员资料,建立消费者数据库是开展会员制促销的前提条件。消费者资料的收集渠道有 3 种:向专业公司购买,消费者购买产品时的登记,参加促销活动时提供的资料等。

企业在招募会员或开展会员制促销过程中,有一个常被忽视的问题应引起重视,消费者资料的收集是否会引起消费者的反感和反对。随着商业社会的不断发展,越来越多的邮政垃圾在打扰着消费者,消费者越来越注重个人隐私权的问题,他们认为企业只能在某一次交易过程中使用自己的私人信息,如果他们突然发现这些资料被企业用在其他场合,实现其他商业目的时就会感到吃惊与愤怒。有些法律意识更强的消费者宁可不要奖品,也不愿提供个人资料,以免企业利用他们的购买信息"赚钱"。

在这一点上,企业和消费者存有一定的分歧。不少企业的管理人员认为,顾客提供私人信息的目的是希望企业更好地满足他们的需要,企业也为此花费了大量的时间、精力和费用,因此,企业有权拥有消费者的私人信息,在会员制促销中使用它们,这并不侵犯消费者的隐私权。

但消费者并不一定都这样认为,企业的单方面意识则会损害企业的形象,何况这是一个已渐渐成为社会普遍关心的营销道德问题,因此企业在收集消费者资料时有几点原则是必须引起注意的:

(1)企业必须严格遵守公开性原则

企业应向消费者明确说明让其提供个人资料的目的和可能用处,经同意之后,才可储存和使用。例如,会员卡公司可在会员卡申请书上印上以下文字:

本公司会根据您的资料寄发会员通讯,而且可能会根据您的意愿为您附寄其他有关商业信息及产品资料,请在您感兴趣的项目前打"√",如果您不愿意我们为您提供信息服务,请在"不同意"前打"√":

□新书讯息　　　　□服务讯息　　　　□食品讯息
□化妆品讯息　　　□电脑讯息　　　　□日用品讯息
□其他　　　　　　□不同意

同样,作为产品制造企业可在其"会员申请表"上印明这样一句话:"□我希望能及时获得产品和促销信息。"

(2)消费者提供个人资料应获得参加抽奖活动的机会或得到优惠折扣等

消费者为得到奖励,其防备心理会小许多。换言之,要享受"隐私权"就不能享受物质利益,这种做法为消费者提供了选择的机会,由消费者权衡利弊,决定是否允许企业使用他们的私人信息。不过,这并不是说,企业提供了物质奖励,就可以无需做"使用申请"。

招募俱乐部成员,收集消费者资料只是俱乐部营销的基础工作,俱乐部还须提供切实的利益才能将会员牢牢团结在身边。

2）要核算好成本费用

成本费用包括：征集会员所需的开支、会员入会时的奖励优惠、征集会员的广告宣传、会员卡、会员资料管理等费用。另外，还有为会员提供服务、进行沟通的开支，如会员通讯期刊的编制寄发、会员联谊活动、会员享受的优惠或抽奖等投资。

会员进行沟通交流，是"俱乐部营销"的基本原则，而这需要一系列人员的群策群力、综合协作，并不是由几名公关人员或一个营销服务部门所能独立担当的。有时顾客因某一临时因素或一时冲动，这种情况下后续联系工作更为重要。会员的加入只是个开始，能否让会员投身进来，主动参与关心才是根本。因此，在这样一个整合的运作中，绝不是发发会员期刊、搞搞联谊活动那样简单，而以满足会员的真正需要为宗旨，不断创新、不断超越，才能将会员紧紧团结在身边。

3.6.3　会员制促销的具体形式

1）购物招募式会员制

这是企业通过终端零售在消费者中招募会员的一种简便形式，只要消费者完成交易后填写简单的表格或完成规定的项目，就可以成为会员。

案例1

<h2 style="text-align:center">"凡士林"健康肌肤俱乐部</h2>

消费者购买"凡士林"产品的时候，只要本人愿意，就可以在营业小姐的帮助下填写"凡士林"健康肌肤俱乐部会员资格申请表。成为会员后得到一张会员卡，并有机会参加系列的"会员专属活动"（见图 3.38）。

这是招募会员的最直接的和最简捷的方法——填一张会员资格申请表。

随着会员促销形式的普及，

图 3.38　"凡士林"健康肌肤俱乐部

人们对入会获得何种好处看得比获取"会员"身份本身更重。此时，企业就不应该仅仅再把"会员"作为一个空洞的字眼提出来，而不说明作为会员具体可以享受到的优惠服务，俱乐部的创办能给消费者带来什么好处。

因此，如果仅告诉消费者："你可以享受会员的许多优待"，并不足以让消费者放心提供个人资料。

也就是说，企业一旦要招募消费者俱乐部的成员，最好能够同时附上俱乐部章程及详细的成员义务和权利说明。

案例2

"隆力奇"征集会员大行动（见图3.39）

活动开始前，隆力奇公司在产品的外包装上预先贴有"配赠礼品"或"赠6粒蝮蛇胆"字样的标志。购买产品后将1个包装上的标志连同个人资料一同寄往指定地址，就有机会成为"隆力奇"会员，会员名额共1 000名。会员可参加的活动有：

图3.39　"隆力奇"征集会员大行动

①参加东方蛇园一日游（包括参观产品生产加工过程、品尝美味蛇餐、旅游等）；

②每人均可获赠100元的精美礼品；

③参加每月一次在"隆力奇"娱乐中心举行的会员联谊活动；

④会员享受全年6折购买"隆力奇"保健品、化妆品、皮革制品、蛇酒的权利（限一年服用量）；

⑤会员还享有7.5折购买"隆力奇"红白木家具及建筑装潢材料的权利（限每人一套）。

特别说明：

①参加活动年龄限18岁以上；

②会员活动期限暂定一年；

③每月吸引200名会员。

2）价格优惠式会员制

享受价格优惠是任何一张会员卡应具备的基本特权，人们加入俱乐部首先想到的便是是否以优惠价购物和消费，消费者会把会员促销看作商家降价招徕顾客的手段之一。如果不提供"打折"优惠的俱乐部，往往需以更大的努力来提高人们入会及保有会员资格的兴趣。

案例

"美式眼镜城"会员制优惠活动

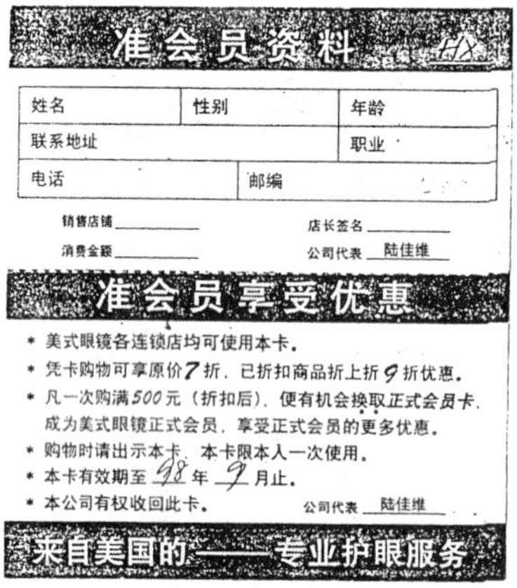

图3.40 "美式眼镜城"准会员享受优惠

"美式眼镜城"派发的"准会员卡"相当于一张优惠卡，消费者使用该卡购物可享受 7 折的优惠（已打折的商品只能享受 9 折）。凡一次购物满 500 元（折扣后），便可换取"正式会员卡"成为会员，享受更多的优惠。本卡具有时间上的有效期限制（见图 3.40）。

此后，"美式眼镜城"进一步推出的会员卡根据消费者所购买的不同产品，分别给予不同品牌的会员卡，如分设"强生会员卡"和"博士伦会员卡"（见图3.41）。

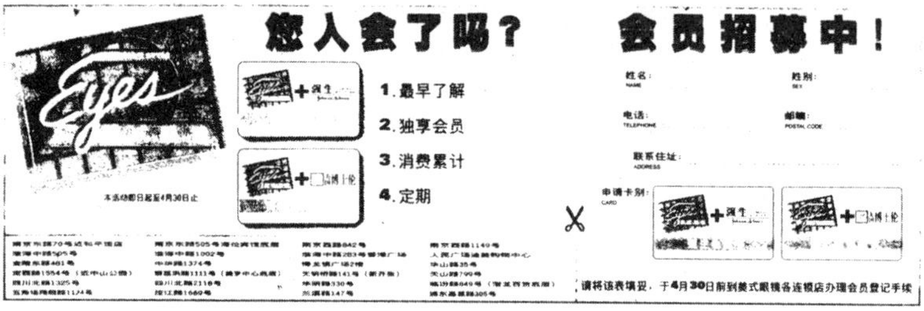

图3.41 "美式眼镜城"品牌会员卡

这是一种厂家与零售商联合推出的会员俱乐部形式，借助于厂商两家优势给予消费者更全面的回报，比商家或厂家单独组织俱乐部更具有优势。

3）方便购物式会员制

这是企业定期为会员提供商家有关新商品的性能、价格等资料，让会员足不出户即可通过电话购物，约请商家按时送货上门的促销形式。

案例

贝塔斯曼书友会（见图3.42）

"贝塔斯曼"书友会的入会条件是，交18元入会费，并购买2本优惠价格的书。作为会员每月可定期收到书友会的推荐书讯。会员的义务是保证在每季度内至少购买1本俱乐部推荐的书，如果会员选不出喜欢的书，书友会会自动为你送一本书上门，你必须买下它。

图3.42 "贝塔斯曼"书友会

又如：麦德龙仓储式卖场推行的会员制，也是一种典型的方便购物式会员制促销方式。

该商场的首要服务对象是零散的小零售业主和餐饮业主。所以，它只办理企业单位的会员卡，不办理个人的会员卡。办卡条件：凭企业营业执照、法人代表身份证、办卡人身份证即可入会。会员能得到的利益是：

①以低廉的商品价格吸引会员加入，卖场内出售的商品价格要比在其他商店购买低许多。

②商品品种涵盖广泛，从家电、服装、工具、运动器械、日用品、食品等一应俱全。

③会员身份没有时间限制。

④没有购买条件限制。会员可完全根据自己的需要决定是否购买，而不用担心是否完成了本季任务，因此权利鲜明，义务宽松。

商场与会员们的联系就通过每周定期寄发的商品信息广告宣传单，详细刊列商品照片和价格，有需要的顾客可前往购买。

4) 情感交流式会员制

上述两种手段最大目的在于直接促成销售。另一类会员制促销则是以树立企业形象、培养消费者的品牌忠诚度、间接促进销售为目的而开展的，它提供的利益多是知识、信息、感情交流等。

案例 1

"明眸一族"俱乐部

博士伦公司通过有奖征答吸引了一部分隐形眼镜消费者加入俱乐部成为会员。

俱乐部通过每季一刊的"明眸通讯"与会员保持联系,传达信息。通讯主要专栏设有:

"博士伦世界":主要介绍博士伦公司的最新动向、取得的成就、开展的活动等。通过这个专栏,会员们加深了对企业的了解。

"明眸新视野":在这个专栏中会员可得到新产品资讯。随着科技进步,消费者在享受由此带来的舒适生活的同时,也越来越对种种新名词感到困惑,有时人们对新技术的接受速度还赶不上新技术的诞生速度。而眼睛护理产品由高科技所带动的快速发展,更需要消费者正确认识与对待,才能使自己宝贵的眼睛健康光明。"明眸新视野"正是用浅显易懂的语言介绍那些在有限的广告中所不能说明清楚的事项,这对于某些技术含量高的产品尤其需要。

"明眸生活点滴":生动活泼、清新自然是这个专栏最大的特色,这个专栏所刊登的文章都是会员们的投稿征文,会员们以诗歌、散文、随笔、漫笔、漫画、照片等各种形式,描绘自己在使用产品发生的小插曲,感受到的变化。这些真实感人的故事在不经意中述说着感受到的变化,述说着产品所带来的种种好处和所营造的快乐心境,比企业所做的任何一个广告更具说服力、更吸引人。

"博大夫信箱":"博大夫"会回答会员提出的任何问题,当然都是与正确使用、保养产品有关的,如:"参加体育运动可以佩戴隐形眼镜吗?""镜片有小缺口可以修补吗?""镜片稍有损坏还可以戴吗? 会损害眼睛吗?",等等。这些知识平时多为人们所忽视,有些则是人们自以为正确的观念,有些则无法从广告宣传中了解得那样细致,然而却是与身体健康息息相关的"大事"。

"明眸急先锋":这是一个有奖竞答的小栏目,每期都会刊出 4 个"急先锋问题",都是涉及通信中所传达的内容。会员将正确答案写在信封背后寄回俱乐部,回答正确的前 100 名可获赠"博士伦"礼品 1 份。

除了"明眸通讯"这一联结企业与会员(消费者)的桥梁,俱乐部还定期举办各种活动,如在金秋十月,俱乐部从"生活点滴"的作者中挑选出 30 名"明眸之星"代表会员欢聚于首都北京,参观"博士伦"的生产线,讨论俱乐部的定位与服务方向,举办联欢晚会……

整个俱乐部没有"急欲售卖"的推销,也没有对自己产品的标榜呐喊,由于处处传递的是真切的关心,因此它比较能够赢得会员的心。

虽然俱乐部会员并不能享受到购买的折扣优惠,但还是有会员说:"我在心底已将自己看作博士伦的一员。"

这种只树立企业形象而不以直接销售为目的的俱乐部,需要企业更大的决心和支持。由于不能提供直接的利益,因此需要较长的成长过程、提供更优良的服务及坚持不懈的毅力。

"博士伦"俱乐部也是经过两年多的发展才逐渐得到会员的接受与认可,然而它在帮助构建企业形象、培养消费者品牌忠诚度、提升市场份额、间接帮助销售等方面,发挥了无法估量的作用。

案例2

"马路之友"俱乐部

壳牌公司在香港地区开展的"马路之友"俱乐部成了该公司独具的营销利器,为壳牌公司赢得了2%的市场份额,这相当于投资6亿港元新建4个加油站所增加的业务。

"马路之友"是1996年3月成立的,它是由汽油零售企业建立的最早的驾车人士的俱乐部。该俱乐部向其会员提供24 h的紧急支援系统和广泛的免费服务,无论在何时何地,会员都可得到"马路之友"提供的可靠的援助。"马路之友"不同于那些旨在取得短期销售增长的战术性促销手段,其成立的目的在于提高品牌形象和品牌忠诚度,以使企业获得长期的利益。它的特点是:

①壳牌公司超越了汽油零售形式,而提供高价值的"马路之友"服务,并使之成为顾客生活中的一部分;

②"马路之友"的宣传推广通过多渠道进行,如通过"壳牌"加油站提供真正的利益来培养坚定不移的品牌偏好;

③"马路之友"的宣传推广通过多渠道进行,如通过"壳牌"加油站现场促销活动广告、与广播电台协同精心策划的节目、寄给顾客的通讯资料、从电影首映式到大规模的家庭嘉年华等活动营销、电视广告宣传等,所有的营销活动彼此协调、整合以加强会员的形象认识、归属感和忠诚度,使"马路之友"的影响力急速上升。

成功的促销策略使"马路之友"获得了迅速发展:

98%的驾车人士知道"马路之友",尽管它历史很短。

成立16个月以来,在全港460 000名驾车人士中,"马路之友"收到了150 014个求助电话。

曾享用"马路之友"服务的会员比其他消费者多消费了20%的壳牌产品。

"马路之友"的成功之处在于它并没有用汽油来"轰炸你",相反,它没有提及汽油,而是独树一帜地推出"马路之友"的服务,这无疑在驾车人士的选择天平上加上了重重的一枚砝码。人非草木,顾客在做购买决策时,除进行理性的分析外,往往还会带有感情的因素。若顾客对企业有特殊的好感,那竞争者要从其手中争夺顾客将变得十分困难。"马路之友"使驾车人士在困难危急中及时得到无偿的援助,这很容易使顾客对企业产生情感上的偏好并降低对价格的敏感,从而促进企业与顾客建立长期关系,并无形地提升了企业的形象。

5)俱乐部模式范本——"生力之友"俱乐部

香港生力啤酒厂有限公司为感谢多年来香港及海外朋友对其产品的惠顾,特成立了"生力之友"俱乐部,免费入会,只要成为会员,俱乐部便献上源源不断的购物优惠,会员凡惠顾俱乐部指定商号(达23家),只需出示会员卡,即可享有折扣或其他意想不到之优惠,更可在"生力店"以9折价格选购所有礼品。

其23家商号有餐饮(深井陈记烧鹅、幸福楼海鲜酒家、嘉禾餐厅、黑玫瑰法式餐厅、印泰餐厅、台湾牛肉面、顺安酒楼)、娱乐(皇金海岸酒店百家欢乐吧、宾廊欢乐城、海逸酒店赛车吧、欢乐天地、BAR CITY酒城)、表行(环亚表行有限公司)、摄像(天长地久婚纱摄影)、电器(电力宝有限公司)、鲜花(Grand Floral & Shop)、家具(美时)等,所享受优惠有8至9折不等(另有优惠小册子详细介绍)。

其详细的俱乐部会员守则如下:

会员守则

本守则对由香港生力啤酒厂有限公司经营之"生力 Friends Club"(以下简称"本会")之所有会员均有约束力,并构成本会及每名会员之间的一份合约,就如经每一方签署一样。经签署背面之申请表格申请成为本会会员,申请人即同意受本会员守则约束,包括将来制订之任何守则。

会　籍

会员必须年满十八岁。

所有会籍申请须经本会批准;本会有绝对的酌情权做出或保留有关批准,毋须做任何解释。

会员对本会之组织、运作或管理无投票权,亦对本会之任何财产无任何权利或追索权。

本会之会籍不得转让。

会员卡

每位会员于其会籍申请被接纳后,将获本会发出一张会员卡。新会员于收到会员卡后立即于卡上签名。而会员卡之签名须与申请表上签名相同。

会员卡为本会之财物,本会有权随时撤销该卡之效力或终止会员之会籍,而毋须予任何理由。本会亦有权要求会员归还会员卡予本会。

会员卡只供持卡会员使用,不得转让。倘若会员卡遗失或被窃,须立即通知本会。本会补发新卡,可收取费用。

会员与本会有任何事务交易或参与任何活动,须于被要求时出示本卡。

设施及服务

本会承认会员于被批准入会后,即有资格接受及享有本会提供之设施及服务,唯须先得到本会之邀请及受本会于提供该等设施服务时订明之任何特定条款及条件限制。有关对会员作出之邀请,本会有绝对的酌情权。

本会有绝对的酌情权随时终止任何设施或服务之提供及/或其运作,而毋须给予任何理由。

会员不得利用本会或本会提供之设施、服务、资料或文件作出任何商业或不道德活动。

本会之责任

本会毋须为以任何原因导致或出现之任何行事、遗漏或错失所直接或间接引致或可能引致之仟何损失、损害或损伤,包括但不限于会员或任何其他人士身体损伤,而向会员负责任或法律责任。

本会无责任或法律责任将会员向本会提供之任何资料保密。

会员偿付费用

本会可向会员收取费用,作为偿付本会在按会员要求提供或送付任何资料或文件时所引起之费用或支出。

更改会员守则

本会有绝对的酌情权不时更改本会员守则,并以其认为合适之任何方式通知会员任何上述之更改。除非会员卡于任何更改生效之前被归还本会并作注销,否则会员须受该等已更改之约束。

退　会

任何打算退出会籍之会员应以书面通知本会其退会打算,并将会员卡随同退会通知,以挂号函件寄回本会。

开除会籍

本会倘若认为任何会员之行为对本会有损或与本会之利益相违反,本会可开除有关会员于本会之会籍,而本会之决定为最后及终局性的,而且不再有权接受及享有本会提供之设施及服务。被开除会籍之会员于收到开除会籍之信函后须立即向本会交还会员卡。

本会终止运作

香港生力啤酒厂有限公司有绝对酌情权于任何时候终止本会之动作而毋须给予任何理由。于本会之运作被终止以后,会员之一切权利及优惠即告终止。于任何情况下,会员不得亦不能因本会终止运作而向本会、香港生力啤酒厂有限公司之董事、股东或管理人员提出任何性质之索偿或要求。

个人资料

会员提供个人资料予本会纯属自愿。本会收集资料可用作不动产、货品及服务以会员为对象之促销,并可将资料转移予对该等促销有兴趣之人士及公司。在个人资料(隐私)条例生效后,会员可向本会要求查阅及更正资料。

适用法律

本条款及条件受香港法律管辖并按香港法律解释。

资料来源:顾松林,[美]菲利斯.消费品营销策略[M].上海:上海远东出版社,2002.

3.7 其他促销策略

企业拉式促销策略除了上述方式外,常见的其他形式还有:

1) 借节促销

借节促销是借助假期、喜庆的节日开展各种针对性的活动,以扩大销售业绩,提升企业形象为目的的一种促销策略。假期、喜庆节日是人们最舍得花钱的日子,显然开发节日市场,启动假日消费是十分必要的。但要想成功的策划出以不同地区、不同消费者为对象的节庆特别促销活动并非易事,需要商家精心安排、周密布置。节庆类促销的一般要求是既要有能打动消费者情感的创意,又要能保持本企业形象的一贯性。

节日是多种多样的,有国际性的,如"三八"妇女节,"五一"劳动节,"六一"儿童节等;有传统性的,如我国的春节、元宵节、端午节、中秋节"国庆节""五四"青年节等。节日不但多种多样,而且各具特色,都有其丰富的内涵,所以,以节日为主题开展特别促销活动,首先要深谙某个节日在某个国家或地区所具有的意义,并了解节日能给消费者带来什么样的心理反应。只有这样才能掌握主动权,将准确真实的感情融于促销的全过程,使消费者得到更多的附加价值。

开展节庆类促销活动,应在以下几个方面下功夫:

(1)开发应节产品促销

企业要围绕某一节日的特别需求,适时开发出应节新产品。某公司在春节前,开发生产了"压岁饼""不可不吃"两种新的米制食品,非常贴切并适应了春节期间的消费心理,吸引了大多数少年儿童,取得了成功。在香港,麦当劳在春节促销时,精心制作生产了包装上印有纯色的、大大的麦当劳

图 3.43　北京 2008 年第 29 届国际奥运会吉祥物

喜包字样及麦当劳的金色企业标志的大礼包。这种售价只有 2 美元的大礼包,体现了中国人在春节期间期望得到人们祝福的心理。麦当劳在送去平安、吉祥问候和家庭温馨的同时,也树立了麦当劳关心社会,关爱消费者的良好形象。又如:北京 2008 年第 29 届国际奥运会,大会组委会专门设计了名为"福娃"的一组吉祥物,并分别取名为"贝贝""晶晶""欢欢""迎迎""妮妮",意为"北京欢迎你"的谐音,吉祥物上市后,十分火爆,供不应求(见图 3.43)。

(2)特色文化促销

各商家要结合自身特点推出具有节日特色的文化活动,并在文化品位上做文章。餐馆、饭店、茶社可以在店内推出书画摄影展览、读书弹唱、名曲欣赏、杂技魔术表演、名厨教授顾客"绝活菜"活动等,让顾客集食、饮、赏、听于一体,吃得潇洒,玩得开心,同时又得到精神享受。零售商在商场外举办舞狮耍龙、旱船高跷表演、时装表演,请顾客参与有奖竞猜、有奖征对春联等活动。制造商在送节日消费品到消费者中去的同时,搞文艺演出、民乐演奏、民间工业品制作等活动,以弘扬传统文化,烘托节日气氛,把节日期间的购物与娱乐休闲等文化生活有机地结合起来。例如:广西桂林市每年举办的桂林山水文化节以"山水人文之都、国际旅游胜地"为主题,围绕旅游、文化主线,将桂林的青山、桂林的秀水、桂林的风情这些极具桂林特色的元素贯穿始终,展示桂林作为国际旅游胜地的美好形象;所开展的 9 项活动,涵盖文化、旅游、体育、艺术、商贸展会等多个领

域,集中展示桂林开展国际旅游胜地建设所取得的成果,是一种典型的地方文化促销活动(见图 3.44、图 3.45)。

图 3.44　桂林山水文化旅游节开幕式

图 3.45　桂林山水文化旅游节促销活动

(3)节日兑奖促销

制造商可推出有特色的积分卡,节日前后按照顾客的消费量积累分数,当积分达到定量时,顾客可兑换奖品。零售商在节日期间可每天推出 10~20 种优质产品半价特卖;可搞节日购物满 200 元送大礼包;收银条号码每小时开奖一次,向中奖者返还 5%~10% 的货款等活动,实行优惠促销,让利于消费者。

(4)传递关爱温情促销

在"六一"国际儿童年节到来之际,开展"儿童是祖国的未来"为主题的促销活动,为小朋友送上一份爱心和节日祝愿。在重阳节,开展"尊敬师长,关爱老人"为主题的促销活动,为老人义诊,送货上门,送上一份深深的祝福。在春节、元旦等重要节日之前,采取上矿山、下乡村、出摊车、设大棚、送货上门,服务到家,开办专场购物等方式,主动为英模、军烈属、孤寡老人、残疾人和生活困难的职工服务,奉献爱心。例如:广药集团王老吉人丹推出的"关爱'烈日下最可爱的人'爱心行动"——"关爱环保工人,送防暑人丹"促销活动,赢得了社会公众的赞誉(见图 3.46、图 3.47)。

图 3.46　王老吉"关爱环保工人,
送防暑人丹"促销活动

图 3.47　王老吉人丹"关爱烈日下
最可爱的人"爱心行动

2）知识培训促销

有实力的商家应在节日期间为顾客提供消费设计服务，通过开办讲座、名师讲解等消费教育活动，培养顾客理性的消费意识和成熟的消费心理。可以投入一定的人力、物力、财力向顾客推出既有节庆气氛，又有个性的度假方式，以及不同模式的专题消费设计服务，如家庭居室布局、装修、家具摆放组合的更新设计；服装、服饰、鞋帽、化妆品的配套更新设计；电脑操作、软件设计、儿童教育等现代化的消费教育。通过上述活动，达到满足现实市场需求的同时，培育潜在市场。

同时，在知识经济发展的今天，人们为了丰富自己，充实自己，都在不断地追求新的知识和接受再教育。商家可针对消费者求知的愿望，在适当的时候举办教育性质的活动。例如：在双休日，电脑制造商可举办电脑操作培训班；化妆品公司可举办美容美发讲习班。另外，通过举办科技博览会、新产品展示会、高科技交易会掀起公众的学习高潮。

3）借事促销

借助事件促销是指企业利用自身人力、物力、财力资源，通过一定的活动和事件，使之成为大众关心的热点，并通过媒体的报道和传播，吸引消费者参与，从而达到提升企业形象和扩大销售业绩的一种促销策略。事件促销是近年来国外流行的最强有力的促销手段和方式之一。随着科学技术的发展，产品的差异在缩小，产品的市场寿命周期在缩短，产品更新换代的速度在加快。与此同时，消费者的素质在提高，消费者的自我保护意识在抬头，传统促销手段的有效力度正在下降。因此，企业应及时掌握这一新动向，从产品单方面的促销，转向围绕消费者对企业的认知、偏好、信赖等内容做文章，以图形成企业形象的差异化，提高企业整体营销与销售业绩的突破。例如：美国联合碳化钙公司一幢新的52层总部大楼竣工了。一天，有一大群鸽子飞进这幢大楼的一个房间，把它当作栖息场所。公关部经理知道此事后，认为这是一次扩大公司影响的机遇，便着手策划一次有声有色的促销事件。他首先打电话给城市动物保护委员会，请他们来捕捉鸽子，紧接着又通报新闻媒介这座城市从未有过的"群鸽来访"的奇事。动物保护委员会为不损伤鸽子一根羽毛，用网兜捕捉鸽子，前后足足用了三天时间。在这三天中，电视台、电台和各大报社竞相采访，跟踪报道，使这件事成了这座城市公众那些天关注的新闻热点。这期间，公司首脑充分利用在电台和荧屏中亮相的机会，频频向公众介绍公司各方面的情况，加深了社会公众对公司的了解,从而不花一分钱就很好地宣传了公司形象,达到了扩大公司知名度、美誉度的目的,也为即将推出市场的碳化钙产品做了一次很好的产品广告。

借事促销是一种敏感性较强的促销形式,必须严格把握和周密安排,总的原则和要求是:

①事件选择要对应目标消费者群。事件所吸引的人,要基本吻合企业本身选择的消费者群,才能达到预期的目的。

②事件必须与企业形象及其产品相关。例如:购买防盗门,可由企业提供有偿保险、消防报警、索赔等服务,总之必须避免牛头不对马嘴的事件发生。

③事件必须具有创新性和新闻价值,能吸引媒体的关注点,达到诉求的目的。

④借事促销要充分利用各种资源,让事件促销成为员工乐于参加、消费者愿意参与的事情,同时也让事件成为媒体的热点,来个企业、消费者、媒体大合唱。

⑤借事促销应以长远品牌沉淀为着眼点,以企业形象提升为主,同时还应该树立企业的社会责任感,以博得目标消费者的青睐和社会的好评。

按照具体形式和不同的目的,借事促销分为以下几种:

(1)营销组合改变型

借助构成市场营销组合的因素,如产品策略、价格策略、分销渠道、促销策略等的新变化、新组合为话题和起因,开展促销活动。如新产品问世时,可利用各种媒体大做广告。

(2)节日庆典造势型

企业要借助自己的店庆,本地的市庆、省庆、全国的国庆、元旦,传统的春节、中秋节,将要发生的庆典等喜庆的节日,借助规格高、影响大的政治、经济、文化活动,及时而迅速地推出大型庆典活动,通过强有力的操作,加大广告投入和促销力度,扩大企业的影响,提高企业和品牌的知名度。我国的不少企业曾利用香港回归、澳门回归、祖国"五十"大庆、21世纪来临、申办奥运会的机会,策划出了一系列相应的促销活动,取得了成功。例如:广州摩登商场利用第八届民运会期间高调促销,取得了良好的效果(见图3.48)。

图3.48　广州摩登商场第八届民运会促销

图3.49　"庆开业,迎五一"促销活动

又如:山匠装饰设计工程有限公司开展的"庆开业,迎五一"促销活动,针对非招标工程项目建设单位进行促销。"五一"节活动期间,签订工程项目客户工程款在5万元以上,送笔记本电脑一台;工程款在10万~15万元,送冰箱一台;工程款在20万~25万元,送立体空调和彩电各一台(见图3.49)。

(3)突发事件应变型

面对人灾难、大危害、大危机等突发事件,企业要有敏锐的反应力,并借力顺势策划出相应的促销活动,以达到特定的目的或挽回损失。比如:发生海啸后,如果某建筑仍完整无损,这时该建筑物的承建商在积极参与救灾救难的同时,可趁此突发事件举办建筑结构耐冲击的现场观展会,这一定能提高该承建商的知名度、美誉度和用户对其的信任度。例如:广药集团王老吉,在四川雅安"4.20"地震受灾时,第一时间伸出救援之手,投资3亿元在雅安建生产基地项目,成为"4.20"雅安灾后重建首个重大核心示范项目,引起了良好的社会反响(见图3.50)。

图3.50　王老吉援助雅安震后重建家园

4)特卖促销

特卖促销是零售商在特定时期、特定地点,将特定数量的产品,以特定价格卖给消费者的一种促销策略。在过去,特卖品是廉价品、有问题产品的代名词,而特卖则成了不得已而为之的活动。因此,为了企业形象,历史悠久的百年老店和实力雄厚的大店名店,绝对不会举办产品特卖活动。而如今时过境迁,许多零售商都常常采用特卖这一促销手段,增加了特卖场所,以特卖品来满足目标消费者的需要。

零售商利用特卖促销一般是为了达到以下目的:

①店庆纪念,让利特卖,回馈社会大众。

②利用特卖活动,产生轰动效应,招徕大批顾客,刺激购买,促进一般产品销售。

③唤起顾客对新产品的购买欲望,促使顾客接受新产品,加快新产品的扩散过程。

④为处理有问题的产品,加速资金周转,提高资金利用率。

特卖促销的形式多种多样,特点各异,有正常产品特卖、特殊产品特卖;有面对工薪阶层的大众产品特卖;有面对高薪阶层的高档精品特卖;有某种产品的单一特卖,有多种产品的联合特卖;有新产品试销特卖;有老产品折扣特卖,等等。不论哪一种特卖,都要注意以下问题:特卖名称要与特卖目的、特卖种类、目标顾客有联想作用,有助于提高企业形象;根据市场供求、同业竞争、顾客流动等情况,合理选择特卖地点,决定特卖时间,确定特卖促销的对象;结合具体的特卖目的、特卖时间,确定特卖折扣率和特卖产品的数量;制订详细的特卖促销计划,确保特卖促销达到预期目标。

5)POP 促销

POP(Point of Purchase)促销是在零售商店的橱窗内、走道上、货架上、柜台上摆放,墙面上悬挂张贴各种广告物,刺激消费,扩大销售的一种促销方式。POP 使用的主要原因是为了弥补媒体广告的不足,强化零售店对消费者影响力。随着开架式自助零售商店的广泛流

图 3.51 商场 POP 广告

行,从百货店、连锁店、食品店到药店、书店等都对POP促销情有独钟,纷纷自制自用POP广告,向顾客提供产品信息和售价。制造商也常常制作大量的各种各样的POP广告,供零售商促销时使用,以强化零售点的宣传效果(见图3.51)。

POP广告可让顾客在零售点上获得更多的产品或服务信息,还可提醒或唤起顾客注意未曾想到或早已遗忘的产品,以激发购买欲望。对零售商而言,制造商制作的POP广告比自制的更完整、更富吸引力,常可将媒体广告信息直接带入店中,以协助提高销售业绩。对制造商来说,POP广告是促销中至关重要的一环,它能将顾客熟悉的媒体广告再次于零售点上加以披露,协助达成销售目标。同时POP广告是顾客购买之前最后接触的媒体,因此,强有效的POP广告可以转变顾客的购买决策,促使其购买本企业的产品。

在POP的推行与扩展方面,广告主一般将POP计划指派给公司内部的促销专家(促销经理、品牌经理)来全权规划处理;然后将POP广告的设计与制作交给拥有充足人员与设备的专门从事POP广告业务的公司制作。POP广告主与制作公司默契配合而完成的周全计划与制作过程是POP广告得以成功的重要因素。

6) 参观促销

参观促销是把消费者直接引入企业,参观工厂、参观生产线和产品制造过程,让消费者直接了解、信任与支持公司的一种促销方式。消费者通过参观生产过程,可以目睹手触,品尝试用生产的产品;可以聆听企业改革、产销状况、产品质量、竞争优势,特别是企业对社会的贡献与责任等详细的解说;还有充分的时间畅谈和交换意见,其效果胜过了大众传播广告。

公开参观促销通过企业与消费者直接沟通,可使一般大众认识企业,了解企业的社会存在价值,博得消费者的信赖与好感,并通过口碑广告,建立企业良好形象,培养无数舆论领袖和市场领袖,创造市场需求。

例如农夫山泉,邀请消费者代表参观水源和矿泉水生产过程,让参观者泛舟千岛湖,亲自装取来自大自然之水,然后移步参观农夫山泉生产工厂。整个参观过程坐着缆车登高俯瞰整个千岛湖群岛,感受大自然赋予千岛湖的美丽,从千岛湖到黄山尖到新安江,"看水源,看工厂,谈标准",食宿在临湖的4星级酒店,感受着纯净江水的浪花声,品尝着千岛湖的有机食品。使参观者对农夫山泉有一个全新的认识,从而产生对农夫山泉矿泉水的好感和需求(见图3.52、图3.53)。

图 3.52　农夫山泉邀请消费者"看水源，
　　　　　看工厂，谈标准"

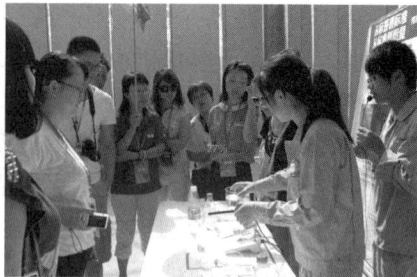

图 3.53　农夫山泉邀请消费者
　　　　　参观矿泉水生产过程

成功的参观促销要求：第一，高层主管大力支持，各部门鼎力配合，企业上下有关人员全力以赴。第二，布置企业形象展示室和产品展示室，让参观者初步了解企业以及产品。第三，利用先进的录放设备，全方位、多角度地宣传、展示企业。第四，培养高素质的解说、"导游"人员，配置专门的车辆接送参观者。第五，欢迎记者与消费者一起参观企业，通过宣传报道，进一步扩大影响。

7）服务促销

服务促销就是借助各种服务方式、服务措施，通过向顾客提供各种服务达到预期目标的一种促销策略。服务促销的具体方式和措施多种多样，常见的有售前服务、售中服务、售后服务、加工服务、信息服务、技术服务、咨询服务，等等。服务促销策略较其他促销策略的显著特征在于，它不是以卖方为出发点，而是以买方为出发点；无论是有偿服务或是无偿服务，都能使顾客得到实惠，所以服务促销的效果不是一次性和短期的，而是连续性和长期的。

服务促销可以给企业带来以下好处：第一，有利于良好企业形象的树立，知名度、美誉度的提高，为企业长期发展打下坚实的社会基础。第二，通过周到的服务，能把顾客长期地吸引在企业周围，建立稳定的业务关系。第三，服务活动的持续开展，能起到广告所不能达到的宣传效果，有利于招徕新顾客，促使企业市场渗透战略顺利实施。第四，服务活动所引起的买卖双方之间的双向沟通，使企业能迅速、准确地完成反馈信息的收集，完成产品的革新工作。

开展服务促销，要注意解决以下问题：第一，服务内容、服务方式、服务深度要与企业实力、产品特性、消费需要、竞争状况相适应。第二，凡企业承诺的一定要兑现，不打任何折扣。第三，应以无偿服务为主，在进行有偿服务时，收费的最高界限应是服务成本，不能把促销服务当作经营性服务。第四，服务促销是一项系统工程，其顺利实施并卓有成效的关键是提高企业的整体素质。

　　例如,重庆市西部药城 500 名服务员天天挂人民币上班,不满服务的消费者可随意取走。消费者如果对营业员服务不满意,就能得到一元钱的"赔偿",而且这钱伸手可得,它就挂在营业员胸前(见图 3.54)。

图 3.54　服务员胸别一元人民币营业

　　只要有顾客到柜台前观望,营业员立刻微笑着迎上前去,热情介绍各种药品的功效、价格等情况。如果钱被拿走,员工必须马上再从自己口袋里掏一块钱填补。该药城每天两个班,共有五百多员工人人都要这样做,否则要接受罚款。

　　这一促销怪招也被全球零售业霸主沃尔玛所采用,2005 年 6 月 30 日,沃尔玛在重庆市杨家坪开了首家分店。在开店首日,该公司要求全体员工每天必须在胸前佩戴 2 元或 5 元的纸币,一旦有顾客对员工服务不满意,就可将钱拿走。与西部药城不同的是,这些钱都出企业支出。直到现在沃尔玛仍在坚持使用此种方法督促员工。

本章小结

　　本章介绍了会展促销、游戏促销、竞技活动促销、联合促销、赞助促销、会员制促销和服务促销、借节促销、知识培训促销、借事促销、POP 促销、特卖促销、参观促销共 12 种拉式促销策略。与上一章不同的是,这 12 种促销策略虽然也是针对消费者的促销策略,但第 2 章中所研究的 7 种策略是侧重从直接折价优惠,适合消费者求实惠的心理所展开的促销活动,本章所研究的 12 种策略则是重点从满足消费者求便、求名、求知和好奇心理方面所展开的促销活动。其中,赞助促销是旨在树立企业良好形象和信誉的间接性公关型促销活动;会展促销是在传统的集市、庙会基础上发展起来的新式综合性现代化促销形式,是企业整体实力的展现;会员制促销是侧重于情感维系的个性化营销;游戏和竞技促销则是把娱乐、运气和智力综合其中,以烘托氛围、淡化商业意识赢取顾客的技巧型促销形式;联合促销则是在"共赢"的现代经商理念指导下所开展的商业合作形式,也是产品市场成熟和市场竞争走向规范的重要标志。本章介绍的其他促销策略,是企业在上述和上一章介绍的促销策略之外采用得比较普遍的促销形式。随着商业社会的发展,企业促销策略越来越个性化和富于创造性,新的促销方式在不断涌现,企业应根据自身情况和环境的变化、灵活采用不同的促销策略。

思考题

1. 开展会展促销需要注意哪些问题?

2. 会展与会展经济是同一概念吗? 为什么?

3. 游戏促销适用于所有产品吗? 为什么?

4. 游戏促销具有哪些优缺点?

5. 如何设计和组织竞技活动促销? 要注意哪些问题?

6. 联合促销的意义和作用有哪些?

7. 联合促销应注意哪些事项?

8. 赞助促销有哪些形式?

9. 如何选择赞助项目?

10. 会员制促销的基本方式有哪些?

11. 会员制促销应贯彻的基本原则有哪些?

12. 特卖就是专卖吗? 其对商品的促销起到哪些作用?

13. 如何利用传统文化进行商品促销?

14. "服务本身也是促销",这话对吗? 为什么?

15. 本章所介绍的促销策略,从整体上看,与第 2 章中所介绍的促销策略有什么相同点和不同点?

能力训练

全班分为 6 组,每组 8 ~ 10 人,分别选择当地的一种新产品和一种成熟产品,为其各策划一个促销方案。要求方案中至少要运用一种以上本章所介绍的促销策略。方案完成后，由老师组织在班上讲评。并以本班同学为促销对象，选择优秀的方案进行模拟促销。

案例分析

某公司宣传其新型保险柜的卓越功能，登出一则这样的广告：

"10万美元寻找主人！本公司展厅保险柜里存放有10万美元，在不弄响警报器的前提下，各路豪杰可用任何手段拿出享用！"

广告一出，轰动全城。前往一试身手的人形形色色：有工人、学生、工程师、警察和侦探，甚至还有不露声色的小偷，但都没有人能够得手。各大报纸连续几天都为此事作免费报道，影响极大。这家公司的保险柜的声誉随之大增。

分析：

1. 请结合本章介绍的促销策略，分析该公司运用了哪一种促销策略促销其产品？

2. 从该案例你对促销策略和方法的创新有何启发？

◇经典促销故事

南宁梦之岛百货40 h不打烊，开启百货年末促销新模式

2012年12月25日，随着平安夜的钟声敲响，令人们血脉贲张的梦之岛百货水晶城店"40 h不打烊活动"终于进入尾声，截至12月24日凌晨，广西梦之岛为回馈顾客而精心策划烹制的"巅峰盛宴"圆满收官。

2012年12月22上午09：30至24日凌晨02：00，梦之岛百货水晶城店举行"40 h巅峰盛宴，连续营业不打烊活动"，场内商品有低至3.8折的优惠，针对凌晨不同时段推出的优惠活动，劲爆迭出。当中的重头戏以23日凌晨时分进行的"重磅出击、破冰折扣""积点六倍升值""午夜疯狂送"活动最为亮丽，最受顾客瞩目和追捧。在"午夜疯狂送"中，23：00—24：00于同服饰类一专柜现金消费10 900元方有资格领取Ipad mini或2 800元礼金卡，限量100份在短短1h内已经全部兑完，在凌晨0：00—06：00举行的"破冰折扣、五折封顶活动"让等候零时到来的人们激动不已，销售一路狂飙；在凌晨启动的"积点六倍升值"活动，

更是让送礼台几度出现断货现象,Iphone5、金条等最高积点礼品屡有送出。应广大顾客强烈要求,在23日22点至24日零时,"破冰折扣、五折封顶"活动再次举行,又掀购物高潮,销售再度飙升。

短短的40 h让梦之岛百货水晶城店创下销售额近亿元,日销售额超过历年年终大促的最高日销售额,日到店客流比历年年终大促的最高日到客流量翻一番,店内及临近停车场均告爆满,许多车主无奈将车停放路边,车流蜿蜒摆放在临近街道上。22日晚21时至次日凌晨4时是客流高峰,许多柜台精选货品迅速售完,午夜2点时分左右,许多年轻靓丽、妆容精致的女士在男士的陪伴下到场购物。23日中午13时至24日凌晨2时是又一客流高峰,到店人数再度攀升,形成又一购物高潮。

图3.55 广西南宁梦之岛百货"40 h
不打烊"促销活动现场

此次梦之岛百货水晶城店"40 h不打烊"活动开创了南宁市商品促销模式的先河,销售业绩远超预期目标,广西梦之岛高层主管表示,商场仍会秉承"用我的心圆你的梦"这个服务宗旨继续为广大顾客服务,未来商场将会开发更多贴心服务及举办有新意、多元化的促销活动,以回馈顾客朋友多年的支持(见图3.55)。

资料来源:广西新闻网

第4章
推式促销策略

【学习目标】

不同的流通环节有着不同的特点、不同的经营目的和不同的目标市场,因此,不同的流通环节也就存在不同的促销策略选择和运用。本章主要探讨通路渠道促销策略(也称为推式促销策略)的运用,通过对代理商、批发商、零售终端3个环节促销类型、促销特点的研究,寻找不同渠道推式促销策略成功运用的关键点,以及推式促销策略运用中应注意的问题,为企业促销策略选择与运用服务。

【引例】

2001 年,可口可乐为了打开中国广大农村地区市场,决定在全国范围推行一项名为"101 项目"的推式促销策略,投资了数千万美元建立广泛的销售渠道(即 101 客户),在乡村和边远地区扩大生产和分销渠道。"101 项目"又叫 Golden Key 或者 Out Delivery Partner,它是可口可乐发展与区域经销商的合作伙伴关系,因此,所谓 101 客户事实上就是可口可乐的区域合作伙伴。

101 合作伙伴的总体定位是区域市场的产品配送商,101 合作伙伴必须按照可口可乐公司的指定批发价格向终端零售商客户供货;另一方面在享受正常的产品利润的同时,101 合作伙伴还可以得到可口可乐公司提供的配送费用补贴,部分地区客户还会得到客户开发费、生动化陈列、仓库费用甚至是人员费用补贴。同时,可口可乐采取免费安装店面广告牌、POP 广告、包装内赠品、超额奖励、提供顾问式服务、人员培训等措施,发动和鼓励经销商开发乡村市场,要求他们把产品送到最低一级的零售商,如槟榔店、小吃店、甘蔗汁摊位和修理店。可口可乐希望通过一步一步来建立分销的网络,尽量把成本降到最低,再慢慢建立销售的份额,可以养活分销系统,也可以产生合理的盈利。

实施"101 项目"后,可口可乐在中国市场的销售量巨幅增长,从 1989—2001 年的 10 多年间,销售量从 2 000 万标准箱猛增到 6.3 亿标准箱。到 2003 年,可口可乐对终端市场的直接控制能力也获得了极大的提高,"101"渠道的总销量已经占批发渠道总销量的 74%,装瓶厂能够直接控制的销量已经达到其全年总销量的 50%。

4.1 推式促销概述

推式促销是指由企业通过销售人员将有关商品与服务的信息由近及远,一级一级地从制造商传递给批发商,再由批发商传递给零售商,最后到达消费者;在信息传递的同时,引发各级商机构的经营兴趣和消费者的购买欲望,从而实现信息传递推动商品流动和商品消费的目的。所以这种促销方式又称为推式促销,又由于是通过商品流通渠道进行的促销,因此又称为渠道促销。渠道即企业的营销渠道,是指产品由制造商向顾客或用户移动过程中所经过的各个环节,或制造商通过中间商到最终顾客的全部市场营销结构,是产品营销渠道流动的载体。在市场日益成熟的当今社会,企业整体营销决策的制订和最终效果的优劣,往往取决于各种产品营销渠道的强弱,有时,某一种产品的营销渠道出了问题,会造成全局营销决策的失败。

比如,企业要进行大规模派发活动时,极有可能因铺货不足、缺乏相应的店内宣传等因素,导致试用产品感到满意后有购买欲望的消费者却买不到产品,而使派送促销效果大打折扣。所以,营销界有一句流行的话叫"渠道为王",渠道已被众多的厂家视为企业的重要外部资源以及企业产品价值实现的载体。

产品在从生产经过经销代理商、零售终端,最终到达消费者手里之前,必须得到中间商的合作与支持,支持越多,产品到达消费者手中的机会也越多。实际上不少有实力的大公司对营销渠道上的中间商们都不敢怠慢,他们在渠道上的促销花费要比他们愿意花费的更多。有些企业用于对渠道成员的促销费用已占到了整个促销预算的60%,而对消费者的促销只占到40%。

弱势品牌则更要仰赖渠道的中间商们的支持,由于营销力量不强,他们只能被动地将有限的资金集中到渠道上来,于是更无力再做消费者的工作,这又使他们更难以摆脱对中间商的依赖。许多小企业都寄希望于先将产品投入市场形成销售,赚取利润积累资本后再做消费者的品牌宣传工作。实际上这一阶段的艰辛远非这些企业当初所能设想的,即使最终能如期进入良性循环成长起来,也是一个相当漫长的过程。

因此,对中间商们策略性的乃至战略性的激励与合作是产品营销的要素之一,品牌与渠道必须同时得以发展,这并不是孰先孰后的问题。

市场专业化分工和物流技术的应用使越来越多的中间商对渠道的控制能力越来越强大,因此,渠道竞争的加剧已是不争的事实,正如整合营销传播理论创始人美国西北大学教授舒尔茨所指出的那样:在产品同质化的背景下,唯有"渠道"和"传播"能产生差异化的竞争优势。现在的制造商不能像过去那样只管向经销代理商(一级批发商)出货就可以了,为了使产品增加与消费者见面的机会,制造商必须激励和管理好渠道上每个层级的中间商,而在对消费者举办促销活动时,更需要各级成员的积极响应与支持配合,方能取得成功。

厂商对中间渠道开展有针对性的促销,其最明显好处有以下3个方面:

1)强化产品在市场中的竞争力

对渠道的争夺能力直接影响了产品的市场竞争力,也直接关系到对消费者的争夺。虽然有些产品以直销形式来避免通路运作不良引致的弊端,然而,并不是所有的产品都能或都适合这样做。对不少产品来说,只有充分培养中间商的合作意愿才能使整体营销规划得以成功。

2) 改善销售不良情况

通过促销向批发商压货,就能使营销经理这个月度的销量目标完成,这也是许多营销经理特别喜欢运用此法的原因。很显然,这既是优点也是缺点。

3) 配合对消费者促销活动的开展

没有渠道成员的支持,针对消费者开展的促销活动就只能停留在广告媒体上,毕竟是零售商们直接在与消费者打交道。虽然看似企业要额外支出一笔费用给中间商,但如果不能真正取得他们的支持,由此造成的促销浪费会使制造商损失更严重。

通常,推式促销策略适用于以下几种情况:企业经营规模小,或无足够资金用以执行完善的广告计划;市场较集中,分销渠道短,销售队伍大;产品具有很高的单位价值,如特殊品、选购品等;产品的使用、维修、保养方法需要进行示范。

4.2　对销售人员及机构的促销

销售人员是企业营销渠道上直接推动产品流动的原动力。没有销售人员的努力,产品销售渠道就将失去活力,成为一条"死"道。在西方发达国家,盛行的观点是将企业比作运行中的火车,而企业的推销员则被比作火车头,认为企业运行速度的快慢,主要取决于推销员。日本企业处于逆境时的本能反应就是增加推销员。美国 IBM 公司在 1987 年底企业不景气时,让 5 000 多名生产线上的工人改行搞推销,结果很快使企业销售额增长 20% ,收益上升 16% 。因此,企业需要拥有一支优秀的推销员队伍,更需要不断地开展对推销员的销售促进活动,以使这支队伍永远是一个高效率、能攻坚的作战团队。

这里指的销售人员泛指生产企业的营销人员、销售经纪人、独立的销售代表以及与销售有关的人员。对销售人员的促销目的是为了调动人员对企业的促销活动的积极性和创造性,使他们积极配合企业的各种促销活动。

销售机构,就是企业销售系统的组织,它是企业内部从事销售工作的人、事、物、信息、资金的有机结合,通过统一协调行动完成企业既定的销售目标。企业的销售任务,要依赖销售团队和机构来完成,销售机构完成销售任务的积极性和主动性的高低,直接影响到销售任务的顺利完成。所以,对销售机构进行有效促销,是提高企业销售业绩的重要措施。

4.2.1 对业务员个人的促销

厂商对销售人员开展促销的主要目标:一是鼓励销售人员大力推销新产品;二是鼓励销售人员开拓新的细分市场,寻找更多的潜在顾客;三是推销积压商品;四是顺利完成对消费者、中间商的促销活动;五是提高其效益。

针对销售人员的促销有多种形式,最常见的主要有:

1) 为销售人员提供培训提高机会

销售人员的业务素质和促销能力是突破营业成绩的基础。经常培训销售人员,加强其"品质",使其不断完善自我、突破自我,常处于一种积极的向上的进取心态,启发其"销售意欲"与提升其"销售创新能力"。如,近年来流行的"魔鬼训练营"就是培训和提升销售人员的有效方法。

2) 新产品知识教育培训

随着产品开发和市场的扩大,销售人员的产品知识需不断更新、不断丰富,才能适应市场发展和消费变化的需要。产品知识培训包括重要的产品知识培训、商品知识、使用技巧、促销标语或口号、产品背景资料、铺货技巧、店面陈列方式等。

3) 推销竞赛

以业务员个人为单位的竞赛,主要用来激励推销员在促销工作中的卓越表现,目的在于培养他们的竞争意识,增加销售量及利润,加强对其特定产品的推销,协助新产品的介绍,争取新顾客,增进促销成效等。推销员与推销员之间的竞赛,不仅可以直接提高每个推销员的销售量,而且还可以提高推销员的自信心和自尊心。同时,在竞赛中推销员为了争取较高的销售业绩,必然会充实销售知识,改善销售方法,提高销售技艺,这也有利于推销员素质的不断提高,促使优秀推销员不断涌现。

由于内部条件和外部环境的不同,各企业在推销员之间开展的竞赛项目和提供的奖项是有所不同的。但就一般而言,企业开展推销员之间的竞赛时,可在销售目标完成、销售业绩提升、开发新客户、新产品销售、回款等项目之间进行,并对达到目标或超额完成任务的前若干名给予奖励;对销售业绩提升最快、开发新客户最多、回款率最快的推销员给予奖励。对优胜推销员的奖励可以是物质的,如给予奖金、奖品和额外的报酬等实际物质利益;可以是精神的,如颁发奖状、奖旗,授予金牌推销员和推销状元称号等精神激励;也可以以直接晋升、晋级的形式奖励;还可以以直接到大专院校深造学习的形式奖励。

4)商品说明书

所谓商品说明书系指业务员在谈生意时,所携带的印刷品。这种说明书与"给消费者的型录"并不相同。商品说明书可分为:型录、技术规格资料、设计资料、豪华商品说明书、商品综合说明书、销售资料。

撰写商品说明书应按照撰写方式通俗化和撰写背景技术化的原则进行。

5)销售奖励

销售奖励是业务员在正常薪资之外,另依销售工作的成绩所得到的奖励。

销售奖励可分为个人业绩或团体业绩,特定期间或单一月份内,单一产品销售业绩或总销售业绩。

奖励的形态有津贴、奖金、奖品、旅行、休假等,其中以奖金最为速效,但后遗症最多,而奖品最富有特殊意义。

6)推销研习会

推销研习会是召集公司全国性或区域性的推销员,发表新产品、新活动或新促销计划方案,并且激励各推销员去获取新的成效。

7)推销手册

推销手册是特别为推销员而编写的手册,提供详尽的资料,包括公司本身及其产品、政策、措施等。通常每一项产品的说明、价格、产品所使用的材料、制造过程、推销技巧、市场销售资料,以及协助顾客获得公司所能提供最大利益的整体建议。

8)产品模型

产品模型常用来吸引顾客的注意力,并使推销说明更清晰、更有趣;彩色幻灯片或照片也常用来替代模型。

9）推销资料夹

用来集中顾客对推销说明的注意力。在推销资料夹里，可自由运用照片、推荐函、推销实例、剪贴资料、广告计划日程表、图表，以及其他图文资料，以强调重要。

10）辅助视听器材

现代的销售趋势是越来越多的行业，为使对方"马上一目了然"，并"留下深刻印象"，纷纷使用电影、幻灯片、投影机、图表、录影带等销售工具。主要是利用视觉工具，增进对方的注意力、兴趣以及欲望。

11）推销函与公告

许多公司对推销员运用不同形式的沟通媒介，诸如函件与公告；适当运用这些沟通媒介，可为推销员提供建设性意见，增进推销技巧。

12）内部刊物

内部刊物是指公司对内部人员所发行、不对外公开的刊物，以报纸或杂志的形态定期发行，资料包括新产品资料、公司人事动态、竞赛活动内容及评分办法、奖励事项。

例如：为提升业务员业绩，企业除利用营业淡季，加强职务训练外，还可以每月定期检讨各分公司业绩。为提醒个人绩效，在月底结算业绩前一周，统计各分公司目前的实际业绩，目标达成率，区分优劣表现，并督促展开最后冲刺行动。

4.2.2　对推销小组与推销机构的促销

推销小组是企业有关部门的主管人员、推销人员、工程技术人员等组成的对某一购买单位进行的推销活动的组织。而推销机构是指为满足某一购买单位需求而涉及的企业市场、销售、物流等职能部门。对推销小组和推销机构进行促销，最大的目的就是增加每个推销小组的归属感和提高凝聚力，促使小组或机构成员精诚团结，齐心合力，达到销售业绩目标，为企业的兴旺发达贡献力量。

在今天的商场征战上，个人英雄主义高唱凯歌的时代已经一去不复返了，靠个人单打独斗已经无法赢得市场的决胜权,只有通过团队的力量才能提升企业整体的竞争力,只有你的团队比别人更优秀才能在竞争中形成优势,发挥团队的力量已成为赢得未来竞争胜利的必备条件。销售团队是由致力于共同的销售宗旨和绩效目标,承担一定职责,并实现技能互补的异质销售人员所组成的群体。

怎样才能将个人英雄主义转化成团队英雄主义呢?现实操作中一般采取这种做法:将个人的销售奖金同整个团队的任务完成状况挂钩。当整个团队的任务完成率不高的时候,个人的奖金也只能兑现一部分。关键的一点是让大家了解销售是整个团队的工作,必须每个人都努力才能将事情做好。只有当整个团队成为公司的主力,个人的空间才能有更好的发挥。

我们可以从以下5个方面构建适应团队的激励体系:

①物质激励:除了高薪和高福利外,还可通过股票期权、股票授予等方式,提高成员的工作积极性。

②提供适当的学习机会:给员工提供专门技能的培训和学习,为员工将来做打算,也是一种很好的激励手段。

③工作设计:通过工作扩大化、工作丰富化、提供富有挑战性的工作使成员体会到工作的意义。

④目标激励:设置适当的目标,引导个人目标与其相符,从而调动人的积极性。

⑤允许失败的激励:团队鼓励创新,创新过程中必然伴随着失败,所以,允许失败,本身也是一种激励。

在推销小组之间进行竞赛的最大目的是增加每个推销小组的归属感和提高凝聚力,促使小组成员精诚团结,齐心合力,通过销售竞赛活动达到销售业绩目标,为企业的兴旺发达贡献力量。

推销小组之间的竞赛项目,可以确定为销售目标完成率、销售增长率、新客户开发、新产品销售、团结互助等,并对上述项目完成名列前茅的推销小组给予团体奖和个人奖。可借助对抗赛、友谊赛、团体赛的形式开展竞赛。

4.3 对中间商的促销

4.3.1 中间商促销的作用和目的

中间商是指联系生产企业与目标市场消费者的中间机构。美国著名营销专家艾尔·安塞利指出：中间商使商品和服务流通顺畅，为了把生产者生产的商品和服务分类与消费者需求分类之间的差距弥合起来，这一程序是必要的。这种差距是由于生产商一般生产大量的种类有限的商品，而消费者通常只要求数量有限的但种类繁多的商品这一事实造成的。对中间商进行销售促销，也是营销人员开展促销活动的一项重要内容。

中间商包括销售代理商、寄售商、经纪商、批发商和零售商等。零售商又可分为专业商店、百货公司、超级市场、方便商店等。促销策划中的中间商销售促进，是指对上述各种类型的中间商展开的一系列销售促销活动。

中间商促销的目标对象是本品牌产品的各种销售者，令他们大量进货，其焦点在于提高中间商的进货意愿。如果零售店没有本品牌的产品，企业的业绩就无从提升，更谈不上利润。中间商销售促进的作用主要有以下两点：

其一，补偿中间商为某品牌产品在目标市场上或特定零售店中所作的销售努力。

其二，作为对中间商购买某品牌产品的数量、购买特定产品种类，或一段时期内购买总量的一种补偿性津贴。

对中间商进行促销的最普遍的目的，是为某品牌产品在零售店中取得、保持或增加货架空间。许多经营者认为，只要能把产品从生产车间运到批发商的仓库或零售商的货架上，促销任务就算是成功的。实际上，对中间商的销售促进只有在下述情况下才算是有效的：

对中间商销售了更多的产品，中间商又将这些产品成功地销售给最终消费者；本次促销增加了特定品牌产品的配销数量，或者增加了它的货架空间。

中间商销售促进的目的多种多样，但归纳起来有以下几种：

1) 获得中间商的支持

中间商直接联系着消费者，他们为目标市场上的消费者提供所需求的商品,他们直接影响着产品价值的实现。因此,在很大程度上,中间商决定着企业的营销策划活动的效果。获得中间商的支持,是中间商促销的首要目的。只有得到了中间商的配合,企业的促销才能顺利展开,也才能取得预期的促销效果。例如:企业可以提供一种特价包装,并通过一定媒体大力推广,使中间商对企业营销活动倾力支持。企业也可以对中间商进行折让、发放店头宣传品、进行联合广告、开展竞赛、提高销售人员的佣金等方式,来培养中间商对企业品牌的忠诚感,使他们积极配合企业的销售促进活动。

2)取得新配销

许多促销活动是为了使中间商多销售本企业的产品或者企业的新产品,有的新产品就是靠这种方法进入目标市场的。因为中间商有成熟的配销渠道,他们更了解消费者的需求,他们的触角遍及市场的每一个角落,新产品通过他们可以在最短的时间内与消费者见面,为企业赢得竞争优势。零售企业销售货架的空间有限,一般情况下,他们只想销售那些获利大、周转快的商品。因此,针对中间商的折让品、针对消费者的赠品以及其他各种能为中间商带来丰厚利润的销售促进,都能调动中间商的积极性。

3)鼓励中间商增加存货

货架上哪种商品多,就证明哪种商品畅销。因此,企业应经常运用促销的方式鼓励中间商多进货、多存货。这样不仅方便消费者购买,而且有利于产品的推广。

4)与中间商建立良好的关系

对制造企业来说,与中间商建立良好的关系是至关重要的。制造企业与中间商"利益共享,风险共担"的内在机制,促使它们之间形成一个利益共同体。它确保了企业产品销售渠道的相对稳定性,不仅有利于成熟产品的销售,而且缩短了新产品的上市过程。

4.3.2 对中间商的促销方式

1)销售会议

中间商的销售会议通常都由生产厂商来召集。

第一种是在旺季开始以前举行,以便将新式样、新产品、广告活动日程表、促销计划及用品等情报,告知各中间商。

第二种是定期举办类似会议,以宣布销售竞争办法,展示新POP用品,讨论问题,以及让中间商充分认识业务的新发展。

2) 产品展示与展览

许多消费品及工业用品生产厂商,利用商展展示产品,并和参观者直接交谈、接受询价,引导进一步的销售行动,分发资料给准客户,搜集准客户名单,供日后联系,以及和准客户建立初步的关系。

3) 店头销售竞赛

为增加产品销售而举办店头销售竞赛,以激励中间商努力经营。虽然是以公司策略为本体,但仍以经销店立场来评估如何举办店头销售竞赛最具效果,然后再安排日期、促销办法、宣传方法、厂商应提供至何种协助程度。

厂商可以推出竞赛或特别的激励措施以激励中间商管理层或销售渠道进行更大的销售努力和支持。竞赛或激励措施可以直接针对为批发商或分销商工作的管理层,也可以针对零售层次的商店或部门的管理者。厂商常为中间商举行一些竞赛、使用一些奖励,如旅行或高值的产品作为激励以促成销售和合约的实现或达到其他目标。

竞赛或特定的激励常常是针对批发商、分销商、代理商或零售商销售人员个人的。这些销售人员在分销链中是非常重要的一个环节,因为他们对市场非常熟悉,更为频繁地接触顾客(不论顾客是下一级中间商还是最终的消费者)。他们在数量上也大大超过厂商自己的销售队伍。厂商们常常为这些销售人员筹划一些激励措施或竞赛。这些措施可能包括对销售商或批发商的销售人员直接支付现金,以激励他们推广并销售厂商的产品。这种支付称作"销售基金"或推销佣金。例如:一个电气设备制造商可以向销售一个规格类型的零售商销售人员个人支付250元佣金。在销售竞赛中,销售人员可以获得激励旅行或有价值的商品,只要能够达到厂商建立的特定目标。这些激励可以同产品销售、新客户的开发或经营业绩联系起来。

竞赛和激励计划可以带来中间商的支持,但他们同样也可以成为零售人员和管理层发生冲突的原因。一些零售商希望保持对销售人员的销售行为的控制力。他们并不希望自己的销售人员付出额外的努力去赢得一场由厂商主办的比赛,或获得厂商提供的经营权。他们也不希望手下人为自己的私利越来越积极地去推广产品,而并非出于顾客至上的原则。因此,对这种激励方式的使用要掌握好尺度。

4)推销奖金

生产厂商为了激励促销某特定产品或品牌而针对零售商所提供的推销奖金,可分为两种:一种是给经销店,一种是给经销店的店员。前者是为了鼓励经销商多进货,后者是鼓励零售商推销员多卖货。

5)经销店教育工作

经销店教育工作是指厂商为加强销售业务,利用印刷品、视听觉媒体、专人讲课、场所、道具等为媒介所举办的各种活动,以提高零售店的经营知识及技术,最终目的在于扩大和加强销售。其种类有:

(1)以提高知识及技术为目的者

①传达关于新制品的性能及构造。

②提高服务技术。

③演练销售技术。

④介绍新运动(CAMPAIGN)与活用研究。

(2)以改变意识为目的者

①改善经营制度。

②了解经济、市场的动向并确立经营观念。

③建立长期计划(同时了解销售势力范围)。

④关于劳务对策的启蒙。

(3)销售人员培训计划

厂商提供的促销辅助的另一种形式就是针对销售人员进行的培训计划。许多产品在零售阶段进行销售时需要知识丰富的销售人员,他们可以把多种品牌、型号、形状、功能及优点等方面的讯息提供给消费者。化妆品、电器、计算机、电子产品和运动器械都是消费者依靠销售人员提供高质量信息帮助的产品。

厂商向销售人员提供销售培训有一系列的途径,他们可以开办一些培训课程供销售人员参加,以提高他们对特定产品或同一产品线的知识水平。这些培训提供包括如何销售制造商的产品等方面的信息和创意,以及一些有启发性的内容。营销人员销售培训班常常是由销售高价值的物品或复杂产品如个人电脑、汽车和滑雪设备的公司开办的。

厂商向零售雇员提供销售培训的另一种途径就是通过厂商的销售力量来进行。销售代表把他们产品有关的知识交给零售人员,并提供回扣以及其他的相关信息。销售代表们可以在与零售商的销售员工进行有规律的基本接触时提供持续的销售培训,并可以根据他们的产品线变化、市场发展、竞争信息等,及时更新培训内容。

厂商也可以给分销商一些详细的销售手册、产品说明书、参考手册以及其他材料。许多公司还向零售销售人员提供录像带,其中包含了产品信息、产品使用说明、有关产品销售的创意,这些销售上的帮助经常也用来向顾客提供信息。

6) 产品宣传人员

良好产品的销售,仍需借助经销店的大力推荐给消费者,故如何将产品信息传达至经销店,并鼓励其进货,为重要课题。此任务可由营业员兼任,或顾虑营业人员忙于销售与收账工作,疏于产品知识的介绍,可弹性设立专责单位从事此教育工作。

7) 销货附赠

零售商购进一定数量产品,获得生产厂商赠送的赠品。
①购货附赠:随订购单而赠予经销店。
②展览赠送:视特定展示目的而赠予经销店。

8) 产品目录

产品目录可在其推销员的例行访问之余,发挥推销的功能。产品目录必须从买方的观点来编辑,详尽提供消费者或采购人员所需要的资料,以便有效地促成一笔交易。

9) 发行刊物

与公司内部刊物很相似,发行对象设定是中间商及外界的机构。

10）对中间商的补助

其目的是在确保产品顺利配销，并激励中间商发挥在平常状况下无法提供的促销支持。具体方式有：

（1）购货折让

在特定期间内，购买特定数量的产品，所给予一定数额的现金。折让的方式一般分为票外减价和津贴两种。

①票外减价。票外减价是指在一定时期内，给中间商正常价格以外的折让。这种折让或依据最低购买数量、购买时间，或依据产品的不同款式、包装等，以津贴的方式给予中间商。例如：冰淇淋制造商可能在销售淡季鼓励零售商多进货，提供从当年的12月1日到次年的4月1日，每箱10元的优惠，作为票外津贴对零售商折让。

②津贴。津贴是给零售商对零售商品减价的一种补偿性的折扣方式，作为零售商在当地开展促销活动的津贴。企业最常用的津贴形式有广告津贴和陈列津贴两种。

广告津贴。企业付给零售商或批发商一定数额的现金，作为中间商就某品牌产品在当地媒体上进行广告宣传的费用。例如：亚细亚牌冰淇淋的制造商提出，在每年5月1日至11月1日期间，零售商每购买一箱该品牌的冰淇淋就可以得到5元钱，作为在当地进行产品推广的津贴。通常，零售商要拿出在当地进行广告宣传的证明，作为领取津贴的依据。

陈列津贴。企业付给零售商预先商定的津贴，作为零售商对某品牌进行POP广告宣传的补偿。如零售商为企业的产品设计了陈列橱窗，在货架上采用了新颖的摆放形式等。

（2）广告补助

①展示补助。零售商为厂商做特别的产品展示活动，由生产厂商支付展示补助。

②广告补助。批发商或零售商替生产厂商的产品做广告，而给予的补助。

③特别促销补助。零售店在其广告或展示活动中，特别强调某一生产厂商的产品，而获得该厂商给予的补助款。

广告补助有时也运用合作广告的形式进行。合作广告是指企业与零售商经协商达成协议，零售商在当地刊播广告时与零售商各自承担广告费用的一半,以支持经营品牌的推广促销。合作广告多用于报纸广告,有些企业的广告合作计划也包括广播广告合作,甚至也分担零售商发放宣传资料的费用。

在合作广告中,大多数企业努力使零售商所在地的媒体宣传成为其整体广告计划的组成部分,或者配合其全国性的、区域性的促销活动。零售商的广告多为地方性的特价销售促进,在销售额增加的基础上,企业也能因此而受益。

合作广告的缺点是限制了企业对中间商的有效控制。在合作广告中,创意不理想的广告有时也可以刊播,或者将广告刊播在诉求受众与目标市场消费者的特征不相符的媒体上。这不仅削弱了企业对中间商的控制力,而且也浪费了宝贵的广告预算。

(3)期间性的出清存货折让

生产厂商对批发商或零售商,在特定期间内的进货总数,每单位给予一定数额的折让优惠。

(4)续购折让

生产厂商为了刺激客户做更多的购买,在客户第一次购买后,如能依照前次购买的数量,立即再购买,则给予一定数额的折让优惠。

(5)架位折让

近些年来,零售商在同意接受一项新的产品时都会要求特别的折让,这也称储备折让、引荐折让或入市费,它们都是零售商因提供了一个位置或地方容纳新产品而收取的佣金。零售商通过计算每年与推出哪些新产品相关的成本来确定收取佣金的比例,这些相关成本包括重新涉及商店的货架、将产品讯息输入计算机、准备储存的空间、为新产品委派雇员。零售商总是提及他们要承担的风险,因为有太多的新产品在引入市场后以失败告终。

每个商店的接纳费可以从数千元到几万元不等,全部连锁零售店的接纳费可能还会更高。零售商可以继续收取接纳费,因为他们有这个权力,而且存在着这样的事实:每年有大量的新产品等着上市,而超市中可提供的货架位置却是有限的,如果一种新产品在一定的时间段中,并没有达到最低限度的销售水平,一些零售商甚至要求获得损失费,用这些费用来填补与储存、维持存货量以及推出产品相关的成本。

(6)免费赠送产品

许多制造商都喜欢为中间商提供免费的赠品。因为这种折让形式的成本要小于津贴形式。在制造商看来,免费赠品的价格只是产品的生产成本,而津贴则包括了生产企业的部分利润。因此,这种形式更受企业的欢迎。

11) 同业折价券

同业折价券是由零售商与厂商联合发行的对消费者减让价格的一种优惠购买凭证。同业折价券常被置于零售商的促销传单里,或者印在零售商的报告广告中放在特定品牌的销售货架上。同业折价券与厂商发行的折价券的区别在于:同业折价只可以在特定的零售地点兑换。

零售商非常喜欢同业折价券,因为同业折价券有利于他们展开竞争,能为他们赢得竞争优势。同业折价也能使销售的商品得到不同程度的暴露,也就起到了广而告之的作用。

通常,厂商与零售商在事前要协商确定兑换折价券的数目或者确定折价券的总金额,以减少兑换过程中的误差。有时为了更有效地促销,零售商会在同业折价券的金额上再增加一定的折让比例。例如:如果厂商同意在产品价格上减少 0.20 元,零售商可能再将自己的部分利润(假如是 0.10 元)让渡给消费者,那么该折价券的优惠金额将是 0.30 元,这对理性的消费者来说吸引力将会更大。

12) 店头宣传品

店头宣传品也称为 POP 广告,它是企业在销售地点散发的某品牌的各种宣传品的统称。常见的店头宣传品主要有以下 14 种:

①店面广告。有人将店面广告称为店铺的表情,认为它可传达某些信息以及季节感等。例如:新年来临之际,可以用红色或黄色的缎带将店铺装饰起来,以增加节日的气氛。

②店面招牌。店面招牌是指写有店铺名称的牌子。大多数消费者在购买商品时,首先看到的就是店面的招牌。店面招牌的设计要求在视觉上新颖别致,给人留下新奇而愉快的感觉。

③柜台式店面广告。柜台式店面广告主要指商店里柜台上的商品陈列。柜台商品陈列是吸引消费者注意力的焦点,顾客通过商品陈列可以直接确认商品的品质,从而产生购买冲动。

④悬挂式广告。悬挂式广告是指从商店天花板的梁柱上垂吊下来的展示品,高度适中,容易引起顾客的注意。商店内空气流动的强弱、方向不同,会造

成展示品不同的形态,使之具有一定的变化。

⑤壁面店面广告。壁面店面广告主要是指海报、装饰旗、垂幕吊旗等。它有美化壁面、向顾客告之商品的功能。这类广告重视装饰效果。

⑥落地式店面广告。落地式店面广告大部分放置在店铺内的地板上或外面的台阶上,以商品陈列架、销售柜台为多。在诱使顾客产生购买欲望方面效果非常显著。

⑦吊旗。吊旗常装饰在店铺内外用作展示或者促使整个广告宣传活动达到最佳效果,它常能营造一种有利于商品销售的季节气氛。短期的吊旗常以一些布料制成。每当节日临近,北京各大商场外彩色的吊旗随风飘舞,节日气氛油然而生,常常使顾客产生一种亲切感。还有一种用布或纸制作的三角旗,悬挂在商店外,使各种展示活动显得活泼、生动。

⑧动态店面广告。动态店面广告是指用热气上升原理来带动的一种动态广告。制作者将马达放在作品里,马达带动机器产生气体,气体的温度不同使制品上下、左右运动,从而产生不同的有趣的造型,使人百看不厌。

⑨光源店面广告。在广告作品内放入各种光源,如利用荧光灯把商品的文字、图案照亮,以增强广告的吸引力。

⑩价目卡或展示卡。在价目卡上写明商品的价格,展示卡上说明商品的功能、特性等内容。这类广告属于小型的店面广告,多旋转在商品旁、橱窗内,或者直接与销售商品附在一起,以增强商品的视觉效果。

⑪贴纸。贴纸是指能够粘贴在墙壁上、玻璃上、商品上的小型印刷物。贴纸以平面印刷物为多。近年来,用合成纸压制成凸形或真空吸贴式的贴纸逐渐多起来。贴纸成本低廉、轻巧,能增加店铺的光亮度,给人以欢快的感觉。

⑫橱窗店面广告。橱窗店面广告是指放置在商店橱窗内的展示物或者具有装饰性的广告作品,这种广告重视艺术效果。

⑬指示性的标示。指示性标示多以箭头的形式出现,而箭头型标示又具有促销、指示方向、引起消费者注意的功能。在大型零售店内,箭头标示是企业防止灾害的一个重要手段,它能使顾客安心购物,减少灾害时的伤亡。

⑭销售区域的标志牌。在大型商店内,商品类别繁多,常用标志牌将各类商品的销售区域区别开来。制作这种标志牌时必须运用统一的字体、统一的颜色、统一的材料,使消费者产生统一的感觉。

13) 经销商装货器

经常商装货器是指把产品装入一定的器具中,将器具连同产品一起送给经销商。如把产品装入精制的陶器或其他贵重的器具中,产品销售完时,零售商就可以得到这些器具。

采用这种促销方式,要求促销推广的产品单位价值较大,装货器对零售商有一定的吸引力,这也是刺激销售的一种方式。经销商装货器的价值与产品的价值要成一定的比例,否则就得不偿失。

对中间商的促销,是厂商争夺市场份额的重要手段。近年来,各种促销方式和手段层出不穷,对产品的销售起到了非常积极的作用。

以"冷气机"为例,是台湾销售时间最短,金额最庞大的季节性产品。各厂牌行销企划员为鼓励经销商努力推销产品,无不绞尽脑汁推出各种补助和奖励办法:

①旅游奖励。按进货台数多寡,分别招待国内外旅游。

②优厚付款办法。延长经销商进货后的付款期限。

③累计进货台数奖励。经销商进货愈多,每台的单位奖励金额愈高。

④年度累计进货金额奖励。在会计年度内,若超过一定金额限制,则给予若干金额奖励。

⑤陈列奖励。经销店内若在期限内,陈列多台冷气机种类,则给予陈列奖金。

⑥预约台数奖励。为鼓励经销商预约在本季内能销售多少台,事前预约台数愈多,经销商的奖励愈多。

⑦预约精确台数奖。为鼓励经销商达成预约所规定的销售量,达成率100%者,给予若干金额奖励。

⑧提供抵押奖励。依进货总额与抵押金额之比,给予抵押金额一定比率的奖金。

⑨广告招牌耗电补助。每天都点亮着,每一经销商奖励5 000元。依销售台数多寡与招牌大小,给予不等的奖励金额。

⑩送货车辆喷漆奖励。每一经销商限一辆,补助奖励9 000元。

⑪电话簿广告奖励。依版面金额补助一半。

4.4　推式促销的具体形式

1)积分现金奖励

案例

优派7月渠道促销活动(见图4.1)

卖场的渠道终端销售人员,凡销售出一台优派指定型号的 CRT 及 LCD 一款,即可获得相应分值的积分卡一张,凭此卡可获返现金奖励。

指定产品型号为:

LCD 17 寸:VA721 \ VA712\VG712S/b\VE175

19 寸:VG910S

图4.1　优派7月渠道促销活动

积分卡分额:(1元/分)

CD:15 分/台

CD:60 分/台

促销时间:7月12日—8月8日

兑换方法:终端销售人员兑换现金奖励时,需出示积分卡(积分卡上需填写售出产品之序列号),积分卡上需加盖店面公章,并在《兑奖登记表》上签名。

兑换地点:厦门市天湖路46号恒滨名宫9G(厦门新航电子有限公司)

2)店面支持奖励

案例

惠普笔记本渠道促销 "无线驿站"店面支持计划

时间:2004.12.1—2005.1.31

机型:Compaq Presario(自由人)2580

对象:惠普公司授权及所有销售惠普笔记本店面

样机支持：所有无线驿站体验店（含）以上级别必须进行 Presario 2580 的提货；店面在规定时间内向紫光提货量达到每月至少 2 台的，均可享受样机奖励支持计划；专卖机型样机申请要求：Presario 2580 的提货量达到每月 2 台，每季 6 台时，可获奖励金额每季 900 元；店面申请的样机必须至少有 1 台需摆放在店面并开机演示。

销售积分奖励：Presario 2580 每提货一台可积 5 分。

"无线驿站"店面，从 2004 年 12 月 1 日至 2005 年 1 月 31 日之内提货的，并在 2005 年 1 月 31 日之前销售给最终用户的店面，提货和销售必须同时在此活动期间内完成，并随着季度奖励同时发放；销售数量不得高于提货数量的两倍，对于超出规定数量部分，不再享受该活动奖励；销量以店面返回的真实保修卡和网络上登记的真实数据为依据。

店面需在规定时间内提交销量报告，并且同时提交保修卡"用户信息反馈"一联到惠普指定地点。

①业绩报告请登录如下网址：http://www.hp.com.cn/AgentPortal_WebUI/

②保修卡回执邮寄：每月 15 日、30 日分两次将保修卡按下述地址寄出，销量业绩核算按收到保修卡计算（以当地邮戳时间为准）"用户信息反馈"联信息须按照系统要求填写清晰、完整，否则系统将拒绝录入销售数据库；如果故意编造客户信息以及其他弄虚作假行为，一经查出将取消其参加活动资格并取消其他支持。邮寄地址如下：

北京市朝阳区八里庄西里远洋天地公寓 69 栋 305 室

北京第一视讯公关顾问有限公司

"惠普移动产品项目组"收

电话：010-85860027

惠普公司将在活动结束后公布奖金分值的具体金额，次月内，根据考核结果发放奖励。

注意事项：

①销售要求。在销售惠普笔记本专卖机型产品的过程中，销售价格不得低于最低指导销售价、不得跨区销售、不得销售水货、不得利用假订单申请特价、不得销售非正常渠道销售的任何同类产品（包括大单漏单货、水货等），不得违反惠普公司最低限价政策。一旦发现经销商有上述行为，惠普公司将对其进行严厉的处罚，包括通报批评、扣除当月该"无线驿站"所有奖励（样机及所有销售返点）。店面业绩的考核只针对最终用户的销售，渠道之间的跨区串货、与总代办理退货的笔记本产品不在业绩计算之内。

②店面要求。保持惠普笔记本产品的展示区及样机整洁;店内、店面有明显的经营惠普笔记本电脑的标志(张贴标识、吊旗、招贴画等);在营业时间,开启样机,并有销售人员在现场提供服务;积极推广惠普产品,积极参加、配合惠普的市场活动;遵守惠普的统一零售价,维护稳定合理的市场价格体系;不低价抛货,进行正当贸易,不欺骗客户;建立良好的信誉,不销售"水货""假货";如发现店面不能履行上述义务或有不良经营行为,惠普公司将给予警告并酌情扣减奖励金。

3) 提货返利奖励

案例

惠普笔记本渠道促销——提货返利计划

时间:2004.11.1—2004.12.31

机型:Compaq Presario(自由人)B2034,Compaq Presario(自由人)2580,Compaq EVO N620c

内容:凡在紫光提货 Compaq Presario(自由人)B2034 的笔记本经销商,按提货数量可获相应的返利奖励,返利以次月提货冲减货款的方式兑现(见表4.1)。

表4.1 **惠普笔记本** Compaq Presario B2034 **提货返利表**

提货数量	返利金额
5~10 台	100 元/台
10~15 台	150 元/台
15 台以上	200 元/台

凡在紫光提货 Compaq Presario(自由人)2580、Compaq EVO N620c 的笔记本经销商,按提货数量可获相应的返利奖励,返利以次月提货冲减货款的方式兑现(见表4.2)。

表4.2 **惠普笔记本** Compaq Presario(**自由人**)2580、Compaq EVO N620c **提货返利表**

提货数量	返利金额
2~5 台	100 元/台
5~10 台	150 元/台
10 台以上	200 元/台

4) 进货折价奖励

案例

IBM 打印机渠道促销——提 IBM 打印机,花半价买原装硒鼓

时间:2004.10.1—2004.12.31

对象:IBM 打印机渠道经销商

机型:IBM infoprint 1312,IBM infoprint 1226

内容:

每提一台 IBM infoprint 1312 激光打印机,加 400 元,送价值 800 元 IBM 原装硒鼓;

每提一台 IBM infoprint 1226 激光打印机,加 800 元,送价值 1 700 元 IBM 原装硒鼓。

机型简介:

IBM infoprint 1312:

- 最高打印速度可达每分钟 20 页;
- 低购买价格和拥有高性价比;
- 可提供专业效果的 1200 图像质量打印;
- 可靠运行—提供大容量碳粉盒和耐用的使用周期;
- 强大的处理能力,可打印复杂的文档。

IBM infoprint 1226:

- 可支持 A3 和账簿纸张打印,提供输出灵活性;
- 提供快速首页输出,最大程度地减少用户等待时间;
- 提供 IPDS 选项,实现强大的打印管理;
- 提供包括无线互联网在内的多种联网功能。

5) 市场支持奖励

案例

惠普商用台式机区域市场活动支持计划

活动时间:2004.9.13—2004.10.15

参加活动机型:HP Compaq dc7100, HP Compaq dx6100, HP Compaq dx2000, HP Compaq d220

内容:在活动有效期内,凡提货 HP 商用台式机的 FT(特价机型及大单除外),均可额外享受 HP 提供的如下市场支持活动,提货越多,奖励越多(可累计)(见表4.3)。

表4.3

奖励项目	奖励项目价值/元	累计提货量/台
区域平面广告	500	10
产品展台(个)	1 000	19
用户研讨会(次)	3 000	58
成功案例(个/被选中)	1 000	0

活动规则:

● 在活动其间,FT 通过分销商报量给 HP(以 Aspen 数据为准);

● 在活动其间,FT 可随时提交奖励支持申请计划("市场活动申请表"附后)给 HP 区域产品经理(联系方式见后);

● HP 在接到奖励申请表后,确认有效申请;

● HP 通知有效申请者,开展执行相关市场支持活动(所有市场活动务必在10 月 30 日前完成);

● 平面广告及用户研讨会需要在执行后 10 个工作日内,提供相关凭证,HP 予以费用报销;

● FT 可以根据自己的提货量,对"奖励项目"自由组合进行选择。如:FT-甲,提货 70 台,可以选择:500 元的平面广告 + 3 000 元的研讨会,或可选择:7 × 500 = 3 500元的平面广告;

● 成功案例是指基于或涉及 HP 商用台式机产品的成功案例,提供的时间不受活动时间限制(常年有效),经 HP 选中的案例不仅可以得到项目奖励,HP 还将在相关的媒体上给以宣传。

注意事项:

①广告需严格按照 HP 广告标准格式设计(符合 HP Guideline),设计得到批准后方可执行(报销时提供广告刊登样张)。

②产品展台:由 HP 统一定制,可加一个经销商 LOGO。

③用户研讨会:必须有 HP 人员的现场演讲,并要求场租费需占总费用的 50%。

6）派送赠品奖励

案例

MP3 大派送:WD 硬盘渠道促销再燃战火

针对即将到来的销售旺季,西部数据硬盘南京地区代理商之一的肯富能特推出了“买 WD 硬盘赠送 LG MP3”的活动。

活动时间定在 9 月 1 日到 9 月 30 日,凡是所有肯富能特的经销商在活动期间累计销售任意型号的 100 个 WD 3.5 寸硬盘和 1 个 WD 2.5 寸硬盘即获赠 1 个价值 600 元的 LG 256 MB MP3;此外在活动期间累计销售 30 个 WD 2.5 寸硬盘也赠送 1 个价值 600 元的 LG 256 MB MP3;而且以上活动均可以累计,多卖多送。不过需要提醒的是,所送的 MP3 要在所有货款结清的情况下才会送出。

本次活动所送的 MP3 型号为 LG FD150 和 LG FE300 等型号。

此次活动是继不久前西部数据在杭州举行的技术产品激情 Party 和周末现场活动之外的又一次推广活动,不过有所不同的是,在杭州举行的技术产品激情 Party 面向业内人士和相关媒体,周末的现场活动针对终端消费者,而这次的“买 WD 硬盘赠送 LG MP3”则针对渠道经销商,我们可以看出这系列的活动覆盖了几乎所有的人群,活动内容和形式都比较丰富,也显示了西部数据提升市场占有率的野心。进入 9 月之后,虽然暑假促销已经结束,但是学生返校带来的另一波消费高潮,以及之后的国庆长假,都将使市场持续升温,相信这次的西部数据“买 WD 硬盘赠送 LG MP3”会对西部数据的推广起到一定的促进作用。

7）集点换物奖励

案例 1

“力波”啤酒点到为奖,点利成金

“力波”啤酒举办的此活动是针对消费者的“集点换物”式促销,消费者所购买的每瓶“力波”啤酒的瓶盖内垫中,均印有不同的点数记号,累积这些点数可换得不同礼品,包括:

1 点:力波啤酒 1 瓶;

2 点:洗衣粉 1 袋;

16 点:力波雨伞 1 把;

48 点:力波手表 1 只;

280 点:电话机 1 架;

408 点:自行车 1 辆;

3888 点:29 寸彩电 1 台。

其中对于 1 点和 2 点的奖品,消费者可直接到就近的零售商店兑换。

因此,"力波"啤酒希望此活动能得到零售商店支持和帮助的事项具体为:

①向消费者推介本次促销活动;

②当消费者前来兑换时,需先垫出一些"力波"啤酒和洗衣粉,并保留好回收的瓶垫;

③凭这些瓶垫向批发商兑回所垫出的啤酒或洗衣粉。批发商再集中向制造商结算。

另外,"力波"啤酒会预先给零售店 1 袋洗衣粉做备用(见图 4.2)。

图 4.2 "力波"啤酒点到为奖,点利成金

案例 2

宏宝莱公司有奖促销

宏宝莱公司 2000 年 5 月开展主题为"掀起你的盖头来"有奖促销,鼓励经销商积极推销商品,以消费者购物数量大小确定给经销商奖励大小。消费者只要凭印有"奖一瓶"字样的瓶盖,可向零售商兑换 1 瓶宏宝莱饮料;零售商凭借18 个"奖一瓶"瓶盖向经销商兑换一件宏宝莱饮料(24 瓶);经销商 20 个"奖一瓶"瓶盖向厂家兑换一件宏宝莱饮料(24 瓶)。

8) 刮卡送奖奖励

案例

"三得利"进清爽啤酒,送开心奖品

三得利啤酒公司针对消费者的促销活动内容是:购买 1 瓶"三得利"啤酒配有刮卡 1 张,奖品包括价值 1 500 元的美味佳肴,或 0.50 元的现金奖。如果刮开后未中奖,集满 3 张可兑现 0.50 元(见图 4.3)。

　　同时三得利公司又采取花色众多的礼品来吸引零售店协助推广消费者刮刮卡促销活动。零售店进 3 箱"三得利"啤酒,即可在 4 款礼品中任选一款。礼品包括:精美挂历、新潮计算器、腰包、厨房围裙。

　　零售商为此须配合的义务是:

①负责对刮中现金奖的消费者兑奖 0.50 元;

②负责对集满 3 张未中奖刮卡的消费者兑奖 0.50 元;

③集中回收的刮刮卡到"三得利"经销商处统一兑换(见图 4.4)。

图 4.3　"三得利"尝美酒
佳肴,分千万巨奖

图 4.4　"三得利"进清爽
啤酒,送开心奖品

4.5　开展推式促销应注意的问题

　　随着对渠道推式促销的增加,养成了中间商对额外利益不断追求的习惯,制造商发现中间商越来越需要额外的刺激才肯履行其本来的职责。比如:企业为了加速资金回笼而开展了"货款回收奖励计划",可是,一旦此活动结束,到了下个月你就会发现中间商又在故意拖延正常的回款时间了。因此,为更好地发挥各种促销工具的作用,实现预期的促销目标,在实施促销的时候,制造商应注意解决以下几个问题:

1) 正确认识和运用各种促销工具

制造商要切记,不可寄希望于一时的促销活动来解决长期的销售衰退现象;不可过分依赖降价优惠等促销活动,以免对企业形象及其产品造成损害;不可因为去年同期举办过某种促销活动,今年就一定要举办,举办任何促销活动之前,要多做策略性思考;不可只依靠少数几种促销工具,所有可供使用的促销工具都应列入选择范围,综合利用各种促销工具的组合促销更有效。一项研究表明,与电视广告结合使用的购买现场展示比单独使用的现场展示多增加15%的销售额。在推介新产品时,样品分送与电视广告相结合的方式比单独的样品分送更为有效。

2) 促销方案的可行性及目的

评估自己的市场环境,这也是厂家最容易忽视的环节。在决定进行促销活动前,首先必须对区域市场进行仔细的考察和分析:铺货率怎么样? 零售店和分销商的进货意愿怎么样? 渠道的库存是否合理? 主要竞争者都做了些什么、力度多大? 现在市场中的问题是长期影响还是短期现象? 一定要采取行动吗? 在确定基本的促销活动内容后,必须拟订一个完整的促销活动计划,将促销活动的目的、对象、方式、时间、效果预估和费用预算都写下来,再冷静地想一下,很多失误就可以避免。

在执行促销活动时,一般都有一套较为完整和详细的操作方案,但由于此类方案在制订时过多地考虑通用性,在区域差异及市场特点方面考虑的问题会相对欠缺。此外,厂家还要着重考虑这次非常规促销活动的现实目的。本次促销是能出更多的销量,还是提升品牌的"形象工程"? 是让更多新消费者尝试,还是让原有消费者更多地"囤积"?

3) 把握好时机与周期

某些厂家在新品上市时,一开始就大搞促销,迅速推出买几赠几的优惠消费措施。厂家的想法是通过买赠让消费者迅速接受新产品,让产品销量取得一个突破。但其实结果呢? 由于对新产品不了解,市场不仅会对此类活动无动于衷,无法尝试购买,而且还将对新上市产品的价格及质量表示怀疑。这显然是厂家在做促销时未考虑到促销时机的问题。选择合适的时机、促销理由及促销周期,这是厂家制订促销策略应抓住的三个重点。

4) 促销需要点面结合

厂家做促销时,首先需要考虑合适的促销点,人人都促销、家家有促销只会分散精力、物力和财力。厂家选择合适的促销点只能从有效终端中去挑选,千万不要单方面认为某店销量上不去,就去搞搞促销。"死水难养活鱼",这也是源自市场的教训。有了合适的促销点之后,再通过一个详细的促销排期表,将所有的促销点所涉及的促销安排与执行、效果评估、销量统计、经验交流等信息进行分析,厂家就可以对整个市场层面有一个大致的了解,并及时做出促销调整与统筹安排。

5) 相匹配的资源

开展促销活动,厂家还需要从费用、场地选择时的谈判、促销队伍、售后服务、媒体互动、促销物料支持等方面综合考虑。促销费用:有多少的钱办多大的事,厂家不能高估促销活动后期的收益而忽视前期促销费用的支出。场地选择:合适的场地对促销活动效果的影响极大,厂家要在促销前期完成好此项工作。促销队伍:促销活动对促销人员的素质要求较高,不要有"人不够,临时凑"的思想,要有专门的活动促销专题培训。售后服务:许多非常规促销活动都带有一定的售后服务"后遗症",厂家要有一定的心理准备及应对方案。媒体互动:制造新闻亮点,让促销活动与新闻媒体互动,这是一份优秀促销方案的巨大潜质。促销物料支持:所需要的促销用品及相关宣传用品齐全与否,也是厂家需要关注的一个重点。

6) 网络还未健全、区域市场促销时要有取舍和变通

一般来讲,促销一定要抢在竞争对手开始前做,否则只能以更大的力度进行。先做的只用一点点力量就刺激了市场,而跟进者就得付出数倍的资源。厂家组织的统一促销力度都不是很大,如果是在区域市场与竞争对手的促销手法雷同,而且力度不如对手,就会产生被动,这种情况下只能采取变通办法。

经销商的销售网络还未健全,推进速度就不能太快,而且由于产品没有在新的区域市场销售过,一开始就促销,容易造成资源的浪费,一旦促销停止,这些地区再想要销量就难了。如果销售网络不健全,那么赠送本公司的新品意义就不大,厂家可以和经销商商量送本区域销量较好的其他产品,或是变通的办法。

7）制订详尽的促销方案

一个详尽的促销方案应该包括促销的诱因规模、促销的对象、促销的途径、促销的期限、促销的预算等内容。特别是对奖励费用的预算要把握好,由于产品的利润不同、行业的竞争激烈程度也不同,因此没有什么统一的规划,需要分析竞争者状况,结合自身营销策略而制订。不过,有些基本原则可供借鉴:

一般对经销商的奖项设置最好不要用现金或直接用本产品,以免造成价格混乱,影响中间商积极性,并使销售受到影响。

而对于零售超市的奖励,现金是最具吸引力的。当然,你的奖项设计如能为其商店进一步带来营业额,自然是更受欢迎不过了。

8）加强管理,防止零售商截留"优惠"

科特勒指出,厂商的促销预算更多地花在了中间商身上(占58%),而不在消费者方面(占42%)。由于消费者的购买力大都集中在少数几个大零售商场实现,这就增强了零售商向厂商要求对消费者优惠和对广告支出进行财务支持时讨价还价的能力,这是对中间商促销支出上升的原因之一。事实上,中间商已经习惯于从厂商处获得促销资金,任何厂商都无力单方面停止提供优惠,否则就会失去零售商的支持。更令厂商不能容忍的是零售商截留本应提供给消费者的优惠,借此中饱私囊。为防止中间商截留"优惠",厂商要做好四个方面的工作:

①广泛选择中间商,特别是零售商,增加中间商之间的竞争机会,防止中间商的"垄断"。

②监督零售商切实履行诺言,把购买津贴以削价的方式转让给消费者,在收到产品或陈列津贴后提供足够的货架或举办现场展示,防止中间商中饱私囊。

③增加可让消费者直接受益的方法和手段,防止中间商"克扣斤两"。在促销实践中,加量不加价、变包装外赠送为包装内赠送等都是可供借鉴的成功案例。

④要及时促销奖励回报。厂商们常常会抱怨零售商和批发商们并未执行促销协议的规定,提供相应的销售支持。另一方面,中间商们也在抱怨厂商的期望值过高了,要求过分了。这就使得不少对中间商的奖励计划虎头蛇尾,于是,双方的合作变得越来越困难,厂商对通路的管理也日益复杂化。

9) 做好促销效果评估

正由于制造商投资于中间商的促销费用呈日益上升之势,常常占据了相当大的比重,因此对中间商促销的评估工作越发重要。它包括:

①对中间商促销活动设计能力;

②销售员执行、监控及协助促销的能力;

③中间商促销的投资回报率;

④促销活动对产品在通路市场上的控制力等。

但是,由于对中间商促销的管理难度相对较大,要做到正确的效果评估,还需一套完善的系统相支持,另外该系统还应具备相应的制约性,以避免经销商与公司内部销售人员相联合,钻促销设计的漏洞。

本章小结

本章主要介绍产品流通过程中厂商对企业内部销售人员、销售机构、中间环节和终端售点的推式促销策略。在现代社会里,渠道经销商是企业整体营销的重要要素,任何一个环节的不配合,都将导致整个营销战略的失败。销售人员是激活流通渠道的原动力,也是构成通道网络的组成部分。没有销售人员的努力,任何完美的通道都是没有意义的。所以,渠道促销包括了对销售人员的促销、对代理商、经销商、批发商和零售商的促销。厂商针对推销员的促销,具有双重作用。第一,激励推销员积极努力,完成更多的推销任务。第二,把有关信息提供给推销员,并通过推销员传送到中间商,对中间商的营销起推动作用。渠道促销与消费者促销的不同点是,针对消费者的促销,其目的是给予更多的购买刺激,激发消费者购买某一品牌的产品,从而进一步推动中间商更乐意推销某一品牌的产品。厂商提供的难以拒绝的利益,可以鼓励消费者更多地购买其产品,争取未使用者试用,吸引竞争者品牌的使用者。

针对中间商的促销,可以吸引中间商特别是零售商经营本企业的新产品,鼓励购买过季产品;积极储存相关产品,维持较高水平的存货;抵消各种竞争性的促销影响,提高零售商的品牌忠诚度,获得新的零售商的合作与支持。

思考题

1. 推式促销的促销对象包含哪些环节？
2. 对销售人员的促销可采用哪些方式？
3. 为什么要强化对中间商的促销，其目的是什么？
4. 对中间商促销的方式有哪些？
5. 开展推式促销应注意哪些问题？
6. 一些制造商认为：对消费者直接促销才是最有效的，因而企业不应把钱花在中间商身上，而应绕过中间商直接面向消费者促销。这种观点对吗？为什么？

能力训练

1. 收集 1~2 个当地厂商对渠道促销的案例，并分析其优缺点。
2. 以 3 人为一组，选择当地有代表性的厂商和产品，模拟策划一个对当地经销商或零售商促销的方案，并在班上开展竞赛，看哪一个小组的方案最优？

案例分析

沃尔玛零售集团的"萨姆会员卡"

美国沃尔玛零售集团专门开设了凭会员资格平价购物的萨姆会员商店，作为零售集团的分支机构。萨姆会员商店实行仓储自助式会员制经营，店内装修整洁，商品多以大包装出售，尽量降低营运成本，确保向会员提供最合理的价格。它的主要做法有以下几点：

1. 申请萨姆会员商店个人会员资格时必须出示居民身份证作为资格证明，会员可提供 2 个附属会员。主卡年费为 150 元，附属卡年费为每张 50 元，消费者凭借会员卡可以享受商店所提供的各项优待。

2. 萨姆会员商店以优质优价的各种商品来款待会员。商品种类从餐厅用品、家用电器到化妆用品、休闲食品、海鲜、肉类、蔬菜等应有尽有,充分地满足了会员的各种需要。

3.萨姆会员商店为会员提供多种服务。主要项目有复印、快速收银、商品展示、购物休闲廊、免费停车场等,确保顾客方便、满意地购物。

由于采用会员制的形式以后,受到了消费者的欢迎,沃尔玛集团的会员制商店迅速在世界各地兴办起来。

分析与思考:

1.沃尔玛采用的促销方式,适用于中国市场吗? 为什么?

2.请运用营销学原理分析沃尔玛这一促销策略的成功之处和不足点。

◇经典促销故事

联合利华的"千万人挑战,头屑不再来"促销活动

联合利华与宝洁在国际市场上的竞争一直没有停止过,在清扬上市之前,2003—2006 年,联合利华组织了 200 多场不同形式的消费者调查与访谈活动,为了防止消息泄露,不少活动是放在力士、夏士莲的消费者调查当中展开的。最终,从调查当中找到了重大的突破口——洗发水购买使用频次最高的是年轻人群,而非成人或中年人群。于是清扬下定决心将产品塑造为年轻人更喜欢的、更个性、更有主张的形象,同时强调品牌的去屑性,以争取到家庭购买者的信任。

2007 年 3 月联合利华在中国市场强力推出继力士、夏士莲之后的第三大洗发水品牌——清扬,采取了一系列的促销策略向宝洁公司多年来收益最丰的去屑洗发水市场发起进攻。

一、广告策略

2007 年 2 月底,海飞丝抢先推出了新版广告,喊出了"7 大功效,彻底去屑"的口号,几天以后,清扬正式在各主流电视台播出了以"6 大功效"为核心诉求的广告片。但是,两周之后该广告停播更换为由"小 S"为代言人的广告,而未等到海飞丝对该产品及广告采取针对性的策略,清扬又推出了"男性头皮是不同的"为主题的产品广告,正式将清扬"男士"系列推向消费者。

二、公共关系策略

2007 年 3 月初,中国保健协会公布了《中国居民头皮健康状况调查报告》,

报告中指出:20 年来,中国消费者受头屑困扰的人群比例由原来的 70%上升到 83%,这一数据被清扬在日后的公关媒介发布中广为引用。针对这一情况,清扬策划了一个"千万人挑战,头屑不再来"为主题的产品体验活动,在全国超过 2 000 个终端向消费者提供免费试用装,并现场为消费者进行头皮检测。针对网络上对清扬产品的质疑,7 月 4 日清扬邀请了全球四大皮肤健康协会质疑的国际美容皮肤科学会联合召开了 2007 年首届国际去屑及头皮健康研讨会,在会上清扬公布了最新临床实验报告,报告显示了所有接受临床实验的中国消费者在使用清扬产品四周以后头屑不再出现。通过公共关系活动进一步确立了清扬的专业品牌形象。

三、销售促进策略

在终端市场上,清扬同时也发起了大规模的销售促进活动。在货面安排上,清扬的货架产品陈列与竞争对手海飞丝紧挨着,同时还用蓝瓶男士系列包装与白瓶海飞丝进行色彩上的区隔,形成了强烈的视觉冲击。使得清扬的市场占有率在三个月内提升了 3 个百分点。2007 年 4 月,清扬在全国核心城市超过 300 家店建立起了去屑体验区,为消费者进行现场去屑检测,吸引了大量人流。针对一些特殊卖场,清扬还推出了 2 元体验产品满足一些喜欢尝鲜但不愿意大投入的消费者进行产品的试用。6 月份,清扬与沃尔玛等核心大卖场联合开展清扬环保行动,鼓励以旧换新,大量人流提升了商超的人流,促进了商超与清扬合作的兴趣,也让清扬自己的商业联盟逐步成形。

第5章
组合促销策略

【学习目标】

通过本章学习,全面了解各种促销策略的内容及其运用,学会从整合营销的角度对各种促销策略进行组合,牢固树立现代促销理念和整合促销思想。

【引例】

2010年初,K药业公司成功在上交所上市,借此契机这个奋斗了多年的药厂蓄势待发,经过研究,决定以普乐安片为整个公司提高的突破口,开始该公司自身提高的全面行动。普乐安片当时面临的问题,可以归结为简单的两句话:一是如何让目标消费群想买,二是如何让目标人群能够买到并且很方便地买到普乐安片。第一点需要解决的是广告传播问题,第二点需要解决的是营销推广问题,正是从这本质的两点入手,开始了普乐安片的促销组合策划。

该药业公司最终果断决定,通过会议的方式传递产品上市信息,第一个会议是普乐安片的全国经销商大会,第二个大会是全国连锁百强企业年度峰会。2010年8月25日,400名普乐安片的一级经销商和主力二级经销商汇聚一堂,共同探讨普乐安片的销售策略。在会上企业的总经理十分动情地给全体经销商深深鞠了一躬,对以往普乐安片不规范经营给经销商带来的麻烦和损失表示歉意,并在会上立下军令状,以后绝对不会出现这种情况,如再出现自己会引咎辞职。通过这一典型的公共关系策略使得经销商对于普乐安片的未来走向信心大增。在会上十家主力大众媒体在现场与公司签订了广告协议。

在完成了公关和渠道推广之后,企业开始在广告上下功夫。产品在进行广告之前分析了普乐安片的产品定位,其功能是植物药物,治养同步,诉求点是从症状出发,对号入座,并且开始了有计划、循序渐进的广告投放,开始考虑到传播的范围及规模,选取了七个省进行试点,经过结果检测产品销量增加了248%,此时公司高层果断决定继续增加广告投放的省份,并且通过增加报纸的深度报道、地方交通广播的高频次套播,增加消费者对于产品的了解。

通过公共关系、渠道以及广告传播等多种方式组合,让该品牌普乐安片在国内市场上的销售额大幅增加,医药行业的同仁们都清晰地感觉到了品牌促销组合飓风的力度。

5.1　广义促销策略及其组合

企业生产出品质优良的产品,制订了有吸引力的价格,还选择了合适的分销渠道,但这一切并不意味着企业产品就能全部销售出去。因为在现代社会里,生产者和消费者之间的地理距离拉长,销售环节增多,零售店星罗棋布,货架上的商品琳琅满目,消费者可能根本就没注意到企业产品的存在,或者在销售过程中难免出现信息流通和销售上的各种障碍。因此,企业还需要采用各种有效的方法和手段,促进企业产品的销售。而依靠各种不同形式的促销活动,有利于克服销售的阻滞现象,争取产品的竞争优势,使顾客更加喜爱本企业及提供的产品。企业常用的组合促销方式主要有人员销售、广告和公共关系与营业推广的不同组合。

5.1.1　广义促销策略种类

1993年,麦当劳聘用著名的好莱坞演员促销,结果销量增加了7.16%,达到了142亿元,而整个快餐行业的增长率仅有6.6%。美国营销学大师P.科特勒指出:"十年前,广告与促销在市场营销中的比例为60:40,而当前在很多消费品行业中这一比例已经倒过来,促销占据了企业营销预算的65%~78%。"法国的营销大家雅克和林顿认为:"近几十年来,在法国和其他西方国家,企业用于促销的开支迅速增长,超过了广告开支的增长速度,促销经费在营销预算中的比重也在提高。"2010年8月,北京某著名商场在连续60个小时的促销中,销售额达到1.3亿元,进场人次达到200万。我国经济型汽车的典范吉利,以"买得起好车豪情32000"的超低价在全国展开促销活动,仅仅在2011年2月一个月的销量就突破万辆大关,比业内企业销量3 000辆的汽车要多3倍,创造了销售奇迹。

无论中外,也不管是制造商或零售店,促销的力量是如此巨大,在当前市场竞争日益激烈的情况下,企业不仅看到了促销的作用,更是积极采用多种促销手段结合的方式来提升销售额,有利于克服销售的阻滞现象,争取产品的竞争优势,使顾客更加喜爱本企业提供的产品。企业的市场营销策略决定促销策略,促销策略往往受到对产品、价格与分销所做决定的影响,例如,凡是标明有一定折扣的产品或者名牌优质产品,就较其他产品容易推广。同样市场营销策略的实施又会受到促销策略的影响,一套完善的行之有效的促销策略对于市场营销目标的实现无疑是大有裨益的。

公司内部的整体化促销分为广告、人员促销、公共关系3种方式,与销售促进一起构成了广义促销的基本内容。

企业常用的组合促销方式有人员促销、广告、公共关系与营销推广的不同组合。

1）广告

广告是广告主通过付费方式由广告承办单位所进行的一种信息传播活动，广告的传播优势在于同时将信息传递给成百上千的消费者，多次重复，可以达到节约成本的目的。广告的劣势在于其与消费者之间形成的是单项沟通，效果反馈存在滞后效应。广告是针对最终消费者的促销方法，被称为拉式策略。

2）人员推销

人员推销是企业通过推销人员与消费者的口头交谈来传递信息，说服消费者购买的一种营销活动，被称为推式策略。人员推销主要面向渠道的经销机构，推销的优势在于销售人员可以通过面对面的交谈来建立消费者对于产品的信任与偏好，也可以通过电话、信函、电子邮件等其他灵活方式。人员推销的缺陷在于影响范围小，成本昂贵，对于推销人员的素质要求较高。

3）公共关系

公共关系是指企业与相关公众（个人或组织）之间的关系状态和培植过程。良好的公共关系能够达到维护和提高企业声誉，获得社会和消费者信任的效果。公共关系传播一般带有新闻性和权威性，消费者更加愿意相信和接受，但是信息发布权掌握在新闻媒体手中，企业无法做到自由的操控。

随着营销理论和实践的不断进步，企业公共关系活动也在不断地更新和变化，情感促销就是运用公共关系促销的一种新的营销手段和经营意识。感性消费是一种全新的消费观，它是指现代社会人们的需求观念已经不再停留于仅仅获得更多的物质产品，以及获得产品本身，而是越来越多地出于对商品象征意义的考虑，也就是为了商品的象征功能而购买，在购买者的眼中，商品不再是某种物的符号，从某种意义上说，更是一种与他们个性、地位、品位联系在一起的精神上的符号。人们购买这种商品不仅是因为它的作用，而且是为了显示自我的与众不同，从而追求心理上的满足，而情感促销正是针对消费者进行情感诉求，最大程度地满足消费者的情感需要与张扬个性，企业目标消费群情感的促销方式很容易产生强大的亲和力和诱惑力，导致消费者对于产品和服务的积极态度。

5.1.2 组合促销的特点

组合促销是现代市场营销的一大趋势，根据企业资源条件和优势灵活选择不同的促销进行组合,已经成为普遍现象。而实践证明,是否综合运用企业的各种促销方式,满足顾客需要,实现企业营销目标已经成为现代营销活动与传统营销活动的重要分界。

组合促销是企业有计划有目的地将人员推销、广告、公共关系、销售促进等促销方式进行适当的配合和综合运用,形成一个完整的销售促进系统。促销组合是市场营销组合的第二个层次,四种促销方式和手段各有长处和短处,促销的重点根据企业不同时期和不同的产品需求,对促销方式进行灵活选择,综合编配,达到最佳的促销效果。促销组合有以下几个特点:

1)组合促销是广告、人员推销、公共关系、销售促进四种促销方式的组合

四种促销方式的组合受到企业、产品及市场等多重因素的影响,例如:在产品的导入期,促销的主要目标是使消费者认识产品,因此以开拓性广告和人员推销为主;在产品的成长期、成熟期,促销的主要目标是获得消费者的持久偏好,也就是产品的忠诚度,促销应当以竞争性广告和公共关系组合为主;在产品衰退期,替代品的出现导致产品的市场份额和吸引力降低,销售的目标应当以提示性广告和销售促进方式为主。

2)促销组合不仅是四大促销方式的组合,还包括多种次级促销方式的亚组合

四大促销方式各自包括了多个次级的方式或手段,如广告包括报纸广告、杂志广告、广播广告、电视广告等;人员推销包括访问推销、电话推销、小组推销、会议推销等;公关宣传包括新闻发布会、赞助活动、公众服务、展览会等;销售促进包括买一送一、有奖销售、赠品销售、推销竞赛等。因此,企业在制订组合促销策略时,不但要追求四大促销方式的最佳组合,而且还要安排好每个次级促销方式的选择、搭配,使之也形成有效的组合。

3)组合促销不是固定不变的静态组合,而是时常变化的动态组合

组合促销受到企业内部条件及外部市场变化的影响,经营过程的变化决定着组合促销策略的变化,企业在促销实施过程中需要时刻关注内外部环境变化,根据实际情况,及时调整促销组合与市场保持动态一致,在动态调整中发挥促销优势,把握促销重点。

4)组合促销是围绕企业促销目标进行的

不同时期企业有不同的促销目标,促销目标不同要求组合促销的构成要

素、组成形式有所不同。总之,在制订组合促销策略时,要根据具体而明确的促销目标选择促销方式并组合使用,从而达到促销目标的要求。

5)组合促销策略是企业市场营销组合策略的一个有机组成部分,组合促销受市场营销组合的影响

作为营销组合的重要组成部分,促销策略成功与否不仅取决于促销组合的选择,同时也受到企业营销组合中其他因素的影响,如产品价格、渠道等,促销组合要根据市场营销组合的要求进行选择和优化,形成与其他营销要素之间的平衡。

5.2 组合促销策略的运用

5.2.1 组合促销策略运用的依据

1)根据销售目标选择促销组合

企业和商家的整体目标具有阶段性的侧重点,由于目标重点各异,因此促销组合策略应因时因地而宜。以提高知名度和塑造良好形象为主要目标时,应以公共关系和广告为主;以销售商品为主要目标时,公关是基础,广告是重点,人员促销是前提,销售促进是关键。

2)根据产品选择促销组合

商品以其性质不同可分为消费资料商品和生产资料商品。由于两种商品性质上存在着很大的差别,也就决定了消费者的购物目的、心理上也有所不同,促销手段和策略也就各异了。一般消费资料商品选择以广告作为重点促销手段,消费品的需求广、品类多、更新速度快,需要频繁地进行宣传,采用广告促销更加适合。同时需注意消费性商品需要经过经销商才能达到消费者,因此在促销组合当中要融合相应的促销和人员推销策略。生产性资料采用人员推销方式较多,因为产品的技术性较强,需要销售人员进行产品解释和技术服务。

3)根据市场选择促销组合

在诸多市场因素中,对促销策略影响较大的主要是市场的规模和集中性、

购买者类型、消费者心理与行业竞争对手的促销攻势。第一,市场规模小、相对集中,适合采取人员推销,市场规模大且相对分散适合采用广告和公共关系以及营销推广策略。第二,对于家庭消费者,产品以公共关系促销为主,辅助销售促进策略;对于组织和团体消费者,采用人员推销为主,公共关系和广告策略为辅的方式;对于渠道经销人员以人员推销为主,销售促进为辅。第三,对消费者的心理和行为研究,主要关注购买者处在哪种购买决策阶段,认知阶段应以广告和公共关系策略为主。在产品的理解阶段,在广告和公共关系的基础上加入人员推销;在产品的信服阶段,主要以人员推销为主;在产品的成交阶段,主要以销售促进为主。第四,针对竞争对手的促销攻势,通过研究对手然后采用针锋相对和避其锋芒两种组合策略。

4)根据销售预算选择促销组合

不同的竞争格局,不同的企业和产品影响着促销预算的金额。一般日化用品和保健品行业促销预算金额大,一般选择广告和人员促销方式,反之则选择费用较低的促销方式。

5)推式策略和拉式策略

推式策略是利用推销人员与中间商促销将产品推入渠道。生产者将产品积极地推到批发商手上,批发商又积极地将产品推给零售商,零售商再将产品推向消费者。拉式策略是指企业针对最终消费者,花费大量的资金从事广告及消费者促销活动,以增进产品的需求,如果行之有效,消费者就会向零售商要求购买该产品。

总之,企业应根据自己的促销目标和其他因素,全面衡量主客观条件,从实际出发,采取经济而又有效的促销组合。

6)企业形象识别系统与促销

可口可乐中国公司于2003年对外宣布正式更换包装,启用新标识系统,香港著名广告设计师陈幼坚设计出的全新流线型中文字体,取代了可口可乐1979年以来在中国市场上一直使用的中文字体。此次改变是可口可乐公司CI系统在中国市场上的一次大胆尝试,也体现了在面对发展迅速的社会、日新月异的生活意识形态和不断变化的市场竞争时,公司主动求变以赢得发展的态度。

企业的市场营销活动随着市场竞争的深化需要对企业形象进行策划,市场营销由传统型的从生产和产品着眼转向现代型的以市场为中心,无疑是历史的进步。但新的竞争形势提出的问题也不能不引人思考。事实表明,仅考虑外部市场是不够的,还要结合对企业的规范和整合。而促销活动所欠缺的,就是对企业内部的规范和整合的思想理论和方法策略。鉴于市场竞争的深入发展,已经从产品力、促销力竞争向形象力竞争拓展,加强企业形象力塑造成为当务之急,企业形象策划就是适应这一需要应运而生的。

CI(Corporate Identity),即我们所称的企业识别系统。CI 发源于欧洲,成长于美国,深化于日本。CI 作为一个企业的识别系统通常又被划分为三个分支即 VI,MI,BI。VI 是企业的视觉识别系统,包括标志、包装、标准色等元素及其在不同的介质上的运用,如公司内部文具、交通工具、制服和在不同媒体上发布的各类广告等;MI 是指公司统一的理念和文化,通常渗透在企业管理制度、员工的思维方式、处事方式中;BI 是员工的行为规范,企业的员工行为准则是 BI 的一个集中体现。

企业的促销过程实际上就是信息的沟通过程,企业识别系统的构建规范了企业的促销活动。理念识别为促销活动指明了方向;行为识别规范了企业的促销行为过程,使各种促销活动信息表达一致;视觉识别通过具有强烈冲击力的视觉符号,可以更有效地将信息传达给目标对象,使消费者能迅速地接受和掌握其中所传达的信息,从而达到识别、认知企业的目的。相反,促销活动又是最直接和最有效的企业形象传播渠道,因而促销活动与企业识别系统是相辅相成的,促销策略构成了企业形象策划工程的重要组成部分。因此,企业的促销活动必须符合和遵循企业形象战略的基本宗旨。

5.2.2　组合促销策略的决策程序

1)确认促销对象

通过企业目标市场的研究与市场调研,界定其产品的销售对象是现实购买者还是潜在购买者,是消费者个人、家庭还是社会团体,明确了产品的销售对象,也就确认了促销的目标对象。

2)确定促销目标

不同时期和不同的市场环境下,企业开展的促销活动都有着特定的促销目标。短期促销目标,宜采用广告促销和营业推广组合的方式;长期促销目标,公共促销具有决定性意义,须注意企业促销目标的选择必须服从企业营销的总体目标。

3）促销信息的设计

须重点研究信息内容的设计，企业促销要对目标对象所要表达的诉求是什么，并以此刺激其反应。诉求一般分为理性诉求、感性诉求和情感诉求3种方式。

4）选择沟通渠道

传递促销信息的沟通渠道主要有人员沟通渠道和非人员沟通渠道。人员沟通渠道向目标购买者当面推荐，能得到反馈，可利用良好的口碑来扩大企业及产品的知名度和美誉度。非人员沟通渠道主要指大众媒体沟通，大众传播沟通与人员沟通有机结合才能发挥更好的效果。

5）确定促销的具体组合

根据不同的情况，将人员推销、广告、公共关系和营业推广4种促销方式进行适当搭配，使其发挥整体的促销效果，应考虑的因素有产品的属性、价格、寿命周期、目标市场特点，以及采用推式或者拉式营销。

6）确定促销预算

企业应从自己的经济实力和宣传期内受干扰程度大小的状况决定促销组合方式。如果企业促销费用宽裕，则可几种促销方式同时使用；反之，则要考虑选择耗资较少的促销方式。

5.2.3　组合促销策略的形式

企业要收到预期的促销效果，就必须根据促销目标、产品类型、市场性质、消费者需求等因素对广告、人员推销、营业推广、公关宣传各种促销方式进行综合运用，有机组合。影响组合促销因素的多样性、复杂性和促销方式多重、多变的特点，导致组合促销的模式多种多样。但最重要、最普遍运用的是：广告、人员推销组合；广告、销售促进组合；广告、公共关系和销售促进组合；广告、销售促进、人员推销和公关宣传组合；拉式组合、推式组合等几种。

1）广告、人员推销组合

广告、人员推销组合是指以大众传媒为载体的广告和以推销员为主体的推销行为组合而成的一种促销策略。广告的作用在于一定时期内广而告之,让众多的社会公众知晓产品,了解有关企业及其产品的信息。而人员推销的作用在于通过人际传播形式,借助双向沟通找到社会公众中的真正用户并使其产生购买欲望,实现购买行为。一项研究证明,运用广告、人员推销组合进行促销,可比单纯的人员推销增加23%的销售额,同时使总促销成本占销售额的比重减少20%。

2) 广告、销售促进组合

这是以广告为主,销售促进为辅形成的组合促销策略,其目的是以销售促进配合广告活动。销售促进运用多种激励工具刺激消费需求,能够迅速激发消费者的购买行为,促使快买多买。销售促进可以由零售商在零售点或其商圈范围内独立策划实施,也可以由制造商直接策划实施。但是不论谁策划实施营业推广方案,都是配合广告进行。销售促进实施的同时,集中的、大面积的广告可以在一个统一的市场上产生协调一致的促销行为,从而达到降低促销总成本,减少中间商的压力,提高销售促进效果的目的。

1988年前后,美国广告和销售促进的比例是60:40。而如今,在许多美国日用消费品公司里,销售促进已占促销总预算的60%~70%。广告支出每年以7.6%的速度增长,销售促进支出则以每年12%的速度增长。这充分说明,销售促进作为一种有效的促销工具正被众多的企业接受,并发挥其重要作用。

案例1

"购物家乐福,省钱又幸福"

2009年国庆节期间,家乐福超市举办了以"购物家乐福,省钱又幸福"为主题的组合促销活动。

本次组合促销活动采取两种形式:

一、广告宣传

①在人口密集点散发"购物家乐福,省钱又幸福"的宣传单。

②选择家乐福各大商场所在地的有线电视台、报纸、互联网等作为广告宣传媒体。

③家乐福超市内布置相应的吊牌、海报、立地POP。

④文艺义演。在家乐福活动现场举办文艺晚会,舞台背景为"购物家乐福,省钱又幸福"的巨型喷绘宣传画,右侧设咨询台,现场分发宣传单,回答消费者的问题;并且在文艺展示中我们将本次退费优待活动的内容、参与方法、实惠等

编成一个个形式多样的小节目,形象地介绍给消费者,从而激发消费者的好奇心和参与意识。

二、销售促进——现场赠送省钱券和抽奖退款促销

①顾客在家乐福购买参加本次促销活动的商品达到100元可获得一张面值10元的省钱券,达到200元可获得两张面值10元的省钱券,以此类推。凭省钱券可在家乐福各商场购物省钱。

②顾客在家乐福参加本次活动的商品达到500元以上(包括500元)即可参加全额退费抽奖活动,凭购物小票领取抽奖券。本次抽奖活动设一等奖3名,全额退款;二等奖5名,退还80%现金;三等奖8名,退还50%现金。

注:两种退费优待活动不可同时享用,但如顾客购物达到500元以上不愿参加抽奖的也可享用满100元送10元的省钱券的活动。

本次活动选择在国庆期间,绝大多数顾客都放假了,购物人群庞大。促销适用的商品确定为家电、洗化、内衣、服装、化妆品、床上用品等利益较大的商品参加退费优待活动。

促销持续时间:

2009年10月1—8日,即8天。抽奖时间为2009年10月8日晚上8时。

案例2

海尔最成功的一次价格攻略

电热水器是海尔的一个业务单元,年营业额在五六亿元。在2003年以前,市场份额一直维持在11%左右。虽然排在第一,但与阿里斯顿(10%)、史密斯、万和等前几名品牌的市场占有率始终差距不大。虽然海尔也经常采取一些市场推广手段力图取得更大的市场份额,但竞争品牌也都在纷纷加大推广力度,所以海尔的电热水器始终未能如愿以偿。

海尔推出"防电墙"电热水器时(见图5.1),在终端的各种宣传物与海报上重点强化其"防电墙"的独特性,很快在市场上激起了消费者的共鸣,很多消费者甚至在选购电热水器时主动询问该品牌的产品是否具有"防电墙"功能。

海尔"防电墙"的主要竞争品牌采取降价的方法来维持原有的市场份额。除了史密斯的价格高于海尔外,其余品牌的价格都大大低于海尔。但是,海尔的市场占有率到2003年底时仍升至14%左右。

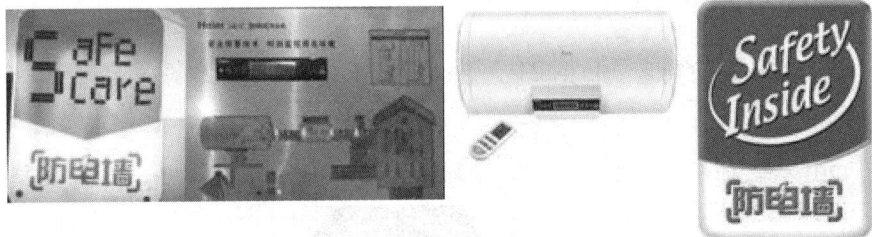

图5.1　海尔推出"防电墙"电热水器

为进一步提升市场占有率，2003年底，海尔对电热水器进行了一系列的组合式价格战(见图5.2)：

①普通机械式的产品价格在局部市场、局部时间段进行降价促销。

②中高端产品——线控系列的全线降价，如：老品银海象200型原价1 380元，经常性特价999～1 059元。

图5.2　海尔"防电墙"技术研讨会

③高档产品在2004年初开始进行买赠促销或特价。

④至于新品A5/A3等在上市一段时间后，为进一步刺激市场也阶段性地采取了特价促销。

在整个价格调整期间，海尔并没有大张旗鼓地曝光或炒作自己的价格大战，而是采取了循序渐进、不同区域、不同产品价格组合的办法在最终决定消费者购买的场所——"终端"进行价格让利。

其他主要品牌在纷纷猜测和议论其价格大调整时，海尔却坚持自称不是价格战而是提高性价比。到2004年5月份时，海尔的市场占有率已经到了20%，已遥遥领先于其他品牌，且一直维持该领先优势。

3)广告、公共关系、销售促进

这种组合就是将广告、公共关系和销售促进结合起来运用。没有广告的强有力支持，再好的公共关系和销售促进策略也无法向市场传播和推广，没有切实可行的公共关系策略的顶层设计，销售促进策略就是空泛的、千篇一律的、简单的、低层次的推销行为。

案例

"甄嬛"穿越了！4.21现身合肥红星美凯龙政务区商场

——孙俪，￥499厨房顶现场签售

2012年，随着各大卫视不间断地播出，电视剧《后宫·甄嬛传》红遍了大江南北。4月21日，该剧女主角"甄嬛"的扮演者——影视红星孙俪小姐亲临安徽合肥红星美凯龙政务区商场，为美尔凯特自清洁吊顶做现场签售活动。作为美尔凯特自清洁吊顶的形象代言人，孙俪此行也将代表美尔凯特为全城消费者送上大幅度的让利与优惠（见图5.3）。

图5.3　影视红星孙俪小姐亲临合肥红星美凯龙政务区商场现场签名

一、名人公关，孙俪助阵现场签售

美尔凯特千余套￥499厨房顶惠享全城活动当天，孙俪倾情助阵美尔凯特活动现场签售，为合肥家装业主们带去2013年的最大优惠和心理享受，让大家不仅可以花最少的钱办最多的事，在享受美尔凯特产品的高品质生活体验的同时还获得了影视红星的珍贵纪念！

4月21日，活动现场将有千余套￥499厨房顶针对安徽全省消费者发售，凡是参与此次活动的家装业主们都将有机会享受到这一史无前例的让利，真正实现省心又省钱的装修。

此次，"孙俪，￥499厨房顶签售"活动是美尔凯特针对全省消费者特别举办的一场大型工厂展销会，届时，来自全省50余城的消费者将齐聚合肥，共同体验美尔凯特海量产品的工厂展销惊喜价，真正见证大牌低价的魅力！

此外，2012年美尔凯特的新品"云"系列也将在此次工厂展销会上隆重上市，活动现场将统一以工厂价限量销售！

二、现场抽奖，幸运连连

在活动期间，凡交款满1 000元的消费者，均可享受12轮抽奖活动，通过网

络与现场相结合的抽奖方式,让更多的消费者获得好运! 其中,4月21日现场更将抽取20个免订单大奖,另有最高大奖,直免4 888元! 所有参与订购产品的消费者还将有机会抽取现场的百万电器大奖! 数量丰富,惊喜超凡!

三、门店认购,超值预售

为了让广大装修业主们参与更便捷、更有保障,此次美尔凯特特推出了《惊喜预售卡》。即日起,装修业主可到参与活动的美尔凯特品牌门店认购。凡购买《惊喜预售卡》的消费者都将现场获得价值516元的美尔凯特决明子健康枕一对。超值预售! 不容错过!

四、网上网下广泛广告宣传,大造声势

此次促销活动的信息组织者在合肥新地产交易网、百度、新浪等网站广为传播,同时在合肥市电视台、主要报纸报道,引起了公众广泛关注。

4) 广告、销售促进、人员推销和公关宣传组合

很明显,该组合是四大促销方式结合而成的整体组合促销策略。如果广告、营业推广、人员推销组合能实现促销目标,达到促销效果的话,那么也只是短期效应,不利于企业长期稳定地发展,因为它缺少了以长远利益为切入点,以树立企业形象、扩大企业知名度为目的的公关宣传。整体组合促销利用四大促销方式相辅相成、相互依存的关系,可以产生全方位的舆论效果,使企业在激烈的竞争中为自己缔造一个天然屏障、一层保护膜,分散和抵消竞争对手的影响。

世界著名市场营销权威科特勒(P. Kotler)在1980年创立了科特勒组合模型,即整体组合促销,并在以后的几年内做了多次修改,目前该模型是国内外市场营销界公认的最新、最好的模型。科特勒认为,对于消费品和产业用品,各种促销方式的重要性是不同的,因而就产生了不同的组合促销策略。在消费品促销中,各促销方式的排序是广告、营业推广、人员推销、公关宣传;在产业用品组合促销中,其顺序为人员推销、营业推广、广告、公关宣传。

案例

云南生态旅游产业的促销组合

随着经济的发展和人们物质生活水平的普遍提升,生态旅游成为一大热门,而国内各大旅游城市也开始通过丰富的促销策略来获得旅游者的信任和喜爱。而云南生态旅游业在广告宣传、公共关系策划、营销推广、人员推销等方面取得了令人瞩目的成绩,为云南做强做大旅游产业奠定了坚实的基础。

一、创意十足的广告策略

广告是一种非常重要的非人际沟通工具,其特点是表现方式灵活、生动、形象、传播面广、影响深刻。好的广告不仅可以介绍产品,刺激需求,还可以增加产品价值。旅游目的地营销目标之一就是营造一种能够让消费者感受亲近的空间,缩短旅游者与旅游目的地的心理距离。广告在云南生态旅游发展过程中,极大地促进了云南旅游形象的形成与传播。2007 年昆明市的形象广告"昆明天天是春天"在中央电视台播出后,城市形象宣传创造了好几个全国第一;2008 年云南电视台摄制了名为"七彩云南"的宣传片,通过展示云南少数民族劳动生产、欢度节庆的欢乐场面,形成了人们对云南生态自然景观的美好想象。

二、密集的公共关系策划

公共关系是组织运用信息传播手段,处理自身社会环境关系的活动。公共关系以维护、增进组织机构与公众根本利益为前提,以树立适合本组织机构生存、发展的最优形象为目标。昆明主要通过举办世界园艺博览会、昆明国际旅游节来吸引世界各地的游客。同时在近几年的春节晚会上云南更是以场所所有鲜花提供者的身份出现,在晚会过程中主持人也多次提到,想到鲜花就想到昆明,寓意着云南是一个一年四季鲜花不败的地方。密集的公共关系活动让云南成为国际国内旅游的热点市场。

三、销售促进

销售促进是指有目的地组织或企业用来刺激市场需求采取的短期促销方式的总称,目的在于劝诱同行业或者消费者购买某一特定产品,虽然从长期来看,销售促进不能使销售有很大的改观,但是在一段较短时间内,它往往比广告更能有效地促进销售增长。2010 年,云南省省长接受中央电视台采访过程中宣布,要将云南打造成为世界旅游者的快乐天堂,并且推出了云南各个景点旅游通票,这种通票被指定为国家体育赛事的赞助礼品,通票属于非卖品,主要通过直接赠送的方式给游客或者通过全国各大旅行社在组团旅游时赠送。身处全球经济时代,抓住公众的注意力就等于把财富之门的钥匙握在了自己的手中。通过通票发行活动,充分运用资源整合战略,整合了云南省大小的旅游资源,这一诱人的礼物迅速吸引了国内的旅行消费群体,同时也开创了中国旅游业大规模整体促销的先河。

四、人员推销

人员推销是指有目的地组织或企业通过派遣推销人员深入旅游市场,直接面对旅游中间商或旅游者进行产品推荐和工作介绍,以促进购买行为。在许多情况下,旅游推销人员同时服务于两个主题——旅游目的地企业和旅游者,推销人员在旅游目的地和旅游者之间起到了关键性的纽带作用。云南省各级地方政府和旅游企业在旅游产品的人员推销方面,主要采取了派员推销(如设立办事处)、营业推销(如旅游从业人员接待游客过程中向游客介绍和展示产品或服务)、会议推销(如参加各种旅游博览会、旅游交易会、新闻发布会)等方式。

5)拉式组合、推式组合

在促销实践中,由于各促销方式的排序不同,重要程度不同,因而就形成了两种具体的组合促销策略:推式组合、拉式组合。

推式组合是指以人员推销方式为主,其他促销方式为辅形成的组合促销策略,其目的在于说服中间商和消费者,使他们接受企业的产品,并通过不同层次的分销渠道将产品推向市场,最终传递到消费者手中。拉式组合以广告促销方式为主,其他促销方式为辅形成的组合促销策略,其目的在于首先引起消费者的购买欲望,激发购买动机,进而增加中间商的压力,促使零售商向批发商、批发商向制造商进货,最终满足消费者的需要,达到促进销售的目的。

推式组合和拉式组合都包含了企业与消费者双方的能动作用。推式组合的重心在推动,着重强调了企业的能动性,表明消费需求是可以通过企业的积极促销而被激发和创造的。拉式组合的重心在拉引,着重强调了消费者的能动性,表明消费需求是决定生产的基本因素,企业的促销活动必须顺乎消费需求,符合购买指向,才能取得事半功倍的效果。

在促销过程中,企业要根据不同时期、不同环境等客观实际的需要,综合运用这两种组合促销策略。一般来讲,在下列情况下,应采用推式组合:企业规模小或无足够的资金推行完善的广告促销;市场比较集中,渠道短,销售力强;产品单位价值高;企业与中间商、消费者关系亟待改善;产品性能及使用方法需做示范;需要经常维修等。在下列情况下,应采用拉式组合:产品市场有很大的便利性;产品具有差异化;企业拥有充分的资金,有力量支持广告促销等。

案例

白加黑感冒药的促销组合策略

曾在中国感冒药市场创造了奇迹的"白加黑",由于经营不善,在2000年底被东盛科技收购。在"白加黑"重新上市之初,东盛通过一系列品牌重塑活动,使消费者重拾对"白加黑"的热情。东盛投入大笔资金与上海奥美广告公司合作,对"白加黑"从包装、平面广告到电视广告片进行了改变。除广告之外,"白加黑"还通过赞助公益活动等公关方式,传播品牌理念,这些品牌强化措施,保证了"白加黑"的指定购买率。此外,东盛将自己的营销对象定为直接面对消费者的药店经理和店员,启动了对药店经理进行培训的"春晖计划"以及旨在加强与业务人员联系的"东盛店员俱乐部"。这些活动的作用是立竿见影的。2006年"白加黑"的铺货率率已经上升到了96%左右,在地级市达到了70%以上,同年的报表显示"白加黑"的毛利率达到了80.08%,位居全国同行的前列。

6) 网上网下促销组合

经历了每年8月份的电商价格大战,年底的电商"双11""双12"促销浪潮,特别是2013年的"双11",全国这一天的电子商务交易额突破了300亿元大关,预示着未来电子商务巨大的发展空间。实体商业面临着巨大的挑战,于是商家纷纷改变传统的经营模式,采取了网上电子商务与网下实体店经营相结合的模式,特别是大型商场和连锁超市,在继续发挥实体店体验与营造消费氛围的优势的同时,建立起自己的电子网站,利用已有的商业网点渠道的优势,跻身电子商务市场,与淘宝网、阿里巴巴、慧聪网、京东商城等电商巨人争夺市场,如苏宁电器集团,就建立了自己独立的电子网站——苏宁易购,形成了苏宁特有的电商与实体店结合模式。苏宁易购是苏宁电器集团的新一代B2C网上商城,于2009年8月18日上线试运营。形成以自主采购、独立销售、共享物流服务为特点的运营机制,以商品销售和为消费者服务为主,同时在与实体店面协同上定位于服务店面、辅助店面,虚实互动,为消费者提供产品资讯,服务状态查询互动,以及作为新产品实验基地,将消费者购物习惯、喜好的研究反馈给供应商,提升整个供应链的柔性生产、大规模定制能力。和实体店面线性增长模式不同,苏宁易购能够快速形成全国销售规模,呈现几何式增长,同时依托线下既有的全国性实体物流、服务网络,苏宁易购能够共享现有资源,快速建立自己的盈利模式。近年来,苏宁易购除了独立开展网上促销外,也与众多电子商务网站一起,利用每年的国庆节、中秋节、"双11""双12"和元旦、春节,广泛开展网上网下组合促销,取得了其他电商无法效仿的独特效果。

本章小结

促销组合包括广告、人员推销、公共关系和营业推广。广告是应用最广泛的一种促销活动,特点是信息传播面广、信息容量大,常用于对消费品的促销;人员推销是最古老的促销方式,特点是能传递复杂的信息,容易与消费者进行情感交流,常用于对生产资料的促销;公共关系活动有别于其他三种促销活动,公共关系活动的直接目的是塑造企业形象而不是推销产品,活动效果的显现需要一段较长的时间;营业推广是临时性的促销活动,活动与活动之间是独立的,相互没有关联,促销效果短暂。企业在进行促销活动时,大多数情况下都是运用几种促销方式的组合以达到最佳促销效果。

思考题

1.广义促销策略种类有哪些?

2.企业组合促销的理由何在? 组合促销时应考虑哪些因素?

3.如何根据不同的市场和不同的产品进行组合促销?

4.以小组为单位,每个小组选择不同的行业,各选择当地一家有代表性的企业,分别作出近期组合促销方案。

能力训练

1.训练名称:推销颜色。

2.训练目标:通过游戏锻炼个人的表达和说服能力,通过虚拟事物的推销让学生们能够通过自己已有经验资料的搜集迅速地挖掘产品的特色,通过语言的组织将产品的特点充分展示出来,提高自己的思维应变能力。

3.训练方式:选择 5 名同学参加游戏,而其他同学则是游戏的观众,游戏参加者上台之后,给他们准备 5 把椅子,每把椅子的后面都贴上了一种颜色的标签。而这 5 个同学需要做的就是在 1 min 之内,对自己椅子后面所张贴的颜色进行推销,推销的目的是让观众们了解这种颜色的特点和优势,吸引观众的注意力,最终让观众来选择自己所推销的这种颜色,而不是去选择别人。

案例分析

商场搞真爱无眠活动　众情侣42 h不睡觉做游戏

2005 年 9 月 23 日,重庆市九龙坡区九龙广场某大型商场内开始举办情侣

图 5.4 重庆市九龙坡区九龙广场某大型商场内真爱无眠活动现场

42 h真爱无眠活动,从23日凌晨开始,12对参赛情侣开始了拼图比赛。要在规定时间内,将一大堆小塑料块拼成一幅溪边小屋的美景图。

23日白天的主题比赛活动为"分豆子"(见图5.4),即在规定时间内将大米、黑米、荞麦、绿豆4种混合在一起的豆子分出来放进4个小碗里,最后按分出来的豆子重量给分。

活动主办方表示,此次活动目的之一是为情侣们制造一次长时间在一起的机会,并通过合作做一些事情来彼此达到心灵的默契。

分析与思考:

1. 该商场促销活动的创新点和重点是什么?

2. 该商场利用了哪些促销策略?

◇经典促销故事

两篇稿件与公关促销

有一天,有一位叫基泰斯的美国女记者到日本东京奥大克百货公司采购了一台电唱机,作为送给东京的婆婆的见面礼,售货员以日本人特有的彬彬有礼的服务,精心挑选了一台半启封的电唱机。当基泰斯回到住所开机试用时,却发现电唱机没有装内件,根本无法使用,她不禁怒不可遏,准备第二天一早同这家公司交涉,并于当晚赶写了一篇新闻稿,题目是《笑脸背后的真面目》,并发传真到她所供职的美国报社。不料,次日清晨,一辆汽车开到她的住处,从车上走出的是奥达克百货公司的副经理和拎着大皮箱的职员,他俩一进客厅便俯首鞠躬,表示歉意。基泰斯十分吃惊地问他们是如何找到这儿的。

那位经理打开了记事簿,讲述了大致经过。原来,昨天下午清查商品时,他发现错将一个空心的货样卖给了一位顾客。此事至关重要,他迅速召集全体公关人员商议,费尽周折,从顾客留下的一张美国某报的名片里发现了线索,打了35次越洋电话,最终总算从美国纽约得到了顾客东京婆婆家的电话号码,找到了顾客的所在地。接着,经理亲手将一台完好的电唱机外加唱片一张、蛋糕一盒奉上。

奥达克百货公司所做的一切深深打动了基泰斯,她马上打越洋电话到美国报社,告诉报社又有新的稿件发出,昨天的传真稿件不要再发了,她随后又赶写了一篇新闻稿:《35 次紧急电话》,后来报社考虑到她两篇稿件的视点不同,配上编辑的话,将两篇稿件全部刊发。此后,奥达克百货公司把基泰斯给他们的报纸给了日本一家报社,日本的几家报纸竞相转发,自此奥达克百货公司的声誉大大提高,一个女记者的两篇稿件替一个百货公司打开了公关促销的大门,成为日本营销历史上的一则经典促销案例。

第6章
新媒体促销策略

【学习目标】

　　新媒体促销是一种新的市场促销方式和手段，企业借助互联网、手机等数字化互动式媒体进行品牌形象塑造和产品的宣传销售，新媒体促销借助参与式的互动媒介以人际关系传播模式取代了当前的大众媒介广播模式，新媒体的产生和发展正逐渐改变着人们的生活方式。通过新媒体促销策略的掌握和学习，了解新媒体的传播特征，为企业的促销活动提供更全面的选择，抢占虚拟市场，赢得竞争优势。

【引例】

华为的新媒体整合促销策略

一、促销活动背景

华为是一个有实力的 B2B 企业,在时下掀起的 3G 浪潮中,华为是 3G 终端 B2B 市场的王者。在国内采购招标中,华为占据中国电信 50% 以上、联通 44% 的 3G 上网卡市场份额,成为名副其实的"双料冠军",而其在全球 3G 上网卡市场占有率高达 55%。但是华为同时也是 3G 终端 B2C 市场的新兵,是一个并不为普通消费者所了解的品牌,相对于中国移动、中国电信、中国联通铺天盖地的广告,华为如何借助有限的促销活动预算,现身消费者视野,提升消费者的品牌认知度,成为促销活动的关键。

二、促销活动目标

初步建立消费者的品牌认知,完成华为从 B2B 品牌到 B2C 品牌的初期转化,逐渐成为一个消费者熟悉、信赖、有限选择的品牌。

三、活动的内容

整个促销环节分为三个阶段:第一阶段是以悬念的设置和揭晓为核心的消费者接触阶段,华为通过在各大网站大规模发布的悬念广告引发关注和思考,并于三天后公布谜底。第二阶段在 3G 星球上展现全球华为 3G 应用场景,体现华为在全球范围内的影响力和高覆盖率。第三阶段邀请网络名人进行 3G 体验,并进行在线视频直播。

四、活动特点

(一)创造性地使用网络促销

广告主总担心自己花了重金的广告在纷繁的互联网环境中被埋没,于是要求 LOGO 够大够醒目,而此次华为抛开了传统的狂轰滥炸式的曝光模式,采用一种非常规的悬念网络广告的方式,设计了一场没有广告商的广告,成功地引起了网络受众的关注和好奇,让人们猜想与讨论,而带着极大的好奇心与关注度的人跟到了谜题解决的最后一刻,这些人很有可能成为华为下一步的潜在客户。而在网络促销广告的内容方面,华为同样充满了创意性,例如华为提出了"华为 3G 就在你身边"的促销概念,广告创意仅仅围绕这一核心,广告结合数字时代人们的生活习惯,在广告内容当中展示出一连串神秘的计数器,数字随着时间的流逝而不断增加,庞大的数字能给消费者带来强大的视觉冲击力和深刻的印象。

(二)强调3G真人体验式促销

体验有着较强的互动性,任何一种体验都是自身的身心体智状态与筹划时间之间互动作用的结果,体验也是一种深刻的烙印,体验者对体验的回忆会超越体验本身。华为在此次促销活动中并没有停留在消费者对品牌的单纯认知层面,在第三阶段开展"中国3G体验行动",每周邀请5个网络名人抢先体验华为3G,用笔记本电脑和华为3G上网卡畅游自由的3G生活。这是国内首次大规模的3G体验行动,让客户亲身感受到3G也可以看得见摸得着。

(三)在线视频互动促销活动

网络名人的真人秀提供了强大的示范效应,而视频直播、视频对话则可以让消费者真切地感受到此次华为传播口号"华为3G就在你身边"。体验过程中,每天选取一位体验者进行两个小时的视频直播,直播开始后,网友可以选择视频对话和文字聊天的形式和体验者互动,在轻松愉悦的氛围中感受3G,因为直播预告及时到位,再加上前期促销的成功铺垫,引起了一定范围内的轰动效应,直播页面多次接近瘫痪,许多网友反映抢不到麦克风。这种在线视频互动的促销方式在国内尚属首次,在网络时代有着开创性意义。

(四)巧借微博发帖

名人对普通人具有"参照性权力"(因成为别人崇拜、敬仰、认同的对象而使别人模仿自己行为和态度的力量)。该活动还邀请了20位行业名人撰写与3G相关的微博文章,同时在微博中发表,并实现连通,以名博的力量带动华为3G向更广的范围传播。在新媒体促销的另一个重要渠道内容上,通过网站论坛发帖制造话题,引发用户的讨论和关注。

五、新媒体促销效果

华为此次借助网络新媒体进行的促销活动,三个执行阶段节奏分明而环环相扣,第一阶段完成了吸引网络消费群体注意力的使命,第二阶段为真人体验活动进行了预热和铺垫,第三阶段将网络中的3G生活拉到人们的现实生活中,通过体验者与网友的互动建立华为品牌的认知度。在活动后期,通过网络微博和论坛等多元化的方式扩大影响范围。为期三天的网络广告的点击率达到了130万次,而点击成本不到1元,华为第一次网络亮相不仅赚足了曝光和点击,还收获了不错的口碑。6篇网络热帖共在207个网站出现,总点击量超过20万次,网友对帖子的回复达到了8 000条,说明帖子受到了网友的广泛关注。而同时,此次新媒体促销活动更是引发了业界关于3G星球概念的大讨论,其中谷歌的搜索结果达到了35万条。

6.1　新媒体的定义与特征

据不完全统计,目前被当作"新媒体"来研发并被用作"新媒体"概念的新东西不下 30 种:门户网站、电子邮箱、数字电视、直播卫星电视、移动电视、IPTV、网络电视(Web TV)、列车电视、飞机电视、公交车载移动电视、出租车载卫星电视、移动多媒体(手机短信、手机彩信、手机游戏、手机电视、手机电台、手机报纸)、虚拟社区、博客、播客、搜索引擎、简易聚合(RSS)、网上即时通信群组、对话链(Chatwords)……其中既有传统媒体的升级形式,也有新媒体形式;既有新开发的媒介品种,也有新开发的媒介渠道,或者新媒介硬件、新媒介软件,或者新的媒体经营模式……

诸多新媒体现象的存在刺激着人们注意这个活跃的、技术更新与理念更新需求极大的新领域。各国的大型传媒机构在积极向新媒体注入资金和寻求合作开拓业务;国内的各种论坛屡屡开设关于各种新媒体形态的讲座、专题研讨。在新媒体竞争格局下,"新媒体"的定义极具研究价值并亟待界定。

究竟什么是新媒体? 怎么定义新媒体? 划分新媒体、旧媒体的界限是什么? 如果按照出现和普及时间的划分,为什么我们将刚刚出现的、很新的媒体形态如楼宇电视、列车电视、飞机电视划出"新媒体"的范畴? 为什么又把诞生了半个多世纪的、已经非常普及的互联网算作新媒体? 如果按照规模划分,为什么已经拥有四千多万用户的数字电视大部分被划出了新媒体领域,而还没有形成产业规模的、在数字电视业务当中还属于推介内容的互动点播(VOD)却被算作新媒体形式? 甚至技术标准都还没有确定,连是不是新媒体都还存在争议的手机就能算作新媒体?

6.1.1　新媒体的定义

"新媒体"这一概念的提出可以追溯到 40 年前,1967 年,美国哥伦比亚广播电视网(CBS)技术研究所所长,同时也是 NTSC 电视制式的发明者高尔德马克,发表了一份关于开发电子录像(Electronic Video Recording, EVR)商品的计划,他在计划中把电子录像称为"新媒体"——"新媒体一词由此而来"。

把"新媒体"一词"发扬光大"的是美国传播政策总统特别委员主席 E. 罗斯托。1969 年,罗斯托在向尼克松总统提交的报告书中,多处使用"新媒体"一词。由此"新媒体"一词开始在美国社会上流行,并且这个趋势在不久以后扩展到了世界。

而"新媒体"一词真正被广泛使用则是近些年,随着数字信息技术的发展运用,不断涌现新的媒介形态的情况下,人们需要用一个概念统称这些新型媒体,同时由于新媒体带来的新的传播生态环境的革命性的变化,传播学也需要用一个具有分水岭意义的概念,以演进传播学说的发展。所以"新媒体"成为这个概念的代名词。

面对众说纷纭、各执一词的新媒体定义,结合四十多位国内权威的媒体理论研究者、长期从事媒体工作的实践者进行的专项交流讨论,在他们的指导帮助下,通过对新媒体特征进行归类,将新媒体的定义概括为三重维度:

1) 基于数字基础的新媒体

基于数字基础的新媒体首先必须是数字的,数字技术是新媒体所有功能的前提,对"新媒体"的界定,不能仅仅根据其出生年月,年龄并不能触及其新的本质。从技术特性看,传统媒体的信息载体都是原子,而新媒体的信息载体都是比特;从传播特性来看,传统媒体使用的语言是口头语言、书面语言及电磁波语言,而新媒体使用的是数字语言。按照这个标准设定传统媒体与新媒体的分野,我们不难发现,传统媒体的产生和发展与计算机无直接联系,而新媒体则本质上是计算机技术发展的产物。

2) 可以交互的

回应是对新媒体传播生态的描述,所有媒体联系的各端都是互通的、交互的。新媒体打破了以往"以传者为中心"的传播模式,逐渐走向"以手中为中心"的符合全球传播观念发展规律的全新传播模式。互联性的传播生态是新媒体的特性。

所谓"交互",即相互作用、相互影响的意思,目前"交互"已经由一种计算机程序语言发展成为广播电视传播的形式,它在传播者与受众之间形成信息流动的回路,最大特点就是能够影响电视荧屏上发生的事件。此外传播者与受众之间的互动关系,不仅是交流沟通,而且是一种更为即时的反馈,它尽可能多的使受众获得"内容主权",以便对电视节目产生影响。在促进受众参与,尤其是传受双方的互动方面,新的传媒技术被认为具有更大的潜力。

3) 非线性传播

在播出系统中,我们的电台、电视台实施的都是"线性播出";一张预定的播出单成为所有节目的发令单,观众只能按照预先设置的播出单,在预定的时间里分秒不差的进行节目的收看。而新媒体的传播则是非线性的,强调受众自主选择与反馈,新媒体将信息以数据库的形式引入,其流程是并置的、非线性的。数据库的结构方式将世界还原成相关或者不相关的并列群,而如何在无数群的并置中建立联系则取决于使用者。也就是说,新媒体实现了将单线思维、单一话语还原成点状结构、繁复多重话语的过程,和传统的线性传播相比,新媒体非线性传播满足用户对媒体"开放性"的要求。新媒体借助于网络技术和检索技术的进步,在特定的信源与信宿系统中产生信息的聚合作用,将必读和偏爱相统一,以比传统媒体更为定向的传播方式,实现实时的与准实时的交互服务。

6.1.2　新媒体的特征

1) 数字化特征

信息技术的进步始终是一种改变世界的最具有革命性的力量,像以往人类历史长河中具有革新意义的信息技术发明问世——造纸术、印刷术、无线电广播极大地推进人类文明一样,数字化技术的浪潮将把我们带入人类文明的新世纪。尼葛洛庞帝在《数字化生存》中指出:"信息技术的发展将变革人类的学习方式、工作方式、娱乐方式。"一句话,信息技术的发展改变了人们的生存方式。而当一个个产业揽镜自问"我在数字化世界中有什么前途"时,其实需要看未来它们的产品和服务能不能转化为数字形式。新媒体最重要的特征就是科学技术进步所带来的数字化的传播形式。数字化传媒是新媒体的显著特征,这个特征改变了以往大众传播的特点,更加适应手中需求的多样化和手中市场的细分化,以往媒体单向传播的特点,变成了具有双向互动的功能,信息接收的主动权越来越多地向手中方面转移,数字化传媒改变了以往受众收听广播电视的同步性特点,而实现了异步性,数字化传媒改变了以往媒体信息受控严格的局面,使信息的传播流通更为自由,尤其是互联网通过其各种强大的功能,形成了海量的信息源。数字化传播改变了以往众多媒体地域性传播特点,使传播范围扩大到全球。

2) 微时代传播形态——微博、微信

(1) 微博、微信受追捧的原因

微博和微信是基于有线和无线互联网、手机终端发布的精短信息供其他网

友共享的即时信息网络,由于用户每次用于更新信息通常字数在 140 个字符以内,故此得名"微"。

看似不打眼的微博、微信竟然几乎在一夜之间便在全世界风生水起,迅速成为一道景观,成为互联网以及移动手机应用的一股潮流。原因何在? 纵观3G 时代,一种能够成为趋势和潮流的技术应用形态,总是因为它解决了人们在通信传播中的某一种基本应用需要,门户网站解决了人们一站式消费的需要;搜索引擎解决了人们对于一个海量资讯的有效选择和掌控;即时通讯解决了人们随时随地点对点沟通的需要;博客解决了自我表达的需要;MSN 网站则便利了同缘同道的聚合关联,等等。而这一次微博与微信所带来的则是提供了个体向无限广泛的社会群体进行喊话和广播的手段,换言之,微博与微信提供给每个人一个麦克风,它可以将每一个用户上传的文字、图片及视频以现场直播的方式即时传递出去,根据互联网六度分割理论,只要这种即时传播的信息具有穿透六类不同人群的价值评价的能力,它便会在层层转发中,及时通往网络的每一个角落。

(2)微时代的新媒体价值

①对于微时代新媒体,其最为核心的功能就是信息的发布与获取,通过网络发布信息,微博、微信都不是唯一的渠道,BBS、论坛、博客等都可以发布信息,但微博、微信对于发布者在于其便捷性和交互性。信息的传递者不受时间、地点、写作格式的限制,只要有发布终端设备,日常生活中所见、所闻、所思和所感都可以随意点染、上传到自己的页面上,或者只是作为自己生活的点滴记录,或者满足自己的沟通愿望,这种率性而为的信息呈现形式非常适合现代都市人群碎片化的情感表达方式和奔波忙碌的生活状态。

②人际网络的构建与维护。在微时代媒体上面,人际网络的构建来自于两个方面:一方面是既有的人际关系网络能够在微时代新媒体上面延续,新媒体只是提供了好友之间继续交流和沟通的空间,而微时代新媒体即时信息共享的特色功能进一步满足了好友交往的需求;一方面是基于共享信息形成的比较稳定的关注—被关注的关系,即信息的传递者与接受者之间建立了一种比较松散的契约关系,一方有展示信息的欲望,而另一方有索取信息的需求,双方会产生不同深度的互动,并都能在这种互动中获得满足。

③多元化的网络应用。随着微博、微信被接受的程度加深,用户的黏性越来越大,为满足用户对网络应用的多层次需求,更多的附加功能可能被开发出来,从而不断提升用户的体验。

3）话语权共享

在微时代新媒体的影响之下，传统意义上的受众参与到新闻产制价值链的上游，不再只是单纯的阅听大众，这也意味着媒体生态的深刻改变正在酝酿，新媒体将成为对话的领域和目的地，阅众参与、去中心化、平等对话是这一波传媒变革的两大关键点，新闻生产不再是少数媒体机构中编辑和记者的专利，已逐渐演变成多数人向少数人传播的方式。

4）自媒体模式

微时代每个人都可以创作出表达自我的产品来，这是基于新媒体的一种全新的内容生产和消费的模式，例如：它可以在春节期间将所有华人的生活状态、情感状态、思维状态做全面实时的汇集、描述、展示，这是任何一种传统媒体都无法达到的。自媒体是大众文化崛起时代的产物，也是在新媒体支持下得以产生的媒介内容生产方式，这种生产方式也只有新媒体能够实现和完成。

6.2　新媒体促销的特点

6.2.1　新媒体促销的概念

新媒体促销是指通过新媒体进行的促销活动。传统促销活动追求覆盖量，基于新媒体的促销活动突破了传统的促销模式，不仅能够精确地获取访问量，还能够收集整理出访问的来源、访问时间、受众年龄、受众领域、生活习惯、消费习惯，相比传统促销更加精准、有效、节省时间。新媒体促销为受众提供了广泛的参与机会，一改过去的单向传播为双向传播、多向传播，传播者与受众之间的地位更为平等，以数字化形式传播，可以轻易复制扩散，容易引起病毒式的传播风暴。

6.2.2　新媒体促销的基本特征

1）消费者变被动为主动

新媒体时代，消费者不再只是传播对象和旁观者，新媒体渠道给予消费者更多的主动权,消费者之间也有更多关联,加上移动终端的普及(智能手机、上网本、平板电脑),消费者可以在任何地方参与互动。如今消费者更乐于参与而不是被动地接收,他们会在网站、博客、微博中表达自己的意愿,他们会主动利用各种渠道去比较、判断,甚至向产品及背后的服务人员提出质疑。新媒体的终极价值在于赋予了人们更大的自由度,促销人员必须明白用户在哪些方面的自由度被放大了,促销活动才能够有的放矢。

2) 从追求覆盖量到创造持续参与感

广告覆盖量曾经被视为促销活动的主要指标,随着新媒体与消费者接触的渠道与日俱增,覆盖量的重要性也越来越低,新媒体拥有适合病毒式传播的天然环境,有效的新媒体促销能够达到的效果,远远超过它的支出。因此传播的效果不单指知名度的扩展,也指消费者互动与涉入的程度。促销部门必须放弃千人成本的想法,深入洞察哪些渠道可以产生更多和参与者的互动。参与者的互动不仅要看用户花费的时间,还要看用户是否兴致勃勃地参与其中,做出响应并互相交流。新媒体促销人员需要和用户持续对话,也需要更好的策划与明确的主张。

3) 并行的而非线性的

信息可追踪,也就意味着即使无数人使用同一种传播工具,促销人员还是可以和每一个用户直接沟通。一个具有互动能力的新媒体平台,人们会自然而然的接受、互动,这是人类的天性,人天生为了交流而存在的。传统的大众传播的促销方式并不适合于新媒体。新媒体促销策划活动中,最重要的是找出适合自己的传播平台,然后策划出一个具有高度互动性的创意以鼓励消费者积极参与,通常消费者会根据自己的爱好帮助调整具体内容。

6.3 新媒体促销策略

新媒体促销是通过现代信息技术和网络技术、劳务的性能、功效及特征等实现的,它是建立在现代计算机和通信技术基础之上的,并且随着计算机和信息技术不断的改进而改进的。因此,新媒体促销不仅需要销售人员熟悉传统的营销技能,而且需要相应的计算机和信息技术知识,包括各种软件的操作和某些硬件的使用。同时,虚拟媒体促销是在互联网这个虚拟市场上进行的,在这个虚拟的世界大市场当中,汇聚了广泛的人口,融合了多种文化成分,所以从事新媒体促销的人员必须跳出实体市场的局限,采用虚拟市场的思维方法,借助新媒体特点。在新媒体营销活动的整体策划中,促销成为极为重要的一项内容。

6.3.1 新媒体促销的功能

1)实时发布产品促销信息

在新媒体时代,广告不再为专业机构垄断,自媒体的出现让企业可以成为自己的广告商,尤其是对于微信、微博等媒体形式来说,广告业不再意味着报纸的版面、电视的时间、户外的广告牌,而更多的呈现一种动态和实时的形式,随时更新。因此,企业应该通过新媒体随时发布产品促销信息。

2)放弃对信息的控制权

企业首先应该认识到采用新媒体不能再轻易控制他们的消息了,促销人员可以通过新媒体渠道制造影响,普通用户也可以发表自己对公司和产品的看法,因此新媒体促销需要的就是公升。如果你将企业的主要目标和核心价值告诉听众,让他们知道哪些是公司认同的,哪些是公司不认同的,就完全不用担心新媒体的草根力量。

3)通过意见领袖提升促销效果

分享是新媒体促销信息传递的重要一环,无论是广告还是新媒体活动,只有通过网友之间的不断分享,让消息呈几何级数式的在网络空间中增值,才能形成大众传播所不能达到的规模效应,而在此过程中每个人所具有的影响力和扩散力是不同的,也存在着意见领袖和普通人的区别。所谓意见领袖,是指在人际传播网络中经常为他人提供信息、意见、评论,并对他人施加影响的活跃分子,是大众传播效果的形成过程的中介或过滤的环节。由他们将信息扩散给受众,形成信息传递的两极传播,将其定义加以延伸。例如:微博女王姚晨,在抗旱救灾过程中发布微博,称自己将代表每一位加关注的粉丝捐出一角钱,粉丝关注总数量将作为自己捐款的数额,一时间微博关注量激增,4天内增长了4万人。而姚晨作为新媒体传播当中典型的意见领袖,在产品促销过程中起到了很好的消费引导作用。如姚晨在自己的微博中转发了某杂志的新一期封面,并在微博上说非常喜欢这一期,这条微博经由粉丝转发和评论后,购买新一期杂志的人数有了明显的增加。

4) 新媒体方式的整合促销

在新媒体应用方面,网站、微博、微信等各自有其典型的媒介特征,网站其功能完善而平均,可以作为最基础的信息查询平台,将新闻的相关背景信息整合起来,如果读者希望了解企业促销活动最完整和清晰的资料可以在网站上找到答案;而微信的互动性较强,除了实时发布关于促销活动的动态信息之外,还可以作为最好的信息反馈平台,很好地收集受众对于产品的意见。而微博虽然受到字数的限制,但是语言风格非常随意,可以运用更加灵活的语言对产品和活动进行评价和描述,达到与消费者之间良好的情感沟通关系,几种不同的新媒体平台之间可以很好地实现优势互补,采用多个平台进行促销活动不仅能够更少的消耗资源,而且能够取得很好的整合促销效果。

5) 与受众进行深入交流,加强关系维系

当前新媒体仍然被主要作为信息的发布渠道,而非产品促销活动的实施平台,当新媒体被定义为信息传播平台的时候,就失去了很多与受众交流的机会。例如:某方便面品牌针对自己的新品进行的网络促销活动中,随着品牌人气的高涨,随之而来的也有大量的负面信息,如包装问题、广告侧重点等,该品牌没有以沉默应对而是针对言辞比较激烈的几个受众进行了感谢并回应,主动听取客户的意见,甚至以学习的姿态请教这些微博客户,不仅加深了与客户之间的交流和互动,同时还将这些批评者转化成了自己的潜在客户。

6) 建立用户数据库,实现精准促销

随着传统促销效果的弱化,企业开始采用一些全新的促销方式,但是无论是哪种促销方式,都会面临一个共同的问题——如何精准地锁定目标客户,以及精准地找到潜在客户,创造尽可能高的效益。由此可见,精准是企业促销方式的助力器,只有通过精准的促销定位,才能发挥出更大的效果。在新媒体时代,数据库促销已经提出,新媒体与消费者之间较强的互动性提供了一种更加

准确地建立用户行为模型的方法,从数据库促销的角度看,信息维度越丰富,则销售活动的精准性越高。例如:在微博上除了注册个人信息外,还可以通过研究用户的关注人群,转发话题推测出用户的兴趣取向,通过用户评论和转发的活跃度推测用户的忠诚度。

6.3.2 常见网络媒体促销方式

由于新媒体的表现形式多种多样,且还在不断变化发展之中,所以本书介绍的新媒体促销策略只选择了比较成熟的形式进行归纳,其中又以互联网电子商务网站的促销为主。因为电子商务网站这几年表现出井喷式的发展,特别是2013年的"双十一",一天的网上交易额就突破了300亿元人民币,达到了前所未有的顶峰。据中国电子商务研究中心监测数据显示,截至2012年6月,国内电子商务服务企业达38 780家,其中B2B电子商务服务企业达10 950家,国内B2C,C2C与其他电子模式企业数已达24 620家(见图6.1)。

图6.1 中国电子商务企业发展规模示意图

根据促销对象的不同,网上促销策略可分为:消费者促销、中间商促销和零售商促销等。其主要形式与实体店促销大体相同,大约有16种(见图6.2),其中针对消费者的网上促销策略主要有网上折价促销、网上赠品促销、网上抽奖促销、网上广告促销、网上积分促销、返券促销(注册送券、购物返券)、团购促销、秒杀促销、网上联合促销、电子邮件促销、手机短信促销等。

图 6.2　电子商务促销方法

1) 网上折价促销

折价促销是目前网上最常用的一种促销方式。由于消费者在网上购物的普及度远低于商场超市等传统购物场所,因此网上商品的价格一般都要比传统方式销售时低,以吸引人们购买。由于网上销售商品不能给人全面、直观的印象,也不可试用、触摸等原因,再加上配送成本和付款方式的复杂性,造成网上购物和订货的安全性不稳定,影响了消费者网购的积极性。而较大幅度的折扣可以刺激消费者购物积极性,促使消费者进行网上购物的尝试并做出购买决定(见图 6.3—图 6.5)。

目前,大部分网上销售商品都有不同程度的价格折扣,并且幅度较大,如淘宝网、京东商城、亚马逊、hao123 折扣、1 号店、易迅网、当当网、苏宁易购、阿里巴巴、天猫、唯品会、1 号店超市、拍拍网、酒仙网、国美在线、百度特价、天天网、尚品折扣,等等。

折价券是直接价格打折的一种变化形式,有些商品因在网上直接销售有一定的困难性,便结合传统营销方式,可从网上下载、打印折价券或直接填写优惠表单,到指定地点购买商品时可享受一定优惠。

图6.3　亚马逊店庆网上折价促销

图6.4　当当网满购减价促销

图6.5　地宝网光棍节南昌之星游乐场优惠券

2) 网络广告

大部分的网络促销活动都与品牌形象有关,在推广品牌形象的所有网络促销活动中,网络广告的作用最为直接。标志广告曾经是网上广告的主流,进入2002年之后,网络广告不断涌现出新的形式,新型广告由于克服了条幅广告所承载信息量有限、交互性差等弱点,因此获得了相对较高的点击率。如广药集团的王老吉广告,就是一个品牌形象广告(见图6.6、图6.7)。

图6.6　王老吉品牌形象广告

图6.7　王老吉促销活动广告

3) 网上积分促销

图6.8　偶乐积分商城　享乐办公生活

积分促销在网络上的应用比起传统营销方式要简单和容易操作,网上积分活动很容易通过编程和数据库等来实现,并且结果可信度很高,操作起来相对较为简单。积分促销可以提高促销资金使用效率,通过产品捆绑穿透中间商阻隔直达最终用户,有效建立品牌与最终用户的良好关系,增加上网者访问网站和参加某项活动的次数,可以增加上网者对网站的忠诚度,提升促销活动的知名度。例如:偶乐积分商城,就是面向各企业积分促销的公共平台(见图6.8、图6.9)。

现在不少电子商务网站"发行"的"虚拟货币"应该是积分促销的另一种体现。如,由175公司发行的虚拟货币——酷币,使用酷币您可以购买175公司旗下各个游戏产品,包括 CS1.6、CS1.5 以及各种网页游戏里的道具。网站通过举办活动来使会员"挣钱",同时可以用仅能在网站使用的"虚拟货币"来购买本站的商品,实际上是给会员购买者相应的优惠。

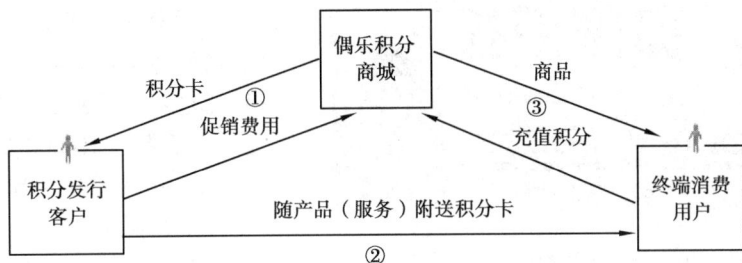

文字说明:

积分发行客户与偶乐积分商城开展合作并支付相关费用;

由偶乐商城制作相应金额的积分卡,再通过发行客户将积分卡送达其消费用户;

消费用户在偶乐商城充值积分并兑换各种商品。

图6.9　偶乐积分商城积分操作程序

4)注册送券

注册送券活动是吸引新上线顾客购买而设定的活动。因为在前期做单纯的广告投入,效果一般不会太明显,而且预算也较高,而结合广告的额外优惠的诱惑对消费者来说还是有吸引力的。这种方式一定要是在企业合理的预算下执行,而且使用赠券会有金额限定。

案例

平和堂网上商场注册送券活动

长沙市平和堂网上商城,在 2012 年 9 月对新上线采取了"注册有礼,购物送券,单笔满 99 免邮费"促销活动(见图6.10),具体运作如下:

一、注册有礼,购物送券

①注册有礼

活动内容:用户在平和堂网上商城注册成功,获赠面额为 25 元的优惠券(B券)一张;一个注册用户仅赠送一张;数量有限,送完即止(限量发行 20 000 张)。

优惠券(B券)发放的时点:用户注册成功时。

优惠券(B券)使用条件:订单满 130 元,可使用一张 B 券。

优惠券(B券)使用期限:2012 年 8 月 2 日至 12 月 31 日。

图 6.10　长沙平和堂网上"注册有礼，
购物送券，单笔满 99 免邮费"促销活动

② 购物送券

活动内容：用户在网上商城购物，单笔订单满 100 元（扣除优惠券部分），即可获得面额为 10 元的优惠券（A 券）一张；一笔订单仅送一张；数量有限，送完即止（限量发行 10 000 张）。

优惠券（A 券）发放的时点：订单付款完成时。

优惠券（A 券）使用条件：无订购金额限制。

优惠券（A 券）使用期限：2012 年 8 月 2 日至 12 月 31 日。

请注意：如发放优惠券（A 券）的订单发生退货或取消，则需要退回 A 券；如不能退回则在退款金额中扣除优惠券金额。

二、满 99 元免运费

2012 年 8 月 2 日—9 月 30 日，单笔订单购满 99 元（扣除优惠券部分），即可免运费！

三、会员升级，"跳、跳、跳"

活动期间所获得的会员等级资格的基础上，在活动结束后跳档升级（黄金会员除外）。

2012 年 9 月 15 日 24:00 活动结束后，调整会员等级：已获得普通会员资格的调整为白银会员；已获得白银会员资格的升级为黄金会员；已获得黄金会员资格等级不变，仍为黄金会员。

又如：为为网"六一"儿童节举办欢乐购活动，凡活动期间注册为会员的顾客，送 5 元消费积分；此外，购满一定金额商品还可以享受折扣价格（减货款）（见图 6.11）。

图 6.11　为为网"六一儿童节欢乐购"、注册送积分活动

5) 购物送券

购物送券活动一般在节假日或者店庆日采用,一般购物达到多少金额才有送券的。买得越多也就送得越多。这种送券在下次消费的时候,一般没有金额的限定。如 6 月份的京东、年末的苏宁易购和网易等,活动力度比较大,对消费的刺激也比较大(见图 6.12、图 6.13)。

图 6.12　网易购物送优惠券

图 6.13　京东商城网购优惠券

6) 团购活动

团购活动是近几年新兴起来的促销方式,团购性质的网站亦如雨后春笋般地发展起来。但是在这蜂拥而至的情况下,在团购活动中,良莠不齐的现象也比较严重。在盈利低的情况下,目前已经纷纷倒掉了一批。现在做得还算比较好的团购网有金山、美团、拉手、51888、糯米、满座、窝窝团、点评、24 团等(见图 6.14、图 6.15)。

图 6.14　51888 团购网促销海报

图 6.15　团宝网网上团购窗口

7) 秒杀活动

秒杀活动玩的是一种心跳,还要会卡时间,对送出的量有一定的限制,这是吸引眼球和流量的一种有效方式,也可能在消费者秒杀的同时带来其他产品的购买行为,在消费者看来是一种双赢的结果。秒杀活动在淘宝、京东上是经常可见的活动(见图6.16)。

图6.16　京东家电劲爆秒杀

8) 返利活动

图6.17　7铺街返利网促销海报

返利性质的网站也大量出现,厂家或供货商为了刺激销售,提高经销商(或代理商)的销售积极性而采取的一种正常商业操作模式。返利网取得佣金,商家获取销售收入,这是另辟道路从侧面平台获取消费者,从而获取利润的方式。而消费者通过返利平台,在网购商品时可能会节省几百甚至几千元(见图6.17)。

9) 网上赠品促销

赠品促销目前在网上的应用不算太多,一般情况下,在新产品推出试用、产品更新、对抗竞争品牌、开辟新市场情况下,利用赠品促销可以达到比较好的促销效果。

赠品促销可以提升品牌和网站的知名度,鼓励人们经常访问网站以获得更多的优惠信息,能根据消费者索取赠品的热情程度而总结分析营销效果和产品本身的反应情况等。

与实体店赠品一样,赠品促销应注意赠品的选择,注意预算和市场需求,赠品要在能接受的预算内,不可过度赠送赠品而造成营销困境。

例如:欧诗漫网上专卖店开展"五一""母亲节"促销活动,买满一定金额商品赠送相应赠品(见图6.18)。

10) 网上抽奖促销

抽奖促销是网上应用较广泛的促销形式之一,是大部分网站乐意采用的促销方式。抽奖促销是以一人或数

图6.18　欧诗漫网上专卖店"五一""母亲节"促销活动

人获得超出参加活动成本的奖品为手段进行商品或服务的促销,网上抽奖活动主要附加于调查、产品销售、扩大用户群、庆典、推广某项活动等。消费者或访问者通过填写问卷、注册、购买产品或参加网上活动等方式获得抽奖机会。

图6.19　中国电信网上营业厅充值有奖促销活动

同样,网上抽奖促销活动应注意奖品要有诱惑力,可考虑大额超值的产品吸引人们参加;活动参加方式要简单化,因为目前上网费偏高,网络速度不够快,以及浏览者兴趣不同等原因,网上抽奖活动要策划得有趣味性和容易参加,太过复杂和难度太大的活动较难吸引匆匆的访客;抽奖结果要公正公平,由于网络的虚拟性和参加者的广泛地域性,对抽奖结果的真实性要有一定的保证,应该及时请公证人员进行全程公证,并及时通过E-mail、公告等形式向参加者通告活动进度和结果。

例如:中国电信网上营业厅开展充值有奖促销活动,活动期间在网上充值缴费者,可参加双重抽奖(见图6.19)。

11) 网上联合促销

由不同商家联合进行的促销活动或同一个厂家不同产品系列组合促销称为联合促销,联合促销的产品或服务可以起到一定的优势互补、互相提升价值

等效应。如果应用得当,联合促销可起到相当好的促销效果,如网络公司可以和传统商家联合,以提供在网络上无法实现的服务;网上售汽车和润滑油公司联合;网上各网站联合等。

图6.20 酒仙网联合11家网站推2012情人节大促销

例如:2012年2月8日至2月14日,新一轮情人节促销活动又在网上展开,由酒仙网、优雅100商城、兰缪内衣、新蛋中国、哇塞网、金象网、缤购网、当当网等11家国内知名的购物网站联合开展情人节大促销活动。酒仙网情人节11大电商联合促销——"'不裸'不开心,30款好酒,一裸到底"(见图6.20)。

再如:格兰仕公司把格兰仕旗下的微波炉、芽王煲、吸油烟机、电热水器等300款产种大整合,举办联合大促销活动(见图6.21)。

12)电子邮件促销

电子邮件促销是指利用电子邮件向用户传递各种商品信息的促销活动,这种促销活动具有廉价、简洁、独立的特点,被广泛应用。

例如:苏宁易购网2013年12月发出了"双12疯狂购物,百货爆款秒杀,5折封顶"的电子邮件。电子邮件促销的商品一般都要说明推荐理由,以帮助顾客做出正确的选择(见图6.22)。

图6.21 格兰仕微/生/厨联合大促销

图6.22 苏宁易购网电子邮件促销海报

13) 手机短信促销

随着电子商务的发展,人们用手机网上购物的热情在不断增长,每年手机淘宝增长额都超过上一年度,2012年增加了3倍多,2013年达到1 500亿元,所以说移动电子商务成为一个非常大的趋势,更加便捷,更多的线下企业也开始通过O2O方式做电子商务。手机短信促销就具有特别重要的意义。短信目前已经成为人们主要的交流工具之一,人们经常会收到很多垃圾短信,如何在这样的垃圾信息环境中脱颖而出,企业和商家通过向会员群发短信,并且在其中向消费者传递产品信息、活动告知,传递不会让人反感的亲切关怀,不仅树立企业正面形象,而且带有较强的受众互动性及娱乐性特征。

例如:2013年7月14日,南宁苏宁电器开展了"升级盛装开业,抢到就是赚到!"的手机信息促销活动。信息内容为:"亲! 开始抢实惠了! 苏宁南宁七星店升级盛装开业,1元抢,8元抢:预存100倍翻,即日起至8月3日来交1元抵100元,2元抵200元,最高5元抵500元;信用卡享"三0",满千返百上不封顶;套购送液晶;100%抽奖,海马汽车半价等你拿! 提前预约或到店预存再送楼上广西图书批发市场免费购书卡两张。抢到就是赚到! 数量有限,更多详询预约2022661。"

又如:工商银行柳州支行2013年4月28日开展了"欢乐五一节精彩刷不停"的手机信息促销活动,信息内容为:"热烈祝贺柳州五象百货隆重开业,刷工商银行信用卡精彩不断! 4月28日至5月1日,在柳州五象百货大楼刷工商银行信用卡消费满300元即送价值25元礼品一份,限每天前300名客户,先刷先得! 2013年4月29日至5月1日,在柳州五星商厦、工贸商厦刷工商银行信用卡消费满600元即送价值50元礼品一份! 每名客户活动期内限领两份,每天前150名客户;欢乐五一节精彩刷不停!"

除上述之外还有博客及微博,QQ,MSN 等,在新的媒介环境下,我们开展产品促销推广活动中,应当在传统的 4P 和 10P 之外,更多的思考一下这个虚拟的媒介环境,将其充分融合在其中,赋予其更加丰富的延展性,以增强产品的辐射性,令其目标消费者在更广泛的范围和更加丰富的形势下以显性或者隐性的方式渗透进其现有的生活圈子里,获得认知、好感和信赖。

以上 13 种是网上促销活动中比较常见又较重要的方式,其他如节假日的促销、事件促销等都可将以上几种促销方式进行综合应用。但要想使促销活动达到良好的效果,必须事先进行市场分析、竞争对手分析以及网络上活动实施的可行性分析,与整体营销计划结合,创意地组织实施促销活动,使促销活动新奇、富有销售力和影响力。

本章小结

新媒体促销作为一种全新的促销策略,有着自身的特征并且有别于传统的促销方式,它不仅仅是网络广告和吸引眼球的人海战术,更是在高曝光的基础上为客户提供一个聚合互动、精准以及创意的投放空间,随着新媒体对人们消费思想观念和消费行为的影响广度和深度的不断增加,新媒体将成为现代企业促销活动中不可或缺的重要环节,对企业的发展有着重要意义。

思考题

1. 新媒体的概念和特征?
2. 当前常见的新媒体促销方式有哪些?
3. 与传统促销相比,新媒体促销有哪些新特点?
4. 如何使用新媒体实现促销的针对性和广泛性?

能力训练

1. 游戏名称:创意产品的新媒体组合促销。
2. 训练目标:训练学生对于新媒体促销使用的认知以及个人发现需求和通

过新媒体手段说服目标消费者的能力。

3. 游戏方式：每个学生根据现实生活中的观察，虚拟一件创意产品，口述这个产品的功能，然后根据该产品的特色选择适合哪几种新媒体促销的组合，简单描述一下实施的过程以及可能出现的促销效果。而教师作为目标客户来检验和分析学生们的产品和促销方式选择是否与自己的消费习惯和选择相一致。

案例分析

新东方微博促销

"北京新东方四六级"微群集中了新东方 14 位名师，开展微群答疑活动。截至 2011 年 5 月 22 日，"北京新东方四六级"微群用户数突破 10 000 人。5 月 12 日之前用户数量仅为 1 439 个，微博数量 98 条，之后的 10 天时间，"北京新东方四六级"微群用户增长 8 571 名，微博数量增长 1 208 条。"北京新东方四六级"的微群活动产生了明显的效果。

一、微群用户数量快速增长（见图 6.23）

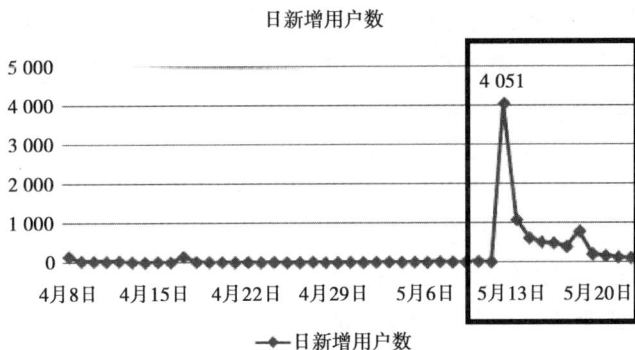

图 6.23　微群用户数量增速图

图 6.23 中表示，在活动举办之前(5 月 10 日之前)，微群的日新增用户数保持较少较稳定地增长，而在 5 月 12 日之后，微群的用户数开始呈现出剧烈地增长。5 月 12 日一天增长用户数 4 051 人，5 月 13 日到 5 月 22 日，也保持了日均 452 名用户增长的速度，明显高于此前。

二、微博上产生大量对目标话题的讨论（见图 6.24）

日讨论"四六级"话题数

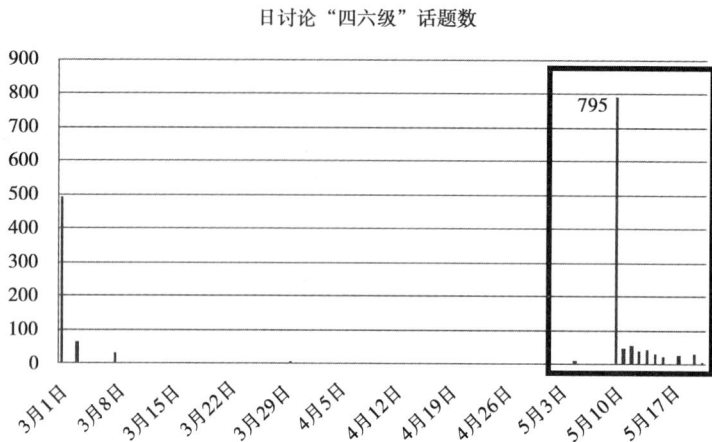

图6.24　3月1日—5月22日微博中每日讨论"四六级"话题数

图6.24中表示,在微群活动举办之前(5月10日之前),微博上谈论"四六级"的话题数量较少,在5月10日,讨论"四六级"话题的数量达到795个,5月10日之后,讨论"四六级"的话题数量也明显高于此前。讨论话题的增多,也意味着话题受到更多用户的关注。

三、微博传播的范围更广

活动期间,微群的用户突破10 000人。转发次数最高的一条微博覆盖了15 065位用户,而整个微群所能影响到的用户达到了2 621 456人。

案例分析:

什么样的企业适合利用微群开展营销?

①拥有稳定运营投入的企业。由于微群中话题更加集中,用户互动的频率也大大提高,需要企业付出更多的运营工作。微群的运营包括:定时在微群里和用户的互动;定期维护群内公告;邀请目标用户加入微群等。

新东方的微群有一两位老师在平时负责和用户互动,交流问题,也通过微博邀请了很多关心"四六级"话题的考生加入微群,保证微群运营的稳定。

②拥有专家团队的企业。由于微群的快速互动性,如果企业能将其专家团队引入微博,轮流进行维护,将拥有针对性强、互动真诚、便于管理、提高专家团队知名度、建立专业高效的品牌形象等优势。而像新东方这样将教师作为品牌经营的企业尤为适合。

③拥有精准用户的企业。微群是微博中的小圈子,它结合了一批需求明确的网友。如果企业拥有一批精准的用户,更容易将他们引入自己的微群。利用他们的口碑效应吸引更多的同好者。例如新东方将用户的"四六级"需求提炼

出来建立微群,就是非常聪明的做法。

分析与思考:

企业利用微群开展营销还是一个新的课题。"北京新东方四六级"微群的活动可以给我们一些启示。

①微群活动也需要精心地策划。包括活动主题的定位、优势资源的选择、活动流程的制订。

②稳定的运营微群,发挥自身优势挖掘运营微博的技巧。

当然,即便是微群活动获得了好的效果,也不能忽视后续的微群运营,无论微群还是微博都是个长期积累的过程,不然之前运营的效果,就会在后续失去影响力。

◇经典促销故事

案例 1

凯迪拉克微信公众账号运营

凯迪拉克的微信公众账号基本上每天只发 1 条信息,信息以图文形式的活动内容为主,但也曾发送过原本用在广播上的 30 秒语音信息和广告歌曲,在一周以后,利用新浪微博和腾讯微博推广 3 次,拥有近 470 名听众,每条信息有 20 条左右的回复,也有听众会在微信上表达对品牌的热爱,不仅具有信息传递的精准性和受众的互动性,同样带有强烈的参与感和趣味性。2012 年 5 月,凯迪拉克推出"发现心中的 66 号公路"活动,其微信公众账号每天会发一组最美的旅行图片给用户,以引起共鸣,其他的内容基本以车型美图为主,如海外车站等,同时利

图 6.25　凯迪拉克微信公众账号运营

用微信账号发布实时天气,提醒车主安全出行(见图 6.25)。

利用微信这一沟通工具,商家、媒体和明星与用户之间的对话亲密度较高,完全可以实现真正满足用户的个性化需求内容推送。微信公众平台信息的到

达率高,还可以实现用户分组、地域控制在内的精准消息推送。

案例2

北京华润橡树湾微博促销

图6.26　北京华润橡树湾微博促销海报

2012年5月6日,北京橡树湾某楼盘开盘,一千余人涌进售楼处进行摇号买房,截至当晚6点,共有219组客户成功认购,认购金额达到12.12亿元,创下当年北京市单项目开盘认购金额最高纪录。这次成功和橡树湾与新浪乐居合作的微博整合营销密不可分。华润橡树湾项目以官博运维为基础,在项目开盘当天进行微博直播,并在项目取得优秀销售业绩时,借势乐居的微博矩阵参与报道和炒作,通过乐居官博、乐居高管微博、全国微博大账号的转发,在北京媒体圈、开发商操盘人群、专业人士和业主群体里都留下了深刻的印象,同时配合线上有奖活动,将微博上聚拢的关注和人气进一步转化到线下,并为下一次开盘积蓄了口碑和客户(见图6.26)。

一、促销目的

促进项目开盘销售,并借助项目热销事件扩大公司和项目品牌知名度,为下一期开盘提前造势蓄客。

二、促销策略

①项目官方微博直播开盘,塑造品牌形象,橡树湾用微博直播开盘当天盛况,同时对楼盘和企业文化进行详细的描述及阐释,引起热烈讨论。

②乐居微博矩阵报道炒作,提高信息热度。北京房产发布微博,"12.21亿!今年北京单盘首日认购额新纪录诞生!"为标题报道了橡树湾的销售成绩,并加以专业的市场分析,吸引了北京房产的众多业内粉丝。

③乐居微访谈深挖热点。北京房产特邀华润置地北京公司总经理做客微访谈,深挖热点,项目的关注度持续升温,引导用户关注华润的更多楼盘项目。

④有奖活动借势发动。随着楼盘热卖,华润橡树湾联合华润五彩城同时启动"全民金橡奖"活动,通过线上报名、多种奖品回馈的方式,进一步积累客户,并通过线下领奖途径引导客户现场体验,实现了二次蓄客。

以微博新媒体进行房地产项目促销活动,整合了线上资源,达到了最大覆盖率并形成了多次传播,多个活动热点连续发力,带来了网友对项目的大量关注,同时将线上人气转化为潜在客户,进一步带到线下,为下一次的项目营销做好准备。

第7章
促销策划

【学习目标】

通过本章学习,了解企业促销策划的有关问题,理解企业促销调查与促销策划的关系,掌握企业促销调查的内容和方法,明确促销策划的重要性,进而掌握企业促销策划的基本内容、方法和步骤。

【引例】

1997 年初,当欧洲排名第一、世界第四大家用电器制造商西门子雄心勃勃地进军中国家电市场时,面临的却是白热化的市场竞争。如何将第一款与欧洲同步的滚筒洗衣机成功推向中国市场,曾深深困扰西门子市场促销人员。

当时众多家电厂商都将市场推广的手段集中在广告上,然而西门子营销人员通过对市场调查和消费者分析却发现,随着广告大战越演越烈,广告的促销作用已越来越弱。因此,为了吸引消费者并刺激他们的购买欲望,西门子必须采取一些别出心裁的促销措施。

1997 年恰逢西门子公司成立 150 周年,借此喜庆的日子,促销人员策划了一次席卷全国的"西门子 150 周年金银欢乐送"推广活动:凡购买西门子洗衣机,可获赠"限量绝版定制的西门子 150 周年纪念纯银币"一枚并同时参加纯金币大抽奖。这些制造精美极具收藏价值的纪念币与设计简洁高贵典雅的西门子洗衣机相映成辉,令人爱不释手,使西门子洗衣机的品质感得到了充分凸现。活动开始后在全国受到了出乎意料的欢迎,制造精美的纪念币配合高品质的西门子滚筒洗衣机,给国内家电市场带来了一股浓郁的欧洲风情,一万枚银币在活动开始不久就伴随洗衣机销售被抢购一空。

1998 年初,西门子先后在各大城市开展一系列与名牌服装联合的推广活动。在武汉,西门子洗衣机与名牌服装马天奴、经典故事联合演绎了一台主题为"好衣服当然要用西门子洗衣机"的大型时装表演与新装上市活动。活动当天洗衣机销售创武汉当年最高纪录。在上海,与著名休闲装品牌 ESPRIT 合作,双方通过资源共享以及联合广告宣传与新闻发布,使两个品牌在形象树立上相得益彰。ESPRIT 当月销量成倍增长,西门子洗衣机也以简洁高贵的形象成为广大 ESPRIT 年轻消费者未来结婚购置的首选目标。

独特的促销策略,使得西门子在短短两年时间内,成为了中国家电市场上的一支不可忽视的力量。

促销策划是一个系统工程,需要经过前期市场促销调查、促销方案策划、促销方案实施执行、促销效果评估 4 个阶段。

7.1 企业促销调查

7.1.1 企业促销调查内容

促销调查是指对影响企业促销活动的有关资料的收集、整理和分析，了解企业促销的历史、现状及其影响因素的变化，为企业的促销决策提供依据。企业的促销调查必须围绕企业的促销活动来进行，既要了解影响促销的微观因素及其变化，又要了解与企业促销密切相关的宏观因素的变化；还要了解企业促销努力的效果，即各种促销工具的组合运用，对企业促销的影响和作用。

一般来讲，完整的企业促销调查应包括如下内容：

1）促销实务调查

促销实务调查是围绕具体的促销活动而展开的调查，主要有广告调查、公共关系调查、人员推销调查和营业推广调查。

（1）广告调查

① 含义。广告调查是指策划人员对与广告活动有关的一切因素的调查活动，其目的是为策划者提供可靠的数据、资料和素材。

② 广告调查的内容主要包括：

A.社会基本情况调查，包括对人口、社会文化及风土人情、政治状况、社会经济状况等因素的调查。

B.企业经营情况调查，包括企业的历史与现状、企业规模与特点、企业人员素质、经营状况和管理水平等因素的调查。

C.产品情况调查，包括产品生产状况、产品特性、产品生命周期、产品供求状况、市场竞争情况、消费者心理及购买行为等因素的调查。

（2）公共关系调查

公共关系调查的主要目的是通过了解目标公众的态度及其变化趋势，寻求企业形象自我评价与目标公众评价之间的差距，以便根据这种评价来调整企业形象。公共关系调查的主要内容包括经营理念、经营风格、经营状况、员工素质、发展战略、社会责任、公益活动、公关活动实施状况与效果调查等。

（3）人员推销调查

人员推销调查主要包括推销员素质调查、推销员分工与分配调查、推销员报酬调查，以及企业销售力量、销售效果调查。通过调查，取得一些必要的资料和数据，为推销员的分工、分配、激励与管理提供依据。

（4）营业推广调查

营业推广调查的内容很多，主要有营业推广方式、推广手段调查；营业推广时间、推广规模调查；营业推广费用、推广效果调查；营业推广的实施与奖品发放调查。通过营业推广调查，取得相关的资料，为今后的营业推广决策服务，争取做到每次营业推广投入少、影响大、效果好。

2）竞争对手调查

有市场就有竞争，企业要想在市场上立于不败之地，必须重视对竞争对手的了解，真正做到知己知彼。对竞争对手的调查主要包括以下内容：竞争对手有多少，有无潜在的竞争对手，主要的竞争对手是谁；竞争对手产品的质量如何，数量多少，市场占有率怎样；竞争对手的供货渠道状况，对分销渠道的控制程度，是否有特定的消费群体；竞争对手所采取的促销方式有哪些，提供了哪些服务项目，效果怎样，消费者反应如何。

3）客户资信调查

客户调查就是对企业业务伙伴的情况进行的调查。通过对客户进行科学有效的调查与分析，从中了解客户的营销状况及其发展动态，以便作出正确判断，采取相应的对策。客户调查主要包括营销能力、盈利能力、发展能力调查；经营理念、经营方向、经营策略调查；客户形象、声誉调查和客户资信状况调查，其中客户资信调查最为重要。

4）消费需求调查

现代市场营销理论认为，企业的一切活动都是为了满足消费需要，因此对消费需求情况进行调查就构成促销调查的主要内容。消费需求调查包括消费者购买动机、购买行为调查；现有消费者需求什么、需求多少、需求时间调查；现有消费者对本企业产品满意程度、信任程度的调查；潜在消费者的数量、特点、需求状况调查；影响消费需求的各种因素调查，等等。

5) 促销环境调查

企业的促销活动是在复杂的环境中进行的,除受自身条件的影响外,还要受外部环境的制约。环境的变化既可以给企业带来机会,也可以形成威胁。所以,对促销环境调查是企业有效开展促销活动的基本前提。促销环境调查的具体内容有政策环境调查、法律环境调查、经济环境调查、技术环境调查、人口环境调查、社会文化环境调查等。

6) 销售服务调查

从促销角度讲,销售服务也是一种重要的促销方式。销售服务分为售前服务、售中服务和售后服务。对销售服务进行调查,应了解消费者对服务需要的具体内容和形式;了解企业目前所提供的服务在网点数量、服务质量、人员素质上能否满足消费者的需求,消费者对目前服务的意见反映;调查竞争者提供服务的内容、形式和质量情况。

7.1.2　企业促销调查的方法

企业促销调查的常用方法有:

1) 文案调查法

(1) 文案调查法的含义

文案调查又称二手资料调查或文献调查,它是指查询和阅读可以获得(通常是已发表的)与研究项目有关的资料的过程。

文案调查与其他调查方法相比,所获得的信息资料较多,获取也较方便、容易。无论是从企业内部还是企业外部,收集过程所花的时间短而且调查费用也低。

(2) 文案调查的资料来源

一般从企业角度讲,第二手资料可分为内部资料和外部资料。

①内部资料的收集。企业内部资料是经过常规性收集整理后存于企业内部的资料,既包括企业生产经营方面的资料,也包括企业收集到的市场环境方面的资料。

②外部资料的收集。外部资料按其来源可分如下几大类:

A.国际组织和政府资料。

B. 行业内部资料。

C. 图书馆和各种研究机构馆藏资料。

D. 文献目录与行业名录等。

2）实地调查法

文案调查虽然可以获得较多的资料和信息，但所得到的多是二手资料，没有对市场或消费者的需求产生直接的感性认识，就是说没有从市场上直接获得有关资料和信息，因此所得到的不是策划所需的全部资料。要弥补文案调查的不足，就需要实地调查。

实地调查的主要功能就是收集有关的第一手资料（或原始资料），收集的方法大致有以下两种：

（1）观察法

观察法是通过跟踪、记录被调查事物的行为痕迹来取得第一手资料的调查方法。这种方法是市场调研人员直接到市场或某些现场（商品展销会、订货会、商品博览会、商店等）采用耳听、眼看的方式或某些摄录设备和仪器，跟踪、记录被调查的活动、行为和有关事物的特点，来获取某些重要的市场信息。

在市场调查实践中，观察法经常用来判断以下情况：

①商品资源和商品库存观察。

②顾客情况观察。

③营业状况观察。

④痕迹观察。

为了提高观察调查法的效果，调查人员要避免先入为主的偏见，在观察前要根据对象的特点和调查目的做好周密计划。在观察中，要运用技巧，同时要详细、完整地做好观察记录。

（2）询问法

询问法是市场调查中一种广泛使用同时也是一种误用得最多的获取第一手资料的方法。询问法指通过询问调查的方式，向被调查者了解并收集市场情况和信息资料。询问法最易实行且在获取有关人们行为或态度的信息中较灵活，因而用得最多。询问法包含多种具体的调查方法，根据调查人员同被调查者接触方式的不同，可以分为个人访问、邮寄（信函）调查、电话调查等。

①个人访问。系指访问者通过面对面询问和观察被访问者而获取市场信息的方法。它是市场调研中最通用和最灵活的一种调查方法。个人访问的交

谈方式,可以采用个人面谈、小组面谈和集体面谈等多种形式。

②邮寄调查。系指用邮寄的方法将印制好的调查问卷寄给被选中的调查对象,由其根据要求回答填写后再寄回,也是收集信息的一种调查方法。采用邮寄调查,要增加问卷的回收率,必须注意问卷的设计以及采用一些技巧和方法。在调查问卷的设计上,较适宜的形式有:对比法、评价量表法等。

③电话调查。电话调查是指通过电话询问的方式从被调查者那里获取信息的调查方法。电话调查主要是在企业之间,也可通过电话向消费者家庭进行询问调查。

④留置调查。留置调查是将调查问卷当面交给被调查者,说明填写的要求,请被调查者自行填写,由调查者定期收回的一种调查方法。这是介于个人访问法和邮寄调查法之间的一种调查方法,可以消除面谈法和邮寄法的一些不足。

3)实验调查法

实验调查法是指在调查过程中,调查人员通过改变某些变量的值而保持其他变量不变,以此来衡量这些变量的影响效果,从而取得市场信息第一手资料的调查方法。常用的实验有两种形式:实验室实验和市场试销。

7.1.3　企业促销调查报告

企业促销调查报告是整个调研工作(包括计划、实施、收集、整理、分析等一系列过程)的总结。是调查人员劳动与智慧的结晶。促销调查获得的资料,大多数是分散的、零乱的,难免出现虚假、差错、短缺、冗余等现象,加之调查人员的偏见,难以反映所调查问题的本质特征。因此,必须对资料进行整理加工,使之真实、准确、完整、统一,并在此基础上进行详细分析,最后向有关部门提出调查报告。

资料的整理和分析是提出促销调查报告的基础,而提出促销调查报告则是促销调查的必然过程和结果。

1)对资料的整理

收集到的资料,要真正做到为我使用,必须去伪存真,摒除一些虚伪的或不能反映事物本质的信息,然后再将散见零乱的资料加以整理,甚至制成图表,以便分析和比较。

2) 补充完善资料

通过把已收集的资料做进一步加工整理,针对促销调查所需信息的要求,明确其欠缺,必要时通过补充资料满足所需。

3) 对资料的分析

在资料整理的基础上,调查人员还要运用某些统计方法,对资料进行检验和分析,进一步了解和把握不同调查对象与指标之间的关系,以便正确决策。资料分析方法有判断分析法、因素分析法、比率分析法、回归分析法、相关分析法等。

4) 撰写调查报告

在所有的统计图表都出来以后,就进入撰写调查报告阶段。撰写调查报告是促销调查的最后环节,它是以书面报告形式陈述促销调查的结果和结论。如果不能有效地提出促销调查报告,那么即使运用再多的调查技巧、有关工作做得再细致和彻底,整个调查也是毫无意义的。

(1) 撰写促销调查报告应注意以下问题

①调查报告只是围绕调查宗旨进行论证,只要把主题论述完整即可,不必面面俱到把所有问题都罗列进来。其实问卷中的某些问题是企业另有需要,而不是本次调查宗旨所要求的,不必画蛇添足。

②调查报告一般只能围绕调查数据进行论述,不得超出调查数据任意发挥。调查数据以外的图表和数据,只能是用于比较的历史资料,而不能是同期在另一个渠道中得到的数据。否则会否定自己的调查,或使调查报告变成了分析报告,让阅读者怀疑报告撰写人别有用心。

③调查报告撰写者要忠实于自己调查数据并严格据此进行论证,不论调查的数据及其结论与本单位的意图或自己的认识有多大的差距均是如此,而且必须有肯定的结论。不得用模棱两可的语句做结论,这是调查报告的大忌。

④调查报告不能随心所欲地增加内容。尽管报告撰写者是好心或想让单位能够得到更多的情况,也绝不能脱离调查数据进行分析或论证,因为这样不会得到有关部门和领导的好评,恰当的做法是把准备提供的资料作为参考资料或附录放在调查报告的最后。

(2) 调查报告的内容

①题页(封面)。题页点明调研报告的主题,包括委托方的单位名称、调查

机构的单位名称、报告日期等。调研报告的题目应尽可能贴切,并能概括性地说明调研项目的性质。

②目录表。列出调研报告主要内容的页码。

③调研结果和有关建议的概要。这是整个调研报告的核心,应简短、切中要害。使阅读者既可以从中大致了解调查结果,又可从后面的正文中获取更多的信息。

有关建议的概要部分则包括必要的背景、信息、重要发现和结论。有时根据阅读者的需要,提出一些合理化的建议。

④正文(主体部分)。包括整个市场调查的详细内容,含调查使用方法、调查程序、调查结果。对调查方法的描述要尽量讲清是使用何种方法,并提供选择此种方法的原因。

在正文中相当部分的内容应是数字、表格,以及对这些内容的解释、分析。要用最准确、恰当的语句对分析做出描述,结构要严谨,推理要有科学依据或一定的逻辑性。

在正文中,一般必不可少地要对自己在调查中出现的不足之处说清楚,不能含糊其辞。必要的情况下,还需将不足之处对调查报告的准确性有多大程度的影响分析清楚,以提高整个市场调查活动的可信度。

⑤结论和建议。应根据调查结果总结结论,并结合企业的实际情况提出其所面临的优势与困难,提出解决方法,即建议。

对建议要做一简要说明,使读者可以参考本文中的信息对建议进行判断、评价。

⑥附件。附件内容包括一些过于复杂、专业性的内容,通常将调查问卷、抽样名单、地址表、地图、统计检验计算结果、表格、制图等作为附件内容,每一内容均需编号,以便查寻。

7.2　企业促销策划

7.2.1　企业促销策划的含义

企业促销策划就是对促销组合具有创造性的谋划与设计。它包括局部促销策划和整体促销策划。

局部促销策划是对销售促进策略的各个时期的各个活动进行设计。这种策划具有相对独立性和完整性的特点,它能充分体现各自的促销特点和优势,充分应用各自的促销理论与规律,形成自成一体的促销模式。局部促销策划需要注意两点:第一,局部促销策划的独立性是相对的,而非绝对的。实际上,在局部促销策划中必须同时考虑与其他促销策略的相互配合。第二,局部促销策划是整体促销策划的基础。整体促销策划犹如是一部机器,而单一促销策划是这部机器的零部件。因此,局部促销策划的效果直接影响到整体促销策划的效果。

整体促销策划是公关促销、广告促销、销售促进和人员促销如何最佳运用,发挥其最有特效的促销组合策划。主要有:主次配合、进程配合、媒体配合、内容(信息)配合、主题配合、策略(创意)配合、目标配合等。总之,在各自战略、策略的诸方面都要有机结合,相互促进,形成整体促销合力。切忌各自为战,相互割裂,甚至相互对立。

依据决策论、系统论、信息论和控制论的科学论证,任何策划都应该是全过程的整体统筹策划。所以,促销策划从过程上划分为促销调查策划、促销方案策划、促销方案实施策划和促销方案实施效果评估策划,而不能把促销策划仅仅理解为促销方案策划。

7.2.2 企业促销调查与促销策划的关系

企业按照整体经营和营销计划的安排要着手进行促销工作,就必须首先做好一系列的准备工作。这包括市场情况的调查、企业内部的分析、目标消费者的分析等。

从本质来说,促销是企业对市场的变化以及可能的变化做出的相应决策。因此,前期通过各种渠道、方法收集最可靠的信息,分析市场状况的机会与威胁,企业(产品)的优势、劣势,对未来可能发生或变化的状况进行预测并制订相应的策略。

在具体进行促销策划之前,对于是否进行促销以及选择何种促销方式的基本依据和条件是目标消费者的基本情况及数据。

综上所述,企业促销调查是企业促销策划的前提和基础。只有正确的促销调查,才有正确的、切实可行的促销策划。

7.2.3　促销策略与促销工具选择

促销策略与促销工具是促销活动的基本手段。针对性地选择促销策略与促销工具,使之很好地为实现目标服务,发挥促销策略和促销工具相应的作用,是促销策划的重要程序。

1)促销策略的选择

(1)选择原则

①促进性原则。促销的基本特性就是促进销售。考虑促销策略必须考察其促进销售的效能高低,在符合其他要求的情况下,促销效能高的促销策略应是选择对象。

②针对性原则。选择促销策略主要根据是促销的市场目标。促销策略必须能有效体现促销目标所要求的促销属性和指向,也就是说促销策略必须具有目的性、针对性。例如:有奖销售主要是针对短期内促进销售有明显增长并且能制造销售气氛的目标的。又如:累计购物一定数量可获得优惠卡,长期享受优惠的促销策略主要是针对创造顾客忠诚的市场目标的。

③创新原则。促销策略总是在根据促销目标的不同不断创新的,当促销目标有所变化,或者常用的促销策略促销效能降低,消费者接受度降低后,创新促销策略就成为必然。比如:现金累进折扣促销策略,单纯使用,企业成本不好控制,如果与固定优惠率的优惠卡发放相结合,就变成了一种企业与消费者都愿意接受的促销策略。

(2)选择方法

①对现有的促销策略按照促销的市场目标、促销策略选择原则进行有目的的选择。即根据促销市场目标的要求和促销策略选择的原则,对现有的促销策略按照适应性进行排队,选择最适合的策略方法。比如:鼓励消费者尝试新产品,其可用的策略有有奖销售、优惠折扣、示范表演、赠送礼品、免费试用、现场宣传推广,等等。但选择时,如果是高档形象商品,选择有奖销售、赠送礼品较好,反之,则选择优惠折扣、免费试用较好。如果是复杂商品,选择示范表演、现场宣传推广较好,反之,选择有奖销售等较好。

②根据促销目标任务考虑促销策略创新。对于现有促销策略不太满意的情况,可以选择策略创新。如对于展示会形式的促销,一家酒业公司不愿意考虑与其他企业雷同的有奖销售策略,选择降价又担心搞乱市场价格,综合各种

因素,企业推出了有一定新意的"诚征荣誉消费者活动"的促销策略,其内容是凡是在展示期间购物达一定数量的顾客,可以获得一张"荣誉消费金卡",登记持卡顾客每月可凭卡领用 1 瓶酒,本人再买酒可获得八折优惠,金卡 5 年有效。这样,加上现场宣传,这次活动取得了空前的成功。

(3)促销策略组合

①需要进行促销策略组合的情况。一般在促销力度较大、举办展示展销会、新产品上市或开拓新市场时,需要设计组合促销策略。例如:武汉市移动通信公司 2000 年初产品展示会促销,就采用购买手机抽号中奖与报纸广告配合宣传的促销策略。又如:诗仙太白酒在拓展新市场时采用了对消费者买一送一和对经销商适当加大铺货量相结合的促销策略。

②促销策略组合方式方法。促销策略的组合方式方法侧重点在于:把握促销与广告的配合,消费者促销、中间商促销与内部促销的配合,不同促销方式互补性配合,不同促销目标要求的促销方式多样化程度等问题。

2)促销刺激力度选择

选择刺激力度的基本原则如下:

(1)根据促销任务与目标选择

促销任务和目标与促销力度之间有一定的内在联系,而且不同行业之间的联系也有所区别。这种联系一般表现为促销投入与任务间的比例关系。不同行业这种比例关系是有所区别的,有时其区别甚至是巨大的。比如:化妆品、食品、药品等行业,其促销费用达到 15% ~ 30% ,而一些资本品行业,促销费用就相对较低。选择刺激力度,必须考察促销任务大小,必须考察促销对象是什么产品,其规律是什么,有无特殊因素影响等。

(2)根据财务状况选择

大部分情况下,企业促销都会受到财务状况好坏的制约,都要考虑资金投入能力的大小,这一点是硬约束。需要指出的是,许多企业在促销时会超前考虑问题,前期的投入适当多一些,也许当时的财力不是很充足,但考虑到市场机遇和可能的高回报,加大投入力度,也是常有的。当打开市场后,促销的投入比例会逐步正常化。

(3)根据竞争强度选择

竞争始终是促销的诱发因素。市场竞争的强度大小对促销力度的影响颇大。有时候市场竞争是一种主动的扩张行为,是营销管理水平提高的表现;有时候市场竞争不是以我为主的策略,而是竞争诱发的对抗行为。无论哪种情况,考虑竞争强度,设计促销的力度都是必需的。

刺激力度的选择方法主要有:销售百分比法、成本百分比法、竞争对抗法,等等。销售百分比法是根据不同类型产品、不同的市场态势,依据销售任务的一定百分比确定促销费用的方法。成本百分比法是先确定销售总成本,然后确定成本结构,确定促销费用占销售总成本的比例的方法。竞争对抗法是根据实力相当的竞争对手的促销力度,来确定本企业促销费用投入额的方法。这些方法都是较为常用的方法,方法本身难度不大,关键是掌握不同行业、不同产品、不同市场竞争格局下促销的规律和操作经验。

3)促销媒介和工具的选择与组合

促销媒介和工具选择与组合的主要依据是:促销目标的要求,促销策略的要求和指向性。选择时,先考虑促销媒介和工具对促销策略的适合性,再考虑促销媒介的成本、效率、新颖性等因素,做出相对优化的选择。比如:进行赠送与折扣相结合的促销,选择媒介与工具时可以考虑报纸媒介、电子媒介、广告牌、海报、宣传片等。如果是小型的促销活动,广告牌、海报是比较适合的;如果是大型的促销活动,报纸媒介、电子媒介、宣传片都是比较适合的。

进行媒介与工具组合时,必须考虑的问题是媒介与工具之间的区域配合、功能互补、宣传分工、规模大小、影响大小等因素。如上例中,若是大型的促销活动,报纸广告、电子广告主要从市场面、大范围传播信息的角度进行宣传,广告牌、宣传片、海报、促销人员等主要从营造现场气氛、终端销售诱导、指导和服务的角度进行宣传,使大众媒介传播与现场促销相结合,传递信息、吸引顾客、诱发动机、促进购买行为发生,促销媒介与工具的整合作用才能较好地发挥出来。

7.2.4　企业促销经费预算、分配和使用

1)企业促销经费预算

(1)促销经费预算的含义

促销预算是指一个公司在一定时期内(通常是一年)计划投资用于促销上的经费支出,它可以根据促销的传播媒介分为广告预算、公共关系预算、人员推销预算、营业推广预算等。

个别预算是在公司某一个短期的营销活动或者某种产品的促销活动的计划费用支出。它可以让活动执行人员了解公司预算的基础上，合理地分配和使用预算。

在编列个别预算时，必须要考虑到每一种促销媒介如报纸、广告、POP、产品（如彩电、冰箱）在不同的地区（如广州、上海、北京）等。

公司制订了促销目标，在实施过程中的资金就成为影响其过程顺利与否及结果好坏的重要因素。促销的投资力度一般是与销售成正比的，但是在计划促销费用的时候要同时考虑公司的整体情况，既防止预算费用过少，达不到促销目的，也要避免过多的投资产生浪费。

（2）促销经费的预算要考虑的因素

在考虑了各种影响因素，制订了促销目标以及促销活动后，根据以上的计划确定的预算投资，一定程度上可以避免上述情况的出现，也会让促销执行人员在不同阶段、不同地区，根据不同产品合理地分配促销预算。同时，促销预算把促销计划以具体化方式、数字化的资金数额表示出来，为促销进行过程中的控制与活动结束后的评估提供了量化的依据。编列促销预算要考虑的因素有：

①整体经济状况。整体经济形势影响目标消费群体的购买决策。经济景气时，购买的人就多，产品需求量大，也需要较强的促销力度来支持产品的宣传；经济不景气时，公司就会削减促销预算。

②公司的资金状况。做促销预算时，公司的资金状况对其是一个重要的限制，通常促销预算会占到销售收入的2%左右。过高的宣传投入会为企业带来许多负面影响；过少的投入则会影响产品的销售量。

③市场竞争状况。在编制促销预算时要考虑竞争者的投资力度。在产品同共性越来越强的时代，争夺眼球成为公司的目标。大的宣传投入就会赢得消费者更多的关注，因此许多公司是依据其竞争者的促销费用作为指标。

④产品生命周期阶段。在做个别预算中的产品预算时要考虑到产品在市场上的生命周期，在新产品上市初，消费者对其了解不多，需要公司较大的促销投资的支持，以提高产品知名度；在产品已为消费者熟悉的阶段，为了防止消费者遗忘，促销只用来提醒消费者购买就可以了，同时侧重于树立产品的美誉度；在衰退阶段，可不做促销或者仅做少量的促销来吸引消费者。

⑤产品的种类。个别预算中要考虑到不同的产品是需要不同的促销预算支持的，要把预算重点放在那些增长快、赢利高的产品上。

⑥以往促销费用的多少。也是考虑的因素。公司每年都会编列促销预算，同时，每年度末公司都会对当年的促销预算利用效果做出评价。在制订新年度

预算时,要总结往年的经验教训,合理确定下年的预算。

（3）确定促销经费预算的方法

①主观预算法。这种方法是公司的预算编制人员根据经验或仅凭主观判断决定促销预算的多少。这种方法的缺点是人为的因素太多,仅凭主观判断,科学性与合理性都值得怀疑。它的合理与否完全决定于决策人的个人素质。一般在中小型企业中可能采用这种编制方法。

②工作目标法。它是以预算目标为导向,先确定预算目标,再策划达成目标的各种方法途径。预测支持这些途径所需要的资金,最后汇总制订为总促销预算。它的制订是以促销目标为基础的。在实施人员促销时,要考虑到目标消费者的生活方式以及消费者群体购买习惯。只有准确了解目标群体的变化,才能提高成交量,提高投资收益比率。采用人员促销这种高接触销售方式,人员费用是很高的,因此必须谨慎考虑投资与收益比,同时要关注消费者生活方式的变化。

③量入为出法。量入为出法是指为了完成促销任务,根据企业当时的财力状况,来确定促销总预算的一种方法。比如:金龙集团为了完成 2001 年在成都市场的营销任务,根据财力的地区分配状况,在成都地区拟投入 600 万元促销费用。又如:某大型超市,为了抓住新春销售高潮的机遇,综合各方面情况,拿出 100 万元开展迎春促销活动。这些均属于量入为出的预算确定方法。

量入为出不是有多少拿多少,而是根据具体情况,综合各方面因素和多方面用途,能拿出多少搞促销就拿出多少。

④销售比率法。销售比率法是指按照销售额的一定百分比来确定促销预算的方法。各行各业都有一定的促销投入规律,长期的市场营销实践活动,使得企业和业内逐步形成了促销预算投入确定方法,即按照以往多年销售业绩和促销投入之间的比例关系,来参考确定下一个计划期的促销预算。如:百货公司的中低档服装销售,其综合促销费用有的达到 40% 乃至更高。

又如:百货公司的综合促销费率大多在 10% ~ 25%。厂商市场促销,如果是资本品,表现形式上促销预算一般偏低,有的体现在降低报价上,有的体现在促销公关费用上,有的体现在付款方式与周期上,预算比例很难事先确定;如果是消费品,促销预算一般偏高,如食品、化妆品、保健品、药品等一般都在 15%以上。

销售比率法只是一种确定预算的思路,并不绝对。因为,企业在实际运作中,多数情况下难以把 SP 与其他形式的促销分开。

⑤特殊目标投入法。特殊目标投入法是指根据市场发展和销售需要,如新

产品推广、新市场拓展、新旧季节更替、有借用意义的节庆促销等,按照与目标匹配的力度来确定促销预算的方法。这种方法不一定是常规性促销预算确定思路,它是一种为了达到特定销售目标的战役性促销预算确定方法。因此,其力度很难绝对规律化,大都根据当时市场形势、达到目标、企业实力进行综合考虑来确定预算,当少则少,当多则适当多一点。例如:某零售连锁店为了在春节期间造势创效,以高于平时 5 倍的力度开展促销,降低价格平均水平,加大商场内外促销攻势,就取得了节庆市场的先机,其预算水平自然不言而喻。又如:某大型彩电厂商,在上市推广的相当长的时间内,价格降到微利或持平水平,促销力度也比较大,投入水平可谓大。四川生产的一种白酒,在进入长沙市场时,精心策划,天上宣传攻势与地下赠送、促销活动相结合,预算 20 万元,10 天高密度促销活动立竿见影,知名度、指名购买率达到预期效果。这类促销活动的预算确定要根据活动策划策略来进行。

2)促销预算的分配使用

促销预算总水平的确定固然重要,但预算的分配使用也需要促销管理部门精心安排,掌握一定的原则与方法。

促销预算分配使用的原则与方法主要有以下几种:

(1)按照地区分配使用

对于厂商的促销预算确定来讲,必须注意两个层次:一是根据目标市场重要性程度,合理进行地区预算分配,使企业整体市场促销投入相对优化;二是对地区预算进行科学使用,针对地区市场特点选择促销策略,媒介以及策划活动方式,满足地区市场促销需要。

(2)按照阶段分配使用

这里主要是指各地区市场预算按照促销活动周期分配使用问题。如,淡旺季、开拓期与巩固期、年度各时间段预算分配等。

(3)按照活动方式、促销策略、媒介分配使用

这指各地区市场促销活动策划方案中各种促销活动方式、策略、运用媒介的优化分配使用问题。例如:在有奖销售、折扣活动、赠送、公关活动、公益活动、征文活动、促销性广告等方式以及不同媒体上的分配使用问题。

(4)按照产品分配使用

如果公司产品组合较为复杂,就存在产品促销预算分配问题。

（5）机动预算设立和使用

这一点也涉及两个层次：一是公司促销预算分配的机动预算考虑；二是地区促销预算分配的机动预算考虑。通常管理水平较高的企业，一般会考虑设立机动预算。机动预算只有在市场发生突发的、不可预期的剧变和不规律性时，方可使用。当年未曾动用的机动预算，按规定打入下一个年度预算统一调配。

7.2.5　企业促销策划书

1）含义

促销策划书是促销研究完成后，对促销活动全过程各环节"是什么""怎么做"的规范表述。这里需要把促销活动策划书与企业全年性促销计划区分开来。

促销策划书是描述企业每次促销活动的各个环节"是什么""怎么做"的说明性、操作性文本。而企业全年性促销计划则是按照企业营销计划要求制订的反映一个计划年度企业促销预算、任务、目标、活动时段、达到效果等内容的原则性规划。

促销策划书写作之前，必须进行上节介绍的促销策划深入、全面的研究，以形成整个促销活动的方案。

2）促销策划书的主要项目和写作要求

（1）促销策划书主要项目

一般而言，促销策划书的主要项目如下：

①企业销售状况分析。这涉及销售环境分析、销售动态分析、销售相关因素分析等方面。

②促销的产品范围、市场范围、周期。

③促销目标。涉及促销的市场目标、财务目标两方面及其说明。

④促销策略、工具与促销活动方式。这包括促销具体媒介、工具的确定、促销活动的方式、促销刺激力度的确定及有关说明。

⑤促销行动方案。这主要是从指挥者、分工负责、管理协调、机动事务处理等方面详细说明促销活动的具体执行方案。

⑥促销活动与其他营销活动的配合。如果需要的话，必须说明促销活动与广告、人员推销、公共关系活动的统一配合的方案。

⑦促销预算与促销效益分析。确定促销活动的总预算,列出促销活动的各项分类预算、机动预算,说明促销预算使用的原则、要求、预算管理方法等。按照适宜的方法,对促销活动方案能否达到预期的目的,进行投入预算与可能获得的效益分析。

(2)撰写促销策划书的要求

①格式要求。促销策划书的格式基本上分为5部分:封面、目录和前言、正文、署名、附文。

A.封面。策划书的名称,名称必须具体、完整、概括、明确、规范。如"××百货公司促销策划书"就不符合要求,"2003年2月春节期间××百货公司整体促销策划书"会更好些。

策划书的文号,指企业内部策划或策划公司为客户策划时策划书的文号。它一般以"××公司××字××号来注明",如"天地广告有限公司房策字〔2002〕008号"。

秘密等级。促销策划书多数情况下有保密要求,这时需要标明秘密等级,如"秘密""机密""绝密"等。

B.目录和前言。在策划书内容较多时,可以加上目录。前言一般是概括性的开篇说明,可长可短,根据需要掌握内容涉及的方面和深浅。

C.策划书的正文。策划书的正文,根据"策划书的主要项目"顺序写作。一般主要包括以下内容:

a.执行摘要。对整个策划进行简要说明,包括策划活动的背景、指导思想、策划依据等。

b.情况分析。对企业、产品、消费者、竞争者、市场需求、社会经济环境等因素的分析。

c.策划目标。对该策划要达到的目标进行规定和说明。

d.实施过程。对整个广告实施过程进行说明,指出实施的地点、时间、媒体以及注意事项。

e.广告预算。对该广告实施的活动经费的估算。

D.署名。表明策划者姓名或策划组织的名称。注明"策划人××"或"××公司"字样;以及策划书完成日期。日期应照实写明,如果经过了修订,需要注明完成日期和修订完稿日期。

E.策划书的附文。主要是把不太方便放入正文的创意、脚本、文稿、附属文件顺序罗列在后,注明策划参考的文献资料、数据来源,说明策划过程中有关必须注明的问题。

②特殊写作要求。促销策划书写作,有时会有一些与上述一般情况不尽相同的要求,也必须注意。

A. 促销策划提供备案。如果方案要求较高,策划者一般应该提供备案,策划书附件中应有备案准备。

B. 要求做出论证。大型的或比较复杂的促销策划,有的客户要求对方案进行基本论证,这时,对方案的论证部分放在方案之后也是应该加以考虑的。

7.2.6 企业促销方案的实施

1)促销方案实施要求

(1)对负责的高级主管的要求

对于负责促销方案实施的高级主管(通常是公司的市场营销副总经理),或者销售总监来讲,必须做到以下几点:

①通盘把握整个促销方案的方向、策略架构、关键策略点与环节,做到目标明确、措施明确、中心问题明确,便于从整体上掌握情况、指挥促销活动,有节奏地推动和控制促销活动的进行。

②掌握促销活动的总体准备情况,及涉及的各有关部门(如财务部、销售部、市场部、企划部、办公室等)的责任分工情况,各分管部门的负责人与任务落实情况,信息沟通的程序与要求情况。

③严密跟踪监视促销活动的进程,整合企业的各种资源,协调促销活动工作过程中的问题,保证促销活动的顺利进行。

④及时了解市场信息,掌握市场变化情况,对可能出现的问题及时做出决断,灵活处理促销活动的机动问题。

⑤对促销活动的成果加以总结,进行促销活动比较分析,整理促销档案,处理善后事务。

(2)对直接进行促销过程管理的责任部门的要求

促销过程管理的责任部门,一般可以分为管理部门、实施依托部门、配合部门等,对它们的要求如下:

①管理部门。所谓的管理部门,主要是指对促销活动的实施执行过程进行主管的部门。

管理机构完善的公司,这项职能一般是由企划部、市场部(有些公司是销售部),或者相当于这些部门功能的部门来负责的。

管理部门在公司分管负责人的直接指挥下开展工作。其主要职责是,代表公司行使促销活动统筹管理权;制订科学的促销活动实施方案;进行促销日常工作的布置、安排、指导、监督、控制、管理协调;负责促销活动费用的预算与使用;开展促销活动的宣传活动;进行促销活动的总结等。

管理部门必须做到纪律严明、方案周密、日常工作科学高效、管理协调顺畅、费用开支合理、促销宣传适度、活动总结规范。

②实施依托部门。实施的依托部门主要是销售部门。实施依托部门是指促销活动必须借助的部门。机构简明的公司,销售部门既是管理部门,又是实施的依托部门,规模较大、管理机构健全的公司,二者是分开的。

实施的依托部门在公司分管负责人的领导下开展工作,但是要接受"管理部门"的指导、监督。其主要职责是,根据公司计划要求与业务活动紧密结合开展促销活动;与管理部门密切配合做好日常促销事务管理;密切注意销售促进对象的市场反应,及时向管理部门反馈促销信息;收集整理促销数据,做好促销管理的基础工作;与管理部门共同做好促销的宣传工作等。

实施依托部门必须做到配合密切、信息反馈及时、数据完整、宣传得力。

③配合部门。实施配合部门是指促销活动需要其从侧面加以支持的部门。实施的配合部门主要是财务部门、运输部门及其他凡是需要的部门。

实施的配合部门在公司分管负责人的领导下开展工作。其主要职责是根据公司计划要求配合管理部门、业务部门开展促销活动;与管理部门、依托部门密切配合做好日常促销事务的支持配合工作;做好促销管理的基础工作、后勤工作;与管理部门、配合部门共同做好促销的宣传工作等。

实施配合部门必须做到配合密切、保障有力、服从大局、宣传得力。

2)促销方案执行的分工与配合管理

上述讲到,促销方案执行过程中,主要参与者涉及公司分管领导、促销主要管理部门、促销依托部门和促销配合部门,按照促销整体方案的要求,它们在执行过程中必须既分工、又合作,同时服从整体促销管理的需要。

从分工的角度来看,企业策划部门,或市场管理部门,或者销售统一管理部门通常会承担促销活动的管理者、指导者、协调者角色,它们承担了整个促销活动的计划控制、策略制订、策略管理、整体把握、指导、协调、行为约束、应急处理、事务性管理等各方面工作。

销售管理部门通常承担促销活动的具体事务,因为促销活动基本上离不开销售业务活动,促销活动离开了销售管理部门是难以想象的。销售管理部门,具体地按照促销方案要求,承担促销策略、政策实施执行全过程的实际工作。它们在管理部门的指导下,备好货、准备好促销品、安排好专门促销事务管理人员,按照促销管理程序,开展促销事务,并且对促销现场秩序进行管理。促销活动开展期间及以后的一段时间,销售管理部门还必须收集好具体销售数据、促销信息,及时反馈给有关部门。

市场研究部门、财务部门、物流管理部门、服务质量管理部门、办公室等部门,在促销活动中主要是配合管理部门、实施执行依托部门开展工作。

在整个促销活动期间,凡是涉及促销管理部门不好协调、不便于开展的工作,都需要公司分管领导出面加以指挥和协调。公司分管领导是整个促销活动的总负责、总指挥,也是实际领导责任的承担者。管理部门是分管领导日常管理工作的执行者。

3)掌握促销工作的进度

促销活动的成功,除了科学地设立目标,合理地制订预算,协调好各部门人员、资源外,还要把握工作的进度。任何一个促销活动都是一个涉及各方各面工作的活动,是一个相互承接的整体。一个环节进度跟不上,就会影响整体活动的进度。

负责促销活动的营销人员要制订好工作进度并在实施过程中不时督查。因为制订工作进度表时,对各种环境情况、事态发展情况都是推测而来,在实施过程中未免有误差。项目负责人要根据外界环境的变化,协调整个公司的人员和资源,在促销活动后,再对所负责促销活动的日程做适当调整。

4)促销方案执行中促销工作的协调

一个公司的促销活动众多,人员也多。由于人力、物力、资金的有限性,在促销进行过程中可能会出现两个或以上的活动争夺同一资源的状况。如果事先不处理好,这种冲突则会影响促销活动的进度和顺利进行。怎么样才能最大限度地避免这种情况的出现呢?编制好"工作任务表"和"工作进度时间表"是制约性因素。各部门、各种促销媒介及生产销售进程要相互协调一致,同步进行,才能使活动顺利进行,分别从下面两个方面进行协调:

各部门之间的协调。每个部门有不同的职责,也拥有一些独特的资源。促销活动很多是需要各个部门的相互配合才能进行。如:营销部负责制作关于公司产品信息的传播工作,当营销部通过广告、POP、营业推广、目录邮寄等方式把信息传递给消费者之后,使消费者对公司的产品有了初步的认识,知道了它的存在,这时就需要销售部门通过中间经销商、专营店、上门销售等方式把公司产品摆放到消费者能够见得到的地方,这样营销部门做的工作是引起消费者试购该产品的欲望;销售部门就是把产品送到消费者身边说:"买吧,我就在你面前。"如果在大量的产品信息传播给消费者后,但销售部门的工作滞后,产品铺摆不速,则消费者了解了产品却不知道到哪里去购买,这就会使营销工作的费用浪费掉。

各种媒体之间的协调。每种产品的促销都要借助于不同的传播媒体。各种媒体之间的协调现在已日益受到厂家的关注。

5)促销方案执行中问题协调

按照常规,促销方案执行中容易出现的问题可以概括地分为两类:

(1)企业内部问题

促销活动中企业内部需要协调的问题主要涉及管理职责不够明确、分工不够合理、方案存在漏洞、资金使用尺度理解不一、各部门存在沟通与合作障碍、奖品赠品管理漏洞,等等。

这些问题的协调一是需要公司分管领导及时统一指挥、按照既定原则妥善处理;二是促销管理部门要对这些问题的处理负基础性责任,它们必须提出符合实际的处理意见,以供决策者采用,同时,对职责范围内的事务,要及时干脆地解决。

(2)企业外部问题

企业外部问题主要指促销过程中可能发生的,促销对象对促销策略的理解与公司理解存在差距、公司促销政策执行不够严格、促销中发生的法律纠纷、促销善后事务处理不当,等等。

这类事务的解决协调,不应简单地在事情发生后来处理,而应该在促销方案制订、促销策略实施执行前就有应急方案。促销过程中发生的事情如果是事前没有预料到的,应该在公司主管领导的主持下,由管理部门、执行依托部门、配合部门、法律顾问等方面共同商讨妥善处理的对策,以便问题得到有效解决。

本章小结

本章从促销调查与促销策划的实际出发,深入研究了促销调查的内容、方法,促销调查与策划的关系;促销策略与工具选择问题,促销活动的方式、组合与步骤问题,促销预算与效益分析问题以及促销策划书的构思和写作问题等内容。

思考题

1. 如何进行企业促销调查?
2. 企业促销调查有哪些常用方法?
3. 如何选择促销工具?
4. 通常如何确定促销预算?
5. 促销策划书的主要项目和写作要求是怎样的?
6. 促销策略选择方法有哪些?
7. 如何区分促销活动与促销策略? 促销活动应该如何组合?
8. 促销调研、促销策划研究、促销策划书、促销实施之间是什么关系?

能力训练

1. 如何进行促销预算的分配使用? 举例说明。
2. 列举5~8种促销策略组合方式。
3. 如何选择促销刺激力度? 试举例说明。
4. 试以一个实例为依托写出促销策划书纲目。
5. 各小组对前面各章所做的促销方案和模拟促销活动进行综合评价并形成评价报告。

案例分析

两个塑料球如何卖出99元的价格?

一、产品描述

两个网球一般大小的塑料球,放在洗衣机或者洗衣盘里可以起到杀菌的作用,用途类似于衣柜里的樟脑丸。

二、困局

①价格:与其他洗衣杀菌产品相比,"依洁宝"零售价格最高,但是品牌知名度为零;同类竞争产品滴露、威露士、84消毒液等价格不及"依洁宝"的1/3～1/2,其他产品如来苏、双氧水、PP粉等,售价更低。

②试销:镇江地区一年试销的结果是业绩可怜,入不敷出,资金链的极度紧张已经让"依洁宝"面临从市场上销声匿迹的境地。

③人员:无论是常年拼杀在市场一线的"江湖高手",还是曾为许多知名企业服务过的营销咨询师均不看好这个项目。

三、任务

如何为这样一个全新形态的特殊日化产品杀出一条市场血路呢? 如何保证"依洁宝"在零售价格上既要比其他竞品高,又要让消费者感受到"依洁宝"是最便宜的,并且具有充分的购买理由呢?

让"丑小鸭"变成"白天鹅"的任务已经摆到我们面前。

四、产品机理

"依洁宝"的产品机理是将其放入洗衣机清洗桶内,在洗衣过程中,长效强力杀菌因子渗透到菌体内,有效杀灭各种病原微生物(见表7.1)。

表7.1 同类产品对比

产品种类	除菌洗衣机	依洁宝	衣物化学除菌液
使用成本	单价3 000元,使用10年,每天花费0.82元	单价99元,使用寿命1年,每天花费0.27元	单价27元,使用寿命1个月,每天花费0.88元
方便性	方便	方便	手工添加剂量不好掌握
副作用	无毒,衣物不褪色	无毒,衣物不褪色	衣物褪色,伤及皮肤

"依洁宝"有一个很大的特性就是"长效":药剂缓释技术是这个产品的核心,也是"依洁宝"独有的特性。因此最直观的名称就是"长效杀菌球"。

分析与思考:请为本案例策划一个进入当地市场的促销方案。

◇经典促销故事

爱在心里口难开

——潮宏基珠宝情人节促销实录

2004 年,潮宏基"爱在心里口难开,爱熊帮您说出来"情人节促销活动取得巨大成功,遍布全国 150 多个专店中大部分专店日销售超过 20 万元,个别专店销售超过 50 万元,创下行业单天销售最高纪录。潮宏基何以取得如此战绩呢?

一、市场调查:顾客需要商家做什么?

情人节对于珠宝首饰行业是一个非常重要的节目,情人节期间,各珠宝品牌推出的节日产品及促销活动,往往让消费者应接不暇,然而消费者真正需要什么呢? 潮宏基珠宝 2004 年情人节促销活动的策划从消费者需求调查拉开序幕,2003 年 11 月初,潮宏基市场部的办公室内一张"您需要我们做什么?"为主题的调查问卷出来了,调查问卷的主要内容是消费者度情人节的方式、什么事情感到为难、您最需要我们为您做什么等。几天后,3 000 份调查问卷伴随着说明书送到了各潮宏基专店,情人节消费者需求调查活动,就这样悄悄地推进了。

消费者需求调查是促销活动策划的一项重要工作,近年来随着经济的发展,消费者需求变化加快,需求调查显得尤其重要。进行消费需求调查首先是要确定调查目标对象,此外还有调查的内容、方式、地点等。调查目标应与活动的目标一致,并随行业的竞争状况,企业的发展阶段在侧重点方面有所不同。潮宏基本次调查的目标是挖掘消费者潜在需求,以在情人节活动中实现差异化竞争;调查的目标对象应包括活动的目标对象,或与活动的目标对象相同,本次调查的目标对象是 22~40 岁的中青年消费者;消费需求调查可以通过多种方式进行,其中问卷调查和电话访谈是最常用的方式,本次调查采用的是半封闭式问卷调查。调查开始前,公司编写了一份详细的操作说明,较多的人员参与调查是保证调查质量、效果的关键所在。本次调查历经半个月,11 月中旬,调查问卷陆续返回到公司总部,市场部展开了问卷的统计及分析工作。

二、市场分析:顾客的难题在哪里?

在进行问卷分析时,一个问题引起了潮宏基市场部人员的极大关注,对于"什么事情感到为难?"这个问题,有近 45% 的被调查者的回答是"向心仪的朋友说出心里话"或类似答案。为此潮宏基市场部还查阅了一些资料,资料显示,无论是男性还是女性,都喜欢不定时地听到一些情话,有高达58%的女性希望听到"我爱你"这句恒久不变的浪漫情话,而又有约45%的男士将这句话埋在心里,羞于开口。在个性张扬的今天,为什么还会这样呢?潮宏基对消费者的心理状态进行了进一步分析。

对于大多数中国人,在越来越西化的行为方式下,掩盖的还是一颗东方含蓄、委婉的心。自幼受东方文化的熏陶,在不知不觉中绝大多数消费者养成了内敛的性格,形成了极强的自尊心及追求美好未来的信念。强烈的自尊心又产生了潜意识、力量巨大的自我保护意识,正是因为这种自我保护意识产生了害怕一些话讲出后遭到拒绝引起的自尊心受损的潜意识,因此才出现调查所显示的为难的事情是"向心仪的朋友说出心里话"。

当消费者想说的话没有说出来时,就会产生一种焦躁不安的情绪,甚至会产生一种自责、自卑的心理,尤其是对自己心仪的人,而且这种情绪和心理会持续一段时间,并驱使消费者寻找一些替代方式,这就是以物言情的心理背景。在寻找言情之物时,消费者又往往希望能找到与众不同的物品,以体现自己的品位及对接受者的用心。

从上述分析可知,消费者最需要的就是帮其将埋藏在心里的话说出来。

在调查结果统计后,需要进行细致的消费需求分析,消费需要分析应结合消费者的文化背景、社会背景和心理状态进行,文化背景包括文化及亚文化,社会背景包括社会阶层、家庭及其他社会组织中的角色和地位、参考群体等,心理因素则包括消费者购买动机、信念和态度等,本次分析就结合了消费者东方文化背景、极强的自尊、怕受伤害、追求美好未来的信念及愿望未实现时产生焦躁情绪等心理状态。消费需求分析也是一个从表象到实质的一个过程,本次调查分析,表象上体现的是消费者对"心仪的朋友说出心里话"感到为难,实质上是消费者怕自尊心受到伤害。只有这样结合消费者的文化、社会、心理背景,从表象到本质地进行分析,才能真正走进消费者的心里,发掘消费者的真实需求。

三、促销创意:让谁为顾客传情?

针对消费者"爱在心里口难开"的情形,如何帮消费者将埋藏在心底的话说出来呢?

一盒巧克力、一束玫瑰花、一颗钻石都是表达爱意的美好的方式,尤其是象征着忠贞不渝、信守一生的钻石是70%以上女性所期盼的爱情礼物。然而对于这些"此时无声胜有声"的爱情信物,还有没有更具创意,更能体现自己个性的礼物将深埋在心里的话活生生地说出来呢?

将具有特色的爱语录下来,然后在心仪的女士面前播放,将解决很多男士羞于开口的难题,如果这个录音的机器有一个女士们人见人爱的形象,那就更好了!用什么形象呢?公仔熊朴实憨厚的形象,哪位女士不爱呢?会说话的录音熊——爱熊就这样产生了。当您"爱在心里口难开"时,请用"爱熊帮您说出来"吧!"钻石+爱熊"绝妙的爱情礼品组合!

烛光下,一曲浪漫钢琴曲围绕在您俩的心际,您从背后拿出为心爱的她挑选的钻石首饰,并为她轻轻戴上时,一只胸前挂有爱熊胸徽的可爱小熊将您最动人的话,悄悄地说给您心爱的她听,此时爱意将陡然倍增,您心爱的她只有屏住呼吸,静静聆听这爱的语言,此刻,谁还能抵御得了这甜蜜的爱情呢?

四、促销策略:如何网住顾客的心?

"爱在心里口难开,爱熊帮您说出来"虽然是个不错的创意,但爱熊毕竟只是个赠品,顾客真正需要的产品在哪里呢?顾客愿意为它支付多少费用呢?顾客将在哪里购买它呢?如何让顾客了解它呢?这些策略的制订将直接影响到整个活动是否能打动顾客,网住顾客的心。

在火彩跳跃、摄人眼眸的钻石首饰中我们的目标顾客群又钟情哪种风格、哪些款式的首饰呢?浪漫的玫瑰金尤得年轻消费者的厚爱,风吹杨柳般的流线款式更能显示出年轻女性曼妙的身形及一点点的俏皮,在流线型的玫瑰金上镶嵌着一颗璀璨的钻石,或由几颗碎钻众星捧月般地捧着一颗大钻,点亮的不仅仅是生机勃勃、青春亮丽的美,更是洋溢着爱情与幸福,荡漾着聪灵、高贵与智慧的美。您的心能不被她网住吗?

为您心爱的女友买件首饰,您愿意支付多少费用呢?调查显示顾客的选择集中在两个价位段,1 000~2 000元和4 000~5 000元,28岁以下的顾客大部分选择的是1 000~2 000元,29~40岁的顾客则大多选择的是4 000~5 000元,尤其是事业有成,而又无法花大量时间照顾家庭的35~40岁的中年消费者选的价位大都集中在后一价位段。为此潮宏基着重开发了1 000~2 000,4 000~5 000两个价位段的产品,而且将推广产品以低于正常产品8%~10%的价格推出,使情人节产品具有更大的吸引力。见了这样的价格,谁不会心动呢?

为了让顾客更方便选购,潮宏基将情人节产品集中放在一节柜台中,以情人节专柜的方式在全国150多家专卖店、店中店、专柜中统一推出,让顾客在各城市大型百货商场中都能购到潮宏基情人节产品。

如何与顾客沟通呢?潮宏基围绕情感诉求制订了立体化的沟通计划,报纸广告、杂志广告、网络活动同时展开。报纸广告、杂志广告软硬结合,硬广告"爱在心里口难开,爱熊帮您说出来"为主题直接推出促销活动,软文则以爱情故事的方式通过对恋爱者细腻的心理活动的描写来引起消费者共鸣,间接推出促销活动。在网上与SOHU合作,推出以"爱在心里口难开"为主题的情话直通车活动,参与者一方面可以了解本次活动,另一方面也可以将想说的话以情话直通车(网上情人卡和情话短信)的方式发给自己心爱的恋人,并有机会获得相应的奖品(爱熊及本次活动产品)。与此同时,潮宏基还计划在一些重点地区赞助情人节当晚的演唱会,利用演唱会短期内密集的宣传及名人效应进行活动的推广。见到这些信息,谁不会有些心动?

对于一次策划活动,在有了基本创意之后就要进行一些基本营销策略的设置,营销策略的设置需要从目标消费者出发,了解消费者的需求是什么,消费者愿意支付的成本是多少,如何方便目标消费者购买,如何与目标消费者沟通……本次促销活动对消费者的需求与爱好有了清晰的了解,根据消费者需求特点,潮宏基设计了流线型玫瑰金镶单钻和主钻产品,并依据消费者愿意支付的成本设置了两个价位分别满足不同消费者的需求,此外,对货品进行集中陈列以便于消费者选购,在沟通方面,潮宏基以情感诉求为主线采用立体化的、目标消费群感兴趣的方式,并选择了目标消费者经常接触的媒体,起到了较好的效果。

五、促销执行:让所有的顾客注目

1月8日,一场电话会议连通了10个分公司、办事处,潮宏基情人节促销活动准备会议正在进行,会议一方面对活动执行的各项工作做了详尽的安排,并重点强调了以下几方面的工作。

①制订情人节各阶段的销售目标和激励措施,要求各区域在原来月度、周销售目标的基础上,制订情人节各阶段销售目标,并依据销售目标完成的情况给予店长、营业员不同的激励措施。

②活动开始前的培训,活动开始前对营业员、店长进行详尽的培训,让营业员、店长充分掌握活动的创意、产品的卖点、与顾客沟通的方法等。为了达到良好的培训效果,潮宏基市场部还以现场演示的方式录制VCD,发给各个专店。

③专店气氛的布置,本次活动潮宏基专门制作了吊旗、海报、POP、宣传折页、小挂熊,并制作了情人节专柜的道具。宣传品的制作采用平面与实物相结合的方式,在商场内众多的平面宣传品中脱颖而出。专店布置要求1月15日前完成,并要求专店将布置效果用数码相机拍下来传回公司总部。

④区域内、区域间货品的调配,区域经理要随时掌握各专店各款式的销售情况,并依据销售情况及时进行货品的调配。

⑤销售督导,从12日开始,区域经理开始加强专店的巡查,情人节当天,区

域经理每两小时进行一次销售跟踪,并依据跟踪的情况及时进行营业员、店长的鼓励与更高目标的制订。

1月15日促销活动全面展开,潮宏基各专卖店、店中店、专柜被装扮得浪漫、温馨,灯带上随风飘曳的吊旗、柜台上憨态可掬的爱熊、柜台内火彩闪耀的首饰将情人节气氛烘托得淋漓尽致,经过充分培训后的营业员在向顾客介绍产品和活动时熟练地演示爱熊的功能,经常引起成群的顾客观看、聚集人气。此时传播活动同时展开以"爱在心里口难开,爱熊替您说出来"的报纸、广告杂志、广告网络活动、公关活动纷纷展开。报纸广告刊登后,潮宏基800热线电话一直响个不停,活动咨询电话一个接着一个。在公关活动演出现场,台下几千支蜡烛,台上一些著名的音乐人、歌手时而低沉优美、时而高昂激烈的情歌燃烧沸腾了一方方小桌,也沸腾了情侣们的一颗颗心。

整场活动的执行有条不紊,充分地体现了活动的创意,对于这样的创意,这样煽情的场景,作为情人节的目标消费者,谁能视而不见呢?

行百里路者半九十,对于一次促销活动,无论前期分析多么细致,方案多么有创意,策略多么合理,如果执行不到位也只能事倍功半。对于活动的执行,首先,开一次活动准备会议将活动的各要点与各执行部门人员进行细致沟通;其次,进行活动执行培训,活动执行培训一定要让终端人员一个一个过关,最好是能拍摄培训用的VCD,这样能较大幅度地提升培训效果;再次,设立针对性的激励措施,从机制上保证活动能按要求得到执行;最后,设立一些监控措施,如市场部人员进行巡查、将专店活动布置情况拍照邮寄或用E-mail寄回公司等。

本次促销活动取得了理想的成绩。与2003年情人节相比增长了80%以上,潮宏基沈阳中兴等专店情人节当天的销售超过50万元,创造了行业单一品牌单天销售的最高纪录。本次活动之所以取得如此成绩,归纳起来有如下几个方面:

①活动前进行了较细致的调查,了解了目标消费者的真正需要。

②活动有一定的创意,且创意能引起消费者的共鸣。

③以顾客为中心进行各项营销组合策略设置。

④活动的执行比较到位,活动前进行了沟通会议和详细的培训。

资料来源:选自《销售与市场》2004.7,作者:雨林。

第8章
促销活动效果的评估

【学习目标】

通过本章的学习,使学生掌握衡量促销活动效果的方法和各促销活动效果评估的指标体系,并能初步运用该理论与方法对具体的促销活动做出评价,对评价结果进行初步分析。

【引例】

电视广告的剧场试验

电视广告的剧场试验是美国的一些广告公司用于广告效果检验的常用方法,步骤为:

从某大都市的居民电话簿上随机抽取约 1 000 人,给名单上的每位居民寄 4~8 次参加某电视节目预演的邀请,并告诉他们如果来的话就有机会中奖。通常情况下有 300~400 人前来参加。

在电视播出之前,给参加者每位一张有关产品品牌的名单,请他们从每种产品的三类品牌上选择一个他们希望抽奖时能得到的品牌。

接着观众收看 30 分钟的电视片,内播每种产品三类品牌中的一个品牌广告;看完节目,让观众记录下他们对广告所能回忆的部分,然后又给他们另一份品牌名单,让他们选择他们现在想要的品牌,用作第二次抽奖。

最后对每种电视广告效果进行评价,方法是比较观众在观看广告前后品牌选择偏好的变化。

8.1 促销活动效果评估概述

在一定时期内,人们对促销活动实施后的结果与原计划的促销活动目标进行对照、分析,这便是促销活动效果评估。通过对促销活动的全面剖析,人们可以确定促销活动计划的科学性、合理性程度,确认促销活动实施阶段的成果与不足,从而为今后制订新的促销计划及组织新的促销活动提供宝贵的经验和资料。

8.1.1 影响促销效果的因素

要对促销活动效果进行有限的分析评估,必须首先搞清楚影响促销效果的因素。影响促销效果的因素有许多,归纳起来主要有以下几个方面:

1）品牌影响力

任何品牌都是有价值的，其差异性主要体现在知名度、美誉度和用户的忠诚度上。在促销活动中，找准两个品牌之间的"量值点"尤为重要。所谓"量值点"就是将品牌的差异进行量值化，即两种商品在消费者心目中的价值差异。比如：我的产品比对手的产品的美誉度高，当我的产品价格比对手高出300元以内，消费者会选购我的商品，当我的产品价格比对手高出300元以上，消费者会选购竞争对手的商品，此时300元就是一个"量值点"。采取量值化的手法找出"量值点"，促销活动就有了获胜的基础，就可以抓住竞争的主动权。

2）价格

价格的高低直接影响促销活动的成败。价格过高，对消费者没有吸引力，销量上不去；价格定得过低，又白白地扔掉了利润，给企业带来损失。价格是促销活动的王牌，如果产品价格没有下调的空间，任何促销活动几乎都是不可能的。但是，如果企业单纯依靠降价促销，挑起价格战争，最终在竞争中会失败。因此，促销价格应根据市场动态、需求、对手情况决定，不要盲目调价。

3）经销商的推广力度

除了企业品牌广告、促销活动广告形成的拉力，经销商能否主推是提升终端销量的关键环节。经销商的主推力度和意向是厂家不能完全控制的，影响其主推意向的决定因素有三方面原因：

①利润率的高低。经销商会主推品牌利润空间大的产品。

②风险大小。经销商会主推风险小或无风险的品牌。

③发展潜力。经销商会看品牌的发展潜力和企业的后劲，考虑主推这个品牌是否可以带着他一起发展壮大。

在促销活动中，企业可以采取一些措施赢得经销商主推：

首先，培养有发展潜力，有资金实力的经销商主推。有些经销商有钱，但对行业陌生，经营管理较差，经营几个品牌都赚不了钱，这时我品牌就要去争取他、帮助他，协助他走货、上量，培养他的忠诚度，使他自然而然地主推我品牌。

其次，加强经营管理，企业风险是影响经销商信心的重要一环，工厂是否有较大的生产规模，工厂的经营策略是否能得到经销商的认可，品牌在市场中是否有竞争力等，作为经销商，他们随时都在关注这些信息。

第三，诚信可以增强经销商对品牌、对企业的忠诚度和合作信心。

4）广告

在促销活动中,投放广告的明显目的就是向广大消费者传递信息,该信息传递越广,受众面越大,对销量的拉升作用就越强。促销活动广告的针对性相当强,其信息传递普遍选择城市发行量最大、最贴近消费者的晚报、都市报等。在这些媒体刊出平面促销广告的同时,最好配合新闻炒作,集中轰炸。这样做的优势表现在:信息传递快、势头猛,受关注面大,容易成为社会热点,可在消费者中长时间传播。

5）现场气氛

现场气氛包括物理气氛和人文气氛两部分。

（1）物理气氛

物理气氛主要是指展柜布置。要使展柜的视觉冲击力强,就必须在展柜位置、展柜的背景色彩、终端 POP、机贴、射灯上下工夫,使自己产品的展柜与别人不一样,抓住消费者的目光。

（2）人文气氛

人文气氛主要是指产品销售现场的氛围、热销的场面。在促销活动中,营造售点气氛,关键要抓住消费者的心态。中国消费者普遍有从众的心理,所以在恰当的时刻,应选择竞争较为激烈的商(卖)场售点进行现场签名销售,营造现场热销气氛。

6）销售人员的能力

无论是平时销售,还是促销活动销售,销售人员的促销能力都是至关重要的一环。如何提高销售人员的导购能力？首先,要大力支持和督促销售主管开展工作。要制订工作奖惩制度,以制度管人,以理服人,多奖少罚,以身作则。同时要对销售人员定期培训,包括产品知识、导购技巧、企业理念、个人素质培训,等等。其次,设立销售人员奖励基金,实行年终考核奖惩制度,鞭策和督促销售人员干好工作,力求上进。再次,关心销售人员的生活,可通过月度评优、年度评优、节假日集体旅游等活动来提升团队凝聚力,提高士气和集体战斗力。

案例

问题出在哪里？

几年前宝洁的汰渍洗衣粉上市之初,劲头十分强劲,市场占有率和销售额以人们的眼睛移动跟不上的速度向上飙,但一段时间之后,这种势头逐渐放缓了,而在这个阶段销售速度放缓同宝洁以往的经验是不相符的,也就是说一定是在哪个环节上出问题了。于是宝洁公司开始了大量的市场调查工作,对渠道检查过了,没有问题;对产品测试过了,没有问题;对竞争产品分析过了,问题肯定不是出在这里……最后品牌经理把注意力集中到了广告上。其起因是在一次小组座谈会上,消费者在对产品评价时,听到消费者抱怨汰渍洗衣粉的用量大,当追问是什么原因使这位被访者认为用量大时,她说:"你看广告中在倒洗衣粉时,倒了那么长时间,所以,说它洗得干净,其实是因为它用得多。算起来这样更划不来,还不如买奥妙,贵点儿但省呀!"。于是品牌经理赶紧把广告带找来,掐算了一下展示产品部分倒产品的时间,一共 3 秒钟,比奥妙洗衣粉广告的 1.5 秒长了一倍……

8.1.2　促销效果评估的分类

1) 按照对促销活动评价的范围不同划分

按照对促销活动评价的范围不同,促销效果评价可分为专门性促销评价和综合性促销评价。专门性促销评价是指对狭义促销活动中的某一方面或某一具体促销活动效果做出的分析。如对某一次游戏促销的效果测评;对国庆节七天大假的促销效果评估;对某专卖店有奖销售的效果评估。促销活动的综合性评价是对促销活动在某一时期绩效水平的综合性分析,是对企业组合促销能力的全面衡量和考核。如,企业销售利润增长率,企业美誉度提高率等。

2) 按照促销活动各部门之间的关系划分

按照促销活动各部门之间的关系,促销效果评价又可分为促销效果纵向评价和促销效果横向评价。所谓促销效果纵向评价是指上一级部门对下一级销售部门和机构的促销活动进行的分析评价。这种分析通常表现为本期完成情况与上期或历史完成情况的对比,即把促销活动前、促销活动中、促销活动后的销量进行比较,扣除季节、假日等自然因素的增长率,即可得出此次促销活动实际对销量的影响。所谓促销效果的横向评价,是指企业内部某一相同营销业务部门之间的各种促销活动结果的对比,或企业间竞争对手促销活动效果的对比分析。它通常能表示出某营销业务部门在社会上所处的水平的高低。具体操作方式是选择市场份额、品牌地位相当的竞争产品同期的销量对比,或者选择规模、人口、居民消费水平、市场容量以及铺货率相当的城市作为参照对象，一个开展促销，另一个不开展促销，对比其销量的差距。

3）按照促销活动方式的不同划分

按照促销活动方式的不同，促销效果评价又可分为推销人员的考核与评估、广告效果测评、营业推广的评估和公共关系方案的实施与评价。具体内容在后几节中详述。

4）按照促销活动评估时间不同划分

按照促销活动评估时间不同，促销效果评价又可分为促销效果的事前评估和促销效果的事后评估。促销活动的事前评估，即在促销活动实施前进行测试，对其效果做出分析预测的阶段。许多企业对已成功实施过的促销活动进行重复展开以为也会成功，但事实上市场变化太快，企业不可能都准确预计变化的因素，所以促销活动失败的案例也屡见不鲜。所以促销活动尤其是大型促销活动事前评估还是相当必要的。现将企业促销效果事前评估的常用方法说明如下：

（1）意见征询

促销活动实施前的意见征询是最快速而低成本的方式，多用于小规模促销活动。意见征询的主要方法有随机访谈和集中征求意见两种方式。

（2）对比试验

在小范围内对消费者分组进行促销活动的实施和非促销活动的实施的反应结果对比试验，可对促销活动的效果取得更具体、直接的认知。

对比促销活动试验的地点可选择：
①环境条件相似的零售店里进行；
②可在零售店外进行对比实验；
③可在同一市场内进行对比实验。

（3）对经销商的测试

经销商对促销活动的接受程度会直接影响促销活动的成败，所以必须在事前即获得经销商的支持。对经销商的促销活动测试主要从意见征询、深入访谈和综合市场分析、交易因素等得出经销商对促销活动策划有价值的信息。对经销商的事前测试同时也有助于树立经销商对促销活动的了解和信心。

促销效果的事后评估是指一项具体的促销活动实施以后，通过市场反应来考察活动的实施效果。一次促销活动能否举办成功及此次促销活动的各种花销费用是否合理有效促销等,只能靠促销活动事后的评估得知。促销活动事后评估另一重要意义还在于为今后的促销活动寻求经验,避免重复失误。

应当指出,无论采取什么样的评价方法,其评价手段都要借助于具体的评价指标。

8.1.3　促销活动效果评价的原则

促销系统是一个非常复杂的人造系统,它涉及范围广、构成要素繁多且关系复杂,这都给促销活动效果评价带来了一定的难度。为了对促销活动效果做出一个正确的评价,应遵循下列基本原则:

1)客观性原则

评价的目的是为了决策,因此评价的质量影响着促销决策的正确性。也就是说,必须保证评价的客观性。必须弄清资料是否全面、可靠、正确,防止评价人员的倾向性,并注意人员的组成应具有代表性。

2)先进合理和可操作性原则

影响促销活动效果评价的因素是非常多的,因此在建立促销活动效果评价指标体系时,不可能面面俱到,但应在突出重点的前提下,尽量做到先进合理,坚持可操作性。可操作性主要表现在评价指标的设置上,既要可行又要可比。

3)针对性原则

针对性原则是指评价促销活动效果时必须有明确而具体的目标。例如:促销活动效果评价的内容是经济效果还是社会效果;是短期效果还是长期效果;短期效果中是企业的销售效果还是消费者心理效果;如果是心理效果,是评价态度效果还是认知效果;如果评价的是认知效果,是评价媒体受众对产品品牌的认知效果,还是对促销产品的功能特性的认知效果,等等。只有确定了具体的评价目标,才能选择相应的手段与方法,评价的结果也才能准确、可信。

4)可靠性原则

促销活动效果只有真实、可靠,才有助于企业进行决策,提高经济效益。在评价促销活动效果的过程中,要求抽取的调查样本有典型、代表意义;调查表的设计要合理,汇总分析的方法要科学、先进;考虑的影响因素要全面;评价要多次进行,反复验证。只有这样,才有可能取得可靠的评价结果。

5)综合性原则

影响促销活动效果的因素多种多样,既有可控性因素,也有不可控因素。可控性因素是指促销活动主体能够改变的,如促销活动预算、促销方式的选择、促销时间的确定、促销组合,等等;不可控因素是指促销活动主体无法控制的外部宏观因素,如国家有关法规的颁布、消费者的风俗习惯、目标市场的文化水平等。对于不可控因素,在促销活动效果评价时要充分预测它们对企业促销活动效果影响程度,做到心中有数。

6)经常性原则

由于促销活动效果评估有时间上的滞后性、积累性、符合性以及间接性等特征,因此就不能抱有临时性或一次性评价的态度。本期的促销活动效果也许并不只是本期促销活动的结果,而是上期或者过去一段时间内企业促销活动的共同结果。因此,在评估促销活动效果时就必须坚持经常性原则,要定期或不定期地评估。

7)经济性原则

进行促销活动效果评估,所选取的样本数量、测定模式、地点、方法以及相关指标等,既要有利于评估工作的展开,同时从企业本身的经济实力出发,考虑评估费的额度,搞好促销活动效果评估的经济核算工作,用较少的成本投入取得较高的促销活动效果评估产出。如果为评估而评估,那么促销活动效果评估过程就会成为企业的一种负担或者是一种资源浪费。

8)在定性分析的基础上坚持定量分析原则

在对促销活动效果进行评价时,应坚持定性分析与定量分析相结合的原则,并且在定性分析的基础上,以定量分析为主。

8.1.4 促销活动效果评估的意义

促销活动是企业在现代市场上开展的重要活动之一,广义上的促销包括广告宣传、人员推销、营业推广、公共关系等活动,是企业的一项重要市场行为,它的产出状况直接关系着企业的命运。在市场经济条件下,企业的命运实际上也就是经济整体的命运。企业是国民经济运行的基本细胞,是社会财富的主要创造者。因此,促销活动效果与国民经济的整体运行有着密切的关系。除此之外,促销活动效果评价的意义还表现在以下几个方面:

1) 促销活动效果是整个促销活动经验的总结

促销活动效果评估是检验促销计划、促销活动合理与否的有效途径。在评价过程中,要求与计划方案设计的促销活动目标进行对比,衡量其实现的程度,从中总结经验,吸取教训,为下一阶段的促销活动打下良好的基础。

2) 促销活动效果评估是企业管理者进行促销决策的依据

某一时期促销活动结束之后,必须客观地评价促销活动效果,检查促销活动目标与企业目标、目标市场、营销目标的吻合程度,以正确把握下一阶段的促销活动。如果对促销活动的成效胸中无数,就会使企业管理者在经营决策上盲目行动,误入歧途。

3) 促进企业改进促销组合策略

通过促销活动效果的评估,可以了解消费者对促销作品的接受程度,鉴定促销活动主题是否突出,促销形象是否具有感染力,促销语言是否简洁、鲜明、生动,是否符合消费者的心理需求,是否收到良好的心理效果等。这些都为企业未来的促销活动提供了参考资料,并有助于企业改进促销组合策略,使促销活动宣传的内容和促销活动形式的结合日臻完美,从而使促销活动的诉求更加明确。

4) 促进整体营销目标与计划的实现

促销活动评估能够比较客观地肯定促销活动所取得的效益,也可以找到除促销活动因素外影响企业产品销售的原因,如产品的款式、包装、质量、价格等问题。企业可据此调整生产经营结构,开发新产品,生产适销对路的产品,实现经营目标,取得良好的经济效益。

8.2 广告活动效果评估

随着市场经济的发展,市场竞争日益激烈,企业投入广告的费用也愈来愈多,企业在广告上花费了大量的人力、物力、财力,总希望能达到预期的目标。但企业制作、播出广告的过程,只是单方面的一厢情愿。为了对广告进行有效的计划与控制,企业还必须对广告的效果进行评价,评估广告效果已成为企业广告活动的重要组成部分。

8.2.1 广告活动效果的特征

广告活动效果是指通过广告媒体传播之后所产生的影响,或者说媒体受众对广告效果的结果性反应。这种影响可以分为对媒体受众的心理影响,对媒体受众社会观念的影响以及对广告产品销售的影响。

广告活动的效果与其他经济活动的效果不同,主要表现在以下几个方面:

1) 时间的滞后性

广告对媒体受众的影响程度由经济、文化、风俗、习惯等多种因素综合决定。有的媒体受众可能反应快一些,有的则慢一些;有的可能是连贯的、继起的,有的则可能是间断的、迟效的。实际上,广告是短暂的,即便是招牌广告,由于媒体受众的流动性,广告留下的影响也可能是片刻之间的。在这短暂的时间里,有的消费者被激起了购买欲望,很快就购买了广告宣传的商品;有的则要等到时机成熟时才购买该商品。这就是广告效果时间上的滞后性。时间的滞后性使广告宣传的效果不能很快、很明显地显示出来。因此,评估广告宣传的效果首先要把握广告产生作用的周期,准确地确定效果发生的时间间隔,区别广告的即时性和迟效性。只有这样,才能准确地评估某次广告活动的效果。

2) 效果的积累性

广告宣传活动往往是反复进行的。某一次广告宣传由于其传输信息的偶然性与易失性,很难立竿见影。某一时点的广告效果都是这一时点以前的多次广告宣传积累的结果。媒体受众由于多种因素的影响而没有很快产生购买行为,这段时间就是广告效果的积累期。广告主要进行广告宣传,突出广告的诉求点,以鲜明的特色来打动消费者,使他们产生购买欲望,最终达成交易行为。

3) 效果的复合性

广告宣传活动由于媒体不同,其形式也就多种多样。随着经济、科技的不断发展,新的媒体大量出现,极大地丰富了广告市场。例如:动态看板广告就是一种新形式的广告。这种广告又称为互动广告,是一种浮在水面上可以漂动的广告。1996年3月29日,美国第一联美银行的动态看板广告驶过旧金山湾,广告说:"如果您对第一联美银行和富国银行合并不满的话,可以马上行动,换到格伦代尔联邦银行。"(注:格伦代尔联邦银行是第一联美银行的竞争对手,势力逊于后者)这一广告形式当地各大新闻媒体都对此进行了报导,起到了很好的宣传效果。不同的广告媒体具有不同的特点,广告主可以综合加以利用,因而广告效果具有复合性,某一时期的广告效果也许是多种媒体广而告之的结果。在评价广告效果时,要分清影响广告效果或决定广告效果的主要因素,以确保评价的客观性与真实性。

4) 效果间接性

广告效果的间接性主要表现在两个方面:受广告宣传影响的消费者,在购买商品之后的使用或消费过程中,会对商品的质量和功能有一个全面的认识。如果商品质量上乘并且价格合理,消费者就会对该品牌商品产生信任感,就会重复购买;另一方面,对某一品牌商品产生信任感的消费者就会将该品牌推荐给亲朋好友,从而间接地扩大了广告效果。

5) 效果的层次性

广告效果是有层次的,即有经济效果与社会效果、眼前效果与长远效果之分。只有将它们很好地综合起来,才有利于广告主的发展,有利于塑造良好的企业形象与品牌形象。广告策划者开展广告宣传活动时,不能只顾眼前利益,而进行虚假广告,更不能只要经济利益而不顾社会影响。

8.2.2　广告效果评价的程序

广告效果评价的程序大体上可以划分为确定问题、收集有关资料、整理和分析资料、分析论证结果过程。

1) 确定效果评价的具体范围

由于广告效果具有层次性特点,因此研究问题不能漫无边际,而应该事先决定研究的具体对象,以及从哪些方面对该问题进行剖析。广告效果评价人员要把企业广告宣传活动中存在的最关键和最迫切需要了解的效果问题作为测定的重点,设立正式的测定目标,选定测定课题。广告效果评价课题的确定方法一般有两种:一种是首先了解企业广告促销的现状,根据企业决策层的要求确定分析研究的目标,即企业广告促销现状—企业发展目标—企业广告效果评价课题;另一种是根据企业的发展目标来衡量企业广告促销的现状,即企业发展目标—企业广告促销现状—企业广告效果评价课题。

2)收集有关资料

这一阶段主要包括制订计划、组建调查研究组、收集资料和深入调查等内容。企业外部资料主要是与企业广告促销活动有联系的政策、法规、计划及部分统计资料;企业所在地的经济状况,市场供求变化状况,主要媒体状况,目标市场上消费者的媒体习惯以及竞争企业的广告促销状况;企业内部资料包括企业近年来的销售、利润状况,广告预算状况,广告媒体选择情况等。

3)整理和分析资料

整理和分析资料,即对通过调查和其他方法所收集的大量信息资料进行分类整理、综合分析和专题分析。资料归纳的基本方法有:按时间序列分类、按问题分类、按专题分类、按因素分类等。在分类整理资料的基础上进行初步分析,摘出可以用于广告效果评价的资料。分析方法有综合分析和专题分析两类。综合分析是从企业的整体出发,综合分析企业的广告效果。专题分析是根据广告效果测定课题的要求,在对调查资料汇总以后,对企业广告效果的某一方面进行详尽的分析。

4)论证分析结果

论证分析结果是指运用科学方法,对广告效果的评价结果进行全方位的评议论证,使评价结果进一步科学合理。常用的论证评议方法有:判断分析法和集体思考法。

8.2.3　广告效果评价指标体系

广告效果即广告心理效果测定,目的是为了了解广告在知晓度、认知和偏好等方面的效果。

1)广告知晓度的评价

广告知晓度是指媒体受众通过多种媒体了解某则广告的比率和程度。广告知晓度的计算公式如下：

某广告的知晓度＝（被调查者中知道该广告的人数/被调查者总人数）×100%

广告了解度的计算公式如下：

某广告的了解度＝（被调查者中深刻了解广告产品的人数/被调查者中知道该广告的人数）×100%

例如：企业发放对某则广告知晓度调查问卷 50 000 份,在 50 000 个被调查者中,有 45 000 人知晓该则广告,那么该广告的知晓度为 90%。在知晓该广告的 45 000 位媒体受众中,如果有 18 000 人对广告宣传的产品有较深的了解,那么该广告的了解度为 40%。

当新产品上市时,广告宣传的目标只是为了告知媒体受众某品牌产品的存在。当产品处于成长期、成熟期或衰退期时,广告的诉求点则在于产品的功能及特性等方面信息的传输。广告知晓度和了解度正是用于评价不同阶段广告效果的有效指标。

2）广告回忆状况的测定

对广告回忆状况的测定,是指借助一定的方法评估媒体受众能够重述或复制出其所接触广告内容的一种方法。"回忆"常被用来确定消费者记忆广告的程度。对广告回忆的方法,主要有无辅助回忆和辅助回忆两种。

（1）无辅助回忆（又称纯粹回忆）

这种方法是指让媒体受众独立地对某些广告进行回忆,调查人员只如实记录回忆情况,不做任何提示。

（2）辅助回忆

这种方法是调查人员在调查时,适当地给被调查者某种提示。辅助回忆法询问的项目或内容越具体,获得的信息就越能鉴定媒体受众对广告了解程度的高低。

美国史达氏公司（Starth）与盖洛普·鲁滨逊公司（Grllap & Robinson,简称 G&R）是两家广泛运用广告心理效果评价广告回忆状况的公司,他们对评价广告回忆状况做出了重大贡献。其做法是：先把测试的广告刊登在杂志上；广告登出后,便把杂志分发给消费者中的调查对象；随后公司同这些被调查者接触,并与之就杂志及其广告问题同他们谈话；回忆和认识的测试结果可用来确定广告效果。史达氏公司采用此法时制订三种阅读评分标准：

①注意分。即声称以前在杂志上看过这则广告的人数在目标读者中所占

的百分比。计算公式为：

$$注意分 = \frac{被调查中看过某则广告的人数}{被调查者总人数} \times 100\%$$

②领悟和联想分。是指能正确地将广告作品与广告主对上号的人,在读者中所占的比例。计算公式为:

$$领悟和联想分 = \frac{被调查者中能准确叙述广告内容的人数}{被调查者总人数} \times 100\%$$

③大部分阅读分。即声称读过广告文案一半以上的人在读者中所占的比例。计算公式为:

$$大部分阅读分 = \frac{被调查者中知晓广告大部分内容的人数}{被调查者总人数} \times 100\%$$

3) 偏好状况的测定

偏好是经济学研究的重要问题之一。它是指在一些竞争产品中,消费者较固定地购买某品牌产品的心理特征。美国著名经济学家乔治·斯蒂格勒曾说:"趣味偏好是在竞争中筛选出来的。不是随意给定的,它们必须面临一个连续竞争的严峻考验。"这也就是说,偏好在一定时期内是相对稳定的。通过突出感人的诉求点,培养消费者的品牌偏好,对广告主来说是非常重要的。因为偏好一旦形成,在较长时期内将会产生一系列的重复购买行为。

8.2.4 广告效果评价的方法

广告效果评价根据安排时间的不同可以分为事前评估、事中评估和事后评估。相应地,运用的方法也可以分为3种类型。

1) 事前评估

广告效果事前测定的方法是:在广告尚未正式刊播之前,邀请有关广告专家和消费者团体进行现场观摩,审查广告作品存在的问题,或进行各种试验(在实验室运用各种仪器来测定人们的各种心理活动效应),以对广告作品可能获得的成效进行评价。根据测定的结果,及时调整广告促销策略,修正广告作品,突出广告的诉求点,提高广告的成功率。心理效果事前测定常用的具体方法主要有以下几种:

(1) 专家意见综合法

这种方法是在广告文案设计完成之后,邀请有关广告专家进行评价,多方面、多层次地对广告文案及媒体组合方式将会产生的效果做出预测,然后综合所有专家的意见,作为预测效果的基础。

(2)直接测试法

这种方法是把供选择的广告展示给一小部分消费者,并请他们对这些广告进行评比打分。

(3)组群测试法

这种方法是让一组消费者观看或收听一组广告,对时间不加限制,然后要求他们回忆所看到(或听到)的全部广告以及内容。

(4)仪器测试法

随着科学技术的进步,伴随人类心理效应变化而产生的生理变化测试仪,也在不断地创新与完善。在广告领域,作为一种辅助手段,借助仪器测试广告作品效果的做法也多了起来。常用的仪器测试法有视向测验法、皮肤测试法、瞬间显露测验法、记忆鼓测试法、瞳孔计测试法等。

案例

店内广播广告效果实验

美国的爱可公司为了检验店内广播广告在诱导顾客非计划的 POP 购买(即在购买现场做出决定的购买)方面的作用,进行了一项实验。按照商店的规模、地理位置、交通流量以及年头等几个指标,选择了 20 个统计上可比的(相似一致的)商店。随机地选择一半的商店作为试验组,另一半为控制组。在试验商店中播放广播广告,而在控制商店中则不播放。在实验进行之前,收集了有关销售量的单位数和金额数方面的 7 天的数据;然后进行了四周的实验,在实验结束之后收集了销售量 7 天的数据。实验的商品种类、价格等项目各不相同。结果表明,在实验商店中做了店内广播广告的商品,其销售量至少是成倍增长的。根据这一结果,爱可公司认为店内广播广告在诱导 POP 购买时是十分有效的,并决定继续采用这种广告形式。

2)事中评估

广告沟通效果的事中测定是在广告已开始刊播后进行的。事中测定可以直接了解媒体受众在日常生活中对广告的反应,得出的结论也更加准确可靠。但这种测定结果对进行中的广告宣传的目标与策略,一般很难进行修改。只能对具体方式、方法进行局部的调整和修补。常用的广告效果事中测定法有以下几种:

（1）市场试验法

先选定一两个试验地区刊播已设计好的广告，然后在同时观察试验地区与尚未推出广告的地区，根据媒体受众的反映情况，比较试验区与一般地区之间的差异就可以对广告促销活动的心理效果做出测定。

（2）函询法

这种方法一般采用调查问卷的形式进行。函询法一般要给回函者一定报酬，以鼓励他们积极回函反馈信息。调查表中要尽可能详细地列置调查问题，以便对广告的心理效果进行测试。

3）事后评估

广告沟通效果的事后测定虽然不能直接对已经完成的广告宣传进行修改或补充，却可以全面、准确地对已做的广告活动的效果进行评估。因此，事后测定的结论，一方面可以用来衡量本次广告促销活动的业绩；另一方面可以用来评价企业广告策划的得失，积累经验，总结教训，以指导以后的广告策划。绝大部分广告效果评估都是事后评估。广告沟通效果事后评估常用的方法主要有：要点打分法、雪林（Schwerin）测定法、回忆测试法、认知测试法等。

8.2.5　广告经济效益评估

广告的经济效益是广告活动最佳效果的体现，它集中反映了企业在广告促销活动中的营销业绩。广告经济效果评估是衡量广告最终效果的关键环节。广告经济效益评估，就是评价在投入一定广告费及广告刊播之后，所引起的产品销售额与利润的变化状况。"产品销售额与利润变化状况"包含两层含义：一是指一定时期的广告促销所导致的广告产品销售额，以及利润额的绝对增加量，这是一种最直观的衡量标准；二是指一定时期的广告促销活动所引起相对量的变化。它是广告投入与产出结果的比较，是一种更深入、更全面了解广告效果的指标。这种投入产出指标对提高企业经济效益有着重大的意义。

广告的销售效果一般比沟通效果难以测定，销售除了受广告促销的影响外，还受其他许多因素的影响。常用的评价广告经济效益的方法主要有以下几种：

1）广告费用比率法

为测定每百元销售额所支付的广告费用，可以采用广告费用比率这一相对

指标,它表明广告费支出与销售额之间的对比关系。计算公式为:

$$广告费用率 = \frac{本期广告费用总额}{本期广告后销售总额} \times 100\%$$

广告费用率的倒数可以称为单位广告费用销售率,它表明每支出一单位的广告费用所能实现的销售额。计算公式为:

$$单位广告费用销售增加率 = \frac{本期广告后的销售额 - 本期广告前的销售额}{本期广告费用总额} \times 100\%$$

2) 单位广告费用销售增加额法

单位广告费用销售增加额法的计算公式为:

$$单位广告费用销售率 = \frac{本期广告后销售额}{本期广告费用总额} \times 100\%$$

3) 广告效果比率法

广告效果比率的计算公式为:

$$广告销售效果比率 = \frac{本期销售额增长率}{本期广告费用增长率} \times 100\%$$

$$广告销售利润效果比率 = \frac{本期销售利润额增长率}{被调查者总人数} \times 100\%$$

4) 费用利润率、单位费用利润率和单位费用利润增加额法

这是一种综合方法,具体的计算公式为:

$$广告费用利润率 = \frac{本期广告费用总额}{本期广告利润总额} \times 100\%$$

$$单位广告费用利润率 = \frac{本期广告后利润总额}{本期广告费用总额} \times 100\%$$

$$单位广告费用利润增加率 = \frac{本期广告后利润总额 - 本期广告前利润总额}{本期广告费用总额} \times 100\%$$

5) 市场占有率法

市场占有率是指某品牌产品在一定时期、一定市场上的销售额占同类产品销售总额的比例。计算公式为:

$$市场占有率 = \frac{某品牌产品销售额}{同类产品销售总额} \times 100\%$$

$$市场占有率提高率 = \frac{单位广告费用销售增加额}{同类产品销售总额} \times 100\%$$

$$市场扩大率 = \frac{本期广告后的市场占有率}{本期广告前的市场占有率} \times 100\%$$

8.3　促销人员的考核与评估

促销人员的评价是企业对促销人员工作业绩考核与评估的反馈过程。影响促销人员业绩的因素很多,因此对促销人员的绩效考评难度很大,需要建立一套行之有效的指标体系和合理的评价方法。

8.3.1　促销人员绩效考评的作用

1)促销人员绩效考评是衡量促销人员工作报酬的重要依据

对于促销人员,最常见的报酬制度通常有以下 3 种:薪金制、佣金制、薪佣制。除薪金制外,佣金制和薪佣制都需要根据促销人员的业绩提取一定百分比的报酬。所以促销人员绩效考评合理与否直接决定工作报酬的合理性。

2)促销人员绩效考评是企业制订和调整市场营销战略的基础

对促销人员绩效考评能比较准确地反映人员促销活动所取得的效益,比较客观地评价人员促销在促销组合中的战略地位,企业可以据此调整其他促销手段,制订科学的市场营销战略。

3)促销人员绩效考评能促使促销人员更好地为企业服务

合理的绩效考评制度能激发出促销人员工作的热情,同时合理的绩效考评制度能激起促销人员努力工作的愿望和不断追求的期望,单报酬制度与绩效考评制度有机地结合在一起的时候更是如此。

8.3.2　促销人员绩效考评资料的来源

即使建立了良好的绩效考评体系,如果没有准确的绩效考评资料做基础,也不可能对促销人员的绩效做出正确的考评。企业应经常掌握促销人员的有关资料,以便进行合理的评估。促销人员绩效考评资料通常有以下几个方面的来源:

1)促销人员的促销工作报告

评价资料的最重要来源是促销人员的促销工作报告。促销工作报告分为两类:一是促销人员的工作计划;二是促销人员访问报告记录。促销人员工作计划使管理部门能及时了解到促销人员的未来活动安排和现在正在进行的活动,为企业衡量他们的计划与成就提供依据;访问报告是对每一次客户服务的情况汇报,管理部门通过促销人员的访问报告及时掌握促销人员以往的活动、顾客账户状况,并提供对以后的访问有用的情报。

2)促销人员的促销实绩

这是对促销人员工作绩效最直接和最具体的评价,也是对促销人员绩效考评最重要的资料,一般可以通过查阅会计资料取得。促销人员促销实绩通常表现为销售额、新增顾客数、促销访问的平均成本等绝对指标。

3)顾客的评价

促销人员处于企业与顾客接触的最前沿,一言一行都受到顾客的监督,顾客的评价是衡量员工绩效较为客观的指标。所以企业在收集考评资料时应重视顾客的反应。

另外,促销人员绩效考评资料还包括主管人员的考察、其他促销人员的意见,等等。

8.3.3　促销人员绩效考评指标体系

对促销人员的绩效考评工作既是对一个促销团队的绩效考评,也是对促销人员本身的全面评价,包括对企业、产品、顾客、竞争者、促销人员本身的了解程度,也包括促销人员的言谈举止、修养等个性特征。一般有以下主要指标:

1)销售量增长率

反应销售量的变动程度,计算公式为:

销售量增长率 = [(本期销售量 - 上期销售量)/上期销售量] × 100%

如果所销售产品受季节性因素的影响,则其计算公式为:

销售量增长率＝[(本期销售量－去年同期销售量)/去年同期销售量]×100%

2)新增顾客数

新增顾客数是本期顾客数与前期顾客数的比较,计算公式为:

新增顾客数＝本期顾客数－前期顾客数＋本期丧失顾客数

3)本期顾客净增加数

计算公式为:

本期顾客净增加数＝本期顾客数－前期顾客数

4)销售成本对总销售额的百分比

计算公式为:

销售成本率＝(本期销售成本/本期总销售额)×100%

5)销售毛利率

计算公式为:

销售毛利率＝[(本期总销售额－本期销售成本)/本期总销售额]×100%

另外,考评促销人员的指标还有:每个销售人员平均每天的销售访问次数;每次会晤的平均访问时间;每次销售访问的平均收益;每次销售访问的平均成本;每次销售访问的招待成本;每百次销售访问而订购的百分比,等等。

8.3.4　促销人员绩效考评方式

对促销人员绩效考评一般有两种方式:

1)横向评估

横向评估即在促销人员之间进行比较,将各个促销人员的绩效进行比较和排队。这种方式能明确地区分出企业内各促销人员间的绩效差异,是确定工作报酬的基础。通常都是把团队中促销业绩最高者作为比较的基准,给团队成员以压力和动力,激起他们的工作斗志。

2)纵向评估

纵向评估即对促销人员现在的绩效与过去的绩效进行比较,衡量绩效改善情况,为管理决策提供理论依据。比如:销售量增长率、新增顾客数、本期顾客净增加数等就是基于纵向评估的指标。

8.4 营业推广效果评估

8.4.1 营业推广绩效考评的作用

1)营业推广绩效考评有利于客观地评价各种营业推广方式的实际效用

企业可选择的营业推广方式多种多样,究竟什么方式更适合本企业和本企业的产品呢? 营业推广绩效考评为此提供了较准确的信息。

2)营业推广绩效考评为营业推广方案的制订提供依据

营业推广方案的制订通常要考虑6方面的内容,即:推广的规模、推广的对象、推广的途径、推广的时间、推广的时机和推广的预算。营业推广绩效考评主要对推广前、推广中和推广后的销售业绩进行比较分析,为决策者提供有用的信息。

3)总结经验,争取竞争的主动权

通过营业推广绩效考评可以重新认识自己、了解竞争对手。认识本企业的营销决策是否正确,促销组合是否恰当,以便进一步改进;营业推广大都是与竞争对手面对面的交锋,一轮竞争过后,通过评价自己比较对手,知己知彼,牢牢把握竞争的主动权。

8.4.2 营业推广绩效考评

营业推广评估的常用方法是进行销售业绩的变动比较,即比较营业推广活动开始前、进行中和结束后3个时期的销售额变化情况,分析营业推广活动的成效。一般地在推广进行中的销售情况总是比较好的,关键是推广前后的比较。

1)营业推广前后销售额增长率

企业营业推广的目的不仅是为了取得推广活动期间的高销售率,更重要的是为了提高营业推广后销售额的持续增长。该指标是衡量营业推广成败的关键指标,其计算方法是:

营业推广前后销售额增长率=(营业推广后一期的销售额/营业推广前一期的销售额)×100%

2)营业推广前后市场占有率变动分析

市场占有率是衡量企业竞争能力的重要指标,有相对市场占有率和绝对市场占有率之区别。相对市场占有率是指本企业销售额与最大竞争对手销售额的比值;绝对市场占有率是指本企业销售额与全行业销售总额的比值。

如果推广活动后,企业的销售额或市场占有率高于推广活动前,说明推广活动有成效,应在适当的时候继续采取同样的推广方式;若推广后的销售额或市场占有率与推广前持平或降低,则说明推广失败,应该重新调整营业推广组织方式和营业推广手段。

此外,营业推广后销售额增长或市场占有率发生变化,是受多种因素影响的结果,所以还应该结合对消费者行为的分析、消费者调查等方法来评估营业推广活动的实际效果。

3)营业推广活动本身的评价

对营业推广活动本身的评价我们可以采取以下一些指标:销售利润率;由于优惠而销售的百分比;每一销售额的陈列成本;赠券收回的百分比;因示范而引起询问的次数。

一般来说,营业推广活动本身的评估方法有以下几种:

(1)同比分析

一般选取今年的促销活动期间和上一年同一个促销活动期间进行同期比较。例如:2006年的"五一"黄金周的7天和2005年的"五一"黄金周的7天进行比较。某家居建材超市2006年的"五一"黄金周销售额为2 280万元,2005年的"五一"黄金周销售额为1 880万元,同比增长了400万元。

(2)环比分析

选择促销前、促销期和促销后3个相同的时期的数据进行比较。如:某家居建材商店 2005 年的"五一"黄金周前后的客流量为:4 月 24—30 日为 38 270 人,5 月 1—7 日为 68 066人次,5 月 8—14 日为 45 005人次。因此,相对于促销前期,促销期、促销后客流量较促销前分别增长了 29 796 和 6 735人次。

(3)比率分析

除了数额变化分析外,还需要进行比率分析。一是增长比率分析,如销售额增长百分比的同比和环比分析;二是某指标和另外某些指标间的比率的同比和环比分析,如本超市销售额占整个市场容量的百分比,即市场占有率分析,促销费用占销售额、毛利额增量的比率分析等。

评估活动结束后,本次推广活动的组织者还应该向企业管理部门提交一份建议报告,报告内容应包括:本次推广活动的目的、活动采取的推广手段、推广活动的组织方式、活动计划实现指标、计划指标的完成情况、销售利润率、销售增长幅度等,并且在总结本次活动经验教训的基础上,提出合理化建议,以供管理者决策参考和下一次推广活动借鉴。

8.5 公共关系的效果评估

公共关系方案实施的一个重要因素是时机。企业可以利用一些特殊事件或突发事件来实施公共关系方案,或者创造某些条件使平淡无奇的事情变得富有新闻性,以此大做文章,以增加公共关系活动的效果。有时候,一些看似对企业有负面影响的事件,如企业的产品质量危机、服务危机等,如果企业领导重视,运作得当,也会成为企业开展公共关系的契机。

有很多公共关系的机会,特别是新闻传播方面,往往取决于企业公共关系从业人员与某些"特殊人物"的关系,这些特殊人物如报刊杂志编辑、主管领导等,因此,企业应该采用那些有一定背景的人来从事公共关系工作。

由于公共关系的主要目的是树立企业的形象与声誉,不是直接的去推销某种产品,而且往往与其他促销工具一起使用,因此公共关系活动的效果很难进行衡量与评价。比较常用的衡量办法是看公共关系活动在新闻媒体上的展露次数,或在公共关系活动后,消费者对企业或品牌的知名度、美誉度及态度偏好方面的变化情况,以及观察实际的销售额与利润额的变化。通过对这些方面进行分析,可以对企业的公共关系活动及效果做出较客观、准确的衡量和评价,并就未来的活动提出建议。

企业或品牌知名度是指所有被调查者中知道该企业或品牌的人数百分

比,即:

企业(品牌)知名度 =(被调查者中知道该企业(品牌)的人数/被调查者总人数)×100%;

企业(品牌)美誉度 =(被调查者中对该企业(品牌)持有好感的人数/被调查者中知道该企业(品牌)的人数)×100%。

比如:某企业要调查企业品牌的市场影响力,调查了 1 180 人次,收回调查表格 1 000 份,其中有 880 人知道该品牌,有 440 人对该品牌持有好感,则该品牌的知名度 =(880/1 000)×100% =88%;美誉度 =(440/880)×100% =50%。

8.6　促销活动综合效果评估

促销组合包括广告、人员推销、营业推广和公共关系 4 种促销方式的不同组合,每一种促销方式有其特殊的评价体系。但是促销活动常常是 4 种促销方式同时进行的,促销效果也就是 4 种促销方式的综合效果。促销活动综合效果评估方式多种多样,常用的评价方式有:

1)利润总额对比法

即将两个内部条件及外部条件均相同的市场,一个开展促销,另一个不开展促销,将其最终销量乘以单位利润,开展促销的市场扣除其促销费用,两者相比较,得出促销利润效果评估数据。

2)销售利润率对比法

销售利润率是指利润与销售额之间的比率,表示每销售一百元使企业获得的利润。其公式是:销售利润率 =(本期利润/销售额)×100%。销售利润率对比法就是将促销前后的销售利润率进行对比,分析促销活动的有效性。

3)品牌询问法

促销开始前和促销开始后各进行一次品牌问卷调查,主要调查内容是品牌知名度、品牌美誉度、产品认知度,比较两次调查结果,得出促销对品牌、产品影响幅度的评估。

4) 顾客的态度追踪法

顾客的态度追踪主要是调查促销前后顾客的态度的变化情况,以及顾客的消费心理和消费行为的变化情况,用以指导和修正其他促销效果评价体系。企业一般主要利用以下系统来追踪顾客的态度。

①抱怨和建议反馈系统。

②固定顾客样本收集系统。

③顾客问卷调查系统。

5) 综合汇总法

将以上各评估结果汇总,分析其利弊,得出此次促销活动的最终总体效果的评估。

本章小结

促销活动效果评估是促销组合的重要组成部分。根据不同的促销行为,促销活动效果评估有4种不同的评估指标体系和评估方法。广告活动效果的评估主要是为了了解广告在知晓度、认知和偏好等方面的效果;人员促销活动效果评估是企业对促销人员工作业绩的评价和肯定;营业推广是通过比较营业推广活动开始前、进行中和结束后3个时期的销售额变化情况,分析营业推广活动的成效。公共关系活动评估主要考评企业的形象与声誉。对各种活动效果进行综合评价和分析,可以为促销决策提供重要的信息支持。

思考题

1. 什么是促销活动效果评估? 促销活动效果评估应遵循哪些原则?

2. 促销活动效果评估的分类以及促销活动效果评估的意义是什么?

3. 广告效果评估的指标体系由哪些指标构成?

4. 人员促销效果评估的作用是什么?

5. 什么是公共关系效果评估?

能力训练

1. 每学年新生入学的时候,学校的各个学生社团都各出奇招、使出浑身解数推广自己的社团并招募社团成员。请你选择一个社团并为其量身定制宣传活动效果评估方案、做出客观评估、提出改进建议。

2. 1998 年 10 月中旬,绿之源生物工程有限责任公司与武汉各大专院校学生合作,由各校学生会派人把一种特殊媒介的广告宣传品——信箱广告,粘贴在每个学生寝室的门上。这个信箱由硬质纸做成,长 17.5 cm,宽 16 cm,厚 1 cm,可以插进书信、报纸、留言条等。信箱背面贴有一层胶面,只需往寝室门上一贴,就安装好了。整个信箱做工精细、结实耐用、美观大方。信箱的上方印有一个横向的、与真实的饮料瓶外观一致的精美图案,并且根据男女生寝室的不同,分别设计不同的图案和文字。两种信箱都在醒目的位置上印出了产品名称:"绿之源,螺旋藻饮品"。

这种信箱广告一贴出,同学们便争相观看,几个小时之内几乎所有的学生都知道了"绿之源饮品",连平时喝惯了可乐、雪碧等碳酸饮料的学生,也开始关注起"绿之源"。

请你为绿之源的信箱广告设计评估指标。

3. 约翰·沃纳梅克曾说过:"我知道我的广告费有一半被浪费掉了,但我不知道是哪一半。"请讨论:你该如何了解广告费的另一半去了哪里? 广告费的浪费仅仅一半吗? 应该如何避免浪费广告费用?

案例分析

某家居建材超市 2005 年"五一"发起了以扩大市场占有率和增加企业盈利能力为主要目标的促销活动。结果是销售额同比增长了 12.6%,促销期较促销前环比增长了 89%。

另外,我们调查发现:

①该超市所在城市的市场容量与 2004 年同比增长了 18.7%,主要竞争对

手在同城市 2005 年 1 月销售额增长了 20.5%。

②该超市促销后期(5 月 8 日—14 日)与促销前期(4 月 24 日—4 月 30 日)相比销售额仅仅增长了 2.6%,而作为家居建材商品,从"五一"开始进入本年度中第 1 个销售旺季,季节性因素也会带来 20% 以上的销售额增长。

③该超市所发生的广告宣传、赠券等费用与毛利额环比增量基本持平。

④促销期间顾客问卷调查的结果显示,与此前"3·15"促销期间相比,该超市在顾客中的价格形象、商品质量形象和服务形象均没有明显提升。

⑤"五一"促销方式以赠券为主,在随后的访谈调查中,顾客明确表示"不能与顾客玩赠券这种猫抓老鼠的游戏"。

分析与思考:请根据以上数据进行综合评估,本次促销活动算不算一次成功的促销? 为什么?

◇经典促销故事

10 万份派样怎样精确执行

作为专业促销公司的一名主管,我的工作就是把公司的创意准确地执行下去,达到或者超出预期的效果。这次的任务是一个特殊渠道的派样活动,客户是某著名公司,对这次活动非常重视,当然对执行质量要求更加严格,每一份派样品必须有一份相应的反馈资料,他们会亲自进行复查。

一、活动内容

拿到计划书我要马上制订出一份翔实的执行手册以及活动的项目预算和人员安排。虽然做过了非常多的派样,但是仔细读过这份简短的计划书,我还是感到了这次任务的艰巨性。

客户目的很明确:通过这次活动希望能够提高品牌知名度超过该市另外一个品牌,发掘新的消费群,巩固老消费群;让消费者了解该品牌地板护理蜡的使用方法和产品特性,养成消费者使用地板蜡的习惯;通过这次活动最终达到销售额的增长。

活动分三部分环环相扣:

①试用装演示 + 派样。在 20 家大卖场和 100 个高档小区(3 年内新建的)

派样。

②真情送千家。派样活动结束后抽取 1 000 户家庭进行地板免费护理,并对部分家庭进行跟踪报道。

③开门送金珠。对于派样的消费者进行不定期拜访,如果消费者在使用该产品,就会获得我们的金珠(见图 8.1)。

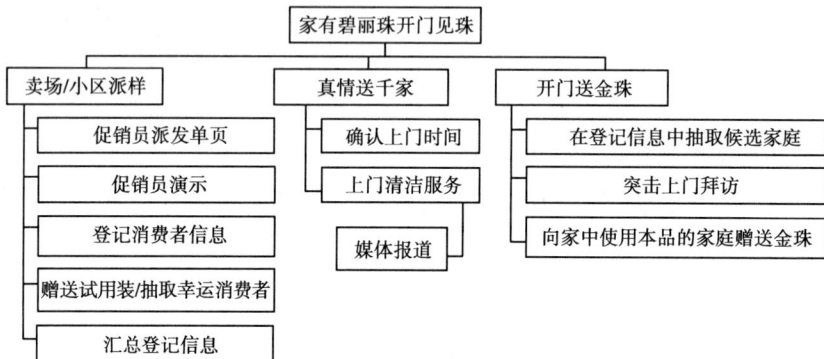

图 8.1　"家有碧丽珠开门见珠"派发活动流程图

活动对象:25~45 岁收入较高的女性。

派样数量:4 周内完成 10 万份。

派样地点:大卖场入口和小区入口,演示 + 派样(增加可信度)。整个活动时间跨度预计是 3 个月。

二、前期准备

经过分析活动计划书,一份执行手册很快出炉。根据客户要求,10 万份派样品要 4 个周末(8 天)在 20 个大卖场、100 个高档小区完成派发,另外大卖场要连续派发两天。这样每天要派发 20 个小区,留下 1 天作为补派时间。我需要的人员也清晰了,1 名城市督导负责总控,20 名助理督导负责蹲点(每人负责 1 个大卖场或者 1 个小区),4 名理货员分 4 部车进行送货,每个派样点配 3 名派样员,总计 60 名(见图 8.2)。

根据以往的经验在这么短的时间内完成这么大规模的派样,而且是这种首次接触的特殊渠道派样,活动的每一步都要责任到人,人员工作职责显得尤为重要(见表 8.1)。

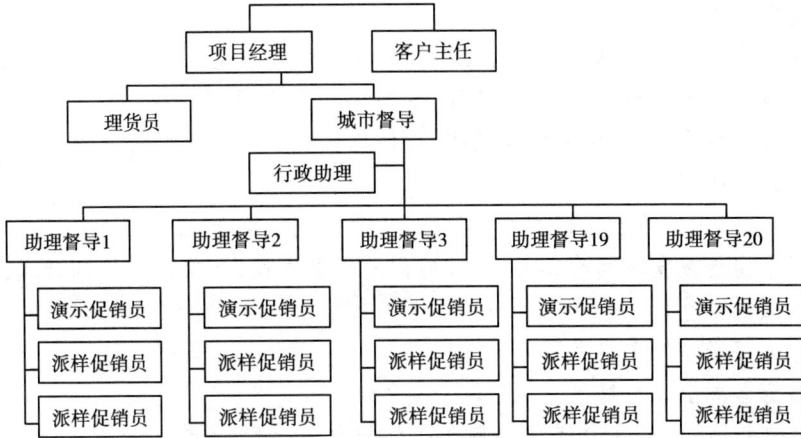

图8.2　派样活动人员分工

表8.1　派样活动人员工作职责

职务名称	客户主任	项目主管	督　　导	派样员(每个点3名)
工作职责	1. 沟通客户,项目执行人员 2. 每周数据分析,报告客户 3. 项目总体进度控制和质量监督 4. 派样人员工作最终评定	1. 制订执行手册和促销人员培训手册 2. 培训和工作安排 3. 突发事件处理 4. 监督活动质量,控制活动流程 5. 每日派样数据的汇总及上报 6. 人员工资初评	1. 办理派样员进场手续 2. 每日巡点,监督派样员工作 3. 协助派样员保管派样用品 4. 突发事件报告处理 5. 收集报表,理货 6. 安排派发样品的接收、保管及分配	1. 正确派发样品 2. 演示道具的正确使用 3. 派送速度的判断及汇报 4. 派送现场控制 5. 资料表格填写及情况汇报 6. 现场突发事件的处理和报告

(一)督导培训

办理驻场手续(本次活动原则上只需保证活动正常开展,除非派发渠道要求必须办理)和小区的买进(给一定的物质报酬换来场地和使用权)工作。

①做什么:

与销售人员进行沟通,让其清楚了解活动方式及要求。

陪同客户销售人员买进,了解商场的负责人。

高档小区由督导或者助理督导单独买进。

②怎么做：

在买进时，详细、认真询问并记录派发场所驻场程度及制度规定(如派发人员必须按商场要求着装，要有健康证，或要押金、买进费等)。

办理驻场手续时，带齐所需证明、证件及各类费用与派发员一起前往，并询问清楚作息时间。

办理驻场后，清点应带回的物品(如发票、收据、胸卡、工衣等)。

每个商场派发时间为2天(具体时间随各点进程，如果没有按期开展，须及时通知项目主管)。

每个商场安排3名促销人员。

商场名单由客户提供。

买进标准：促销人员着统一服装于促销桌旁派发和演示，商场应提供固定的出口演示地点，同意我方派发和演示原则，以及有水源。

高档小区买进同上。如果遇到要买进的，就用产品抵。

注意：在开展买进工作时，有特殊情况第一时间通知项目管理，并每日如实填写《商场买进情况表》和《小区买进表》，要当日交给项目主管。

(二)派样员培训

通过同学校勤工俭学处联系，招聘大学生作为兼职人员，根据150%的招人原则，最少要90人；对应聘者进行面试；初步筛选应聘者；培训应聘者；确定适合人选，并与其签订《派样员协议》；每日巡场，监控活动情况；活动结束后按规定发放人员工资。

派样员注意事项共有10点：

①派送时必须使用标准派样用语，并将样品亲手交给消费者。

②如遇消费者询问情况，应详细准确回答。

③派样员在投送样品时应注意派发质量，如发现不合格产品应主动收回并交还督导，并登记损坏数量。

④根据人群流动方向单向派样，降低重复率。

⑤派样员须服从督导命令，不可自我行动，尤其对区域划分应特别注意，不要超过自己所负责的区域。

⑥派样员应注意服装仪容，按规定穿着，并保证衣物整洁。

⑦工作执行中不得抽烟，不得吃零食或其他食物。

⑧绝对禁止在工作时间内溜班从事其他工作或活动，或泄露业务机密。

⑨遵守派发渠道规章制度。

⑩物流管理和数据控制：接收活动物资，安排物资仓储，负责派样品流量安

排,安排制订行车路线及发放派样品,活动结束后返还物资,每天活动结束后收集当日派样表格并上交相关表格,必须确保数据的准确性。

三、活动执行

为了确保活动万无一失,我们要对每一个小区和大卖场进行买进,同时必须保证活动宗旨能够贯彻执行下去,为此我采取了3个重要的控制手段。

(一)填写《买进表》——了解情况进行工作安排(见表8.2)

表8.2 买进表

小区(商场)名称		物业负责人		MOBILE/BP	
地址				TEL	
场租		可否提供保安		住户总数	
小区出口总数		派样位置(哪个出口)			
缺货位置		易拉宝位置		水源	
允许派样位置		派样人数		进场时间	
还货安排			现场产品试用		
执行当天起止时间:					
需办理手续:				可否由小区统一办理	
特殊情况说明:					

表格填写最基本的要求是不能有空白。表格将我们需要的所有信息都体现出来了,这是下一步工作安排的依据。根据表中的地址,我们可以知道到达派样点需要的时间;根据派样人数,我们可以计算出应该发多少派样品等。督导或助理督导负责各自买进的派样点,这样可以避免推卸责任,更利于现场控制。商场也以此为原则。

为了保证小区的有效派样,活动前要进行宣传。和居委会或物业公司联系,在小区公告栏张贴活动宣传单页,或者向每个住户的信箱发送宣传单页。告知住户活动情况,可以吸引感兴趣的目标消费者到现场。

为了后期数据统计的准确性,我们根据事先调查的小区资料按楼号、室号事先准备一个表格登记。领取过的用户留下记录,派样员可以查对以避免重复派样。

所有的买进工作完成后,我们将每20个相对集中的小区划分为一个单位,每个小区派1个助理督导、3个派样员助理督导负责派样员的管理和小区的协调。

(二)《派样反馈表》——检查和复核基础

派样反馈表主要用于派样抽查内容,包括接受派样品的消费者的姓名、年龄、地址、电话,督导利用这份表格可以检查派样品是否真正被送到了消费者手中。派样反馈表由助理督导下发,同时规定,派样道具和派样品在每天派样开始前,由理货员跟车送到派样点。当天派样结束后将剩余派样品和派样道具收回,同时收回当日派样反馈表,由助理督导对数且清点无误后才能结束当日工作。这样,每天的道具损耗情况和当日派样情况就非常清楚,每天的工作脉络、重点也清晰了。

为了保证派样成功,我们在流程上设计了多种巡查和复核方法,包括当日督导复核、主管复核、隔日电话复核。而且运用了很多巡查技巧,比如在隐蔽的远处观察派样员的派样情况、巡完该点后再杀一个回马枪、询问小区保安派样员的工作情况等,可谓煞费苦心。复核的基础就是反馈表,运用经验可以发现可能存在的问题。如派样数量和领货数量是否一致,不合理的小区地址和电话,当日反馈表和巡点表是否一致等。通过复核,我和督导们记录下了第二天要停止哪些派样员的工作、重点要检查哪些问题、计划的调整等。

(三)《每日巡点表》——工作考核依据

每天工作结束,督导或助理督导必须做一件事情,即把当天的巡点记录表填写清楚。表中包括当天的派样情况、派样数量、计划完成情况、出现的突发情况以及解决办法、派样员出现的违纪情况等。巡点表由公司统一收回进行当天工作总结,对出现的问题讨论解决。在开始第二天工作之前,由督导或助理督导把总结情况传达下去,目的就是要让团队的每一个成员了解整个团队的状况,做到奖罚分明,让所有派样员都知道,她们的行为都在控制之中,当然其中也含有威慑的成分。

四、震慑行动

派样开始第一天表面看起来一切顺利,一切都按计划执行,但是我当天巡查时已经发现了很多违规现象。例如:派样给非该小区住户、现场不做演示、派样员之间聊天等。我非常清楚,如果我们不能够很好地执行所有的制度就成了一纸空文。当派样结束后检查反馈表和巡点表时我们又发现了更多的问题,必须当机立断。

当天晚上我们电话通知所有派样人员次日早上到公司开会。大会上,我们宣布停止前一天有问题的派样人员的工作,并且清楚地告诉了她们被辞退的原因,对怀疑有问题的派样员在经济上给予一定处罚,同时重申纪律和制度,要求所有派样人员必须严格遵守执行。从她们的眼神中我知道她们已经完全被慑服了。

五、圆满完成

规范的组织安排和工作流程设计,加上严密的执行控制,我们第一步"派样+演示"做得非常成功,后续两个活动"真情送千家""和开门送金珠"在此基础上也得以成功顺延下去。3个月后,我正在统筹另一个项目的时候,得到了令人欣喜的消息:根据客户的销量统计,活动后的销量比活动前提高了19%,并且该品牌的市场占有率上升为当地第一。这次活动得到了客户总部的肯定,并将其放在公司国际网站上进行推广,对此我不由想起一句话:"没有良好的执行,再好的创意也是空谈。"

资料来源:选自《销售与市场》2004.5,作者:夏庆利。

第9章
促销人员管理

【学习目标】

通过本章学习,使学生了解企业促销人员的基本岗位职责和社会责任,明确促销人员应具备的基本素质和基本职业能力,并熟悉和掌握促销人员应遵守的职业准则,为今后走上岗位做好职业准备。

【引例】

一个乡下来的小伙子去应聘城里"世界最大"的"应有尽有"百货公司的促销人员。老板问他："你以前做过促销人员吗？"

他回答说："我以前是村里挨家挨户推销的小贩子。"老板喜欢他的机灵："你明天可以来上班了。等下班的时候，我会来看一下。"

一天的光阴对这个乡下来的穷小子来说太长了，而且还有些难熬。但是年轻人还是熬到了5点，差不多该下班了。老板真的来了，问他说："你今天做了几单买卖""一单！"年轻人回答说。"只有一单？"老板很吃惊地说，"我们这儿的促销人员一天基本上可以完成20～30单生意呢。你卖了多少钱？""300 000美元。"年轻人回答道。

"你怎么卖到那么多钱的？"目瞪口呆、半晌才回过神来的老板问道。

"是这样的，"乡下来的年轻人说，"一个男士进来买东西，我先卖给他一个小号的鱼钩，然后中号的鱼钩，最后大号的鱼钩。接着，我卖给他小号的鱼线，中号的鱼线，最后是大号的鱼线。我问他上哪儿钓鱼，他说海边。我建议他买条船，所以我带他到卖船的专柜，卖给他长20英尺有两个发动机的纵帆船。然后他说他的大众牌汽车可能拖不动这么大的船。我于是带他去汽车销售区，卖给他一辆丰田新款豪华型'巡洋舰'。"

老板后退两步，几乎难以置信地问道："一个顾客仅仅来买个鱼钩，你就能卖给他这么多东西？"

"不是的，"乡下来的年轻促销人员回答道，"他是来给他妻子买卫生棉的。我就告诉他'你的周末算是毁了，干吗不去钓鱼呢？'"

9.1　促销人员的社会价值

促销人员包括两种类型或两个层次的人员，一类是促销活动的策划与组织管理人员，另一类是直接从事、间接参与企业促销活动或为促销策划方案实施提供保障性服务的所有一线工作人员。

在企业的促销实践中，促销策划方案的制订、组织与实施是由促销人员具体完成与现场实现的，企业的促销策划案中的促销策略与技巧也是由促销人员直接掌握并具体实施的，可以说促销人员的观念、知识、素质与能力对于增进顾客与企业的沟通,促进企业促销策划案的有效实现起着举足轻重的作用。因此,不断提高促销人员的素质与能力是企业促销活动成功的先决条件。

在产品促销活动中,促销人员既是企业形象的代表,又是联系顾客的大使;既要履行自己职责,又要满足顾客需要;既要实现预期经济效益,又要为顾客提供周全的服务,总之,促销人员肩负重任,承载着艰巨而重要的社会作用与价值。总体来说,促销人员的社会价值可以归纳为社会责任、岗位责任和职业功能 3 个方面。

9.1.1　促销人员的社会责任

促销人员的社会责任是指在促销活动中,通过促销战略、策略的实施,经过促销人员艰苦细致的工作,所应该实现的社会价值,所应该产生的社会效益。总体而言,促销人员承担的社会责任是通过沟通市场信息,促进产销联系,推动商品交换,增强企业营销能力,有利于提高企业综合实力,有利于提高国民生活质量,有利于社会文化经济发展进程。

1) 促销人员应该以沟通市场信息,促进产销联系,推动商品交换为自己的社会责任

促销人员明确这一社会责任,就要在促销活动中把信息沟通作为核心工作。作为促销人员,"促"是工作的核心,"销"是工作的最终目的。促销的本质是企业与其顾客信息的沟通与传播。通过促销活动,促销人员及时、有效地向目标市场传递有关企业及其产品或服务的信息。同时也把目标市场的有关信息收集反馈给企业,使企业与消费者之间实现有效的信息沟通与联系,以促进商品交换的顺利实现,从而使消费者需求得以满足,企业利润得以实现。

2) 促销人员应该以增强企业营销能力,提高企业综合竞争实力为自己的社会责任

在促销活动中,把长远利益和当前利益的关系处理好,把增强企业营销能力,提高企业综合竞争实力作为核心任务。促销是促进产品销售的简称,促销是企业将有关企业及其产品的信息通过各种方式传递给消费者或用户,促进其了解、信赖并购买本企业的产品,以达到扩大销售的目的。同时,促销的效果不一定直接表现为产品的立即销售,还可能表现在多个方面。例如,可能是企业产品知名度、美誉度的提高,也可能是企业品牌价值的提升,或者是与顾客沟通

后的关系加强,等等。虽然有时市场营销活动并不一定能够立即实现直接销售的目的,但却很可能有利于增加或促进总体销售量的提高。

3)促销人员应该以有利于提高国民生活质量,有利于社会文化经济发展进程为社会责任

要在促销实践中把社会效益、消费者利益放在首位,在符合社会利益、消费者长远利益的前提下开展促销活动。企业是国民经济的细胞,企业的促销活动又是面向消费者大众的一种信息传播活动。因此,在促销活动中不能不择手段通过欺骗消费者、坑害消费者、损害消费者利益来获取利润;也不能开展那些损害社会利益的促销活动。企业促销人员应该以传播一种先进文明的消费意识与观念给社会大众和传播一种进步的生活质量标准给社会为己任。

9.1.2　促销人员的岗位责任

促销人员的岗位责任是指作为企业内设的一个经营管理部门与岗位,在企业营销活动中,通过促销战略、策略的实施,所应该实现的企业价值和应产生的企业效益。促销人员承担的岗位责任是:

1)研究和策划企业促销方案

在产品促销过程中,促销人员既代表公司,又联系顾客;既要取得经济效益,又要为顾客提供周全的服务。曾任《人民日报》海外版总编辑的丁振海先生说过:"合格的策划人在不断用脑思考的同时,还需要用眼去观察,用口去调查,用耳去倾听,用手去实施。只有经过策划人艰苦的工作,只有深入企业,熟悉企业的产品和服务,我们的策划才能获得企业的认同,获得社会的认可,也才能在市场实践中获得双赢的结局。"促销人员作为企业营销战略的突击力量,其首要的职责就是根据企业的整体营销战略的要求和市场销售任务完成的情况,制订切实可行的促销方案,为保证企业年度销售计划的完成和营销战略的实现做好具体的实施性战术规划,并创造性地运用企业现有资源实现企业利润的最大增值。

2)执行企业促销计划

促销人员应准确、及时地执行企业制订的促销计划,保证促销方案的有效实施,并向目标市场传递有关企业、产品(或服务)的信息。促销人员在产品促

销过程中,必须掌握所在企业的有关信息资料,如企业的经营历史、经营规模、产品的市场地位、工艺水平、品种质量等,以便在适当的时间和地点,用适当的销售方式和价格向顾客介绍和提供企业的产品(或服务),并向顾客展示、示范,启发购买,引导消费;同时,促销人员还应随时搜集和掌握有关市场信息资料,例如:消费需求的变化趋势,顾客对产品质量、规格档次、花色品种、包装、价格、服务等方面的要求;竞争企业的情况,包括它们的产品质量、工艺水平、品种规格、价格档次以及促销的战术策略等。此外,还要了解消费者对本企业产品的评价意见、品牌忠诚状况,以及外部社会环境对企业营销活动的影响。这些信息要及时、准确地搜集并反馈给企业,以便企业决策者审时度势,制订可行的经营战略。

3)开拓新的目标市场

销售产品是促销人员的主要职责。促销人员要成功地完成产品销售任务,必须通过各种促销形式,促使潜在顾客产生购买欲望,最终成为现实的顾客。例如:通过新颖的促销活动来引起顾客的注意,通过优惠的促销手段促使顾客产生兴趣,让顾客参与促销活动而使他们产生购买欲望,提供有吸引力的实惠措施促进顾客购买,等等。顾客购买产品,尤其是单位价格比较高的产品是一个高度介入的复杂的过程,需要促销人员开展有针对性的工作来达成交易。

4)分析目标市场需求变化的影响因素

通过信息的收集、整理、分析、传递与储存,追踪目标市场需求的变化,分析市场机会与风险,发现开拓与进入新市场的最佳时机。在企业整体营销策略的配合下,实施市场开拓活动。

5)制订企业产品的销售网络计划

协助企业销售经理选择可以利用的中间商及其他销售渠道,为企业产品销售铺路搭桥。

6)完善销售服务

(1)售前服务

在销售之前,促销人员应该积极有效地向目标市场传递有关企业及其产品或服务的信息,同时积极了解市场需求信息并反馈给企业营销决策层。促销人员必须掌握所在企业的有关信息资料,如企业的经营历史、经营规模、产品特性与市场地位、品种质量等,以便向顾客介绍和提供企业的产品或服务;另一方面,促销人员还应随时收集和掌握有关目标市场的信息资料,以指导企业的生产经营活动。

(2)售中服务

售中服务就是商品促销过程中的服务工作,它是决定促销成功与否的关键因素。促销人员在产品促销中提供服务的项目与质量,体现着企业的经营理念。因此,搞好促销过程中的服务工作,是促进顾客产生购买欲望、达成交易的有利手段。在销售活动中,促销人员的主要责任是实施消费者教育,以诱导需求,激发购买欲望,促成购买行为。这是决定促销成功与否的关键因素。

(3)售后服务

售后服务就是在商品销售后的一定期间内,根据顾客的需要继续提供服务。搞好售后服务有利于延长商品的使用年限,保护用户的经济利益,也有利于树立良好的企业形象,扩大产品品牌的知名度,从而增强企业的竞争力。售后服务的形式多种多样,如介绍产品性能、特点、适用范围,指导用户正确地使用和维护产品,为客户设计、安装产品,实行包换、包修、包退制度,建立技术服务站,为顾客提供技术咨询工作,开展上门维修服务业务,对于大件商品开展送货上门业务,等等。

7)做好善后工作

某一次促销活动的完成并不等同于促销工作的结束,对促销人员而言,还有大量的事情要做,并且只有做好这些事情才能为以后的促销工作创造有利的条件。一是继续与顾客保持联系,定期地与顾客接触,了解他们对产品使用情况的满意程度。对不满意者要采取一些补救措施,以防失去顾客。对于顾客提出的合理要求要尽量满足。二是要保存销售记录。促销人员要把销售过程中的有关情况做详细记录,对顾客的基本情况、购买商品的情况、顾客的意见、顾客未来的需要、竞争对手的新产品等资料进行认真的加工、整理,为企业领导进行营销决策提供客观依据。三是对重点顾客进行分析和管理。从促销人员的销售记录中选出那些购买量大的顾客作为重点顾客,将他们作为未来促销工作的重点对象,以提高销售工作的效率。

9.1.3 促销人员的职业功能

促销人员的职业功能是指作为促销活动的策划、组织与实施工作,其独特的职业在营销活动中所应该具有的作用和应产生的效果。促销人员的职业功能是发现需求、说服顾客、提供服务。

1）发现需求

发现顾客的潜在需求是促销人员的职业本能。在营销活动中，促销是企业主动适应市场变化的一种表现形式，促销活动是否达到预期效果，关键是其促销的内容、形式、时间和地点是否符合目标顾客的诉求。因此，开展市场调查、建立重要客户档案、跟踪客户使用产品情况、了解客户对产品的意见和建议、预测顾客未来的需求变化，从中发现顾客的潜在需求，是促销人员最基本的职能之一。

2）说服顾客

说服顾客是促销人员的职业基本功，也是促销工作特有的职业特征。企业促销活动的过程是企业与顾客沟通的过程。良好的沟通可以增进顾客对企业和促销人员的了解，加深顾客对企业和产品的印象。同时，促销又是促销人员与顾客"双向"交流意愿的过程。一种商品能否被顾客所接受并喜爱，除了商品本身的性能、质量和款式外，商品介绍和宣传也是一个重要的诱因。但"喜爱"并不等于"占有"，要促使顾客从"喜爱"跳跃到"占有"，就得有充分的理由，所以，为顾客寻找"购买理由"，就成为促销人员促销工作的主题。

为顾客寻找购买理由的过程，就是说服顾客的过程。每个人的需求都是多方面的，有些需求是显性的，消费者有明确的购买意图和计划，但需要购买时机和购买动因，购买行为才能完成。有些需求是隐形的，不易被消费者自己发现，需要促销人员运用各种促销形式诱导和激发。无论是显性需求还是隐性需求，顾客都需要有充足的购买理由后才会采取行动满足需求。所以，促销活动的实质就是为顾客寻找充足的"购买理由"，运用现场展示、环境氛围、语言文字说明、利益刺激、情感诱导等因素说服顾客接受企业的产品和服务。

3）提供服务

提供服务是现代营销的基本理念，也是企业促销人员的价值追求。良好的促销服务包括过硬的产品质量，符合消费者需要的产品性能，真实可靠的产品宣传和承诺，实惠的价格，便利的售前、售中、售后服务等。这是企业促销活动必须遵循的基本准则，也是一个合格的促销人员应具备的职业素养。

9.2　促销人员的基本素质

9.2.1　什么是素质

素质是指事物的本质,本质的东西是扎实的、稳固的。企业促销计划主要是由企业的推销员来执行,因此,促销人员的素质也就是推销人员的素质。推销员出身的美国得克萨斯 A&M 大学的营销学公共课教授查尔斯·M. 富特雷尔(Charles M. Fulrell)在《销售学基础》中提出,成功的推销员应具备 9 个方面的素质,即:①热爱本职工作;②不辞劳苦;③需要取得成功;④遇事态度乐观;⑤熟悉本职工作;⑥有效利用推销时间;⑦会巧妙地向顾客提出问题并能认真倾听顾客心声;⑧为顾客服务;⑨为生活和工作做好生理上和心理上的准备。富特雷尔的观点虽然有其不够全面的地方,但却包含了促销人员应具备的一些核心素质。一般来说,促销人员的素质有广义和狭义的理解。广义的促销人员的素质,是先天条件和后天品格的综合反映,包括促销人员的思想、品德、气质、性格、知识和风度等。狭义的促销人员的素质,是指促销人员先天具有的生理特点,如体质、心理特征等。先天素质是人的生理条件,是形成后天能力的基础。在这里,我们所研究的是广义的素质范畴。

9.2.2　道德素质

商品促销工作对促销人员素质提出了很高的要求,一个企业如果拥有一批素质优秀且受过良好训练的促销人员,就能吸引较多的客户,进而在市场竞争中取得成功。曾有一位外资企业的资深销售经理在一次销售培训班上对学员概述了公司在聘用促销人员时要找的是什么样的人,这种要求也代表了国内大多数企业的标准:

"我们寻找的是杰出的求职者,既成熟又聪明,面试时能很好地把握住自己,显示出良好的人际交往能力。他们应有一个深思熟虑的职业计划,并能条理清楚地讲述出来。他们应该有和善、令人喜欢的个性。外表必须整洁。他们应该具有积极的态度,愿意勤奋工作,有抱负,对企业的业务领域有足够的兴趣。他们应该学习成绩优异,并取得过其他个人成就,或为学校和企业做出过贡献。最后,他们应该具有明确的人生理想和目标。我们公司通常从以下几方面来衡量应聘者:①外表;②自我表现;③成熟;④个性;⑤经历;⑥热情;⑦对工作的兴趣。"

促销活动是销售人员直接与顾客沟通,所以对促销人员的要求也就格外的高,那么一个促销人员应当具有什么样的风度、品质、性格、特点、态度,才可以成为卓越的促销人员呢?

1)热爱销售工作

成功的促销人员热爱销售工作,认为销售工作令人振奋,并且深信售出的产品能给人们带来很有价值的东西。米卢说过:"态度决定一切!"要想成功,你必须满腔热情地投入工作,必须深入了解你的产品和它的用途。波奈丝·汉森(Bernice Hansen)在推销她的安利产品时,强调说她"有人人都需要的好产品……如果你像我一样相信自己在做的工作,你就有自信取得成功"。

2)百折不挠的进取精神

积极的工作态度创造出非凡的成就。成功的人们经常被说成是幸运的。但是,他们说幸运就是工作和进取。他们工作得越努力,就会越幸运。一个人想在业务上获得成功,你每天至少需要花一半的时间来工作,一天 10～12 h 的工作是很普通的,包括许多星期六和星期日。

IBM 公司的营销主管曾说过,"如果你将每次的销售电话、展示或建议都当作可以从中获得订单、承认或提升的一件事,你将总是远远地跑在竞争者的前面"。支撑你吃苦耐劳的动力常常是对成功的渴望。

3)成功的欲望

成功的促销人员有强烈的职业道德感和勇争成功的迫切需要,这是他们个性中的一部分。美国有一位股票经纪人叫斯蒂夫·吉布森(Steve Gibson),他认为"做到第二好还不够。我对自己的挑战是成为顾客的最佳经纪人。我要做到出类拔萃。我发现每天工作结束时,问自己这个简单的问题'我尽全力了吗?'非常重要"。"第二就是不够好""超越工作职责的界限"和"再接再厉"是像斯蒂夫·吉布森一样成功的促销人员常说的话。前美国总统克林顿有一段名言:在这个世界上,没有任何东西可以取代坚韧不拔。才干不能取而代之,有才干但不成功的推销员随处可见;天才不能取而代之,不成功的天才几乎尽人皆知;教育不能取而代之,这个世上受过教育的失宠者比比皆是。坚韧不拔和坚定决心就可以无坚不摧。"勇往直前"的口号,已经解决,并将继续解决人类的问题。

4）勇气和自信

做一名促销人员,要充满自信,坚信自己一定能够成功。有了自信心就有了勇气,就能够克服恐惧感,自信心是在不断获取经验的过程中树立起来的。日本有一所促销人员训练学校,规定学员每天清晨四点半必须起床,先上体育课,要求学员用冷水洗浴,然后用湿手巾用力拍打地面,一边拍打一边喊口号,据说这样可以增强学员促销产品的信心。为了锻炼勇气,有时让学员中午到东京最热闹的广场上,站在人流中高歌,教员则站在100公尺之外的地方倾听,如果听不到或听不清楚,那么这门课就不及格。在这种方法的磨炼下,大多数学员增强了直面困难的勇气,对未来的促销事业充满了信心。

5）诚实并且言行一致

促销人员代表的是公司的利益,特别是在促销泛滥的当今社会里,促销人员的诚实更是保证促销活动取得成功的基础,任何欺骗顾客的行为都会导致企业遭受灭顶之灾。因此,诚实是基本的条件,是公司利益的保证,同时也是客户利益的保证。

促销人员职业道德概括起来主要有以下几点:

①促销人员必须努力工作,具有强烈的事业心和责任感,要热爱自己的企业,忠实于企业,不要利用工作之便搞地下交易,甚至做一些损公肥私的事。

②促销人员对顾客要一视同仁,童叟无欺,平等待客,热情服务,不欺不诈,不行贿受贿,不诱购诱销。

③要注意遵守同行业竞争中的道德准则,不能只讲自己的长处,也不能只讲别人的短处,不要互相拆台,否则会害人害己。

9.2.3　文化素质

促销人员应具备一定的知识素质。知识可以使你成为某个人,而不只是任何一个人。尤其是在知识大爆炸的今天,"知识就是力量"这句话在世界上从来没有像今天这样正确。日本促销专家原一平在谈到这方面的体会时说过:"就我而言,学习的时间比促销还要长,但是结果却是工作效率不但不减反而上升。"促销人员应具备以下知识:

1）产品知识

促销人员应该掌握基本的产品知识,了解产品性能、用途、用法、特点、价格

（包括几种可能条件下的价格）、维修、管理程序、竞争产品（包括替代品及同行业的产品）、本产品的寿命周期等。

2）企业知识

促销人员要熟悉企业的发展历史及其在同行业中的地位、企业的规模、经营方针和规章制度以及企业的销售政策、定价策略、交货方式、付款条件、服务项目等有关销售的基本知识。

3）市场知识

促销人员了解和掌握市场营销学基本原理,掌握市场调查和预测的原理、原则和方法,善于把握销售的变化趋势。促销只是营销组合中的一部分,要从营销的角度去做促销。

4）消费者知识

促销人员要懂得一些社会学、心理学、行为科学知识,尤其要掌握消费者购买心理等基本知识,善于针对不同类型的顾客给予不同类型的服务。善于分析现实顾客和潜在顾客的需求情况,了解购买者的心理特征、习惯偏好,针对有些顾客拒绝购买的心理障碍,采用不同的促销对策。

5）促销实务知识

促销工作不是专门的理论研究,而是一门操作性很强的实务性工作,只有掌握了一定的促销理论、洽谈技巧、结算知识、合同知识等实务性知识才能很好地开展产品促销工作。

9.2.4　个体素质

个体素质是指促销人员自身具有的条件和特点。促销人员在促销商品的同时,也在促销自己,因此,要有一种能吸引顾客的良好个人素质。一名合格的促销人员应该具备的基本个体素质主要有:

1）健康的身体

有一个健康的体魄是促销人员成功的重要条件。促销人员是企业的突击队员,每天都要与各种各样的顾客打交道,每个时期都有不同的促销活动需要突击完成,需要有充沛的体力和精力,所以健康的身体是重要的保证。

2)恰当的仪表和装束

恰当的仪表和装束不仅对顾客而且对促销人员自身都会产生良好的效果,既能增强自信心,又有助于促销。沟通原理告诉我们,进行信息沟通的双方相同的地方越多,沟通效果越好,所以衣着恰当的标准应该是尽力接近顾客的审美水平,接近每次促销活动的主题,过于标新立异和脱离主题的服装会把顾客的注意力吸引过去,使他们难以专心听取促销人员传达的信息。

3)彬彬有礼

礼貌待客能满足顾客自尊自爱的心理需求,一个促销人员如果能够从语言、举止、服装、风度等方面讲究礼仪,就会增加个人魅力,就会带给别人愉快和信任,并能赢得别人的尊敬。所以彬彬有礼是一件有力的促销武器。在促销过程中讲礼貌,对客户用尊称,表示尊重;在促销商品时,要言之以理,心平气和,尊重别人的选择权利;赴约时,要守时,尊重顾客的时间安排。

礼貌涉及许多方面,如在神态、语言、动作等方面都可以显示出礼貌。讲礼貌,神态应自然不做作,说话轻松自如不紧张,握手力度恰当,适当握紧而不能令对方感到痛。会谈时,精神集中,姿态端正,没有不良小动作,客人不主动邀请不抽烟,等等。

4)善于交谈

在某些场合,促销是通过与顾客交谈来进行的,所以掌握说话的艺术是一项业务性的要求。促销的核心是说服,所以它比仪表、装束都重要。一种随机应变的、清晰而又充满热情的说话声音十分必要,因为除了所说的内容外,语言本身也能向顾客传达心意和思想。

5)举止得体

在促销活动中,促销人员的行为、动作要适当,不要有过分或出格的行为。人的举止可以表现出他的精神面貌和情感。如,恭敬的举止表现出对别人的尊重和礼貌,敏捷的动作表现出殷勤和快乐,捧捧打打表现出不高兴,等等。所以,在促销活动中举止得体很重要,它的具体要求是:态度恭敬,表情从容,行为适度,形象庄重。

6）待人热情

待人热情是指在接待顾客时，要有热烈的情感。待人热情是职业活动的需要，是与人交往的首要条件，对促销人员来说，是否待人热情直接关系到企业形象和企业的经济效益。人们不愿意到冷言冷语的地方去购物或寻求其他服务。基本要求是：微笑迎客，亲切友好，主动热情。

9.3　促销人员的基本能力

一名促销人员具有良好的素质固然重要，但如果缺乏搞好促销工作的真实本领，素质再好，也没有意义。本领即能力，促销人员所必备的能力，是由产品促销工作的本质决定的。

9.3.1　基础能力

促销人员，特别是促销策划人员的基础能力是促销人员运用知识和技能去解决问题的能力，根据促销策划的要求，促销人员基础能力结构应该包括良好的记忆力、敏锐的观察力、丰富的想象力、准确的评价力和娴熟的操作力等几个方面。

1）良好的记忆力

古诗云："读书破万卷，下笔如有神。""熟读唐诗三百首，不会作诗也会吟。"这都说明，头脑中装有大量信息，在构思创意时，就"会有源头活水来"，可以随时摄取。记忆虽然不能直接激发创造性的思维活动，但他却提供了创意所必需的原始信息和基本资料。

2）敏锐的观察力

观察力是一种洞察事物之细微、把握事物之实质的能力。这种能力能从司空见惯的东西之中，发现新的事物，发现特别强烈、很奇妙的东西，能够从一些细枝末节当中发现那些具有重大的时代意义的事物，有了这种能力，创意题材才能源源不断地输入脑海，创意激情才会汩汩而来。

对于促销方案的执行人员来说，观察能力是指通过顾客的外部表现去了解顾客购买心理的能力。促销人员可以通过观察顾客的行为来发现反映顾客内心活动的许多信息,如兴趣、偏好、欲望等,以决定采用何种促销方式来说服顾客,使其产生购买行为。

3)丰富的想象力

想象是一种富有创造性的思维活动,是"最杰出的艺术本领(黑格尔语)",是一切思想的原动力和一切创意的源泉。创造性的想象不是对现成形象的描述,而是围绕一定的目标和任务对已有的表象进行选择、加工和改组而产生新形象的过程。要培养这种想象力,一方面要扩大知识范围,增加表象储备;另一方面还要养成对知识进行形象加工,形成表象的习惯。丰富的想象力是促销策划创意者必须具备的重要能力之一,促销策划专业工作人员要特别重视它的训练和养成。

4)准确的评判力

评判力,也即分析、判断的能力。它是对现存的信息从优劣性、正确性、适用性和稳定性等方面做出评定判别的能力。在创意的形成阶段,她对激发灵感、进行创造性思考起着重要的作用,策划人员可以借此提出许多解决问题的方案措施。而在创意的形成和发展阶段,则需要较强的评价与判断能力,借此,策划人员可以在众多构思与创意中"去粗取精,去伪存真"。

5)娴熟的操作力

操作能力是否娴熟取决于促销人员的专业素质和技能。这种能力可以通过专业教育强化培训形成和长期实践经验总结获得。

以上几项能力在促销策划过程中都起着重要的作用,促销创意者应该注意不断地开发和训练。

9.3.2　专业能力

1)社会交际能力

社会交际能力是人们为了某种目的而运用语言或者非语言的方式相互交换信息,实行人际交往的能力。促销人员的社会交际能力对企业的发展有特殊的功能与作用。衡量一个人是否适合产品促销工作的条件之一,就是看他是否具备善于交际的能力。从某种意义上说,促销人员是企业的外交家,需要与各种类型的顾客打交道。这就要求促销人员具备与各种各样顾客交往的能力,即善于与他人建立联系,互相沟通、赢得信任,以及处理各种矛盾的能力,能在各种场合应付自如、圆满周到。

2)语言表达能力

能言善辩是一个合格促销人员的重要条件之一。在促销过程中,为了达到销售产品的目的,促销人员要回答顾客的各种提问,向顾客介绍、宣传本企业的产品,要与顾客洽谈业务,乃至达成交易后向顾客表示谢意,都需要用语言来恰当地表达。促销人员必须善于用语言去启发顾客,说服顾客。良好的语言表达能力表现在语言清晰、简洁、明了、准确适度、亲切优美、入情入理,针对顾客的需求,抓住顾客的心理,能够感染对方,激发顾客的购买热情;营造良好的购买氛围,实现销售产品的目的;良好的语言表达能力还表现在说服能力上。促销工作的核心是说服,说服力的强弱是衡量促销人员水平高低的标准之一。要说服顾客,不仅要掌握一定的说话艺术,更重要的是抓住顾客的切身利益展开说服工作。即在产品促销过程中,不能将说服的重点放在产品特点的过度渲染上,而忽视对顾客切身利益的考虑,否则就很难将所促销的产品与顾客的需要密切联系起来,也就无法促使顾客产生强烈的购买兴趣,促销就难以有成效。

3)技术维修能力

促销人员在促销高科技产品以及需要提供维修服务的产品时,仅依靠语言说服还不足以使顾客购买产品,还必须向顾客示范产品的使用方式,教会顾客如何正确地使用产品。只有这样,才能使顾客领略到产品效用的美妙之处,从而产生购买欲望。促销人员还应具有一定的维修产品的技能,以便随时向顾客提供维修服务。因为有的顾客不会使用产品,有时操作不当而使产品出现了故障,就需要促销人员及时予以解决。如果促销人员具有熟练的维修技能,随时都可以解决问题,就能够缩短与顾客之间的距离,赢得顾客的信任,为达成交易奠定了基础。

9.3.3　发展能力

1)理解能力

理解能力就是人们对事物本质与深层原因的了解与认识的能力。理解能力高,就可以通过复杂、多变的关系来认识事物的内在联系。促销人员具备较高的理解能力,可以准确地把握与理解顾客的言行举止,与顾客及相关人员愉快地合作。

2) 判断能力

判断能力来自人们对事物的真正理解,是人们用某个标准对事物做出定量或定性界定与区别的能力。例如:基于对市场的观察与了解,从而判断出市场上消费者偏好的发展趋势等。良好的判断能力有利于促销人员做出正确的决策。促销人员应该努力学习,通过日积月累,提高自己的判断能力。

3) 决策能力

决策能力是指人们依据所处的环境和条件确定行为目标,在达到目标的多个可行方案中进行分析、判断与优选的能力。现代企业的促销人员,不仅是产品销售任务的简单执行者,而且是有一定权限与职责的促销决策人,因此,必须有自我决策能力。

4) 灵活应变能力

应变能力是指人们在遇到意料以外的情况时,能够沉着冷静、灵活机动、审时度势地应付变化,并能达到原来既定目标的能力。企业促销人员应该思维敏捷清晰,能够快速地分析和综合问题,及时地察觉顾客需求的变化对促销效果的影响,并针对变化的情况采取相应的促销策略。

5) 开拓创新能力

创新是指人们为了发展的需要,运用已知的信息,不断突破常规,发现或产生某种新颖、独特的有社会价值或个人价值的新事物、新思想的活动。促销人员开发自己的创新能力,可以从以下几个方面入手:

①创新意识要在竞争中培养;
②要敢于标新立异;
③要善于大胆设想。

9.4 促销人员的职业准则

9.4.1 诚信准则

1) 以诚待人

促销人员代表的是公司的利益,因此诚实是基本的条件,是公司利益的保证,同时也是客户利益的保证。促销人员与客户打交道,要靠诚实与实事求是的精神,要言行一致才能赢得客户的信赖。促销人员诚实可信和言行一致,是与顾客建立长期稳定关系的基础。

2) 守信处事

守信就是要求促销人员在市场促销活动中要讲究信用。在当今竞争日益激烈的市场条件下,信誉已成为竞争的一种重要手段。信誉是指信用和声誉,它是在长时间的商品交换过程中形成的一种信赖关系。它综合反映出一个企业、一个促销人员的素质和道德水平。只有守信,才能为企业和促销人员带来良好的信誉。守信不仅要信守书面承诺,还要信守口头承诺。承诺有明确的承诺和隐含的承诺之分。明确的承诺是合同、协议等明确规定的应履行的义务。隐含承诺则没有明确规定,如"合格产品"本身就隐含了承诺对该商品所应具有的质量负责的含义。一旦促销人员由于某种原因未能履行承诺,则有义务做出解释,请求顾客的谅解,必要时应主动赔偿损失,接受惩罚。

3) 忠于职守

忠于职守首先表现在促销人员要忠诚于他们的企业,心中始终关心企业命运与利益,总是把企业的兴衰成败与自己的发展联系在一起,愿意为企业的兴旺发达贡献自己的一份力量。具体来说,忠于职守就应该诚实劳动,关心企业发展,遵守合同和契约。

4) 维护企业信誉

作为促销人员还要自觉维护企业信誉。信誉是企业形象的重要方面。一个企业一旦在消费者或客户中确立了良好的信誉,也就在一定程度上树立了该企业的社会形象,从而给企业带来巨大的效益。企业信誉和形象的树立,主要依赖以下3个要素:一是产品质量,二是服务质量,三是信守承诺。

9.4.2　求实准则

1) 实事求是

求实原则即要求促销人员在促销过程中实事求是,敢于直面现实,不欺瞒哄骗企业与顾客。促销人员在促销过程中应向顾客讲实话,如实地为顾客介绍促销产品的优点和不足,向顾客提供能真实有效地满足其需要的商品,千方百计地为顾客排忧解难,赢得顾客的信赖。

2) 敢于负责

敢于负责是指促销人员能对自己的一切促销行为及其后果承担政治的、法律的、经济的和道义上的责任。促销人员在促销过程中的一言一行都代表着企业,不仅要对企业和社会负责,而且要对顾客负责。任何逃避责任的行为都是不道德的。

9.4.3　奉公准则

1) 奉公待客

促销人员对待顾客必须公平、公道、公正,不能以次充好、缺斤短两、弄虚作假、欺行霸市、欺弱怕强、欺小骗老,不能违反公平原则。

2) 公平竞争

促销人员在与竞争对手的竞争中应坚持公平的原则。促销不可避免地存在竞争,竞争是提高服务质量、改善服务态度的动力。但竞争也不可避免地带来一些负面效应。一些促销人员为了在竞争中战胜对手,不择手段,诋毁甚至无中生有地诽谤竞争对手的产品甚至人格,这种促销行为是十分不道德的。促销人员应充分发挥自己的聪明才智,开展公平合理、光明正大的竞争。

9.4.4　守法准则

1）保守企业秘密

现代市场经济中，企业间的竞争异常激烈，现代商战形成了众多"战略战术"，信息战就是其中的重要战略、战术之一。商家和企业十分重视收集把握市场行情的各种商业信息，以抓住商机，获取成功，这就使企业的商业信息变得至关重要。许多不法商家和企业为了在竞争中取胜，总是想尽办法刺探竞争对手的商业信息，有时不惜出巨资收买商业信息。因此，作为所属企业的职工，每一个人都有义务和责任保守企业秘密。

2）守法促销

促销策划必须遵循相关法律法规的规定，在合法化的基础上开展，不能只顾企业利益或个人利益而侵害社会利益、消费者利益。不能策划具有反动、淫秽、丑恶、迷信等内容的促销活动；不能违反国家保密规定；不能做虚假广告以损害消费者利益。

3）遵循伦理道德

促销活动必须遵循伦理道德原则，不能违背人们的价值观念、宗教信仰、图腾禁忌、风俗习惯等。促销策划人员必须充分了解当地的社会文化背景对消费行为的影响，并遵循这一原则，才能使促销活动不违反禁忌，易于接受，实现预期目的。

9.5　企业促销人员的管理

促销人员的管理是企业管理工作的重要组成部分，是促销策略有效实施的关键所在。促销人员管理的内容包括促销人员的选拔、绩效考核、培训等，管理的目的在于改善促销业务，提高促销效率，提高企业的综合促销能力。

9.5.1　促销人员的选拔和使用

促销人员代表企业、产品和品牌的形象。消费者往往会从促销人员的角度,判断企业、产品及品牌的状况,促销人员的素质高低,直接影响促销效果的好坏。因此,在选拔和使用促销人员时,应看其是否具备应有的素质及能力。促销人员的基本素质应包括:道德素质、文化素质、业务素质及身心素质。促销人员应具备的基本能力包括专业能力及发展能力。

为确保促销人员选拔的科学性和可靠性,应采用恰当的方法,并经过科学的步骤来完成。促销人员选拔过程和所经过的步骤因企业而异,可长可短。一般而言,促销人员的选拔包括以下步骤:

1)资格审查与初选

资格审查是对应选者是否符合促销岗位的要求而进行的一种资格初步审查工作。初选是对所有通过了资格审查的应选者进行的初步筛选。资格审查和初选的目的是从全部应选者中将明显不合格的淘汰,而选出参加下一步选拔测试的人员。一般通过应选者的个人申请材料所提供的信息进行初选。

2)测验

目前许多公司在选拔促销人员时,采用测验的方式。通过测验,企业能以定量的方式,客观地了解促销人员的个性及能力,同时在选拔人员较多时,也便于比较衡量。

测验按内容来分,可以分为专业知识测验、心理素质测验和环境模拟测验。专业知识测验主要是对促销人员进行促销知识及产品知识方面的测验,旨在衡量应试者是否具备所需的促销基本知识。心理素质测验主要是对促销人员进行智力、个性、兴趣等心理特征的测验。通过测验来了解应试者的智力、脾气、适应力、感情稳定性、学习工作方面的兴致、社交才能等潜在素质。环境模拟测验主要是采取模拟工作环境的各种情况的办法,测试应试者在若干工作压力下如何做出反应,同时推测其是否适合这种工作环境。

利用测验的方法进行选拔时,应注意:测验工作应由测验设计、管理与分析的专门人才来执行与指导。测验结果可视为对应试者的一个客观而定量的衡量,但由于受各种限制,有时结果不尽可靠,对于测验的内容及其结果必须不断加以分析和研究,通过不断改进来提高测验的科学性及实用性。测验应与其他的方法相结合使用,以达到选拔的最佳效果。

3)面谈

面谈是企业对促销人员选择的一种重要方法,是一种有目的的谈话,可以对应选者有更深入的了解。

面谈的类别有:非正式面谈、标准式面谈、导向式面谈和流水式面谈。非正式面谈是在事前毫无计划及准备的情况下进行的,实际上是一种临时讨论。这种方法一般效果不好,特别是面试人多的时候会出现混乱,甚至毫无所获。标准式面谈是指事先安排一整套结构严谨的面谈问题,并配有记分标准,视不同的应试人的不同回答来记分。这种方法缺乏弹性,适应性不强,不利于发挥面谈的作用。导向式面谈是上述两种方式的折中方案,即只规定提问若干典型问题,由主持人灵活掌握,引导应试者回答各有关方面的问题,根据需要,深浅适应,从而获知其一切情况。流水式面谈是指每一位应试者按次序分别与几个面谈者面谈,面谈结束后,各面谈主持人聚集一起,汇合及比较各面谈主持人的观察与判断。这种方式能对应试者所具有的各种特殊兴趣予以全面考核,经过几道关口,一般不会有所遗漏。

9.5.2 促销人员的绩效考核

促销人员的绩效考核是企业管理者按照一定的标准,采用科学的方法,检查和评定促销人员对职务或岗位所规定职责的履行程度,以确定其工作成绩而进行的一种管理工作。

通过对促销人员进行合理的绩效考核,使企业的管理者了解和掌握促销人员的工作情况,有助于企业对促销人员进行有效的控制和使用。而且,绩效考核的结果往往与促销人员的报酬、奖励、晋升、调配或淘汰直接挂钩,因而会直接影响促销人员的工作态度和工作方式,对调动促销人员的工作积极性,提高工作效率,具有特别明显的作用。

1)绩效考核的原则

对促销人员的绩效考核,应是系统化、制度化、规范化的过程,并在各项考核工作中遵循以下原则:

(1)公开原则

即绩效考核应透明操作,考核的目标、标准、方法、程序和结果应公开,并接受来自各方面人员的参与和监督。

(2)公平原则

即绩效考核标准应一视同仁,考核方法科学,考核结果应对所有参与考核的促销人员均有说服力。

（3）全面性原则

促销人员的绩效是由多个因素共同作用形成的，绩效本身也表现为多种形式，因此考核体系应充分考虑各方面内容，不可以偏概全。同时，对促销人员的考核应是多渠道、多层次、全方位的考评。

（4）客观性和合理性原则

客观性体现在让每个促销人员感觉企业对员工一视同仁的情况下，能够根据具体的各个地区、各个产品的不同情况制订相应的绩效考核标准体系和考评办法。合理性体现在考核目标不应太低或太高，考核目标定得太低没意义，定得太高则做不到，大家都做不到的话，企业也难以做出好的考核，并会影响员工的积极性。

2）确定合理的促销人员绩效考核内容和考核指标

对促销人员进行绩效考核的内容一般涉及促销人员的直接促销业绩，促销人员的工作能力，促销人员的工作态度等几个方面。

对促销人员的绩效考核应分为定量和定性两部分来定期考核。

（1）定量考核指标

①促销人员的销售量及销售额；

②市场占有率；

③接待的客户数，主要是为衡量促销人员的努力程度；

④每天接待客户的平均收入，主要是衡量促销人员的工作效率；

⑤客户的满意度；

⑥促销人员在同一销售点同其他品牌的销售排名次序等。

（2）定性考核指标

①促销人员的团队配合精神。

②工作责任心及热情，如是否主动上前接待客户、货架陈列是否经常更新、是否保持微笑、礼貌等。

③学习精神。

④工作规范性，如着装是否规范、动作及解说是否规范详细、语言表达是否有亲和力、音量大小是否合适等。

⑤工作创新能力，如是否有自己的活动特色等。

⑥有价值信息的回馈能力，如是否能从促销过程中发现对企业改进营销有用的信息，并能及时地反馈回企业。促销人员反馈及时准确的信息，可以帮助

企业在经营过程中及时有效地观察同行业竞争对手的态势,做出积极的应变措施,所以信息反馈制度在考核制度中是必不可少的。

在确定促销人员绩效考核内容及考核指标外,企业还应注重考核信息的获取。为此企业应建立高效率的管理信息系统。通过每周一次或每月一次的促销人员工作报告、工作总结,可以让企业的促销主管了解促销人员促销任务完成的情况和工作进展。同时,向客户与消费者调查了解也是必不可少的,特别是日常的客户投诉,从他们那里可以得到满意度的信息资料。另外,企业内部员工,如促销主管、促销人员之间或其他非促销部门有关人员的意见,也可以作为考核的参考,依据这些资料可以了解促销人员之间的合作态度等信息。

3) 促销人员绩效考核的方法

人员的绩效考核方法有很多,其中目标管理是目前较为流行的一种绩效管理方法,它是管理学大师彼得·德鲁克在《管理实践》一书中首先提出的。德鲁克认为:"每一项工作都必须为达到总目标而展开。"衡量一个员工是否合格,关键要看他对于企业目标的贡献如何。

促销人员的绩效考核也可以采取目标考核的方式,按照企业的促销总目标,分解到具体产品或区域,然后分解到促销人员,以确定促销人员的绩效目标。设定促销人员绩效目标时,可以是绝对指标,也可以是相对增长指标,但必须和企业总目标、价值观一致。根据促销人员完成目标情况,对促销人员绩效进行对比分析,具体有以下方法:

（1）横向比较分析法

即把各位促销人员的促销业绩进行比较和排队的方法。进行横向对比分析时,必须充分考虑不同促销人员在不同市场促销的市场需求特点、竞争激烈程度、工作量、促销人员个人等因素,在实际考核中,由于很难面面俱到,因此一般要配合纵向对比分析,才能较全面、准确地分析促销人员的绩效。

（2）纵向比较分析法

即将同一促销人员现在和过去的工作实绩进行比较的方法。例如:通用电气公司对员工设定了很高的目标,但是在业绩考核方面却不仅以是否实现了目标为标准,而是将指标与去年同期比较,若没有完成指标,会充分考虑造成指标没有完成的原因,是环境因素还是个人问题。如果是个人问题,分析该员工与以前比较是否有较大的进步,并且以正面奖赏的形式对员工在成长的过程中遭遇的挫折进行鼓励。

9.5.3 促销人员的激励

艾科卡说:"经营管理实际上就是调动人的积极性。"一般说来,企业中的任何成员都需要激励,而促销人员更是如此。良好的激励,能使促销人员保持高昂的斗志和良好的精神状态,使他们的潜力等到更充分的发挥,把工作做得更好。

1) 激励原则

一般来说,对促销人员进行激励时,应遵循以下原则:

(1) 公平合理

促销激励是对达到某一目标的促销人员给予奖赏刺激。目标和奖赏应公平合理。若没有考虑不同的促销区域、促销方式等具体状况而规定所有的促销都要达到同一目标,就有失公平;若目标过高或过低,就有失合理,缺乏驱动力。对于奖赏也是如此。只有制订公平合理的目标和奖赏,才使激励有可能达到预期的效果。

(2) 知晓了解

公平合理的目标和奖赏能否产生管理部门所期望的效果,还要看对目标和奖赏规定促销人员知晓了解的程度。促销人员充分了解激励的具体内容和措施,才会更加努力的工作。

(3) 及时兑现

一方面激励作为一种管理制度应长期保持,另一方面对于个人则应是短期的,以利于促销人员继续努力。期限一到,要及时按目标的实现情况兑现许诺,使达到和超过目标者得到规定的奖赏,如果开出的只是空头支票,激励的效果只能相反,会严惩挫伤促销人员的工作热情。

2) 激励方式

企业可以通过物质激励与精神激励的方式来提高促销人员的工作积极性。

(1) 物质激励

物质激励是对促销人员的激励作用最为强烈的一种激励方式,主要有以下形式:

①报酬。这是企业最常用的方式。设立合理的报酬机制是企业进行人员

管理的一个重要工作。在美国,曾做过一项很著名的研究工作,将公司销售额最高的 20 个单位与最低的 20 个单位进行比较。分析表明,报酬一直是人员激励中一个最重要的决定因素。

要拟订一个报酬补偿方案须考虑以下诸目标:吸引并保留住高效率的促销人员;保持竞争力;根据工作能力给予奖励;提供一种有保障的收入并附加以有规则的个人工资增长率;发掘刺激个人促销工作的措施;鼓励协作;鼓励促销人员做除促销之外的必要的工作;作为一种达到销售目的的手段,保证管理人员能公平地管理并调整报酬水平。

目前,促销人员的报酬主要分薪金制和薪金加奖励制。前者是促销人员在一定的工作时间内完成一定的工作量即可获得定额的报酬。该种制度计算简单,且促销人员可获得较稳定的收入,安全感较强,但缺乏鼓励作用。后者则在一定的薪金基础上,根据促销人员对企业完成的有贡献的工作大小而给予的额外报酬,相对前者,对促销人员有较强的激励作用。

②福利。福利是企业的一种辅助激励因素。企业提供的福利往往不以货币形式直接支付,而采取实物形式发放,例如:为员工减轻生活负担、提供生活方便、兴建生活与文化设施、提供住房补贴、交通车、工作午餐、带薪休假、子女教育津贴、疾病与人身保险等。IBM 公司很重视员工福利,为员工提供养老金、集体人寿保险和优厚的医疗待遇、乡村俱乐部的疗养待遇,公司还筹办学校和各种培训中心,让员工到那里学习各种知识。

③股权。股权激励是现代企业制度下的一种新型的激励方式。即给予有突出成绩的促销人员部分的公司股份,让促销人员成为企业的股东。如,美国人民捷运公司准许员工在公司中持有部分股份,从而避免了与员工签订花费高昂的工会合同,一方面保护了公司营运的低成本,另一方面充分发挥了员工的主动性。

(2)精神激励

精神激励是一种较高层次的刺激,对于多数促销人员来讲,精神激励是不可少的,有时会比物质激励效果更好。一般企业可以采取以下形式:

①名誉褒奖。对有优异成绩的促销人员给予表扬,颁发奖状,授予各种荣誉称号。

②生活关怀。企业可以定期组织促销人员聚会,如为促销人员开生日晚会,对促销人员进行慰问等。

③成就激励。有日本人说:“工作的报酬就是工作本身。”在解决了温饱以后,许多促销人员更关注工作本身是否有吸引力,工作中是否有无穷的乐趣,在

工作中是否会感受到生活的意义,工作是否有创造性、挑战性,工作内容是否丰富多彩。因此,可以从工作给予员工的成就感入手,对促销人员进行激励。

④培训进修激励。GE的总裁韦尔奇认为:"培训是老板给职工最好的礼物。"适当的培训可以提高企业员工的工作积极性。韦尔奇任GE总裁以后,对几乎所有部门削减成本,却对它的培训中心——克罗顿投资4 500万美元,改善原有的教学设备。每个月韦尔奇都到克罗顿为公司领导上课,进行辩论。而广州宝洁公司内部组织各种类型的培训课程,如计算机、商业管理、英文等,使几乎所有的员工都有机会得到培训,还提供机会让员工到公司以外,甚至国外接受培训。

⑤沟通激励。企业可以定期召开销售会议或非正式集会,为促销人员提供一个社交沟通渠道,给予促销人员与企业领导交谈沟通的机会,给予他们在更大群体范围内结交朋友、交流感情的机会,同时也让促销人员感受到企业对他们的重视,这也是对促销人员的一种激励。

9.5.4 企业促销人员的职业开发

为加强对企业促销人员的管理,企业应建立促销人员档案,并完善促销人员档案管理。

1)建立促销人员业务档案

(1)建立促销人员业务档案的作用

①促销人员业务档案是了解促销人员的重要途径。促销人员档案是促销人员的个人经历、德才表现的真实记录,通过查阅促销人员档案,既可以掌握促销人员的现实表现,又可以了解促销人员的历史情况。

②促销人员业务档案是进行人才选拔、培训、奖励、晋升的依据。

(2)促销人员业务档案内容

与企业其他的促销档案、财务档案不同,促销人员业务档案是有关促销人员个人基本情况、工作情况的历史记录,具体包括以下内容:

①促销人员的履历材料,包括个人基本情况、工作历史等。

②促销人员的录用、任免、聘用、工资、待遇等材料。

③促销人员的工作材料,如促销人员工作日报表、月报表、工作总结、工作计划等。

④促销人员的考核、鉴定、考察材料,如促销人员的绩效考核材料、促销主

管或促销经理对促销人员的工作鉴定等。

⑤促销人员的奖励、处分材料。

2) 加强促销人员业务档案的管理工作

在进行促销人员业务档案管理时,企业应注意以下问题:

(1) 档案材料的完整性

企业应为每一位促销人员建立完整的业务档案。从促销人员选拔、聘用开始,即应设立促销人员档案,记录促销人员的基本信息,直到促销人员离职为止,对在促销活动过程中的工作报告、计划等,应及时收集、整理并归档。

(2) 档案管理的规范性

一是应注意分类管理。由于促销人员档案内容繁多,因此在进行档案管理时应注意分类管理,区分不同内容的材料进行归档。二是管理过程要规范。在材料的收集、归档、立卷、编目、保管全过程中,应由企业内部专门的档案室或档案保管员按有关规定进行操作。调用促销人员业务档案应遵循有关的规定,履行一定的手续。

3) 建立促销人员的培训制度

促销人员是企业进行促销的主力军,直接担负促销工作任务,与消费者直接接触,其工作能力、意识、方式直接影响企业的促销活动效果。因此,对促销人员的培训有基础性的意义,应在企业内建立合理的促销人员培训制度。

国外许多大企业非常重视人员的培训,如 IBM 公司的新销售代表头两年是不能独立工作的,公司希望其销售代表每年用 15% 的时间参加额外的培训。国外企业的平均培训时间,产业用品公司为 28 周,服务公司为 12 周,消费品公司为 4 周。

(1) 培训的内容

①思想道德培训。促销人员的思想道德培训是培训的基础内容,包括:促销人员素质要求、行为规范、职业道德规范等。培训的目的在于让促销人员树立强烈的事业心和高度的工作责任感,具有高尚的品德和情操。特别是应注重诚信方面的培训。

②忠诚度培训。忠诚度培训主要是对促销人员进行企业方面的知识培训,包括企业的历史、发展战略目标、企业经营方针、企业形象、企业经营理念与经营文化、企业制度等,培训的目的在于让促销人员了解企业、认同企业的经营理

念,并融入企业文化当中。

③专业知识培训。专业知识培训包括产品、技术知识和市场知识两方面。促销人员应掌握有关企业生产的产品性能、结构、质量、用途、使用方法、技术指标、工艺流程、品牌价值、维修和保养等专业知识。同时,通过培训,对产品销售市场行情、市场竞争态势、市场需求状况及特点、消费者购买行为、有关政策等有较深的了解和认识,并能预测、分析其所在或所负责的市场及其发展趋势。

④促销技巧培训。促销技巧培训的目的在于让促销人员充分掌握各种促销策略的特点及应用,能熟练地利用各种促销策略及技巧,扩大产品销售。培训的内容包括:应接洽谈技巧、产品推销技巧、语言表达技巧、礼仪要求、展销会场气氛把握技巧等促销技巧,以及最新促销媒介与工具及运用、促销管理模式创新、促销活动计划实施内部整合等内容。

(2)培训的方式

对促销人员的培训可以在促销人员岗前进行,也可在岗进行培训。岗前培训主要针对新进的促销人员,培训的目的是让新进促销人员尽快掌握有关促销的基本知识和技能,尽快融入到企业中去,因此培训的内容相对较全面,从思想道德到忠诚度,从企业到产品再到市场,从促销技巧到促销日常工作方方面面的内容均包括在内。而在岗培训则主要是对老促销人员进行的,培训的主要目的是更新老促销人员的知识、技能,提高促销人员的综合素质,因此在岗培训更注重时效性和针对性,主要是对企业新产品的介绍,对现有市场情况的分析,对最新的促销策略及工具的介绍,以及当期进行的促销活动的目的、方式、主题、内容、主要事项、典型问题处理等。

无论是岗前培训,还是在岗培训,培训的方式可以采用课堂培训、销售会议培训、模拟培训和实地培训。

①课堂培训。课堂培训是一种正规的课堂教学培训方法。一般由促销专家或有丰富经验的促销人员采取讲授的形式将知识传授给受训人员。这种方式费用低,并能增加受训人员的实用知识,但是一种单向沟通,受训人获得讨论的机会较少,讲授者也无法顾及受训人的个别差异。

②销售会议培训。销售会议培训是借助于企业召开的各种形式的销售会议对促销人员进行培训。企业的销售会议有多种方式、多个层次,如,企业高层管理人员对销售政策进行研讨和决策会议、竞争对策分析会、基层销售组织的销售工作汇报会、企业对外的经销商(代理商)销售工作会议、销售工作奖励表彰会、销售与推广新闻发布会等。销售会议是企业总结销售、进行促销策划的最具实践性的员工教育与培训机会。该方式是双向沟通,与会人员有表示意见

及交换思想、学识、经验的机会。

③模拟培训。模拟培训是一种由受训人员亲自参与并具有一定实战感的培训方法。具体可以分为实例研究法、角色扮演法、业务模拟法等。

④实地培训。实地培训是一种在工作岗位上进行培训的方法。一般新的促销人员在接受一定的课堂培训后即可安排在工作岗位上,由有经验的老促销人员进行传、帮、带,然后逐渐放手,使其独立工作。这种方式有利于受训者较快地熟悉业务。

4)建立促销人员的晋升和淘汰机制

促销人员的合理流动是促销人员职业发展计划的一个重要组成部分,也是企业人力资源管理决策的又一个重要问题。促销人员的流动主要体现在促销人员的晋升和淘汰上。

(1)晋升机制

人员的合理晋升是对促销人员的一种激励。如,广州宝洁公司通过只从公司内部提升人员这一政策来肯定员工的贡献,其所有的高层行政人员都是由于长期优秀表现而升到他们现任职位的。

传统的人员的晋升一般是人才的水平向上移动,即提高职务等级。而在现代的企业经营管理中,人才的水平移动也可以是一种晋升的表现。如,在企业内采取多重职业路线和多种工作岗位安排的方法,使内部员工产生一种自由选择的感觉,员工在掌握了一项工作以后,再学习另一种新的技能,即可在水平方向上进行移动,从而可以开发员工的个人潜力,这时员工将不会感到他们需要离开企业,才能得到晋升的机会。

(2)淘汰机制

有"优胜"则必有"劣汰"。对于不能胜任促销工作的促销人员应予淘汰。淘汰机制能有效地进行人员的筛选,为企业识别真正的优秀人才。美国通用(GE)公司有"2-7-1"制度,即10%的淘汰,20%的奖励,还有70%的中等。我国也有很多企业采用"末位淘汰制",将规则、指标先定好,根据业绩考核,最后几位"自行走人"或降职。

总之,企业建立促销人员晋升和淘汰机制的目的是:对企业需要并且合适的促销人员,使他们自愿地与企业共同发展;对于企业不需要或不合适的促销人员,帮助他们自愿离开企业,在别的地方获得发展的机会。

本章小结

促销人员的社会价值可以归纳为社会责任、岗位责任和职业功能 3 个方面。

促销人员的素质，是先天条件和后天品格的综合反映，包括促销人员的思想、品德、气质、性格、知识和风度等。具体来说包括道德素质、文化素质、业务素质与身心素质 4 个方面。

促销人员的基本能力包括基础能力、专业能力与发展能力 3 个方面。促销人员的基础能力是促销人员运用知识和技能去解决问题的能力，包括良好的记忆力、敏锐的观察力、丰富的想象力、准确的评价力和娴熟的操作力等几个方面；促销人员的专业能力包括促销人员的社会交际能力、语言表达能力、技术维修能力 3 个方面；促销人员的发展能力包括理解能力、判断能力、决策能力、灵活应变能力和开拓创新能力 5 个方面。

促销人员的职业准则主要包括诚信准则、求实准则、奉公准则与守法准则 4 个方面。诚信准则主要包括体现在以诚待人、守信处事、忠于职守、维护企业信誉 4 个方面；求实准则主要体现在实事求是、敢于负责两个方面；奉公准则主要体现在奉公待客、奉公竞争两个方面；守法准则主要体现在保守企业秘密、守法促销、遵循伦理道德 3 个方面。

促销人员管理是企业管理的重要内容。对促销人员的选拔应采取科学的方法和步骤，一般包括资格审查和初选、测验、面谈、全面评估几个步骤。而对促销人员的绩效进行考核是企业人员管理必须完成的工作，绩效管理应遵循公开、公平、全面、客观和合理的原则，设计促销人员定量指标和定性指标，使用目标考核的方法，通过横向对比分析和纵向对比分析的方法进行考核。根据绩效考核的结果，给予促销人员以各种激励，包括物质激励和精神激励。

在现代企业的人力资源管理工作中，员工的职业发展占有重要地位。企业应为每一位促销人员建立完整的业务档案，并加强对促销人员进行必要的培训，同时建立合理的晋升和淘汰机制，为促销人员的职业发展创造条件。

思考题

1. 促销人员应该承担的社会责任、岗位责任与职业功能有哪些?
2. 作为一名合格的促销人员应该具备哪些方面的素质?
3. 促销人员应该遵循哪些方面的职业准则?
4. 对促销人员进行绩效考核应遵循什么原则? 考核内容和指标是什么?
5. 如何对促销人员进行激励?
6. 促销人员培训应从哪些方面开展? 谈谈你对促销人员培训的看法。

能力训练

1. 分组设计一个促销人员甄选方案,并分角色进行促销人员模拟选拔。
2. 某手机经销商需要招聘一批促销人员,请你为该企业拟订出促销人员招聘计划、招聘广告。

案例分析

向山民推销防毒面具

有一个推销员,他以能够卖出任何东西而出名。他已经卖给过牙医一支牙刷,卖给过面包师一个面包,卖给过盲人一台电视机。但他的朋友对他说:"只有卖给山民一个防毒面具,你才算是一个优秀的推销员。"

于是,这位推销员不远千里来到北方,那里是一处只有少数民族居住的森林。"您好!"他对遇到的第一位山民说,"您一定需要一个防毒面具。"

"这里的空气这样清新,我要它干什么!"山民说。

"现在每个人都有一个防毒面具。"

"真遗憾,可我并不需要。"

"您稍候,"推销员说,"您已经需要一个了。"说着他便开始在山民居住的林地中央建造一座工厂。"你真是发疯了!"他的朋友说。"不然。我只是想卖给山民一个防毒面具。"

当工厂建成后,许多有毒的废气从大烟囱中滚滚而出,不久,山民就来到推销员处对他说:"现在我需要一个防毒面具了。"

"这正是我想的。"推销员说着便卖给了山民一个。"真是个好东西啊!"推销员兴奋地说。

山民说:"别的居民现在也需要防毒面具,你还有吗?"

"你真走运,我还有成千上万个。"

"可是你的工厂里生产什么呢?"山民好奇地问。

"防毒面具。"推销员兴奋而又简洁地回答。

分析与思考:分析案例中的推销员是一名合格且成功的促销人员吗? 为什么? 请说出详细理由。

◇经典促销故事

钢铁是怎样炼成的——一个营销经理的工作日记

人才是企业竞争之本。新人加入,就像新车上路,必须有一个磨合期。细腻的督导、慎密的规划、公正的考核,是把璞玉雕琢成器的必要条件。

2003 年 3 月 5 日,星期三,晴

主题:招聘新同事

踏上返程的汽车,离开"人间瑶池"黄龙的时候,晚霞已洒满这片童话般的世界了。由于陪同香港公司的 Susan,才得以一览此胜景。坐在汽车里,随着蜿蜒山路的起伏跌宕,那些美丽得无以复加的迷幻山水更显得摇曳多姿。"世之奇伟、瑰丽、非常之观,常在险远"。这是大自然的哲理,又何尝不是人生与事业的哲理呢?

抵达成都,已是下午。Susan 到生产基地去了,我也马不停蹄地赶往公司小会议室。在那里,HR 的杨经理等着我面试 3 位人员,他们申请的职位是市场深度开发助理,这次是复试。幸好在路上睡了一觉,面试新员工时我的精神状态还不错。

市场深度开发助理是一个新设立的岗位,旨在从渠道、促销和客户这 3 个角度对现有市场状况和业务流程进行恰当的衡量分析,寻求到最佳的市场开发途径和资源配置计划,力求实现投入产出比的动态优化,促进各期销售目标的顺利达成。该岗位直接对我负责。

三人之中,小何给我留下了非常深刻的印象。小何本科毕业两年,市场营销专业,逻辑严密、表述流畅、思想新颖、反应敏捷,有着良好的思维特质;同时,热情沉稳、坚韧果断,具有极佳的性格特质。久违了的那种眼前一亮的感觉,这次面试时终于再现了。其实,从发展的眼光来看,优秀的人才,不在于业已掌握了多少外在的方法与技能,而在于他具备何种内在的思维特质和性格特质。这两种特质是成长进步的基石,将决定着他能在何种程度上以何种效率掌握和运用外在的方法与技能。我立即和杨经理确定下来,录用小何! 6 号上午报到,7号参加新员工入职培训,我也随即通知了重点客户部主任王东,用一周的时间帮助小何熟悉销售业务工作。

明天一早我要飞往西安,还得准备一下!

2003 年 3 月 14 日,星期五,阴

主题:工作上的疏漏与修正

从西安返回到公司,已经上午 11 点了。当我穿过办公区时,看见小何安静地坐着,捧着《员工手册》,眉头紧锁。几天不见,怎么和面试时那激情四射的精神面貌判若两人呢?我没多想,先赶紧处理几天来案头上堆积的许多重要事情。

午餐后回到办公室,用了 15 分钟时间,我找小何详细地了解了他进入公司以来的工作情况。原来,8 号王东带领小何认识了各部门同事,然后领了些资料给他阅读,比如《员工手册》《产品目录》等。但由于王东自己的业绩压力很大,每天许多事情让他东奔西跑,办公区里的同事也是从早忙到晚,个个都没能闲得下来,对于小何,也就没人理会了。他有时也主动给同事搭搭话或走访一下市场,可受到冷落之后,情绪自然就一天天低落了。

我顿感自己失职了,对小何的关心不够。从进入公司的第一天起,新同事都满怀憧憬与热情,他们会通过自己在新环境里的所见所闻所感,一遍又一遍地计算着自己加盟新公司的选择有多大程度的正确性,他们会很在乎自己在周围同事中受欢迎受关注的程度。此时接受到的各种信息,都会造成他在希望与失望的两极内心世界里游弋徘徊。如果失望超过了可承受的心理极限,他们会在试用期内选择离开。因此,把新同事当成客户,为其提供必要的关心和服务,帮助其迅速地适应新的环境和新的岗位,应是团队领导者必须倡导、团队成员应该配合的工作内容。我很忙! 他很忙! 大家伙儿都很忙! 可这绝不能成为冷落和忽视他内心感受的理由或借口!

应尽快弥补这个失误!我立即向小何详细地讲述了市场深度开发助理的工

作职责、日常工作内容和工作流程,让其明确地知道了该岗位在公司营销部的角色定位,以及和销售部、市场部之间的职能联系,郑重地指出了他的角色所起到的至关重要的作用,我对他也寄予了很大的期望。当明白了工作内容和重要性之后,小何兴奋起来。随后,我安排了重点客户组、批发组和小店组这3个渠道的负责人,分别亲自利用两天时间,带领小何跟线,熟悉各渠道各主要客户相关的业务活动,并且要求他们做好3方面工作:做出跟线计划和行程安排、开展相关的OJT(在岗培训)、完成跟线效果评估。这些结果要在跟线活动结束后全部报给我。

当这些安排妥当之后,小何很高兴地从办公室出去了。有谁不希望自己的工作被人期待、受人重视呢?又有谁不期待通过演绎这种重要性来实现自身价值,从而收获其中的快乐呢?双因素理论告诉我们,不要指望通过诸如工作条件、工资福利等外在的"保健"因素来寻求激励,因为这些因素只能安抚员工和消除他们的不满意,而真正能够长期影响人的因素,是来自工作本身的"激励"因素,比如个人的努力获得认可、工作成就感和责任感等。作为团队的带头人,我如果能够将同事内在的工作冲动激发出来,那就成功了一大半。

2003 年 3 月 21 日,星期五,晴间多云

主题:我没看走眼

今天下午陪同李总巡察市场,家乐福、好又多等共察看了4家KAC,我们的新产品卖势相当火爆,也就地解决了执行中的一些细节问题。回到公司已快6点,正准备收拾物品下班时,小何来到办公室。他刚从市场上跟线回来,精神很好。我突然想起来,他的跟线活动今天结束,来这儿是向我汇报心得体会。

从小何的汇报中我了解到,他对公司市场现状有了比较全面清楚的认识,对行业中竞争对手的优势和劣势也能够比较准确地评判,3位渠道负责人提交的跟线评估报告,也对小何做出了较高评价。"这小伙子学习能力、适应能力和观察能力真是很强!"我心里暗自这样想着,"看来当初面试时还真没看走眼。"我鼓励他从明天开始独立开展工作。

小伙子该单飞了!

2003 年 4 月 21 日,星期一,小雨

主题:绩效考核一定要及时跟进

从昨夜到今天,一直阴雨连绵。成都的小雨,跟成都的女孩儿一样,丽影婀娜,既有江南的婉约,又有西部的纯净。

今天上午收到小何的一封邮件。小何独立开展工作一个月以来,深入地了解和思考了公司市场运作的各方面具体情况,发现并分析了目前的一些问题,向我提交了一份建议。说实在的,建议的可操作性还是比较强的。

同时小何也提出一个要求:可否给出一个评价其工作业绩的标准,他很想看到自己的努力在什么程度上是达标或是优秀,还说可否定期地知道公司对他绩效的反馈和评价,以此来获得工作上持续前进的方向与动力。

应该立即给市场深度开发助理这一新岗位订立月度目标和相应的绩效评估体系。用下午零散的时间,我共列了5项KPI(关键业绩指标),准备这几天和HR的杨经理讨论一下,从5月份开始对小何进行绩效评估。5项KPI分别是:①协助销售部达成当月销售指标;②提供丰富翔实、客观准确的市场一线调查资料两份;③根据市场实际情况创造性地提供4项有效的市场开发方案;④审查各项广告和促销活动,分析投入产出比,提供合理化建议两条;⑤与个人成长相关的指标(如协调力、谈判力等)。

突然之间,我产生了一个有关成本问题的新认识。企业作为营利性组织,终极目的是追求利润的最大化。而营销作为企业职能链条中重要的一环,对最大利润的追求责无旁贷。由此看来,凡是无助于实现最大化目标的管理活动,从某种意义上讲,都是一种对资源的浪费。营销成本的控制,不光体现在结构的优化、流程的疏导、物料的节省等这些显性成本上,而更大部分的隐性成本,在于对营销人力资源最大程度地配置好、激励好、控制好。否则,小则浪费人力资源,大则因角色和人际带来的长期破坏性冲突,可能导致企业文化整体衰落,进而导致企业资源整合的能力下降,并带来各团队执行力的普遍下降。我想,或许"以人为本"也可以从这个角度来进行解释吧!

2003年9月5日,星期五,晴
主题:标准促成长

今天,小何6个月的试用期届满。这半年以来,对小何强烈的工作热情,大家有目共睹。我呢,一方面,用Smart(具体的、可衡量的、可达到的、相关的、有时间限制的)原则逐渐地提高他的绩效目标,配合适当的指导,以激励为核心展开对他的领导;另一方面,通过每个月对他KPI的逐步调整,有意识地以绩效评估为导向,调整他的工作重心和努力方向,充分锻炼和发挥他的良好个人特质,并以定期的绩效反馈和绩效面谈的方式,不断弥补他在某些技能上的短板。我希望公司每一位新老同事,都能够获得最充分的培养和最快速的成长。

这半年来,公司业绩以80%的速度增长,比半年前的增幅高出20个百分点。销售部与市场部之间的配合也比以前流畅了许多,工作效率大为提高,客户满意度也有了明显的提升。这些无不与小何的努力有着千丝万缕的联系。

以前曾想,一个合格的CEO同时也应该是一个CHO,一个合格的营销经理同时也应该是一个人力资源经理,应该兼具业务技能和HR技能,善于从HR的视角来审视组织、配置资源和激发团队。在实际工作中曾多次证明，事实的确如此。

下午我通知人力资源部与小何签订了正式劳动合同。

又到周末了，该找个风光优美的地方休息休息！

2003 年 12 月 18 日，星期四，阴有小雨

主题：是压担子的时候了

快到年底了，这几天都在忙着准备年度《营销总结报告》，在阅读 2003 年度销售报表时，我为今年取得极佳的业绩感到由衷的欣慰。要知道，比李总订立的年度销售目标和利润目标都超出了 25%，这可是公司迄今为止破天荒的纪录！仔细想来，新产品成功上市和年初区域市场的正确调整，这两个因素都很关键；还有，小何在公司扮演的角色，也为公司业绩的大幅增长，起到了推波助澜的作用。

从多方面反馈的信息来看，小何的业绩表现和目前日趋成熟的技能，足以担当更大的责任。这是我一个月来都在酝酿的一个想法。今天上午我决定了，将小何转岗进入销售部，派驻湖南市场，全面负责全省的市场开发管理工作，同时晋升他为业务主办。

公司产品进入湖南仅一年时间，从收集到的信息来看，市场应该还可以开发得更好，让小何前去接管，旨在充分发挥他现有才能，更加有效地开发湖南；也想提供更大的平台，起到"压担子、促成长"的激励效果。

2004 年 1 月 30 日，星期五，晴

主题：新的高度、新的问题、新的辅导

今天是过完春节后上班的第二天。早上一进办公室，桌上就摆放着本月销售报表。仔细看了看，湖南省的销量比上月还明显下滑了。上午，各地办事处负责人齐集会议室，举行月度销售总结会议。

会议结束后，我找小何单独谈话。他说升任办事处负责人以来，在管理团队问题上感觉力不从心，同时在处理纷繁复杂的全省业务问题时，感觉效率低下。听小何"诉苦"完毕，我告诉他，这两个问题都是新任营销主管最容易碰到的问题，可以从 3 方面来分析：

一是角色定位不当。现在肩负团队管理职能，就应该主要通过团队成员的努力来实现团队业绩，而不能再像以前那样单打独斗。因此，要合理分工，明确权责，授以资源，善加指导；要计划领先，控制适度，激励有力，协调得当，一定要借用团队的力量来达成组织的目标。

二是沟通不力。作为团队管理人员，有两个 70% 要十分重视：营销管理有

70%的工作在于沟通,营销工作有70%的问题来自沟通不力。沟通的方式与效果,将直接关系到团队文化、执行力和营销成本的高下。

三是时间管理。把每天纷繁复杂的事情按照轻重缓急排列出来,按照第二象限工作法,养成节省时间的良好习惯。其实,一切的节约,归根结底都是对时间的节约,时间上的高效率,是产生一切高效率的最佳捷径。

"思维方式要改变,有困难随时找我,相信你一定行!"

小何听完我的讲解和鼓励,满怀信心地离开了。不知不觉夜幕已然降临,窗外霓虹放彩、万家灯火。我深吸了一口气,成都,美丽的东方伊甸园,"待从头收拾旧河山,我们与你共饮同醉!"

资料来源:选自《销售与市场》2004.7,作者:朱勇刚。

第10章
促销组织管理

【学习目标】

　　学会从总体上掌握促销活动的调查、策划、实施组织和效果测查等环节和过程的协调与管理,明确企业内外部组织机构的组成体系,了解企业促销决策的模式和管理原则,熟悉企业促销实施过程的管理,从而对促销策划和管理有一个整体的认识。

【引例】

20世纪50年代,美国曾有禁止酒类进口的法令。对此,各国酒商尽管心有不甘,但不得不望而却步。1958年,法国白兰地公司不惜巨资,在美国各大报纸、杂志、广播及电视台向公众征答这样一个问题:"白兰地公司有两桶窖藏了67年的美酒欲向外赠送。请问,送给谁最好呢?"一时间,这件事铺天盖地灌输进了美国人的头脑中。

不久,就是美国艾森豪威尔总统67岁寿辰。就在这个时候,法国人又在报刊和广播电视中公布了先前所征答问题的答案,原来那两桶67年的陈酿就是献给总统67岁寿辰的,以表示法国人民的敬意。总统寿辰过后,美国的报刊和电视上频频出现这样的照片和画面:总统和法国客人各举一杯诱人的白兰地,相互碰杯,一饮而尽,令人难忘。很多美国人都受不了了,白兰地成了一种诱惑,但他们无法品味。于是美国人开始游行,口号是:"我们也要喝白兰地!"这样一来,美国政府有口难言,总统带的头嘛,最后,美国当局只好修改有关法律,允许酒类进口。

10.1 促销组织

10.1.1 企业外部促销咨询机构

所谓外部促销咨询机构,是指促销主体以外的促销代理或能部分完成促销活动的,具有调研、咨询策划、设计制作功能的组织。

1)企业外部促销机构的职能

(1)促销调查

促销调查是促销活动的基础,促销调查的主要内容涉及促销的宏观微观环境调查、市场行情调查、企业销售情况调查、促销策略调查、促销活动调查、促销工具与媒介调查、促销效果调查和促销管理调查等。

(2)促销策划

促销策划是外部促销咨询机构的核心职能之一,促销策划的重点是对促销目标或主题、促销策略、促销活动、促销工具与媒介、促销与其他活动的配合、促销过程控制管理等问题进行策划,并提出可行的实施方案。

(3)促销创意

促销创意是促销活动成功与否的关键环节。创意的类型涉及促销主题、促销策略、促销活动方案、促销工具与媒介、促销文案等。

(4)促销物品制作

促销物品的制作是促销活动成功的保证因素,如海报、产品宣传单、光盘、产品横幅、产品张贴或立体 POP、展台、陈列柜、旗帜等各种促销物品,制作成本、材质、效果、质量、期限等是基本问题。

(5)促销方案实施与控制

促销方案的实施与控制是能否保证达到促销目标的中心环节。外部机构有时参与这个过程,有时不参与这个过程。一旦参与这个过程,必须注意把握方案的具体化、明确性、切入时间、周期安排、力度控制、人员调配、各部门责任、实施监理与控制等环节的落实与分寸问题。

(6)促销效益预测与效果分析

促销效益预测与效果分析涉及促销决策与促销目标的考察问题。外部机构一方面要根据投入力度、策略预计效果、促销面、促销周期等进行促销效果预测;另一方面还必须对促销活动实施效果进行定性、定量分析。前者对说服采用方案是必需的,也是促销可靠性分析的要求,后者对于促销目标控制考核和促销经验积累非常重要。

(7)促销管理咨询

促销管理咨询既涉及促销活动过程各环节尤其是执行实施环节的管理问题,还涉及企业促销管理职能如何更好地发挥作用问题。这两方面问题前者是比较直接的问题,后者是企业营销管理问题。

2)外部促销咨询机构的类型

根据外部促销咨询机构的主要职能不同,外部促销咨询机构主要有以下几种类型:

(1)市场调查主导类

这类促销组织主要为企业提供专门的市场调查分析、社会调查及常规的市场信息服务。

（2）咨询策划主导类

这类促销组织主要为企业及各类社会机构提供市场营销方面的咨询及项目策划，如开展促销、广告、公关、产品新闻发布会、展览会等项目策划。

（3）设计制作主导类

这类促销组织主要为企业提供促销创意及具体促销活动设计及制作。

（4）代理服务主导类

这类促销组织功能较全面，服务涉及调查、策划、实施、效果测定等促销的各个方面。

10.1.2　企业内部促销体系

在企业内部负责完成促销活动任务的具有调研、策划、设计制作、组织实施功能的职能部门和分支机构构成了企业内部的促销组织。

企业内部促销部门的基本职能应包括：规划促销组织；制订促销人员薪资办法；促销业务目标的制订与分配；重点促销；规划促销策略；促销研究；促销业绩的统计分析；促销情况预测；制订"年度促销计划"；制订促销人员招聘、培训计划；制订促销会议、产销会议议题，并通知参加人员；制订经销商辅导计划。

一般来说，企业内部有以下几种促销组织体系：

1）不独立设立促销部门

企业不设立独立的促销机构，其促销职能主要由企业内的销售部门承担。一般来说，对一些处于产业价值链中的上游企业或一些中小型企业多采用这样的内部体系（见图 10.1）。

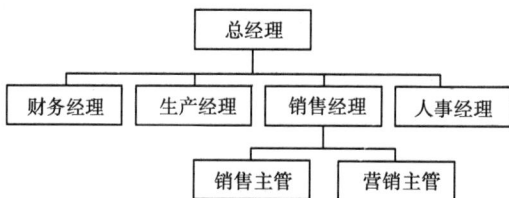

图 10.1　由销售部门担任促销任务

2）独立设立促销部门

对于大中型企业或在产业价值链中的下游企业多采用这样的促销组织体

系。现代企业营销部门有着若干不同的组织形式,促销作为企业市场营销工作的一个组成部分,促销部门的设立与企业内部采取不同的组织形式有关,最常见的是按职能、地区、产品/品牌来设置。

(1)职能性组织形式(见图10.2)

作为营销的一个职能部门,促销部门与营销的其他职能部门,如销售、调研、新产品部门等,分工合作,就企业的全部促销规划及沟通活动向分管营销的副总经理报告工作。

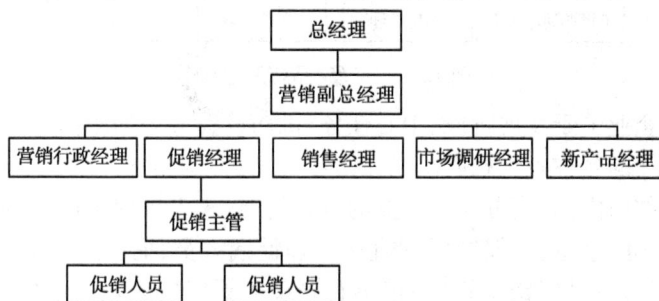

图10.2 职能型组织体系

(2)地区型组织形式(见图10.3)

企业按地理情况设置营销部门,各市场的促销经理就本地区市场的促销规划与沟通活动向本市场经理报告工作。

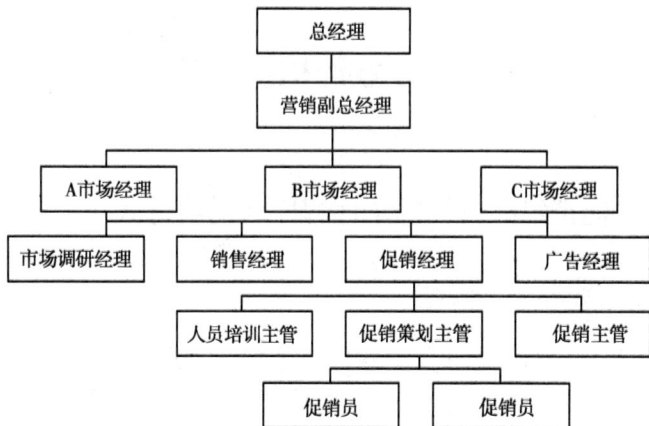

图10.3 地区型组织形式

(3)产品/品牌型组织形式(见图10.4)

企业按每种产品或品牌来设立营销部门,每种产品或品牌项下的促销经理负责该项产品或品牌的促销规范与沟通工作,并对该产品或品牌经理报告工作。对于生产经营多种产品或多个品牌的企业可以采用这样的组织体系。

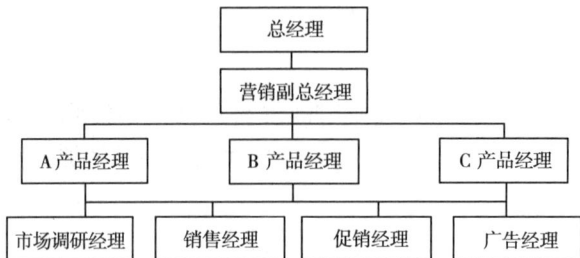

图 10.4　产品/品牌型组织

不同的企业由于发展阶段、中心任务、机构设置考虑的不同,设立的承担促销职能的部门的名称各不相同。

在促销部门内部,还可根据企业的具体情况,来设置促销队伍的结构。如,一些规模较小的企业,由促销经理直接管理促销人员,而在一些规模较大的企业中,促销经理下设促销主管,促销主管管理若干促销人员(见图 10.2),对于一些大型企业,在促销经理下还可细设,如促销人员培训主管、促销策划主管等(见图 10.3)。

就我国而言,目前,尽管越来越多的企业内部建立了市场营销部门,但很少有企业建立专门的促销机构。

10.2　企业促销决策模式

10.2.1　促销组织机构的工作程序和活动方式

1)促销组织机构的工作程序

促销组织机构进行促销决策通常按一定的程序进行。一般由促销研究、提出促销提案、进行促销策划、实施执行促销活动方案、进行促销过程及效果监控、促销总结等环节组成。

具体来说,促销组织机构根据企业销售任务完成情况和销售趋势,以及市场竞争状况、消费者需求变化,进行研究分析,向企业高层主管提出有关进行专题促销的提案。提案得到批准后,由促销组织机构进行促销策划,提交完整的促销策划方案,交企业高层主管审批。如果方案得到批准,则由促销组织机构与企业有关职能部门配合执行实施。在实施过程中,促销组织还应对促销过程进行必要的监控,看各有关部门的任务落实情况,发现问题及时解决。促销活动结束后,促销组织机构根据促销过程中的有关数据、信息,进行促销效果分析、评估,看是否达到原来设定的促销目的,并形成促销总结报告。

2)促销组织机构的活动方式

(1)企业内部促销组织机构独立策划,独立实施促销活动

当企业内部设立有促销组织机构,且促销组织及策划能力较强时,可以由企业内部的促销组织机构独立策划促销活动,并由企业内部的相关部门提供配合,实施并完成促销程序的全过程。通常日常的促销策划,如促销性质的公关活动、形象促销广告、日常辅助性促销业务等多采用这种方式。

(2)企业外部促销机构进行促销策划,并联合企业内部组织机构共同实施促销活动

这是企业促销活动中常见的一种活动方式,适用于企业内部促销组织能力较差,或内部未设立单独促销组织机构的中小型企业。这类企业在进行促销活动时,往往委托实力较强的外部促销组织进行促销活动的策划,提出活动方案,并由企业与外部促销组织联合实施。根据项目方案的不同,在实施过程中可以企业为主,也可以外部促销组织为主。

(3)企业内外促销组织联合进行策划,并联合实施促销活动

企业与外部促销组织达成协议,成立项目小组,联合进行促销策划,共同拿出活动方案,经企业主管或有关专门会议认可后,由企业与外部促销组织共同实施。这类活动方式一般适用于内部促销组织能力较强的企业开展大型、竞争性的促销活动。如大型百货公司的展销活动、换季促销活动及厂商组织的对中间商、零售商和消费者的促销活动。这些企业本身有较强的促销组织能力,一些日常促销活动可以由内部较好地完成,而开展大型促销活动时,则希望借助于外部组织专业性的优势。

10.2.2 企业促销决策的内容

1)促销目标

促销目标是促销决策中的关键性内容,促销目标的决策不单纯是一个促销

的问题,它在总体上受企业市场营销总目标的制约,是总目标在促销策略方面的具体化。

在不同类型的市场上,促销目标是各不相同的。就消费者而言,促销目标可以是鼓励大量购买和重复购买、吸引潜在购买者试用、说服竞争者的品牌使用者放弃原有品牌而改用本企业产品。就中间商而言,促销目标可以是吸引中间商购买新的产品项目和提高购买水平、鼓励非季节性购买、对抗竞争者的促销活动、建立零售商的品牌忠诚度和获得进入新的零售网点的机会。对企业内部人员而言,促销目标可以是培养竞争气氛、提高企业员工工作积极性、提升人员素质、树立良好企业形象等。

促销目标选择的关键是:促销目标对促销问题的对应或针对性如何,能否根据促销面临的问题准确地选择目标、界定目标、细化目标。

2)促销时机

选定促销目标后,促销时机的确定则是下一个重要的技术性问题。选择最适宜的时间进行促销活动,可以降低促销成本,提高促销效率,收到事半功倍的效果。

促销时机的确定,要考虑以下因素:

(1)促销目标

促销时机选择应符合促销目标的要求。如企业进行促销的目标是推广新产品以替代老产品,则应考虑等老产品的存货即将处理完时再进行新产品促销,以免对老产品造成冲击,产生不必要的损失。

(2)市场竞争态势及消费变化

市场竞争往往是企业进行促销的起因,企业必须时刻关注竞争者的动态,及时发现竞争者的新的促销举措和促销策略变化,并做出相应反应。企业选择促销时机还应关注市场消费变化的趋势,利用消费的变化,适时进行促销活动。

(3)不同产品的销售规律

不同的行业、不同的企业,其销售规律是不同的。促销决策者必须把握产品销售的变化规律,准确预测市场波动,适时制造促销事件,合理地设定促销活动推出的时机,才能使促销活动达到预期的目的。

(4)促销持续时间

促销持续时间是指从促销活动开始到促销产生效果所经过的时间。促销时机决策,必须考虑促销的持续时间,过早或过晚地推出促销活动,对促销效果和促销成本会产生不利的影响。

（5）借机造势

促销时机有时是偶发或"天赐"的，企业应巧用各种机遇。可利用人们密切关注的重大事件、重大社会活动、企业成立纪念日、大型公益活动等，进行企业促销。

3）促销策略

促销策略是促销决策的核心内容之一，在整个促销决策中极为重要。常用的促销策略有折价类促销、有奖类促销、竞赛类促销、印花类促销、节庆类促销、事件类促销、会员制类促销。针对不同的促销对象企业可以采取不同的促销策略及组合。同时，在进行决策时，应根据市场的发展需要，积极进行促销策略的创新。

4）促销工具、媒介选择及其组合

促销策略实施过程中，必须借助一些载体或辅助性的工具、媒介。选择恰当的工具与媒介，是促销策略成功实施的有效保证。

一般来讲，商品推广目录或简介、海报、公司刊物、广告影片、招牌性的广告、直接的广告、幻灯、光碟、DM、促销性的包装、小型的礼品、贺卡、优惠券等，都是促销中常见的工具与媒介。

促销决策者必须了解当前可用的促销工具和媒介，其特点、使用条件如何，并根据不同的市场类型，结合企业促销策略的需要，选择有效的、低成本的促销工具和媒介。往往在同一个促销决策中，单一的促销工具或媒介无法实现促销的目标。因此，促销决策者还必须同时选择多种促销工具和媒介，并进行有效的组合和搭配，以达到最佳的促销效果。

5）促销活动方式

广义上看，促销本身即体现为一种营销活动。但这里所指的促销活动方式，并不是指促销策略，而是指根据促销目标要求，整合特定的促销策略、促销媒介与工具运用，形成的一个独立完整的促销活动方式。通常是一些具有企划创意性的事件或活动。

促销活动有多种类型，如按活动对象不同，有针对消费者的促销活动，针对中间商的促销活动，也有针对企业销售员的促销活动；按是否有奖励来划分，有无奖型促销活动和有奖型促销活动；按活动的形式来划分，有游戏、竞赛、展览会等。

促销决策者必须了解和掌握现有的促销活动方式及其适应性,并根据促销目标、市场特点,慎重选择适合的促销活动方式,必要时还需选择组合式促销活动,这是促销决策的重要内容之一。同时,促销策划人员应有创新意识,根据不同的产品、市场情况,调动企业各种资源,不断推出新的促销活动方式。

6) 促销预算及分配使用

促销预算的确定是促销决策中的又一个关键内容。具体包括两部分决策:促销预算额度、促销预算的分配和使用。

(1) 促销预算额度

确定促销预算通常有下面 4 种方法:

① 量力支出法。即企业根据自己的最大负担能力决定促销的费用。这种方法简单易行,而且将亏损减少到最低的程度,但是,从企业主观出发决定促销费用,往往忽视了市场的客观需求与变化,有可能丧失属于自己的市场份额。

② 销售比率法。这是企业常用的一种确定促销预算的方法,即以某种产品在一定时期内销售额的百分比作为决定预算的标准。例如:企业计划某种产品一年销售 100 万元,促销费用占其中的 5% ,那么,促销费用就为 5 万元。这里的关键是如何从销售额与促销费用的关系中找出具体的百分比。企业可以对以下的几个方面的因素进行综合考虑:一是行业的平均百分比;二是企业历年的销售平均值。

③ 竞争对等法。这是一种"随行就市"的制订促销费用的方法,就是将企业的促销费用同主要竞争对手的促销费用大体相当。行业内的企业,特别是主要企业的促销费用,是在长期的市场竞争与经营实践中形成的,有其合理性。同时,采取与竞争对手同等的费用,减少了行业内的竞争,有利于大家和平共处。

④ 目标任务法。这是一种最有成效,但对企业的管理要求较高的促销预算确定方法。首先企业要确定自己的促销总目标,然后将总目标分解成具体的任务和实施的步骤,再为每个任务确定出所需的费用,最后,将整个预算进行综合平衡。当然,在预算时应留出一部分机动费用,以在实际操作中机动使用。

(2) 促销预算的分配和使用

促销预算额度确定后,预算的分配和使用就成为很重要的问题。在分配促销预算时,可以按不同的促销区域进行分配,也可以按不同的促销活动方式和采用不同的促销工具及媒介进行分配,还可以按不同的促销阶段进行促销预算的分配。

10.2.3　企业促销决策创新

美国市场营销学家杜拉克认为"任何工商企业有两个且只有两个基本的功能，即市场营销与创新"。创新是现代企业在竞争中求生存、求发展的必然选择。与企业的其他活动一样，促销决策也要创新。企业促销决策创新是一个系统工程，其内容广泛，包括以下几个方面：

1）促销观念创新

任何创新首先从观念创新开始。观念创新是所有创新的灵魂，指挥支配着创新形成的全过程。企业只有把创新这一指导思想提上日程，才能使企业在变化中成长，在竞争中生存。

促销观念的创新，体现为对思想的解放，及对传统观念的更新。在我国，一些企业对促销的作用和效果认识不足，一是对促销的理解比较片面，认为促销就是有奖销售或返利销售；二是夸大促销的作用，认为促销是可以包治百病的"万灵丹"，使营销部门和销售人员患上严重的"促销依赖症"，促销一停销量就降，只有长年累月、无限期地进行促销。

进行观念创新，企业应打破固有的观念，树立新的促销观念。

首先，促销是企业市场营销活动过程的重要环节和内容，也是企业有效市场营销组合的要素之一。

其次，促销是一个系统工程。企业进行促销不仅仅是简单的打折和降价，科学有效的促销策略来源于企业依据目标市场的顾客需要而进行的精心策划，不但要考虑到竞争的战略与战术问题，同时也必须逐步通过促销信息与消费者的沟通，建立起消费者对品牌的关注与理解，进而维护品牌，促进品牌营销，让促销真正成为一个独立系统的营销工具。

2）促销组织创新

促销组织创新是企业发展的基础之一，是企业各种促销创新的前提。促销组织创新就是要不断地调整企业的组织结构，配备训练有素的员工和完善企业内部的各种规章制度，使企业内部各种要素合理配置，并发挥最大的效能。

组织创新的根本目的是打破企业内部市场、研发、生产、销售、财务、人事等职能性工作之间的分工界限围墙，逐步建立一个面向顾客、满足需求，集各职能于一体的有机的高度协同的企业组织形式。为此企业应不断地调整、优化内部的组织结构。

当前企业组织的扁平化、柔性化和虚拟化已经成为组织创新的方向。扁平化是指营销组织逐渐减少层级,减少人员,使营销决策更加直接、迅速、灵活,营销效率提高。柔性化是指企业改变以往高度统一、标准化的集中管理,实行面向实际的、灵活性的分散管理。虚拟化是指企业借助互联网设立虚拟橱窗、虚拟展销会、虚拟经销商等,使营销组织由实体化走向虚拟化、概念化,并不断完善其内在功能。

企业促销组织创新,还要求完善企业内部各项与促销有关的规章制度及人员考核、激励、发展制度,切实做到权责相统一、岗位与责任相结合、贡献与报酬相联系。

3)促销技术创新

技术的进步为企业促销活动的开展创造了有利的条件。在促销活动中促销人员要善于引进先进的技术,进行创新运用。现阶段,可供企业促销活动创新运用的技术有:

信息技术。信息技术对企业促销活动的影响主要体现在企业信息的收集、分析上,如利用数据挖掘技术,挖掘有关顾客的信息,可以使企业掌握对顾客的剖析或顾客全貌,提供目标更集中、更适合顾客胃口的产品和服务,以效率更高的个性化促销("一人一个市场""一人一种产品",提示销售),争取顾客。企业应建立信息系统,利用信息技术,强化信息的收集、加工、传递、存储、使用工作,为企业最终做出促销决策提供依据。

模拟营销技术。随着信息技术和计算机网络的发展,企业的市场营销技术也有了新的发展,其中之一就是模拟营销技术,是指企业借助计算机和网络技术,设立虚拟市场、虚拟橱窗、虚拟展销会、虚拟经销商等,并在此基础上进行市场研究、测试。

4)促销工具创新

知识经济给促销手段及工具带来了广泛而深刻的变革。无纸化促销成为促销的新潮,而网络则成为新型的促销工具。

利用网络作为工具进行促销有以下优越性:

①超越时空。可以每天 24 h,一年 365 天不间断地进行,而且网络传播的全球性,使得企业利用网络所做的促销可以达到的范围远大于传统促销范围。

②个性化促销。网络促销可以是一对一的促销,而且还可以通过"需求定制"这样一种方式,针对消费者或用户的不同喜好、品位、购买习惯来选择不同的促销方式和策略,并及时传达消费者或用户。

③双向性。网络促销采用多媒体形式,兼具声、光功能,有很强的吸引力。如,通过虚拟现实技术,借助各种传感器,也可以让用户在网上进行汽车的试驾,让用户体验身临其境的感觉。

④网络促销的效果可以及时测试和评估。利用网络的互动功能和特定的软件,可以较容易地统计出浏览每条通过互联网发布促销信息的用户数,及这些用户浏览的时间分布、地理分布等,并可对此进行深入分析,对在发布促销信息进行促销过程中发现的问题,可以及时做出调整。

⑤成本相对较低。通过网络进行促销不需要动用大量的人力,也不需要去协调各方面的关系,故成本相对较低。

网络促销方式多种多样,如网络广告、网上抽奖、网上公关、网上咨询答疑、网络会员制、网上订购折扣等。

5) 促销策略创新

企业促销策略创新包括两方面内容:一是把别的企业先进的促销做法创造性地加以应用。这要求企业在借鉴先进的促销策略时,结合自身的产品特点和市场需求。相同的方法,采用不同的主题,也可起到创新的作用。二是提出和实施新的促销策略。

10.3　企业促销实施与管理

10.3.1　企业促销管理原则

1) 统一原则

统一原则是个一般性的原则,也是一个基本的原则,它是指在促销策划方案执行和实施时,各类人员、各促销执行环节、各策略点,必须按照整体方案的要求,统一步调或服从统一指挥。

2）质量原则

质量原则指促销策略、活动开展必须按照策划方案的要求执行实施,促销活动的各个环节、促销策略的执行质量、管理质量不能打折扣。这一原则是保证促销活动完整执行和达到促销目的的关键。

3）弹性原则

弹性原则是指促销方案执行实施过程中,为了应付常见的和不可预计的情况,必须掌握策略执行过程中留有余地的机动性原则,百分之百地保证策略执行的要求,或根据具体情况,灵活掌握扩大投入力度、促销面、促销品种范围的原则。

在运用弹性原则时,应注意两个问题:一是弹性的限度,弹性太小,起不到弹性的作用;弹性太大,就会失去章法,引起混乱。二是严格区别消极弹性和积极弹性,消极弹性的根本特点是把留有余地当作"留一下",而积极弹性主张凡事"多一手"。在制订和执行促销策略时,应事先制订一些可供多方选择的方案。

4）效益原则

效益原则是指通过促销活动,现实地推动企业的市场销售工作,使销售规模有所扩大,消费者影响有所扩大,企业形象进一步提升。促销不是一味地讨好消费者,取悦消费者,而是扩大销售、挖掘潜在消费力、进行市场竞争的有效手段。

5）道德原则

道德原则是指促销策略、促销执行和管理不能具有欺骗性,促销活动不能有名无实,不能做出或变相地做出有损消费者利益的事情。

10.3.2　企业促销实施过程的管理

1）促销方案实施前期管理

在企业实施促销方案前,促销前的准备工作应做好以下几点:

（1）审定促销方案

主要是看方案是否严密、可行;方案目标是否明确,有针对性;方案是否有一定的适应、协调能力,能否适应市场。

（2）落实有关促销的人员及组织

确定促销活动的领导部门、日常管理部门、具体实施部门及实施过程中所必须依托的其他部门和其他配合部门,明确各部门的分工、权责及相关的配套机制。

促销活动的领导部门一般即为企业的分管负责人。管理部门是指对促销活动的实施执行过程进行主管的部门,一般是企划部、市场部或相当于这些部门功能的部门来负责。实施依托部门是指促销活动必须借助的部门,一般主要是销售部门,主要承担具体的促销活动。实施配合部门是指从侧面对促销活动加以支持的其他部门,如企业的财务部门、运输部门、办公室及其他促销活动需要的部门。

针对所有参与促销的有关人员还应进行必要的培训,明确促销策略执行的要点、促销活动管理控制的要点、促销工作与媒介使用的要点、促销宣传的要点、突发事件处理的要点,以确保参与促销的各类人员对有关问题清楚明了,更好地完成促销任务。

（3）做好促销商品及促销工具及媒介的准备

针对促销期间销售量的增长,应备好货,防止出现缺货情况,如采用与促销产品配套赠送小礼品或相关产品的方式进行促销,还应按促销的力度大小,准备足够的相关产品。同时应落实有关促销工具及媒介的准备。

（4）必要时应进行促销活动的前期实验与估计

如是大型的较长时间的促销活动,可以考虑先进行促销活动试验,通过在一个影响不太大的、便于掌握和控制的市场中按促销方案,进行较短期的促销试验,了解消费者、中间商对促销活动的反应程度、掌握销售变化状况,并对将来的大型促销活动的效果和整体状况做出估计、推断。

（5）做好促销活动开始之前的促销信息传播和宣传工作

促销活动开始之前,一般都要进行促销信息的传播和宣传,尤其是大型的促销活动更是如此。为此,企业应有相应的促销信息传播方案。对促销信息传播的资金投入、促销信息发布所选择的媒体、信息发布的时间和版面、传播的范围、对象应有具体的规定,并有专人负责落实与实施,保证与促销活动形成良性的配合与协调。

2）促销方案执行过程中的监督管理

促销过程中的监督管理目的在于组织、保障、沟通,了解促销进程,及时发现问题、解决问题,确保促销活动的顺利进行。具体而言,一般应做好以下几个方面:

（1）对促销计划执行情况实施全程跟踪管理

在促销活动实施的每一个环节,应注意收集有关销售量变化等业务数据、促销对象及竞争者反应变化、策略控制情况、活动进程等资料数据,进行比对分析,如发现实施中同计划有偏差、或计划同实施有较大误差时,应立即对促销进行调整,必要时甚至可以终止促销活动。

（2）对有关部门配合情况、人员执行促销计划的情况实施监督管理

促销计划是一个整体,各部门应是既分工、又合作,同时服从整体促销管理的要求。在促销活动中,如发生各部门职责不明,或不能履行其职责,或部门之间协调不善、存在沟通合作障碍时,需要促销领导部门及促销管理部门及时为之进行沟通、调整。而对促销人员执行促销计划情况的监督主要表现在对促销人员促销行为的规范性、促销现场秩序、有关勤杂事务管理等方面,检查是否出现促销人员违法乱纪情况,或现场秩序混乱等导致促销活动不能按原计划执行。

（3）对促销过程中的物资控制、使用情况进行监督管理

主要对促销商品及有关物资的数量、存货、质量、供给、品种进行控制,确保促销物资充足、及时的供应。

（4）对促销过程中的资金、财务数据进行监督管理

主要是对促销预算资金运用是否合理、管理是否规范、有无促销资金使用纠纷,以及促销过程中业务活动开展所反馈的财务数据是否及时、准确、完整、系统等方面进行管理。

（5）应建立发生紧急事务时的预警机制及应对机制

促销过程中时常会出现一些紧急事务,这些紧急情况既可能是来自企业内部,也可能是来自企业外部,如促销中发生法律纠纷,促销对象对促销策略的理解与公司理解出现重大误差,企业决策者的态度、观念、管理方式出现变化等。这些紧急事务的解决,不应简单地在事情发生后再来处理,而应该在促销方案制订、促销策略实施执行前就有应急、预警方案。如事前没有预料到,应在公司

主管领导的主持下,由各参与实施部门及有关专业人员共同商讨妥善处理的对策,使问题得到及时有效解决。

3) 促销活动后的管理

一项促销活动经过精心策划、严密组织、认真实施以后,完成了使命。然而,企业的促销管理工作并未因此而结束,在促销活动结束后这一阶段,主要管理工作有以下几个方面:

(1) 促销收益的核算分析

这是促销活动结束后,企业首要的任务。

(2) 促销人员的业绩评估与奖惩

促销管理部门应根据每位促销人员在促销活动期间的工作绩效,实施一定的奖惩措施。

(3) 促销活动的总结

主要以书面报告的形式,总结促销活动的经验或教训,提出改进的措施。

10.3.3 企业促销档案的管理

企业促销档案的建立、管理工作也是企业进行促销管理的一个重要组成部分。

企业每进行一次促销活动,必然有许多文本资料,如促销方案及其附件、各种促销报告及附件、促销日志、促销数据、成果、资料等。另外,企业在促销过程中还涉及其他促销媒介物与促销辅助性工具及相关资料,如促销宣传的广告、海报、招贴、录像带、VCD、软盘等。这些文本资料、媒介与辅助性工具及其资料,都是企业营销档案的一个有机组成部分,反映了企业的营销过程和历史,对以后的促销策划工作有重大的参考和借鉴意义,因此,必须妥善保存。

企业内部应建立有关促销的资料库,在每次促销过程完成后,应及时收集、整理有关的促销资料,装订成册,并把这些促销的资料送企业内部资料库或档案室,由专人按照专门的规章进行保存。对一些常用的资料,为方便管理部门使用,可以由促销管理部门做备份后,再送档案室。管理过程中应注意档案的保密。

本章小结

本章主要分析了企业如何进行促销决策与管理,包括企业促销组织形式和内容、促销决策模式和促销实施与管理3个方面。

促销决策与管理是通过促销组织来进行的。促销组织分为外部促销咨询机构与企业内部促销组织机构两种。外部促销咨询机构与内部促销组织机构在业务中可以采取单独策划、单独实施的方式进行促销工作,也可以采取联合策划、单独实施的方式,或联合策划、联合实施的工作方式。

促销决策模式涉及促销决策的内容及促销决策创新。促销决策内容包括促销目标、促销时机、促销策略、促销工具和媒介选择、促销活动方式、促销预算分配等方面。促销决策创新是企业在竞争中求生存、求发展的必然选择,包括促销观念创新、促销组织创新、促销技术创新、促销工具创新及促销策略创新。

促销实施与管理是企业管理的一个重要内容,是促销活动成功的保障。本章阐述了促销管理的统一原则、质量原则、弹性原则、效益原则、道德原则。并对促销实施过程中管理应注意的问题、要求进行了阐述。

思考题

1.促销组织机构有哪些? 这些组织机构的活动方式是怎样的?
2.企业进行促销决策其内容涉及哪些方面?
3.企业可以从哪些方面开展促销创新?
4.如何进行促销实施过程的管理?

能力训练

1.试选择当地几个外部促销咨询机构,对其职能、工作内容进行考察并写出考察报告。

2.以3人为一个小组,选择当地一个你熟悉的中大型企业,为其设计一个内部促销职能部门,并结合该企业实际策划下一季度的促销计划。

案例分析

案例 1

保险公司的"寻人启事"

台湾有家新光人寿保险公司,初创时,因为企业没有知名度,生意难做。当时,电视台做一则广告,动辄数万元台币(相当于现在的数十万元台币),公司刚创办,资金紧缺,拿不出这笔广告费。公司经理吴家录挖空心思,想出一招:每天晚上他都到各家卖座好的电影院去发"寻人启事",通过银幕"找新光人寿保险公司的某人"。每次只需花零点几台币,就能让上千人知道新光人寿保险公司的存在。渐渐地,新光人寿保险公司的牌子通过"寻人启事"在台湾城乡传开,生意也兴隆起来。

分析与思考:

案例中"寻人启事"广告对你有何启示?它与传统促销广告有何优势?

案例 2

80 年后的"物业维修提示"

2001 年,一家上海的企业收到一封来自英国某建筑公司的商业信函。信函中提醒该企业,其所拥有的一幢由该公司承建的物业已逾 80 年历史,请现有业主注意维修,并详细列举了建筑物的关键结构和业主在物业维护中应该注意的若干事项。

此事曾在诚信缺位的中国商界掀起轩然大波。这栋建筑物的业主也深为震撼,惊叹这家英国建筑公司经过 80 年仍然承担商业责任的诚信精神的同时,不得不佩服这家公司高超的广告艺术。

分析与思考:

案例中英国某建筑公司的商业信函体现了什么样的促销策略?由此例你对企业档案管理的重要性有何认识?

◇经典促销故事

宝洁:促销赢在管理

2001 年 7 月夏,宝洁公司在全国开展了一次"品客乐脆大奉送"活动,采用"品客请你看电影"的方式,并配以丰富奖品的抽奖活动。这次活动中,宝洁再次彰显了它策划安排的严谨、执行监控的周密。

一、严谨安排

品客的目标消费群是青少年,买品客薯片送电影票,并有丰富的奖品抽奖,对青少年具有很大的吸引力,使他们在吃品客薯片的同时,体会到品客"好吃好玩好享受"的活动宗旨。

(一)商场内的宣传

①在商场食品区的主通道上摆上醒目的堆头,四周贴满品客的 POP,制造良好的视觉效果,引起消费者注意,烘托活动气氛。本次活动所用的 POP 统一制作,为醒目的红色与白色。

②在商场内创造良好的促销氛围,多重加强活动的传播力度和宣传效果。首先,在商场的店内快讯上刊登品客的活动信息,使更多的消费者了解活动;其次,在商场入口处摆放写有此项活动规则及相关产品知识的大立牌,起到告知作用;再次,将小而精美的货架贴直接贴在摆放品客产品的货架上,吸引过往顾客。

③在堆头旁设一名导购小姐,负责向顾客介绍产品及宣传本次活动;在商场的出口处也设一名兑换礼品的促销小姐,进一步强化提醒消费者。

④派发"品客乐脆电影节"宣传单。在卖场对经过品客薯片堆头的目标消费者进行活动讲解并派发宣传单。

(二)电影院现场活动

1. 现场布置

电影院的现场布置突出"是品客让你看电影"的氛围,加深消费者对品客产品的印象:

①在电影院入口处设置抽奖台,桌上覆盖印有醒目的公司 LOGO 的宣传品和印有产品的 LOGO 抽奖箱(抽奖是本次活动的一个重要组成部分,也是一项很能聚集人气、烘托气氛的活动,抽奖箱的位置对活动有重要影响),以 LOGO

强烈的视觉冲击给人一种热烈、欢快的感觉。

②在入口处张贴 POP，设两名身着印有品客 LOGO 服装的礼仪小姐，欢迎顾客并指导顾客参加抽奖。

③在银幕上方悬挂醒目的"品客暑期乐脆电影节"横幅，烘托活动现场气氛。

2. 活动流程

①电影开始前放映 2 min 精彩、幽默的品客薯片广告，介绍公司、产品等，加深顾客认识。

②广告片之后即进行抽奖，主持人现场邀请顾客作为抽奖嘉宾，分别抽出现场一、二、三等奖，推动活动达到高潮。

③放映青少年喜爱的电影节目，在娱乐中体会品客"好吃好玩好享受"的品牌形象。

二、周密监控

（一）组织构架及职责

分工促销活动的组织及职责的分工是活动稳定有序进行的前提，品客这次活动有一个非常明确且精简的组织构架及职责分工。

在职责分工方面，应体现分工明确的原则。例如，城市督导的职责是：

①负责与商场的沟通和卖进。

②对下属的工作人员进行培训和工作评估。

③在工作中给促销小姐和礼仪小姐正确的指导。

④将销售数据和活动中所遇到的问题及时反馈给公司。

⑤监控并收集好电影票发放的数据、证明。

区管的职责是：

①负责协助督导进行商场和电影院的卖进。

②对促销小姐进行岗位培训和工作评估。

③将销售数据和活动中的问题及时反馈给城市督导。

④对商场中产品的存货进行查询并及时补货，使活动顺利开展。

⑤收集并统计好每日电影票发放的记录。

⑥对电影活动的开展进行监控。

巡查员的职责则是负责活动实施的监督，并汇报活动的进展情况。

（二）人员招聘

人员的招聘、培训与管理是活动的关键一步。在这次活动中，促销小姐的招聘和培训是最重要的环节之一。宝洁公司在招聘中不仅要求促销人员形象良好,而且对性格等方面也有要求。

促销人员的招聘标准:

①形象标准:18～23 岁女性,身高 1.60 m 以上,形象健康。

②个性及能力标准:要求性格开朗外向,沟通能力强,态度自然亲切,回答问题切题,有促销经验等。

③人数标准:因为此次活动的持续时间长,可能出现人员流动,同时在项目的执行过程中一些人员要被淘汰,因而要有一定的人员储备。

因为区管要协助项目督导工作,负责与商场有关人员的沟通及电影院的选择,对促销人员进行管理与培训,因而选择工作责任心强、具有良好沟通能力与领导能力的人员承当。

(三)严格培训

为保证活动的质量,宝洁对促销人员进行了双重培训。首先是督导和区管对促销人员、礼仪小姐的培训(通常会有两次);其次是利用品牌培训 VCD 进行培训。

培训内容:

①产品知识:由当地品客品牌的人员主持。

②促销知识及销售技巧:促销五步曲,如何在短时间内与顾客进行沟通,如何发现顾客的需求并根据不同的顾客提出购买建议,如何处理顾客的反对意见,如何进行说服性销售,顾客在您的建议下未购买产品的处理等。这一培训由城市督导或项目总督导负责。

销售技巧的培训取得了很明显的效果。如:在杭州联华万家福进行促销的一位促销小姐,在顾客购买了产品之后总会说一句"感谢您对本公司产品的信任,希望在电影节中您能愉快并能够获大奖",若顾客没有购买她还是微笑着说"感谢您的光临,希望您能够把品客促销的好消息告诉您的朋友"。这一促销小姐的销售业绩很好,而且极好地维护了品客的产品形象。

③店销纪律及奖惩制度的培训。

④在培训过程中通过考试、提问、角色扮演等方式对受训者的综合素质进行评分,不断淘汰低分人员。培训及考核次数保证在 4 次以上。

(四)严密监控

一次策划严密的促销活动必须有一个项目监控程序。宝洁公司的促销活动之所以自始至终井然有序,一个重要的原因就是它有严格的项目监控系统。

本次活动的监控工作主要有:

1. 区管及督导日常巡店

主要内容包括监督促销小姐有无迟到、早退现象,促销服装是否整洁,服务态度和POP张贴是否到位,有无广播支持和产品是否充足等。在巡店过程中对促销小姐进行打分,对一些问题如销售技巧进行当面培训。

2. 对电影院活动的监控

电影院的布置是否到位、奖品是否准备充足、礼仪小姐的服务态度与仪表检查、活动现场的控制等。

3. 巡查员对整个活动进行巡查

巡查员负责对整个地区的促销情况进行不定时检查,对各区管及促销人员的工作进行监督。

4. 报表体系

①促销人员每日(促销活动结束后)递交日报表、每周递交周报表,并对销售数量和赠品发放数量进行统计;报表提交给各区管,并就当日发生的问题及时与区管沟通、解决。

②电影票领用表:对电影票的使用状况进行监控与统计。

③目标销量考核:依据不同商场此前3个月的销量情况,结合活动的预计效果,给各促销小姐设置不同的目标销量,并根据实时销量进行奖惩。采用有区别的目标销量制,避免了不同店采用同一目标销量或不设定目标销量降低促销人员积极性的弊端。

5. 项目奖励计划

实施项目奖励计划,使销售成绩与促销人员的收益挂钩,调动促销人员的积极性。在项目执行过程中,对完成并超过目标销量的城市及促销人员按其完成目标销量的比例给予不同的奖励,并设立销量排行榜,大大促进了促销人员的积极性。

资料来源:金巧林,毛兴旺.销售与市场,2002(9).

参考文献

［1］劳动和社会保障部,中国就业培训技术指导中心.营销师职业资格培训教程［M］.北京:中国环境科学出版社,2003.

［2］韩光军.产品促销手册［M］.北京:经济管理出版社,2002.

［3］海棠.高效促销术［M］.北京:民主与建设出版社,2001.

［4］［台湾地区］黄宪仁.行销高手务实［M］.广州:广东经济出版社,2000.

［5］刘彦杰.市场推广业务手册［M］.北京:机械工业出版社,2002.

［6］靳俊喜.促销管理与策划［M］.大连:东北财经大学出版社,2001.

［7］费朗.营销一点通［M］.北京:中国商业出版社,2002.

［8］顾公林,［美］菲利斯.消费品营销顾问［M］.上海:上海远东出版社,2002.

［9］海棠.高新促销术［M］.北京:民主与建设出版社,2001.

［10］杨保军.中国原创营销企划实战范本解读［M］.广州:广东经济出版社,2002.

［11］［美］查尔斯·富特雷尔.销售学基础——顾客［M］.6版.大连:东北财经大学出版社,2000.

［12］朝先军.跨越极限——产品促销策略与技巧［M］.北京:首都经济贸易大学出版社,2001.

［13］周国林,顾松林,［美］菲利斯.100个成功的促销策划［M］.北京:机械工业出版社,2000.

［14］陈惠湘,徐源.策划中国［M］.北京:中国经济出版社,1998.

［15］雷鸣雏.项尖策划——中国企业著名策划全案［M］.北京:企业管理出版社,2000.

［16］张雪飞,丁浩.成功促销技巧［M］.北京:中国纺织出版社,2003.

［17］郁广健.促销高招与实例［M］.北京:中国国际广播出版社,2000.

［18］张自利.促销实战手册［M］.北京:中国纺织出版社,2003.

［19］周景姝.促销王:销售促进策划与设计［M］.北京:首都经济贸易大学出版社,1997.

［20］徐鼎亚.市场营销学［M］.2 版.上海:复旦大学出版社,2001.

［21］叶万春.企业形象策划——CIS 导入［M］.大连:东北财经大学出版社,2001.

［22］刘永炬.消费品促销［M］.北京:企业管理出版社,1999.

［23］黄翔.现代促销策划［M］.成都:四川大学出版社,1996.

［24］吴灿.策划学［M］.成都:四川人民出版社,2001.

［25］屈云波.营销企划实务［M］.北京:企业管理出版社,1997.

［26］胡屹.策划学全书［M］.北京:中国社会出版社,1999.

［27］樊志育.促销策略［M］.上海:上海人民出版社,1995.

［28］靳俊喜.现代企业营销策划实务［M］.成都:四川人民出版社,1997.

［29］胡其辉.市场营销策划［M］.大连:东北财经大学出版社,1999.

［30］靳俊喜.促销管理与策划［M］.大连:东北财经大学出版社,2001.

［31］李先国.促销管理［M］.北京:中国人民大学出版社,2004.

［32］陈海鹃,时莉.促销经理手册［M］.北京:企业管理出版社,1999.

［33］吴健安.实用推销学［M］.北京:中国商业出版社,1997.